大 学 问

始 于 问 而 终 于 明

实践社会科学
研究指南

黄宗智 编著

The Social
Science of
Practice

A Guide for Students

GUANGXI NORMAL UNIVERSITY PRESS
广西师范大学出版社
·桂林·

实践社会科学研究指南
SHIJIAN SHEHUI KEXUE YANJIU ZHINAN

图书在版编目（CIP）数据

实践社会科学研究指南 / 黄宗智编著. --桂林：
广西师范大学出版社，2020.11（2022.9 重印）
（实践社会科学系列）
ISBN 978-7-5598-2851-4

Ⅰ．①实… Ⅱ．①黄… Ⅲ．①社会科学－研究
方法－指南 Ⅳ．①C3-62

中国版本图书馆 CIP 数据核字（2020）第 087684 号

广西师范大学出版社出版发行

（广西桂林市五里店路 9 号　邮政编码：541004）
（网址：http://www.bbtpress.com）
出版人：黄轩庄
全国新华书店经销
广西民族印刷包装集团有限公司印刷
（南宁市高新区高新三路 1 号　邮政编码：530007）
开本：880 mm ×1 240 mm　　1/32
印张：18.625　　　字数：400 千
2020 年 11 月第 1 版　　2022 年 9 月第 2 次印刷
印数：4 001~6 000 册　定价：79.00 元
如发现印装质量问题，影响阅读，请与出版社发行部门联系调换。

目　录

序　言

　　本书是笔者对在国内开设了 15 年的"社会、经济与法律:历史与理论"研修班的介绍和说明,包括对笔者提倡的研究进路的回顾与论述,以及对课程所纳入的当今四大理论流派(从其对认识中国实际的洞见和盲点角度来考虑)的总体评析。本书还纳入了多位课程当时的学员、后来的学员(如今都是知名的中青年学者)以及资深同仁所写的相关评论。全书的目的是给读者们一个关于笔者多年来所提倡的"实践社会科学"研究进路既全面又具体的介绍和总结,也是为未来的青年学者提供一本可以用来自学的简约实用的"指南"书。

　　全书从关于课程的内容和框架的介绍出发,包括关于为何选择这些四大理论流派的书来阅读和讨论的解释和思考。涉及的内容具体到课程大纲、如何阅读与写读书笔记、如何形成要研究的问题的方法,也抽象到当前影响最大的理论的评析以及研究中如何对待现有(主要是西方的)社会科学理论的问题。

　　上编是各届不同学科的不同类型的学员们在课后所写的总结性思考。它们从多个不同角度来说明其个人学习的过程和思考、所遇到的困难和所形成的心得。对未来的青年学子读者来说,应该都能从中找到比较接近自己学科背景和个人倾向的"先例",应该会带有一定的启发和实际指引效用。

　　中编首先是几位已经相当成熟的中青年前学员对这里提倡的

方法和学术从不同角度来评论和推进的文章。尤陈俊的文章精准地论析了中国法律史近年来的研究动态。赖骏楠有说服力地评析了马克斯·韦伯的法学理论——那是课程的一个主要对话对象。余盛峰精简地论析了笔者新近出版(2015年)的关于"实践与理论"问题的大部头著作。高原(原先是理论物理学博士)从实质主义与形式主义的争论切入,检视了数学和形式主义经济学经过"实质主义化"的最新"有经验限定的全模型"前沿论析方法。赵刘洋从国内外发展经济学关于中国经济的梳理和论析出发来阐释实践社会科学的研究进路和内容。

然后是笔者对自己一辈子学术历程中的中西矛盾和感情动力的回顾,说明其对笔者学术的决定性影响。随后是一位(笔者不认识的)资深史学家(方志远)从中国正统科班史学的角度来评论、阐释笔者的学术和此篇著作的文章。最后是笔者对自身学术生涯的前四十年所经历的美国学术环境的反思,也是对美国三代不同的中国研究的评析,说明其主导性问题是如何被意识形态所塑造的——我们需要坚强的求真和求善意识来超越一般的问题意识。

下编是笔者和一位神交的经济学—政治经济学同仁(周黎安)关于中国古今的政治经济体系和中国当代发展的对话,虽然是从不同的学科根底(史学和经济学)出发的讨论,但是带有比较难得的亲和性和建设性,可以说对双方的研究都起到积极推进和拓宽的作用。

最后是全书的"结论"性讨论,重点在既拧出当前四大理论流派对认识和理解中国经验分别的洞见,也指出其不同的缺点,目的是要借此来说明笔者所要提倡的研究进路(从经验中来到经验中去,而不是从理论中来到理论中去)、问题意识与求真和前瞻性的求善理念,以及如何连接、融合西方社会科学与中国实际。为的是构建符合(中国)实际的社会科学,也是对西方四大主要理论的正反面的评析,并据此来为中国未来的社会科学以及中国长远的发展道路提出一些前瞻性的思考,希望会对未来的青年学子起到引导作用。

* * *

致谢:黄家亮率先建议编写这样一本书,并为此投入了不少劳动;高原和赵刘洋特地为本书撰写了重要的文章;赵珊为此书组织了上编的诸多学员的课程思考,也搜集了他们的最新信息;尤陈俊为此书将原来的论文压缩了一半以便纳入此书;赖骏楠、余盛锋、方志远、周黎安诸位教授允许我们将他们的文章纳入此书;刘隆进编辑从此书的设想开始便一直给予了许多建设性的意见并起到重要的推动作用。谨此向大家致谢。

导　论

连接经验与理论：国内教学 15 年的回顾、总结与进一步思考

黄宗智

我们研究一个课题，一方面要搜集并精确掌握相关经验材料，尽可能是新鲜的资料，另一方面，要精确掌握现有相关理论。在这个研究过程中，主要问题是：现有理论的概括或预期对我们理解自己搜集的经验证据有什么样的帮助，有什么样的不足或偏颇？更符合经验实际的、更有洞见的是什么样的概括？这两个问题是我一辈子学术生涯探讨的核心，也是我在国内 15 年教学所突出的要点。

我提倡的研究方法是将现有理论当作问题而不是答案，在经验研究中特别聚焦于现有理论间的交锋点或理论与经验间的不相符之处，通过自己新的探索来与现有理论对话而形成自己的论点，根据新经验证据来对现有理论做出取舍、对话、重构、创新，来形成对经验证据的更恰当的概括，借此来推进我们的认识。其中关键在有说服力地连接理论与经验。这不是简单地为了构建理论，也不是简单地为了堆积新的经验知识，而是为了形成紧密连接经验与理论来最好地逼近真实，最好地解决实际问题。这是我在国内这 15 年的教学所试图传达给青年学子的学术理念和方法。

　　"社会、经济与法律:历史与理论"是我按照以上的思路特地为国内研究生设计的一门课程,2005 年以来每年都在中国人民大学开课,面向全国招生,由我自己每年精选 10 到 20 名学生。课程已经开设了 12 届,一开始是全年的课程,逐步浓缩到如今的 7 堂课。

　　课程从基本专著的阅读开始。这是因为,优秀的专著一般都会在不同程度上展示以上总结的方法,即与现有理论的对话,形成既带有强有力的概括又具有扎实的经验证据。那样的专著是组成现有各个学术领域的基本砖石。一个领域的专业化和成熟程度要看它的专著。要进入一个领域,要对其具备发言权,精确掌握其优秀的专著是最基本的条件。我的课程是从锻炼学生怎样去精确掌握专著出发的,当然也是一种锻炼学生未来写作专著的基本功。

　　根据我自己的经验,我们一般刚读完一本书之后,对其的记忆是比较精准的,但几个月之后便会越来越模糊,几年之后,也许除了书的大致好坏之外,根本就不记得其具体论点,更不用说其主要经验证据和据此得出的论析了。那样的话,无论是教学还是在写作中,需要引用的话,还要回去重看。我因此特别强调,应该在自己刚看完一本书之后便写出对自己有用的精确的总结,以便日后写作和教学之用。我自己 30 岁开始采用这个方法,当时用的是 5 乘 7 寸的卡片,每本书几张到十几张。在自己 1990 年代开始使用电脑之前,积累了六个容纳 1000 张卡片的纸箱。使用电脑之后,当然更便利了,每本书按照作者名字输入。那是自己长期积累的一种学术财富。要求学生们这样做,是要让他们养成相似的习惯。(至于原创性专著的写作,我的经验是,经验证据搜集到 2000 张卡片时,那本书便可以写了。)

经过三周的专著阅读之后,我们便进入理论阅读,聚焦于如今学术界影响最大的四大理论流派的代表性著作,包括新自由主义理论、马克思主义理论、实质主义理论和后现代主义理论。这是为了协助学生们进入理论学习,强调的是借助各家各派的不同理论来加强自己对理论的认识和自己的概括能力,要求达到能够借助不同理论来培养自己概括的能力,也是为了培养自己选择带有重要理论含义的研究题目的能力,并加强自己通过与其对话来拓宽自己的视野并提高自己概括的能力。总的目的是学习借助不同理论来形成对自己所聚集的经验证据的恰当有力的概括,为的是形成有说服力、基于扎实经验证据的论点。

一、阅读习惯的培养和训练

(一)阅读和写作优良专著的习惯

如上所述,课程的一个基本目标是协助学生们开始养成系统阅读每个专业领域中的最突出和主要的专著的习惯。在阅读笔记中首先要关注好的专著的结构:每一本有说服力的专著都会具备一个清晰的中心论点以及有说服力的经验证据。阅读一本专著的关键在于掌握其中心论点,包括主要的次级论点,以及支撑那些论点的关键经验证据。精确掌握之后才谈得上对其做出有根据的判断:它将你说服了没有?每一个成熟的专业领域都会具备数十本这种奠基性的、本领域必须掌握的专著。这样才说得上是该专业领域的基本知识和认识,当然也包括其主要分歧。这是要达到具备某一专业领域的发言权的基本条件。

回顾这 15 年来在国内开课的经验，应该可以说，绝大部分研究生都乐意接受养成系统阅读的习惯，并都能够在三四星期内便达到课程要求的基本标准。这无疑对他们长期的专业知识积累和写作会有很大的帮助，一定程度上也会使他们学习到好的专著的基本结构和写法。

根据我的经验，在学生们的这个学习过程中，最难学会的是两种不容易传授的能力。一是求真决心。有的学生似乎生来便具有这样的能力和意志，读了经验证据及其概括便很自然会做出有没有说服力的判断。但这是少数。大多数更倾向以下几种情况：最普遍的也许是，凭借所谓的"观点"来给一本书做出总结和判断，基本不顾经验证据，不会做出有没有说服力的判断，而是仅凭借"观点"是否符合自己现有的偏向来认识、理解、评价一本书。总体来说，这个症状患得最严重的是社会科学的学生，许多比较偏重理论和观点，不顾其经验证据。历史学的学生则好一些，可能会更重视经验论证，但是，不少史学学生，由于缺乏精确掌握概念的训练，因而不能表达清楚一本专著的核心论点，或不能掌握其不同概括之间的关联，也不能抓住其与现存不同理论体系之间的异同。

学术研究的关键当然不仅仅在经验的碎片化叙述，而是在其论点是否紧密连接经验证据，因为这是一本书有没有说服力的关键。它需要借助强有力的论点来概括经验，同时，需要可靠扎实的经验证据来支撑论点。这不是两者任何单一方的问题，而是两者紧密结合的问题。那样的结合是个更高层次的能力和要求，一般不能一蹴而就，需要长期的研究实践来认识、理解、掌握和应用。

这些当然不是简单几个星期的集中投入所能够解决的问题，最终要看研究者本人的求真意志有多强烈，也要看其连接经验和概括的能力。这是个需要长期锻炼和培养的本事，一定程度上要靠一名学生的天赋。它也许是学者们一生中至为关键的因素，不是一门课程几周之内所能传授的，要日久坚持才能见功夫。

(二)专著传统与中国学术

这里要连带说明，中国目前有许多领域还没有能够形成有分量的专著写作的传统。它的基础首先是博士学位和博士论文的制度，在西方被广泛采纳于19、20世纪，如今已成为几乎所有专业领域的普遍制度。所谓的博士论文要求的核心是具有专著规模的学位论文，要求其具备原创性的研究。这样的学术背景已经普遍被设定为大学教员的必备条件。而教授们要拿到终身权(即所谓的tenure，即不可被解雇的权利，其目的在保护学术的自由和独立)，最基本的要求便是一本有分量的专著。与此搭配的是，研究生的培养和训练制度，一般都是从专著阅读入手。史学学科的课程基本分两大类：一是由教授来带领研究生们阅读本领域最重要的专著，称"阅读课"(reading course)；一是"写作课"(writing seminar)，由教授指导学生使用一手资料来作出原创性的文章，为博士论文和其后的专著奠定基础。如此，从博士课程和论文写作，到出版专著和拿到大学教学职位，到培训研究生，成为每个专业领域的一个相互支撑和环环相扣的体系。其中的核心是有分量、有深度、有创新价值的专著。在美国，一般博士论文要投入一两年来搜集材料和阅读档案或做实地调查,加上一两年的写作,之后再加上三四年的修改补充,才会形成一本专著,而成名学者则一般会花上约五年的时间来完成一本专著。

中国目前的情况与此既相似也有一定的不同;它带有深层的制度性矛盾。一方面是博士论文学位制度的全盘采用,但另一方面则是关于量化学术评估管理体系的要求:其重点不在专著而在论文,特别是所谓核心刊物发表的论文,最好是在国际 SSCI 刊物上发表的论文。其量化数据首先直接与拨给各个高校的经费挂钩,因此也成为各个高等院校聘请教员和评职称所主要关注的条件。一定程度上,它妨碍了青年学子集中于有分量的专著的写作,更多偏重短篇论文的写作。部分由于此,中国许多领域都久久未能形成本领域所普遍认可的专著阅读书单。如果有那样的读书单的话,实际上要么多主要以引进和翻译的外国著作来组成,要么仅是教科书型的全而不专,缺乏深度的研究。总体来说,本土生产的典范性专著还比较有限,就连中国研究方面也如此。这是个亟需改革的制度化环境,亟需大力鼓励、推动能够成为下一代学术人员必读的有分量、有深度的专著的写作和积累。

我个人有感于此,于是先在 2016 年创建了青年学子研究资助奖,目的是鼓励青年学子做档案和实地调查等第一手的经验研究。今年(2019 年)春季则设立了"实践社会科学青年学者最佳专著奖",由一个选自全国的 13 位成名学者(名单公开)的推荐委员会来推荐参加比赛的专著,再由一个名单保密的遴选委员会来系统阅读、打分,而后开会讨论来评定出第一届得奖的书。为的是要鼓励有分量、有深度的专著的写作,试图在偏重短篇论文的大环境中,积极鼓励青年学者创作专著。本届我们最终选定了三本书,然后由我自己代表我们遴选委员会写了一篇较详细的文章来向大家说明我们为什么会选上这三本书。之所以这么做是因为我自己,也因为我夫人白凯,在我们的学术生涯经验中,曾经受惠于这样的奖励,形成我们学术生涯的一个重要动力。(专著奖的资源的来源没有什么秘密,是来自我们在国内所买的房子的十年之中的增值。)大家可以在我们的历史与社会高等研究所网站上看到关于第一届的最佳专著奖的公告和对每本书的评论。至于"实践社会科学"这个名词的含义则在本文的下一部分来说明。

二、理论入门

课程的第二部分是理论入门。首先,我这里指的是学术理论,不是被意识形态化的理论。我们之所以必须学习理论是因为,对学术来说,它是一种"核武器"——你要不受它摆布便必须掌握它。有了理论概括,才有可能做出真正有说服力的学术。即便是极其严谨和强有力的经验证据,仅凭其堆积,是不会有强大说服力的,必须要有适当的概括才会有真正的说服力。这是专著与参考书籍或教科书的基本不同。后者只能告诉我们一些基本知识,但无法澄清其所包含的理论含义。空洞的理论则只会给人空洞的感受,有清晰的、概括的经验证据积累才能够影响人们的知识和人们对知识的理解。这是其一。

其二,我们要认识到,世界上没有能够跨越时空,放之四海皆准的普适理论。大部分的现有理论都会试图尽可能地将自身普适化,但实际上,他们都有一定的时空局限,原先是基于某种经验的抽象化,理论化,常常更是理想化("理想类型化")。我教学中发现,有的学生是想要追求某种绝对化的理论而来上课的,但我的课程坚持的却是理论必须结合其经验依据和历史情境来认识和理解。它会有可取的一面,但肯定也会有其局限的一面。我们需要认识到的不仅是现有理论的威力,还有其局限。那样,才可能创建出符合实际的新概括、新理论。也就是说,我们的目的是要将现有理论当作问题,而不是答案。

(一)中国相对现有理论的悖论性

对中国的经验、中国的研究来说,此点应该特别明显。中国无论是其古代历史还是现代历史,都与西方十分不同,而现有理论差不多都是来自西方及其经验的理论。譬如,中国早就形成高人口密度的小农经济,和西方的相对地广人稀的前现代农业十分不同。此点关联到中国现代化途径的不同。如今,中国虽然已经是全球第二大的工业经济体,但其主要的农业经营方式仍然是劳均才约10亩地的小农家庭农场,户均才约15亩,与美国的户均2700亩的企业化农业十分不同,当然也和一个几乎完全以资本主义企业为主要经济单位的经济体十分不同。又譬如,英国和美国的古典自由主义,以及由其延伸而来的古典和新古典经济学,如今乃是全球政治经济理论的主流,一贯强调市场的"看不见的手"所起的关键作用,一贯强调要使国家"干预"市场最小化,认为这是资本主义市场经济发展的不可或缺的关键条件。这样的观点明显不符合中国的现代化经验实际;其中,国家能力的建设是中国现代化中的一个主要因素。在中国近几十年的快速发展经验中,国家无疑起到至为关键的作用。我们也应该注意到,即便是英国和其他西欧国家,其实国家在资本主义早期起到远比古典和新古典经济学所建构的模式要重大得多的作用。

笔者曾经撰写一系列的文章来论证,从英美(西方主流)理论视角来看待的话,中国实际历史经验几乎都是"悖论"的。即,呈现一系列西方理论所认为是不可并存的矛盾现象。譬如:国家干预下的经济发展;没有乡村同步发展的城市经济发展;劳动密集型,或劳动和资本双密集型的,而不是简单的资本密集型机械化的现代农业发展。又譬如,中国法律体系的传统主要是实质主义——即以道德理念为主导的——类型的理性法律体系,而不是形式主义——即形式化逻辑主导类型的理性法律体系等。我四十多岁的时候常对研究生们说:"要认识中国的历史实际和变迁,关键的第一步是认识到中国经验之相对现有社会科学理论的悖论性。"也就是说,要理解中国,必须摆脱盲从西方的现有理论,必须构建更加符合中国实际的理论概括。

问题是,具体怎样来做,怎样才能看到中国的悖论性,怎样才能构建符合中国实际的理论概括?

(二)综合四大理论和借助其相互间的批评

第一步当然是要掌握西方的基本社科理论,因为它目前在全球占据垄断地位。我认为,目前西方影响最大的是四大理论体系:

自由主义、马克思主义、实质主义、后现代主义。要进入学术理论，我们必须掌握以上四大流派的基本思路。这是基础功，是锻炼、培养自己掌握概念的能力的必备条件。我们可以将其视作脑筋里和经验知识积累不同的一块肌肉，要常用、常锻炼才会有力。

同时，不可局限于任何单一派的理论，必须同时掌握四大理论流派。这也是我课程从第四到第七星期的内容，分别是阅读、讨论、分析上列四大理论的优点和弱点，洞见和偏颇。这是因为，除了今天的主流英美自由主义理论之外，其他各大流派几乎都是对主流自由主义的反应、反思。这些另类理论如今都具有深厚的历史积累和传统。我们需要借助他们来认识、反思每一流派，这也是基础功的锻炼。这里再次重申，理论不是答案，更多应该是问题。习惯如此对待理论才会养成有力的思考的能力。

更进一步是连接概念和经验的能力，同样需要长期的使用才会达到一定的功力。我们要求的是，通过这样的连接和判断来决定对理论概念的取舍和使用，最终目的是在这样的过程中，锻炼出构建新的、强有力的理论概念的能力。

对理论阅读的读书笔记的要求是和课程前三周的要求一致的。第一要求是精确掌握，拧出其核心概念，梳理其主要次级概念。我们先要精确清晰地掌握它们，才有可能做出对他们的取舍的决定和有见解的批评。有的理论著作带有类似于专著的经验支撑（譬如，恰亚诺夫的实质主义小农经济理论便如此），我们可以对其经验证据做出判断。大多数的理论则没有类似或同等的经验支撑，那样的话，我常鼓励学生们根据自己更熟悉的中国经验来对其作出判断和取舍。

此外,特别能够协助我们掌握和判断理论的是,与其敌对的理论传统,譬如:马克思主义对自由主义的批评;实质主义理论对自由主义的批评;后现代主义对自由主义及其明显的现代主义的批评。同时,也包括实质主义对不仅是自由主义,也是对马克思主义的批评,以及后现代主义对不仅是自由主义和现代主义的批评,也是其对马克思主义的批评。

这样的阅读和讨论要求不仅要精确掌握基本理论,还要将其问题化。这当然比简单掌握任何单一流派的理论要难。但是,对我们更高一层次的要求会有很大的帮助。四大流派中的后面三派都是"另类"或"在野"的理论,都具有深厚和长期的批判自由主义的传统。对他们的掌握会为我们打开更加宽阔的理论视野。它们能够协助我们从入门性的理论学习进入到高一层次的理论判断,进而进入更高一层次的新理论概念和体系的构建。最好的研究问题常是不同理论流派的交锋点,因为它们几乎必定会涉及比单一理论所生成的更重要、更为基本性的问题,会比简单从任何一流派的次级、三级论点出发来为其搜寻经验依据要高明得多、重要得多。

(三)笔者自身学习理论的过程

以我自己的理论学习经验为例。我在 35 岁之前基本没有接触过理论。这是因为,我的导师萧公权先生和华盛顿大学当年的汉学家和史学家们基本都无顾社科理论,强调的都主要是文本的阅读和新鲜经验资料的搜集和掌握。我在 35 岁之后方才认识到理论对历史和社会科学研究的不可或缺,方才发现了其无穷的威力,其后方才系统学习、阅读理论,逐步认识到其魅人和误人的两个不同方面。

在座的学生应该大都比我更早接触过理论。如果没有接触过理论的话,千万不要因此泄气,因为在许多方面,比较成熟的经验判断能力其实是真正理解理论不可或缺的能力。缺乏这样的能力,就很可能会被理论误导,陷入脱离求真的理论学习,陷入炫耀或以某一种理论或其方法为最终答案或学术捷径的错误。在我接触到的学生之中,便有不少这样的例子。要真做到能够在理论方面创新,用之于阐明新的经验证据,用之于不知不觉之中,而不是陷入仅仅用经验的拼凑来支撑某种时髦或意识形态化"理论"的陷阱中,做到创建新的理论概括的境界,是个永无止境的过程。也可以说,要达到能够真正使用"九阳真经"的内力,或"乾坤大挪移"神功于招数之中,不是一个可以一蹴而就的境界。这里的另一个关键是自己的求真意志和经验判断的能力。

今天回顾,我自己较晚接触理论,而且又是在伴随特别详细的经验资料的整理和分析过程中而进入理论学习的,乃是一种巧合,也是一种运气。这是因为,我的理论学习和探索一直都是在解决经验证据提出的问题的指引下进行的,这就使我避免了盲从理论的错误道路,不会仅以某一理论来主宰自己的研究,更不会将任何理论当作给定真理,凭借其次级的认识来主导自己的研究。也就是说,不会将理论当作给定答案,而是将其当作问题。

另外,不瞒大家说,我一辈子至为关键的学术动力是内心至为深层的矛盾。这个矛盾首先体现于自己作为一个双重文化人——

在感情和理智方面都面对中西文化的深层矛盾。那样的矛盾更具体体现于父母亲之间的矛盾：父亲是辛亥年庚子赔款出国留学的学生，该年全国排名第一，是哥伦比亚大学1918年的经济学博士，代表的是美国的学术、文化和价值观；而母亲则是耕读世家的闺秀，旧学问根底不错，写得一手好字（父亲的重要信件都是由他自己起稿，然后再由母亲抄写一遍）。但两人文化上和性格上矛盾较深，在我这个孩子心中成为深层矛盾的具体化，在感情和理智上都亟需解决。

记得我第一本书的选题——梁启超的自由主义思想，便主要和父亲直接相关，也和我所选择的自由主义导师萧公权老师直接相关。出发点是将自由主义理论当作给定真理。但实际上，那样的研究其实一直没有触及、解决我自己内心中至为深层的矛盾，因此使我对学术的追求一直都缺乏来自内心底层的动力，缺乏积极性，缺乏创新的可能，缺乏真正重要的意义。

第二本华北小农经济书则和母亲直接相关，而后者的主导"问题意识"是要通过我所找到至为详细的历史资料（特别是满铁的农村调查资料）以及自己的实地调查和档案研究，来解决自由主义和马克思主义，也就是当时的美国和中国孰是孰非的深层矛盾。由于这本书才真正涉及自己最最关心的深层问题，对其的投入和兴趣都远远超过第一本书。进入了那样的研究，才给予了我学术研究不断的、可持续一辈子的深层动力。

在研究过程和理论学习过程中，在自由主义和马克思主义的对立之间，我从自由主义得到的是对资本主义经济、社会和法律的认识以及其所包含的一个重要逻辑的理解，从母亲和当时的中国的马克思主义得到的认识则是对劳动人民、资本主义和其另一部分逻辑的认识和理解。出乎我意料之外的是,还在两者之外发现了实质主义理论的独特视角,使我能够想象和构建既不同于自由主义也不同于马克思主义的新理论概括,来认识自己在满铁调查资料以及后来的实地调查资料中所看到的中国实际。其最终的成果是我《华北》和《长江》两书对三大理论流派的综合以及对其分别的批评,由此形成一些比较新颖的概括和理论。

其后的三卷本法律历史研究的路子基本一样。我是从新开放的诉讼案件档案出发,结合实地调查和农村调查资料,由此来决定对各大理论的取舍和重构,目的同样是建构符合中国实际的理论概括。

(四)课程对不同理论家的抉择

因此,在我的课程中,一贯强调,理论学习不可仅限于单一流派,更不能采用二手材料——即通过理论的二手转述来学习某一派的理论,那是个抓不到的痒处,是不可能将其变成自己的东西的学习途径。我们必须深入各派理论家本人的著作中仔细阅读,才有可能真正进入其中。这就涉及不仅是流派的选择,更是各个流派的代表性理论家的选择。

1.第一周:恰亚诺夫

首先是非主流的实质主义理论。这里的选择比较简单直接:

恰亚诺夫乃是迄今最好、最有深度的,比较系统和具有代表性的关于小农经济的理论家。我们可以辅之以其他实质主义理论家(如波兰尼、斯科特等),但恰氏应该可以说是最好的入门选择,也是关于"小农经济"这个中国长久以来最基本的"特色"的论析。从他进入,立刻便可以看到对自由主义—市场主义理论和马克思主义,以及对资本主义—企业经济和社会主义—计划经济的深层批评,说明为什么它们的一些基本概念并不符合小农经济的实际和逻辑。课程因此多年来一直都从这里出发,作为理论入门阅读的第一步。

恰亚诺夫在多方面展示了实质主义理论的特点。他的出发点是一个十分简单和基本的事实:小农户既是一个生产单位,也是一个消费单位,其经济决策同时取决于这两种考虑,这就十分不同于一个资本主义企业单位,后者关注的仅是营利。同时,小农户依赖的是自家的劳动力而不是雇用的劳动力。这个基本不同促使小农户的经济行为与资本主义企业,或形式主义理论建构的"理性经济人"十分不同。其中一个关键不同是,一个资本主义经营单位在边际报酬超过添加劳动力的成本时,便会停止投入进一步的劳动力,因为那样是会亏本的,但小农户则在人多地少土地不足的情况下,会为了生存的消费需要而几乎无限地继续投入更为密集的劳动力。在生存的压力下,小农户其实能够借此在单位土地上获得更高的产出,因此也能够支撑比一个资本主义农场更高的地价。这是为什么明清时期在江南地区小农经济居然能够消灭资本主义型的经营式农场的道理,也是为什么今天中国的农业企业仍然主要依赖与小农户签订订单或合同来进行农业生产,大多并不直接进行农业生产,只将自己限于加工和销售的环节。

这是个有经验限定范围——即小农经济——的理论分析,不是一个具有普世野心的理论建构。它很好地展示了笔者称之为"到最基本的事实中去探寻最重要的概念"的研究进路。它是个紧密连接经验与概括的论点,不是一个纯理论化的建构。它要解决的是真实世界的问题,不是建构一个脱离实际的理想类型理论。对今天的中国来说,恰亚诺夫最重要的洞见也许是,他预见到一个在高度市场化和高度资本主义化的世界中,小农经济会仍然顽强持续的这个基本实际。①

2.第二周:韦伯

第二周要处理的是自由主义—市场主义—资本主义理论。我曾经尝试使用舒尔茨、诺斯和科斯等诺贝尔经济学奖得主为此理论流派的代表,但发现,他们三人比较明显地是过度理论化的理论家,学习他们的著作,与其说是在学习某种直接涉及实际的理论,不如说是在学习一套抽象的、脱离实际的理念或理想类型,学习一套从给定前提,如"理性经济人"和"纯竞争性市场",然后凭借逻辑

---

① 这里聚焦于他理论的洞见。要说其理论最显著的弱点的话,我认为是他(针对列宁)提出的"人口分化论"(区别于列宁的"阶级分化论"),它无顾私有土地所起的作用,假设小农户都可以获得其所需要的土地,因此,其贫富分化主要取决于家庭的消费者对劳动者的比例。在孩子们刚出生的时候,可能达到 4 个消费者(孩子 2 人或更多,父母 2 人)对 2 个生产者的比例,消费压力较高,但孩子们一旦进入劳动,则会变成 4 个消费者对 4 个生产者的情况,消费压力较低,产出较高。显然,在中国的历史实际中,唯有集体化时期才属于如此的客观条件,其他时期则都更多取决于家庭所拥有的土地和财产。

而得出的一种对复杂实际的理想化、简单化,乃至于意识形态化的演绎。那样的简单化虽然也带有一定的洞察力,但脱离实际较远,而且容易陷入一种迷信似的理论主义和方法主义,完全脱离实际和经验研究的学习。我发现,由于自己作为历史学家对其经验证据的不满和否定,用它们来教学生,自己缺乏积极性,也起不到建设性的作用。

与其不同,韦伯既带有高度精准的形式主义、自由主义逻辑,也带有一定的历史维度。他的著作既包含来自自由主义、市场主义和形式化逻辑的理论体系,也包含相对比较符合历史经验的维度和视野十分宽阔的比较史维度。两个维度的并存和其间的张力既赋予其理论体系更深入的内容,也突出了我们真正要探讨的问题:即理论概括与经验证据间的关联的问题。他的总体框架称得上"博大精深",既能代表形式化理论的洞察力,也能代表其局限,更适合青年学子的理论学习。这是因为韦伯既是一位理论家,同时也是一位历史学家,两者间的张力既是他的理论体系的优点,也是他的理论体系的矛盾点,适合学生们深度学习。由于我自己从韦伯学到很多,也更能为学生们点出他的贡献和优点。在法律史方面,他极其清晰地说明了形式化逻辑在西方法律传统中所占据的核心地位。

虽然如此,我们仍然应该看到韦伯的偏颇。一方面,在其关于人类文明诸多法律体系的历史演变叙述中,他展示了考虑历史实际与其自身的理想类型建构之间的不同。譬如,他一度将中华法系总结为一个"实质理性"体系:既具有他所批评的实质主义倾向——缺乏形式或演绎逻辑的整合性,又带有一定的非理性维度——带有君主意志的干预和非形式化的道德理念等,但同时也带有一定的理性,尤其是可预测性。但是,他对中国以及其他文明的法律传统的长篇论述的最终结论,却是将中华法系认定为"实质非理性"类型,简单将其和西方的"形式理性"对立为非此即彼、二元对立的"他者"。他对社会主义及马克思主义的最终判断也如此,即一度暂时称之为一种"实质理性",但最终仍然将其认定为"实质非理性"。至于中国的"世袭君主(家产)制"(patrimonialism),他也一度将其与现代"科层制"(bureaucracy)联合使用,将中国的传统治理体系论析为一个兼具两者的"世袭君主科层制"(patrimonial bureaucracy),但是,最终又返回到将中国的政治经济体系简单化为"世袭君主制"的非现代、非理性的判断。在以上的例子中,我们一方面可以看到韦伯结合历史学家和理论家,结合实质历史和理论理想类型的复杂性和高妙之处,但又同时可以看到他的深层"形式理性"主义,也是他的西方中心主义,和对实质理性主义和非西方文明的最终拒绝。说到底,他思想和核心是理性主义的、西方主义的,更是形式主义和自由主义的,带有强烈的主观主义倾向。正因为如此,他才会被后现代主义理论家们批评为一位现代主义和西方中心主义的理论家。

3.第三周:吉尔茨、萨义德

第三周阅读的是后现代主义理论家,特别是如今在学术界以及中国研究中影响最大的两位:吉尔茨和萨义德。吉尔茨通过突出"地方性知识"——即特定的、非西方的地方性"意义网络"来质疑、批评现代主义和科学主义;萨义德则通过对现代主义"话语",尤其是其对所谓的"东方主义"的话语建构的分析,来阐明西方现代主义背后的科学主义和西方中心主义。他们两人说明的是,"东方"在西方的理解中,从来不是一个客观真实的东西,而是一种话语建构,直接涉及后来的帝国主义和殖民地之间的支配性权力关系和借口。这是他们至为关键的贡献,引发了对西方现代主义的深层反思,也进一步推动了不仅是关于非西方文化的深入研究,更是关乎几乎所有被强势的现代主义所忽视的弱势群体的研究,并在西方社会相当广泛激起宽容的多元文化主义(multi-culturalism)。

同时,我们也需要特别关注到,中国和西方的学术界对后现代主义的继受和理解十分不同:对西方和吉尔茨—萨义德来说,它主要是一种认识论上批评西方现代对科学主义/实证主义的过分信赖,并连带指出其西方中心主义,而对中国来说,则前者影响不大,后现代主义主要是被理解为后者,即被当作质疑西方中心主义的理论来理解。这是因为,中国目前仍然主要关心"现代化"和科学化的发展,深深陷入现代科学主义的认识论,缺乏后现代主义那样的对两者的深层反思。

我个人认为,这样的中国学者对后现代主义的不同于西方的理解,是一种来自深层的去西方中心主义化的感情上的要求的认识。中国学生也因此常会看不到吉尔茨和萨义德思想中的真正的核心:即对现代主义中的科学主义、实证主义认识论的基本性质疑——之前相信上帝,后来相信科学,现在则根本性地怀疑科学主义和实证主义。因此,学不到其理论在这方面的洞见,也看不到其在认识论方面强烈偏重话语或表达过与实际的偏颇——吉尔茨和萨义德甚至于走到拒绝任何客观真实的极端的偏颇,走到一种话语主义和相对主义的极端。中国的后现代主义者则主要只借此理论来满足自己内心的感情上的要求:即去西方中心主义化,乃至于以中国中心主义来取代之。那是我们要克服的一个认识上的障碍。

我们对后现代主义的阅读的目的,不是要借助其来打击西方中心主义,更不是要借此来建立中国中心主义,而是要借助它来对西方的现代主义提出根本性的质疑,将现代主义和科学主义问题化,达到对"现代"更为深层的认识,达到能够质疑其核心教条的认识。同时,也要对后现代主义的强烈的认识论上的虚无主义——一切不过是话语的建构,谈不上客观真实——提出批评和质疑。

4.第四周:布迪厄

我们第四周的选择需要更多的解释。在中国现今的语境之中,很难传达马克思主义理论的神髓,如其从生产方式和生产关系间的互动来认识历史的洞见,以及其对资本主义生产方式的强有力的深层批评。这是因为,年青一代已经比较完全地拒绝这种被其视作"政治课"内容的讨论,认为其毫无实质性意义,只不过是一种迫不得已要掌握的政治课和学习的摆设。对待"毛泽东思想"也基本如此。

鉴于此,课程选择的是如今最有生命力和影响最大的布迪厄的"实践理论"来作为马克思主义理论学习的入门途径。布迪厄的一个至为重要的贡献是拓宽了马克思主义的阶级分析。他非常鲜明地将马克思主义的阶级分析从物质层面推进到"象征"层面:他详细论析,"资本"不一定是物化的东西,更可以是象征的东西(这里我们可以用品牌的例子来说明,譬如苹果手机)。它可以和物质资本相互转换。我们不可简单地将资本看作物化的东西。布迪厄这个洞见对众多社会科学影响深远,促使"象征资本""文化资本""社会资本",乃至与"关系资本"等概念成为学者们常用的词句和概念范畴。

布迪厄的理论还点出了西方社科理论的一关键弱点。他指出,现有社科理论充满主观主义和客观主义,意志主义和结构主义的非此即彼二元对立。他的实践理论的用意是要超越这样的二元对立,将研究的重点从理念转移到实践,指出前者可以是逻辑上自洽的,可以是被形式化的,而后者则不可。因为实践几乎必定既涉及客观,也涉及主观;既涉及阶级结构,也涉及个人意志。实践会涉及结构性和客观性的阶级背景,同时也会涉及意志性和主观性的临时的、紧迫的抉择。主观的逻辑可能是清晰和形式化的,实践的逻辑则是模糊的和带有临时性的。前者可以简单通过形式化来表达和认识;后者则需要从实践中来,到实践中去的逻辑来认识。这就点出了理论建构和经验实践的长期以来的矛盾关系;我们需要超越非此即彼的二元对立来认识。这无疑是对主观主义理想类型的自由主义和市场主义的根本性质疑和批评。当然,一定程度上也是对马克思主义、唯物主义、结构主义以及客观主义的修正和批评。

以阶级分析为例,布迪厄认为它应该被理解为一种"习性",是人们通过一生由于其阶级背景而形成的习性来影响他们的行动和主观意识，但又不是简单地决定行动，只是一种阶级倾向。在实践之中，更会受到临时性和主观性抉择的影响。借此，布迪厄既批评了简单、机械的阶级论，也拓宽了传统马克思主义阶级关系的论析。

用于中国，我们可以看到布迪厄实践理论与毛泽东思想中的实践理论的亲和性。我们只需要回顾，在大革命失败之后，在共产国际的领导和资助下，要提出基于中国实际和中国实践需要的"路线"是多么的不容易，要质疑以城市为中心的革命理论模式，提倡以农村为主的革命根据地建设、以农村包围城市为主要革命战略，是多么的不容易。其所要面对的，是要挑战根据形式化马克思主义理论经典和通过苏联的革命经验而成为（共产国际所认定为）理论的正统思想。（当然，我这里要指出的是毛泽东作为反主流、反教条的革命家的传统，不是指后来上升为一切工作行动指南的意识形态的传统。）

更有进者，我们应该同时能够看到，布迪厄的实践理论应该被清楚区别于许多现代主义的理论模式，即如今的一些市场主义、私有产权主义、纯资本主义、科学主义等模式，他们多被认为是中国必须将其当作典范的现代化指导模式。也就是说，西方的发展经验总体上被认为是中国必须模仿的模式，是普世性的，无可置疑的。也就是说，根本就谈不上中国自身的主体性。

与此不同，在布迪厄所突出的实践中，不可能仅涉及模式的抉择，不可能仅涉及主观抉择，必须要照顾到中国的实际环境，其在中国的可行性。也就是说，无论政策或法律条文如何，在实践之中必定会掺入中国的实际情况,由此而体现、展示中国的特殊性和主体性。所以,可以说,实践一般不可避免地会带有中国自身的主体性,无论好坏。在现代主义和西方理论普遍占据统治地位的今天,提倡政策和认识要从实践中来到实践中去,乃是建立中国主体性的一条关键道路,也是有可能突破盲目追随西方理论、模仿西方做法的一条途径。

举例说,观察中国的"摸着石头过河"的经济发展实践经验,是认识和理解中国发展经验、发展实践的一个有效途径。挖掘其中所包含的逻辑,将之区别于西方主流理论所构建的逻辑,才是真正认识中国发展经验的正确途径。它也是建立、奠定中国在社科理论方面的主体性的有效途径。认识中国的小农经济演变也一样。

当然,这并不是说,实践一定都是好的。实践之中,当然既有好的和成功的经验,足可作为构建带有中国主体性的,也就是带有与西方不同的,或对其有修改和批评的理论。但也会有错误的,展示错误的或使人忧虑的做法,同样需要总结和理论概括,同样需要纳入理论构建之中。我曾经论述过一些错误的经验,不仅是农业经济方面偏重规模化农场的政策,也是立法和施法方面的一些错误的教训,包括没有限制地大规模使用"非正规"工人,即没有或少有劳动法律保护和社会福利的工人,尤其是农民工,以及引进和大规模扩大西方关于"临时性、辅助性、或替代性"的"劳务派遣"理论。这里不再赘述了。

大家明鉴,我所提倡的"实践社会科学""实践社会科学青年学者最佳专著奖"以及"实践社会科学系列丛书"等都和以上总结讨论的内容相关。

虽然如此，还应该说明，布迪厄的"实践"主要是一个横切面中的实践，而我的所谓"实践"更多侧重长时段历史变迁中的"实践"，而且是相对"话语"或"表达"而言的实践。该两维度乃是认识中国长时段法律史实际和变迁所不可或缺的维度，也是拙作"实用道德主义"论点的关键。布迪厄则对法律史涉及较少，其"实践"范畴并没有那两个维度。也就是说，此"实践"并不简单是彼"实践"，而是我和布迪厄有意识的不同。

三、对课程的进一步反思

由于部分"实践"既有好的也有坏的实例，而布迪厄的理论并没有明确对待这个问题，我在设计完毕上述的课程之后，也对其进行了一定程度的反思。

布迪厄实践理论的一个关键弱点是没有处理善、恶实践的区分。这也许是因为，作为一位人类学家，他的自我认同是一位客观观察者，只关注实然，不明确地关注或处理应然。同时，也许也反映了他对被高度理想化的主流经济学的不满。虽然如此，他在前瞻方面无疑自视为一位社会主义者（虽然，有的正统马克思主义者会拒绝接纳他，将他认作一个过分修正主义的理论者），并且一辈子都积极参与了劳动人民的政治活动，在政治行动层面上一而贯之地为劳动人民的权益而斗争。在其理论中，也展示了对阶级关系中的"象征暴力"的敏感性———种需要具备阶级感情的敏感性。也许，他认为自己对劳动人民的认同和支持，以及对社会主义理念的支持，是不言自明的、不需要在理论上表明的给定前提。无论如何,没有怀疑的是,他并没有在理论层面上试图重新论析其前瞻理念,重新论析或将自己对劳动人民的认同给予理论处理。

正是在这方面,笔者认为西方启蒙大师康德的"实践理性"论述可以赋予布迪厄实践理论其所需要的道德和前瞻维度,一条可以赖以区别"好""坏"实践的途径。简言之,康德论析,在"纯理性"(pure reason)和行动之间,我们需要关注到作为中介的"实践理性"(或"实用理性",practical reason),而这正是其"绝对命令"(categorial imperative)的关注点所在:即你是否愿意以你行动依据的原则成为普适的规则?如果是,便可以据此而行动;如果不是,则不可。

康德这里所表达的道德理念,虽然在我们的高度科学主义主义化世界之中,已经较少被人们所想到或引用,明显和儒家的"己所不欲,勿施于人""黄金规则"带有一定的亲和性,共通性,可以被设定为一个普适应用的道德准则。同时,它与中国革命道德理念黄金时期的优良"为人民服务"理念也带有一定的亲和性,可以依赖为区别"好与坏的实践,善与恶的法律"的关键。

中华法系长期以来的最根本性特色是在道德与实用两者兼顾,儒家善与恶观念和法家实用法律的长期结合(笔者称之为"实用道德主义"),可以明确区别于西方现代社科理论之二元对立、非此即彼的理论思维,并和布迪厄以及康德的实践、实用思路带有一定的亲和性,能够联结理念和实践来成为一个总体的理论体系,既可避免非此即彼的二元对立、脱离实际的理论建构而承继中国的二元合一理论模式和思维,更能明确地指导一个现代中华法系、现代中国思维的理论体系。据此,当可避免西方现代社科理论的非此即彼、二元对立思维习惯的关键弱点,并且应该可以更完整地捕获更为复杂二元和多元的现代实际,更能成为一个中西互补的理论框架,允许更具有中国特色的理论建构,并借此来纠正西方现代理论的偏颇。

一个具体的例子是,西方的高度形式逻辑化法律,导致了一个必分对错的过度对抗性法律制度。譬如,它从个人权利出发,演绎出侵权法中的必分对错,有过错才谈得上赔偿的法律原则。而中国的实用道德主义则不然,它强烈倾向从实际出发,认为众多侵权、赔偿纠纷其实是被偶然引发的,并没有明确的对错,而法律不该像西方法律那样因此而拒绝处理其所导致的社会纠纷。这正是中国调解制度的基本出发点。我自己由此得出的结论是,中国法律不妨采纳这样一个实用道德主义的进路:在实际情况有明确对错的纠纷之中,采用西式的侵权法律,但在没有明确对错的纠纷之中,则采用中国式的凭借"和"与"仁"的道德理念来进行实用性的妥协调解。这是形式主义理性正义和实质主义理性正义鲜明不同的一个实例。

四、中西理论的并存与互动:二元和多元的并存互动和超越

从总体性的框架角度来说,我对建构符合中国实际的理论的设想是,通过中西互动来追求两者的良性融合,乃至于实现对其的超越。在中国的历史中,有不少面对对立的二元而试图综合两者

来超越双方的先例。首先是汉武帝时期所形成的"法律的儒家化"——即在其前简单偏重刑罚和实用的法家法律之上,添加了儒家的道德观念,形成了所谓的"阳儒阴法"的结合体。瞿同祖先生的关于"法律的儒家化"的开创性研究特别强调的是儒家的等级观念,区分长幼、尊卑、男女之间的不同;但我则更加强调,不是这种过时的传统,而是适用于今天的、儒家以仁为核心的道德观,以及法家的实用性的施法,两者合一,形成一个具有更顽强生命力、更可长期持续的体系,一个既有(可以称作)硬实力也有"软实力"的体系,一个严峻的父亲和仁慈的母亲二者合一的法律传统。那也是基于"仁"价值观的民间调解和以刑法为主的法庭施法两者结合的独特的"中华法系"传统,至今仍然可以见于中国、日本和韩国的法律体系,与西方偏重必分对错的对抗性法律制度十分不同。也正因为其社会中呈现的调解制度,中国古代的国家法律才可能形成"以刑为主"的法律体系。这个特色今天仍然清晰可见,乃是中国整体的正义体系与西方的一个基本不同。

今天,这个关键性的传统不仅可见于仍然广泛存在的非正式调解,也可以见于广泛存在的来自非正式和正式正义体系之间的互动而形成的半正式正义体系。非正式的正义体系主要是基层社会的民间调解,如今仍然处理每年有记录的 2500 万起纠纷中的约 1000 万起(这是我根据 2005 到 2009 五年的综合的平均数据),而半正式的调解,如基层的法律服务所调解,工商部门下设的消费者调解,公安部门从事的公安调解等,处理了约 1000 万起纠纷。正式法庭才处理总共约 500 万起(占总数的 20%)的纠纷,而且其中有三分之一是调解结案的。与西方的法律体系相比,其真正中国式的调解处理才约占所有纠纷中的 2% 左右,与中国十分不同。调解是中国正义体系的一个非常突出的特色。这个传统显然是一个应该维持下去的传统,可以进一步精准化、明确化,既继受中华法系的传统,也继续引进、推进西方法庭运作中的更为精确的条文和操作,在优良的调解传统之上,加上从西方引进的保护公民权利的正义体系。

再则是中国文化传统中对待不同思想传统的思维和方式,譬如,儒家、道家和佛家的结合。那样的多元结合,可以是并不相互排除的和良性的。今天的中国所面对的问题,完全可以采用这样的思维和态度来处理,使其多元并存,相互作用,在其中追求融合、超越。无论是"全盘西化"还是"本土资源"的非此即彼建构的任何一方都是不可持续的,也不符合中国现代中西方两者并存的既定基本实际。两者如何良性结合,为我们的理论想象和创建提供了非常丰富的可能。这样的结合不是说要简单地不加思索的混合,而是要求从中国的调和多种传统的思想传统出发,系统清晰地追求融合和超越。这才是真正符合今天的中国实际的理论建构。

以今天的青年学生和学者为例,其今天的思想,在中西冲击、古今冲击、新旧冲击,乃至于革命和改革的不同潮流的冲击之下,一定程度上类似于一种漩涡式的大环境,我们完全可能被其淹没,完全失去方向和主体性,完全陷入虚无和迷茫状态,不知去向,或趋向单一的选择,走向极端;也容易陷入简单的功利主义——譬如,借助西方时髦的理论或意识形态或貌似"科学"的计量等方法来做"研究",追求的不是实质性的创建,而是功利性的回报,甚至是自欺欺人。这是年轻一代,也是现当代中国,所面对的不可避免的处境。一方面，它可能使我们完全失去自己的方向，另一方面，它也可能成为我们特殊的挑战和机遇，成为我们超越中西、新旧、革命和改革的分歧的机遇，探寻创建新的，既是现代的、也是中华文明的新道路。

在学术研究方面，它有可能成为我们创建崭新的超越性现代中华文化和学术的机遇。它是一个对我们求真求实的意志的考验，也是我们不仅为中国文明，更为新的世界文明探寻新的出路的挑战。谨以此与中国新一代的青年学者共勉！

附录一

"社会、经济与法律：历史与理论"
——黄宗智 2019 年研修班课程大纲

此门课程的基本设想是把我在加利福尼亚大学设计的博士课程核心内容压缩到七个星期,分两部分:第一部分三个星期,集中于专著阅读方法和习惯养成,也是专著写作的学习;第二部分四个星期,集中于学术理论的掌握和运用以及新概念的创造。课程作业要求较高,2010—2018 年学生每周平均投入三个全天或更多的时间。课程大纲之外,可以参考历届学员总结(http://www.lishiyushehui.cn/modules/course/index.php？ac＝article2&course_id＝3)。课程将于2019 年 10 月 18 日上第一堂课,11 月 29 日上最后一堂课。

课程将面向全国招生,对象是立志做学术研究的优秀在读研究生,以法学(尤其是法理和法史)、(农业)经济学、社会学—人类学、历史学和公共管理/政治专业学生为主。

欲参加遴选的学生请于 2019 年 8 月 1 日之前把申请表(http://www.lishiyushehui.cn/modules/topic/detail.php？topic_id＝916)、自我介绍、为什么要参加和为什么应该被选的说明,并附一篇关于下列黄宗智六本书的任何一本的读书报告,发到我电子信箱(philipcchuang@gmail.com,抄送 huang@history.ucla.edu)。读书报告将是遴选的关键,请尽可能按照本大纲的要求来写,不要使用自己在别的场合中所写的论文。

通过首次筛选的学生将由我自己直接通知上课时间和地点。课程最终被录取的学生将于第三堂课结束后确定。一如以往,抄袭读书笔记(15 年中有 2 名)或不认真提交达到要求的读书报告的学生(15 年中有 1 名)将会被"劝退"。

＊课程内容介绍＊

此门课程的中心问题是事实和概念的连接,也可以说是经验研究和理论概念的媒介。这不是一朝一夕、一年半载的事,而是每一个研究人员终身面对的问题。它是每一个人需要通过研究的实践来寻找答案的问题,唯有通过具体去做才有可能发现自己的长处和短处,并形成自己独特的风格。

根据我的经验,美国学生比较偏向理论,近一二十年来尤其如此。经验知识需要长期的积累,而时髦理论则可以很快掌握。因此,越聪明的青年学生越偏向理论,每一代都如此。我在这里强调的"因此"是经验研究的那一只手。国内实证研究的传统比较强,起码法史和历史学科如此,倒是学术理论上的训练可能比较薄弱。因此,我这门课程的第二部分在设计上更强调学术理论传统的掌握和形成,但是不可脱离经验研究。

我们阅读的书也是从这个角度来选择的。纯理论性的著作不大容易掌握,我一般的做法是把某一理论著作和使用那个理论的经验研究放在一起来读。那样,更容易掌握理论概念,也更容易进行判断,决定取舍。这门课程第一部分限于时间将主要阅读我自己的几本法律和农村社会经济的专著,从这几本书中讨论比较多的不同理论著作。这些著作不一定和你的专业直接相关,但是可以用锻炼自己理论能力的态度来读。我的几本专著比一般历史学著作更多引用理论,因此也可以看作是向阅读纯理论性著作的过渡。另一考虑是我要强调的养成精确阅读的方法和习惯:作为作者本人,我更有资格判断你的笔记到底精确与否,协助你养成高效率精确阅读的习惯。然后,我们将进入理论入门阅读,主要是当今四大主要理论流派的基本著作,并借助各流派对其他流派的批评来掌握、选择和反思理论。这两个阅读的课程部分大致相当于美国研究生培训中的"reading course",所不同之处在于比较系统的理论介绍。

课程原有的第三部分重点在原创性论文写作,大致相当于美国的"writing seminar"。由于课程此部分需要较长时间,不容易浓缩,最近几年用高研所的写作会来替代。被邀请参加的学生需要提交一篇原创性研究论文供大家讨论并参与所有其他文章的讨论。最近几年写作会一般只聚会一全天,集中讨论成员提交的文章。

一、阅读方法与习惯

我个人认为,学术专著都应带有一个中心论点来概括其经验证据,而阅读那样的著作,首先是要掌握其中心论点,用自己的话(一段,甚或是一句话)表达出来。然后,用三四段总结其主要的次级论点,同时总结其经验证据,注意到概念与经验证据的连接。总结的时候,必须要精确,并尽可能用自己的话(因为那样才会消化,使它变成自己的东西)。一个可行的阅读次序是先看首尾,掌握其中心论点之后才逐章阅读,每章看完之后用自己的话总结。最后要回答这样一个问题:作者把你说服了没有,为什么?(甚或更进一步:如果由你来写这本书,你会做怎样的修改?)至于比较纯理论性的著作,我们要问:它对了解中国的实际或你自己的研究课题有什么用?

这样的看书写笔记方法乃是一种思维上的锻炼,也是养成自己的思考、写作习惯的办法。关键在养成对理论和经验研究的连接做出判断的习惯,也在看后就写系统笔记的习惯,不可依赖自己的记忆,因为几个月(最多一两年)之后肯定会变得模糊不清。笔记最好既不要太简短也不要太详细,应约两三千字。这样长年积累,随时可供将来的研究和教学之用。为了帮助大家养成好的阅读和写笔记习惯,请大家每周提交一篇书面的读书笔记给我看。每周的阅读和写笔记估计需要起码三个全天时间。

上课时我将随时点名,请两三人做10分钟以下的总结。班上讨论程序是:先把要讨论的著作精确地"放在桌面上",然后才进行讨论。以下是每周必读的一本书。先是本课程的基本阅读材料,学生可以把重点放在法律史和(社会)经济史两者之中任何一个,但最理想的是跨越两个领域、同时参与两个领域的讨论。这是因为社会经济史可以为法史研究提供相关背景和问题意识,而法史

研究和材料则可以为经济史和社会史提供重要的材料和不同的
视角:

1.黄宗智:《华北的小农经济与社会变迁》,北京:中华书局,
2006[2000,1985]年;北京:法律出版社,2014年。或黄宗智:《清
代的法律、社会与文化:民法的表达与实践》,上海:上海书店出版
社,2007[2001]年;北京:法律出版社,2014年。

2.黄宗智:《长江三角洲小农家庭与乡村发展》,北京:中华书
局,2006[2000,1990]年;北京:法律出版社,2014年。或黄宗智:
《法典、习俗与司法实践:清代与民国的比较》,上海:上海书店出版
社,2007[2003,2001]年;北京:法律出版社,2014年。

3.黄宗智:《过去和现在:中国民事法律实践的探索》,北京:法
律出版社,2009年、2014年。或黄宗智:《超越左右:从实践历史探
寻中国农村发展出路》,北京:法律出版社,2014年。

二、学术理论入门

以下转入理论阅读。我个人认为,学习理论,不应限于任何一
个传统或流派,而应从掌握各个主要传统的基本论点出发,借助它
们来反思其他各个流派,用经验实际来决定取舍,按实用需要来挑
选,完全可以同时采用不同理论的不同部分。更好的办法是从不
同流派的交锋点出发,根据实际的经验证据来建立自己的概念和
解答。也可以说,我们要从理论得到的不是答案,而是问题。

下列书单是今天主要理论体系的一些入门性著作,主要是四
大理论流派——实质主义、形式主义、后现代主义和马克思主义,

阅读目的是建立基础,让大家今后可以自己按兴趣和需要继续深入。

此部分的阅读可以参考我的《实践与理论:中国的社会、经济与法律的历史与现实研究》(法律出版社,2015 年),该书较详细地讨论了下列每位理论家对理解中国的可能用处,并提供了根据他们的影响来建构新鲜概念/理论的实际例子。(我之所以编写该书是为了让未来的学生能够通过它来自学这里提倡的一套学术方法。)

1.恰亚诺夫著,肖正洪译:《农民经济组织》,北京:中央编译出版社,1996 年。这是"实质主义"理论的代表性著作,对形式主义(新自由主义)和马克思主义理论都有深层的批评,并且特别有助于理解小农经济。参考:詹姆斯·斯科特著,程立显、刘建等译:《农民的道义经济学:东南亚的反叛与生存》,南京:译林出版社,2001 年。

2.韦伯著,康乐、简惠美译:《法律社会学》,桂林:广西师范大学出版社,2005 年。这是法律形式主义/自由主义的权威性著作,但书的组织(作者去世之后)有点混乱,最好先读第一章结尾总结四大理想类型部分后,跳过前三章直接进入第四章,掌握全书脉络后才回来读前三章。不然,会觉得摸不到要点。

3.吉尔茨著,邓正来译:《地方性知识:事实与法律的比较透视》,载梁治平编,《法律的文化解释》,北京:生活·读书·新知三联书店,1999 年,第 73—171 页。萨义德著,王宇振译:《东方主义》,北京:生活·读书·新知三联书店,1999 年,第 1—144 页。这两本是后现代主义("地方性知识"和"话语"分析)的代表性著作,特别有助于反思"现代主义",包括新自由主义和马克思主义。

4.布迪厄著,蒋梓华译:《实践感》,南京:译林出版社,2003年。不必读第二卷不十分突出的经验研究。先掌握"习性"和"象征资本"两大理论概念,而后进入其他方面。不要陷入布迪厄与大家不太熟悉的众多理论对手的对话,集中于其与马克思主义和新自由主义理论的对话。此书拓宽了马克思主义理论,纳入"象征"领域的论析,也许比经典马克思主义更受国内青年学生欢迎。

三、研究写作

本人从1976到1990年集中于中国农村家庭的社会经济研究,从微观层面来分析、理解宏观经济和社会结构,尤以基层原始调查资料为主。之后,从1988年到我退休的2004年,则更多集中于从诉讼案件出发来做带有社会和理论关怀的法史与法学研究。而最近十几年在国内教学,更强调历史与现实的连接,把研究范围从清代与民国延伸到当代,并从历史延伸到立法。

学生们最好通过自己的研究或关系去搜集一手调查材料或诉讼案件,包括当代的案件。在诉讼案件方面,台湾淡水—新竹档案(行政、民事、刑事)已经出版。巴县档案也有《清代巴县档案汇编 乾隆卷》和《清代乾嘉道巴县档案选编》可供使用。同时,我将为学生们提供我和夫人白凯20多年以来搜集的部分案件档案(全部材料已经捐赠给美国斯坦福大学东亚图书馆——见"Philip Huang - Kathryn Bernhardt Collection",但我自己和人大图书馆存有清代巴县和[顺天府]宝坻县部分民事案件的pdf文档,共约400

起,可供阅读和复制)。欢迎学生们使用。

  课程的基本要求是在本学期内提交一篇八千字以上的原创性学术论文。"原创性"是指既带有新鲜经验证据也带有新鲜概念的文章。研究课题设计的关键首先是选择一个自己特别关心而在经验研究层面上可能有所创新的题目,通过新鲜材料的掌握,建立中层(即,可以凭经验证据论证)的新概念(区别于不可论证的大理论)。应该避免空泛的理论探讨,以及没有问题意识的经验信息堆积。根据上一届("法史与法理:诉讼案件研究",2013年春季)的经验,可能会有一半以上学生的论文能够达到可以发表的水平。

  学员们应在两周之内确定研究的题目和基本材料。然后,在投入资料的阅读和整理之后,拟出一个论文提纲。提纲应该具有一个中心论点或问题,而文章的各部分应为证明自己的中心论点提出前后一贯的论证和阐释。将由全班学生一起讨论初稿,然后在修改之后再次由全班学生一起讨论。最后是论文本身的写作,初稿应该在课程结束之后三周之内完成。

A.诉讼案件史料示例:

  《淡新档案》,第一编(行政)1—16册,第二编(民事)17—24册,第三编(刑事)25—32册,1995—2009。(中国国家图书馆藏)

  《清代乾嘉道巴县档案选编》(上、下),四川大学历史系,1996。(电子版见 http://ishare.iask.sina.com.cn/f/13543329.html)

  《清代巴县档案汇编乾隆卷》,北京:档案出版社,1991。(电子版见 https://m.ishare.iask.sina.com.cn/f/5604448.html)

《巴县档案》，土地、债务、婚姻（奸情）、继承类，1760—1859年，共 300 起案件。PDF 文档，3 卷，共 3996 页。

《顺天府宝坻县档案》，土地、债务、婚姻（奸情）、继承类。1810—1910 年代共 118 起案件。PDF 文档，3 卷，共 1621 页。

《刑案汇览》，台北：成文出版社，1968，8 册。

中国裁判文书网，http://wenshu.court.gov.cn/（使用实例见黄宗智《中国的劳务派遣：从诉讼档案出发的研究（之一）》，载《开放时代》，2017 年第 3 期：126—147 页）。

B.（社会）经济史基本研究史料示例：

中国农村惯行调查刊行会（1952—1958）：《中国农村惯行调查》六卷，东京：岩波书店。

南满洲铁道株式会社，冀东农村实态调查班（1937）：《第二次冀东农村实态调查报告书：统计篇》，第一班：平谷县、第三班：丰润县、第四班：昌黎县，大连：南满洲铁道株式会社。

南满洲铁道株式会社，上海事务所（1939、1940、1941）：《江苏省无锡县农村实态调查报告书》《江苏省南通县农村实态调查报告书》《江苏省松江县农村实态调查报告书》《上海特别市嘉定区农村实态调查报告书》《江苏省常熟县农村实态调查报告书》《江苏省太仓县农村实态调查报告书》，无出版处。

李文治编（1957）：《中国近代农业史资料，第一辑：1840—1911》，北京：生活·读书·新知三联书店。

章有义编（1957）：《中国近代农业史资料》，第二辑，1912—

1927,《中国近代农业史资料》,第三辑,1927—1937,北京:生活·读书·新知三联书店。

此外则是历代的方志(如台湾成文出版社所收)以及当代的"新县志"。

再则是20世纪80年代以来的众多统计和调查资料。例如:《中国第二次全国农业普查资料综合提要》,2008,北京:中国统计出版社;《中国第二次全国农业普查资料汇编,农业卷》,2009,北京:中国统计出版社;《中国农村统计年鉴》,1997—2011,北京:中国统计出版社。

国家统计局(2017.12.14—16)《第三次全国农业普查主要数据公报》

(第一号)http://www.stats.gov.cn/tjsj/tjgb/nypcgb/qgnypcgb/201712/t20171214_1562740.html

(第二号)http://www.stats.gov.cn/tjsj/tjgb/nypcgb/qgnypcgb/201712/t20171215_1563539.html

(第三号)http://www.stats.gov.cn/tjsj/tjgb/nypcgb/qgnypcgb/201712/t20171215_1563589.html

(第四号)http://www.stats.gov.cn/tjsj/tjgb/nypcgb/qgnypcgb/201712/t20171215_1563634.html

(第五号)http://www.stats.gov.cn/tjsj/tjgb/nypcgb/qgnypcgb/201712/t20171215_1563599.html

附录二

青年学者如何阅读学术著作和做读书笔记①

　　首先要养成连接概念与经验的阅读习惯。读书必定要首先掌握作者的中心论点(当然有许多没有形成中心概念的著作,甚或主要是经验信息堆积类的著作,有的价值不大,但有的是十分珍贵的参考书。我这里关心的不是参考书的编撰,而是学术专著的写作),是为了精确地掌握一本书,也是为了锻炼自己概括能力与养成连接经验与概念的思维习惯,我特别强调读书笔记要总结作者的中心论点和主要经验支撑证据,并同时照顾次一级的阐发性概念及其经验根据。最后要回答这样一个问题:作者把你说服了没有? 为什么? (更有进者,如果由你来写这本书,你会做怎样的修改?)这样的读书习惯也是自己做学术研究,写学术专著的一种锻炼。能够清楚掌握好的专著的设计和结构,才有可能自己撰写优秀的学术著作。

　　其次,理论学习。前人有众多的理论著作,对我们来说是有用的资源。我自己提倡的途径是要掌握主要不同流派的理论,作为

① 这是经过《文史博览(理论)》编辑主动加工和简化后(未经我同意而)出版的短文(2011 年 3 月 28 日版),但由于其特别清晰和平白易懂,纳入本文作为附录二以供读者参考。

入门途径。阅读时要求与之对话,而不是简单的死学。而对话、决定取舍的最好方法,乃是看它对组织、解释自己掌握的经验材料有用没用。学习理论的目的不是寻求或掌握全能性的真理,而是提出问题,较高的一个境界是在理论和实际脱节点上,或不同流派理论的交锋点上,提出问题,试图超越现存视野。另一用途是通过与现存理论的对话来澄清、推进自己的分析概念。这样,理论更多的是工具或对手,而不是答案。

第三,写读书报告。学术著作都应带有一个中心论点,而阅读这样的著作,首先是要掌握其中心论点,用自己的话(一段,甚或是一句话)表达出来。然后,用三四段总结其主要的次级论点,同时总结其经验证据。总结的时候,关键在于不要摘抄,要用自己的话,因为那样才会消化,使它变成自己的东西。一个可行的阅读次序是先看首尾,掌握其中心论点之后才逐章阅读,每章看完之后用自己的话总结。最后要回答这样一个问题:作者把你说服了没有,为什么?(甚或更进一步:如果由你来写这本书,你会做怎样的修改?)至于比较纯理论性的著作,我们要问:它对了解中国的实际或你自己的研究课题有什么用?这样的看书写笔记方法乃是一种思维上的锻炼,也是养成自己的思考、写作习惯的办法。关键在养成看后就写系统笔记的习惯,不可依赖自己的记忆,因为几个月(最多一两年)之后肯定会变得模糊不清。笔记最好既不要太简短也不要太详细,应在一两千字的范围之内。这样长年积累,随时可供将来的研究和教学之用。

第四,研究写作。我这里要强调的是,设计论文首先应要求自己能在经验层面作出前人所未做的贡献,因为作为一个青年学者,思想上多未完全成熟,若能老老实实做经验研究,最起码可以在那个层面上做出新的贡献。但这不是说要只作经验信息的简单堆积,因为那样无从区别重要和不重要的信息。优秀的学术贡献需要带有明确的问题,经验证据的目的是用来解决重要的问题,而问题的建立要靠经验与理论的连同使用,不可只靠单一方面。最理想的状况是通过新鲜的经验证据来提炼新鲜的概念,用以解决重要的理论问题。而所谓理论问题既可以是不同流派理论的交锋点,也可以是理论与实际的脱节点。另外,最好是自己特别关心的题目或问题,因为那样才会有驱动力,使自己作出长时期的持续投入。

这里应该说明,寻找自己最想做而又是最能做的题目常常是一个曲折的过程。我当年便因导师的影响而选择了思想史的题目,并试图为导师挑战当时占美国首席位置的 Joseph R.Levenson。后来才发现,自己无论在感情上还是能力上,都更倾向于关注普通人民,而又比较喜欢解答有关人们实际生活的问题,更合适做经济史、社会史和法律史。但清楚认识这一点的时候已经近乎不惑之年了。基于以上的经验,我自己一贯避免指定学生做某个题目,因为我认为这几乎等于是在替他们找对象。做学问是个长时期的磨练,找到自己真正愿意一生与之作伴的主题是十分必要的,但国内由导师包办的做法仍然比较普遍,亟需改革。

上编

研修班学员感悟

历史、法史

痛并快乐的日子
——2011年秋季研修班纪实

景风华

（2011年研修班学员，时为中国人民大学法学院法律史专业硕士一年级，现任四川大学法学院助理研究员）

　　将近三个月的"社会、经济与法律——历史与理论"课程在与黄宗智教授和同学们的依依惜别中画上了句号。回想最初申请课程时的忐忑不安，接到老师的录取通知时的兴奋和紧张，以及课堂上一幕幕讨论学习的情景，不禁感慨万千。如果让我用一句话概括对这门课程的感受，没有比"痛并快乐着"更贴切的了。

　　不得不说，这门课的要求之高、任务量之大，绝非一般课程可比。看着第一节课拎回来的厚厚的十几本书，不禁感到压力巨大。每周一本深奥的不同领域的学术专著、一篇读书报告、课堂上时刻准备着发言和讨论、期末的论文写作和互评……一切都充满了挑战性。读恰亚诺夫的《农民经济组织》时，我觉得我宁愿亲自去种地；读韦伯的《法律社会学》时，我完全淹没在材料的大海中摸不到岸；读布迪厄的《实践感》时，感觉完全在读另一种语言。数不清多少次读书读到睡着，多少次熬夜赶读书报告。对于读书超慢，写文章极纠结的我来说,常常为此痛苦不已。

但这些付出换来了丰硕的回报,在这门课上,我接触到了法学之外的农业经济学、社会学、文化人类学等领域的著作,大大开阔了视野;黄老师提出的从实践出发、加入历史维度的"历史社会法学"构想极大的扩宽了我思考问题的方式,为将来做出真实可靠且有深度的法制史论文提供了一条道路。具体来说,我有如下几个方面的收获。

首先是良好的阅读习惯和正确的做读书笔记的方法的养成。之前很长一段时间,我读书是不做笔记的,自以为只要认真读过,有所领悟即可,后来才发现时间会把记忆冲刷得越来越淡,以至于几年后提起某本书时只有一个大致的印象,完全说不出所以然来。于是我本科时开始做读书笔记,但只是把一些精妙的句子摘抄下来,日后温习,虽能唤起一些回忆,却是一鳞半爪,难以构建起原书完整的框架和体系,毕竟是糊涂的,因此读书的效果并不好。黄老师则教导我们在阅读著作时首先要把握全书的中心论点,用一段话甚至是一句话概括出来,然后再分层总结次级论点,这样就能提纲挈领地掌握著作的全貌。老师特别强调要用自己的话总结书的观点,只有经过消化,书中的内容才能真正变成自己的东西。我把这种读书方法不仅看作良好的记忆方式,也看作锻炼逻辑思维能力和总结概括能力的有效方式。这种严格的训练提高了理解的准确性和思维的条理性,对读书、演讲、写作都大有裨益。黄老师还提出了"积累"的读书法,就是不断地反问,作者有没有说服自己?如果由自己来写,还能有哪些改进?用这种方法读五十本左右某一领域的经典著作,便可以在此领域有发言权。这种不断反思、推进的"积累"阅读法有助于对现有学术状况有清晰的了解,从而站在巨人的肩膀上,做出有意义的工作。读书是一件相伴终生的浩大工程,如果以课程期间一周读一本书的进度来计算,读完进入一个领域所需的五十本书恰好需要一年,时间既不算长,也不算短,最难的在于长期不懈的坚持。

其次是对于理论的掌握和对待理论的态度。黄老师认为国内学生的理论水平普遍较弱,因此需要加强理论训练。阅读纯理论著作是件艰苦的事,尤其面对韦伯、布迪厄这些大人物的著作更是如此,自从我本科时读完《新教伦理与资本主义精神》后便再也不敢碰韦伯的书了,但在这门课上又不幸地与韦伯"狭路相逢"。虽然我最后依然被他打败了,但在克服理论的畏惧心理上还是前进了一小步。黄老师认为理论是个核武器,既有深化认识的巨大威力,但运用不好就有陷入偏执的灾难性后果。因此,黄老师让我们不要把学习理论当作追求真理,不应该限于任何一个传统或流派,关键在于看到不同理论的交锋点,用所掌握的理论资源应对现实问题,形成自己的概念。这是一种跳出理论之外看待理论的方式。让我印象深刻的是对恰亚诺夫的《农民经济组织》和舒尔茨的《改造传统农业》的比较阅读。我完全被理论各自的分析套路带走了,觉得都挺有道理,无法进行分析比较。老师则指出舒尔茨的形式主义和恰亚诺夫的实体主义在思维模式上的差别,我方恍然大悟。萨义德的《东方学》和吉尔茨的《地方性知识》是读起来最顺畅的理论著作,这些后现代的作品提醒我们时刻警醒隐藏在话语背后的文化霸权,在意识形态依然浓厚的中国学术界,读来很有畅快之感。课程的最后要求我们写一篇思考性论文供大家点评,文章需要适当突出一个理论概念。可能限于理论水平,文章中有些理论的使用难免有些牵强,要达到老师提出的"用理论于不知不觉中"的要求还有相当的距离。

最为重要的是,老师强调不能就理论谈理论。理论应当来源于经验,再回到经验中进行检验和修正。从经验到理论再到经验的逻辑,就是实践逻辑。致力于经验与理论的连接,正是这门课程的精髓所在。做读书笔记的时候,老师让我们注意总结经验证据,注意概念与经验证据的连接;阅读理论的时候,老师强调用经验实际决定不同理论流派的取舍,按实用的标准来采纳理论的不同部分,根据实际建立自己的概念;在写作时,也要求我们对概念做出经验检验。在或者将某种理论当作真理使用,或者将理论与实践截然分开的现代学术界,这种方法让人耳目一新。以法学为例,法史专业与法理专业的截然二分使法史成为碎片化研究,失去了大的关怀;而法理则偏重进行纯粹的逻辑演绎。黄老师一直希望打通法理与法史,连接理论与经验,从诉讼档案出发引入实践逻辑,为中国法律史打开一个全新的局面,成为能够影响现代法治建设的力量,这一愿景让人心向往之。

最后,非常感激与黄老师以及各位同学、师兄师姐相遇的缘分。同学们来自法学、农业经济学、社会学、历史学、政治学等各个专业,与诸多领域的同学进行如此广泛的跨学科交流对于我还是第一次,同学们学识渊博、思维敏捷,课堂上不时迸溅出思想的火花,极大地拓宽了我的视野。黄老师非常好地引导我们进行课堂讨论并给予指导,他认真的评阅我们的读书报告和论文,提出的建议使我受益匪浅。

我将永远铭记这获益良多的三个月。

问学得师，书中结友
——2013 年春季研修班总结

蒋正阳

（2013 年研修班学员，时为中国人民大学法学院法律史专业硕士一年级，现为中国人民大学法学院法学理论专业博士研究生）

去年九月，初读法律史专业，偶感彷徨；历半学期，不得其法，仍是迷茫。后半期课堂上，常听师尤陈俊提及黄宗智教授成就，颇为景仰。十一月，教授做客学院沙龙，主讲历史社会法学，欣然前往，以一睹大家风采。

先生其人，身材高大，面容和善，虽古稀之年，精神矍铄。讲述简明，旁征博引，条分缕析。讨论中，面对质疑，亦颜色温然，从容大方，娓娓道来。此番见面，敬意尤甚，虽不能至，心向往之。

之后，得知教授研修班春季开课，天赐良机。只是须经遴选，且面向范围广泛，不限专业学校，故感竞争激烈，难有胜算。又时间紧迫，挑灯夜战，凌晨成文，忐忑呈送。人事已尽，且听天命。不久，竟获佳音，不胜欢喜。

年末团聚，长辈问及来年计划，因将有幸得名家指点，不禁得意相告，亲友亦皆以为不虚京城一行。

初春开课，课业略重，为周三午夜成稿，亦常焚膏继晷；课上，师友多真知灼见，时有应接不暇之感。虽不易，但日积月累，受益匪浅。初识萨义德、布迪厄、吉尔茨、韦伯，感触"核武器"之威力；再听作者讲授"三部曲"，思路与方法一并长进。了解实践与表达背离与抱合之角度，领会第三领域、实用道德主义、实践历史之意涵，重识审判调解之真相。

不惟学识渐长，亦结识诸位益友。志同道合者相遇，三生有幸。凡壮师兄，稳重通达，笃志好学；瑶瑶师姐，善解人意，睿智灵巧。红英老师，治学勤奋，待人诚恳；丽媛师姐，清新温婉，秀外慧中。依筹师兄，见多识广，敦厚儒雅；祎茗师姐，满腹诗书，冰雪聪明。鹤涛师兄，思想深刻，下笔万言；风华师姐，锦心绣口，才华横溢。译文同学，天资聪颖，卓有见地。

难忘，每周五课后聚餐，好友美食，谈笑风生，大快朵颐。难忘，结课饺子宴，酌酒长谈，握手话别。师友皆性情中人，不疑送诤言，不吝给赞语。

更敬佩先生，年事虽高，不为身谋，闻鸡起舞，传道授业解惑，笔耕不辍。每周四辛苦评阅十余篇报告，逐字逐句，批改细致。为保证课堂质量，提神可乐驱走长时授课之疲惫，强忍久坐后站立之艰难，克制夫人罹病之愁肠。所做之事，实属不易；所怀之心，诚为可叹。再致谢忱。

言有穷而情不可终，是文，聊以追忆。

作为一种情感之旅的学术经历

赵刘洋

(2014年研修班学员,时为中国人民大学历史学院中国近现代史专业
2012级硕士生,现任复旦大学马克思主义学院讲师)

　　我静下来写这篇总结的时候,首先回想起的是第一次收到黄老师的邮件并被告知获得录取时的激动和兴奋,甚至直到今天再回头看邮件时,那样的心情几乎还没有减退。

　　我最初接触黄老师的学术经历和著作时就已产生崇拜和敬仰,刚开始我很好奇这位教授怎么既是农林经济管理的长江学者讲座教授又是法学院的博导,同时又是一位著名历史学家呢? 为什么多次转换领域及每次学术论争都能对中美学术界造成强烈的冲击呢? 他怎么能从大量的经验证据中提炼出核心问题而又能如此熟练的与多种理论流派对话呢? 带着诸多的好奇,我首先通读了黄老师的所有著作,读完之后,我惊喜地发现,历史居然可以也应该这样研究!

　　第一次见到黄老师,感觉很激动,主要因为进入研究生阶段的学习后,黄老师的研究方法和学术思想一直在影响着我,因此无论在情感上还是理智上又都对黄老师很熟悉,自己的兴趣甚至也因此转移到社会经济史和法律史方面。研修班上来自历史学、社会学、法理、法史等不同学科和方向的优秀同学聚集在一起,大家在

黄老师的指导下积极参与讨论,每次我都非常享受这样跨学科式的讨论。

关于笔记,黄老师强调对著作本身的精确总结,即首先是用一句话或者简洁明了的一段话总结全书的观点,其次用三四段总结次级论点,同时要注意次级论点与总论点之间的关系,这样的训练方式可使我们在若干年后看到笔记便可回忆起该书内容,同时注意经验证据与理论的连接,尤其是核心经验证据。这样的训练也使我们掌握论文或专著的写作方式,我认为即使是在学术报告或个人讲演中这也非常受用,我现在正用这样的方法总结法律史的经典著作和阅读英文著作。黄老师还提醒我们在阅读的时候,注意作者的对手和对话对象,在读纯理论的时候尤其应当思考它对于我们认识中国有什么帮助,如何根据真实去修正理论,对待理论的态度是实用的而非学术史的态度,我们要做的学术是一种连接历史与现实、经验与理论的并且是跨越左右分歧与中西对立的具有真实感的学术。

黄老师每次批改我们的笔记都非常仔细认真,还把我们笔记中的问题或关键的句子都记录下来,每次拿到黄老师批改好的笔记我都非常感动,所以我每次也都是用心投入笔记的写作中,经过这八周的训练,感觉自己在阅读方法和阅读习惯、视野和问题意识、经验与理论的连接、中层概念的构建等方面都有很大程度的提高。黄老师作为具有国际影响力的学者,每年还为我们这些正在学习和摸索的学生传道、授业、解惑,作为学生的我们,感到十分幸运和感动。

就我自己来说,非常荣幸能够得到黄老师的认可和赞扬,第三次课时还获得了黄老师新出版的著作作为奖励,虽然以前在学院或者学术会议上也获得过诸多教授的赞扬和鼓励,但能得到黄老师这样享誉国际学界的学者的欣赏,尤其是自己之前就深受黄老师的影响,那种感觉是非常不一样的。我每次课程都非常投入,可以说这八周几乎都一直保持着精神兴奋感,因为黄老师讲课极为精彩,高屋建瓴、思维敏捷清晰,还有那丰富的学术经验和精确的判断力。黄老师说我像海绵,我确实一直保持着精神兴奋状态,不想错过课堂上的任何一个论点。

第八次课是讨论研究计划,刚开始我真是感觉有压力。首先,课程更重要的目的是训练如何通过具体研究将理论与经验证据有效连接,我前一阶段的表现已经获得黄老师的满意,我想具体研究也一定不能让黄老师失望。其次是我对自杀问题的调查和档案阅读虽然已经思索和积累了很长的时间,但一直没有找到合适的主题,都只是整理资料。黄老师说能写多少是多少,这倒使我放开了,那几天脑子里不知道蹦出多少思想,最后以"道德的法律实践"为主题希望连接历史与现实、道德与法律、表达与实践、田野调查与档案研读等,践行黄宗智老师提倡的"实践法史研究",当时确定这个主题后,甚至会连续写作二十小时,因为脑子里总是思考着,写完后我还对清华大学的一位博士后讲了我的基本论点,也获得了很高的评价,我又修改了若干细节,提交给了黄老师和研修班同学。

最后,这篇研究获得了黄老师的欣赏,当时心里觉得很开心,没有让老师失望。我将会以自己的努力来回报黄老师的教诲、鼓励和提携,求学过程中能遇到黄老师,是我人生中的缘分和幸事!

回忆·收获·惜别

李展硕

(2015年研修班学员,时为中国人民大学法学院2014级经济法学专业硕士研究生,现为中国人民大学法学院法学理论专业博士研究生)

回　忆

　　结课已经一个多星期了,回忆从第一节课到最后一节课的情景,仍然历历在目。当时偶然在院网上看到有关这个课程的消息,想了想,觉得自己理论功底确实有些欠缺,就决定报一下试试。当时读的是《华北》那本书,从阅读到最后做读书笔记,花了两个星期,写了两三万字,在截止时间之后两天才发给黄老师。原本以为这次肯定不可能了,只能明年重新申请了。谁知道一天之后的凌晨两点多,竟然收到了黄老师的回信。当时激动得一夜没睡着啊,毕竟投入了很多时间,还是怀有被"录取"的期待的。

　　第一节课之前,寻找"传说中"的比较法教研室可真是费了一番功夫,最后在一个门口没有名签的教室才找到上课地点(寻着声音找到的)。初次见到黄老师,发现他是一个很和蔼、慈祥的老者。报上名字之后,黄老师略带打趣地对我说:"你就是那个自称'阿呆'的人。"我略带惊讶回道:"对……"没想到老师记得最清楚的是我的绰号。第一节课上,黄老师对我们说:"你们这个班在第一节课上课前就已经有两个第一出现了。第一次有 15 个人达到双钩的(老师的一种考核标准),第一次有 11 个人同时写了农业和法律两篇读书笔记。"当时听起来确实挺兴奋的。而且,老师还对我说:"阿呆,你是最近几年读我的《华北》读得最细、最全面的。"当时真是有种不知所措的感觉,总之是诧异中带了点兴奋。然后,黄老师又说:"你这样读书肯定是一种精确中的精确,但是这样读书会很慢,而且可能会'只见树木不见森林'。"事实证明,黄老师说的话都应验了。第一节课结束之后,我就有些头疼该如何写接下来的笔记了,毕竟,《华北》的读书笔记我用了将近两个星期才写完啊。

　　按照要求,第二次读书笔记应当在周三之前交上。但是,我们平时一周上课需要两个整天,加上作业、看书慢等,发现周三晚上还有部分读书笔记没做完。想了想,只能周五上课交了。于是,周四那天晚上就真的"背水一战"了,拿了一瓶咖啡在通宵自习室呆上一夜,第二天在打印社打印出来之后就上课去了。刚到教室,就听见老师在说:"……展硕可能是不是觉得跟不上,想要退课。"这时候我刚好赶到,说了一声"到"。把笔记交上之后,黄老师对我说:"今天早上起来还看了一遍邮件,发现你还没有发给我,还以为你觉得自己看书慢,想要退课啊。""今天早上邮件刚发给您。"我说。"我的早上是凌晨三、四点钟,和你们的不一样。"全班大笑。的确,我是六点左右才发过去的。在第二节课下课之前,黄老师又提到以为我要退课,想找我谈谈的事。当时,听到老师如是说,心中有一种莫名的感动,由衷地感到这是老师对自己真心的重视啊。

　　第三节课上课的时间是五一放假期间,人倒是少了一些。记得那天早上七点左右才写完,匆匆赶到打印社。恍然想到,今天是放假,打印社不开门啊,转头就往教室去了。到教室之后,黄老师看我手里什么都没有,就笑着对我说:"这次没赶出来。""今天五一,打印社不开门。"我回道。黄老师:"哦。"不过,这次笔记之后就没交。记得老师发邮件的时候说到这次有两个退步的同学,下次要努力,估计其中一个可能是说的我吧。第三次课课间的时候,黄老师对我说:"阿呆啊,你读书读得确实很细,但是这样太耽误时间了。""不过我干什么事情都这个样子,看书的时候喜欢想。"黄老师很担心地说:"不过你不是什么书都这样读吧,很多书是不值得你这么读的。"我想了想:"好像是没有,有些书感觉写得不清不楚的,就不会了。"这次对话结束的时候,黄老师还总结性地对我说:"如果你要是我的学生,我就什么都不管,让你自由发展。"我听到这句话,当时脑子里还略带打趣地想到,这不是经常说的"放养"吗。

从第四节课开始,我们就进入了理论的学习。首先是读恰亚诺夫的《农民经济组织》。在读书的过程中,就体会到了理论之晦涩、艰森,在前两天读的时候,基本上看一会就会"梦见"恰亚诺夫(睡着了)。到了周三还有将近一半没看完,当时我就在想,记得网站上明明写的是三、四天就能看完啊,我现在也用了三天了,怎么才看到这。于是那一晚又是一个不眠之夜。早上六点到八点睡了两个小时,郁闷的是,周四一天都有事。下午五点左右重新抄起电脑继续写笔记,第一段有关于人口分化的笔记,两个多小时才写出来。按照这个速度计算,估计天亮时是写不完了,于是就简化了写笔记的流程,把书中主要观点抽出来,然后用几句话解释。终于在早上上课之前完成了,不过笔记总共只有两页纸,才两千字左右。

第四节课上课之前,看到老师在试验学校的远程视频,原来黄老师第五节课上完之后就得回美国,后几节课只能通过视频进行教课。这个时候我悄悄地走进去,将笔记放在老师的桌子左手边。黄老师试验完设备之后,回到座位上,一如既往地先总结这次大家做笔记的总体情况。老师看着我说:"阿呆啊,你这样老是不交笔记也不行啊。"我指了指黄老师左手边的一张纸:"老师,笔记在那……"这个时候大家都笑了起来。然后,黄老师翻了翻笔记,发现这次太少了吧,对我说:"这次怎么那么少,走极端是吧,要么极详细,要么极简单。""感觉读得不是很懂……"确实有这种感觉。记得这节课上,老师提到王睿的理论理解力不错,劝他要大胆地从师门的"材料主义"中走出来,又以同样地劝我也应该自己做自己的研究。我当时还说道感觉自己的理论功底太弱了。不过几天之后,黄老师给我发邮件,说我这次笔记虽然简单,但写得不错,成功排除了细节,双钩。看来是我多虑了。不过,这次课上也见到了黄老师的"真脾气",一个同学由于从网上抄了份笔记被发现,当场劝退。

　　第五节课是黄老师在北京为我们上的最后一节课了,那节课讨论的是韦伯的著作,黄老师说大部分人都掌握了韦伯,这是一个巨大的财富。不过,那一周开始,由于学校课程纷纷结课,笔记没赶出来。老师上课开始前还笑着对我说:"'恶习难改'啊。"多亏老师认为我是个可以做学术的人(我也不知道自己是不是),就"忍"了。这几课上得很精彩,课上黄老师说希望看到晁群、封雪、炜玲之间的"对话",她们就开始了,后来刘臻也加入了讨论之中。这节课在我们与黄老师的合影和饺子宴中结束了,老师将回到美国,我们的课程仍在继续。

第六节课开始,黄老师通过远程视频向我们教课。这一次,我的笔记一如既往地没有交上,韦伯的《法律社会学》倒是写完了,《东方学》还差一段。黄老师让我课后把两篇一起交上,害怕我偷懒,不写笔记。这节课黄老师给我们提到了话语的分析,这个确实是我之前从未想到过的。由于内容属于后现代主义,黄老师经常找封雪回答问题(她被老师认为是纯粹的后现代主义者)。我看她貌似很无奈的样子,好像她很想说一句"为什么总是我"。

最后一节课,我一如既往的"恶习不改",笔记还是没写完。不过,黄老师通过我上次交的两篇读书笔记,发现我有研究"韦伯学"的倾向,还对我说"不要只看到一个一个的树木""研究理论是要看它对理解中国实际有什么作用"。不过,我想了又想,总是觉得自己应该不会去研究"韦伯学"吧(其实自己才刚知道还有"韦伯学"这个研究领域)。其实我个人觉得自己在心理上更认同于实用主义,单纯的学术史研究好像也不是我的兴趣所在啊。最后一节课还发生了一些有趣的事情,比如,黄老师轮流点王睿、封雪回答问题,让他们俩哭笑不得;还有,黄老师在最后一节课上终于把浩舟的名字叫对了(以前都是叫浩秋)。课程的最后,黄老师总结性地对我们说,我们所有这些读过的书,都是值得重读的。还说到自己从经验到理论再回到经验的研究路径,说到希望早日见到我们的研究成果……不过时间还是有限的,课程还是在我们与黄老师的依依惜别中结束了。随着黄老师关闭远程视频的对话,失落之感还是在所难免啊。

近两个月的学习点滴,还有许多令人回味无穷的人和事。记得浩舟每节课都是必然提问的,还一问问个不停……他每节课都会被黄老师限制回答问题;记得黄老师多次劝晓立"改邪归正",避免陷入纯粹理论泥沼;记得文利师兄实证经验之丰富,尤其是在民族关系的研究方面;还有刘臻那罕见的"海拔";还有我和王睿相约研究合作社……

收　获

这两个月,除了给我留下许多美好的回忆,黄老师的教诲也使我们受益良多。

首先,读书笔记更加的精确、简练。虽然我的笔记还是显得过细,但是,从第一篇《华北》耗时两周,到做笔记的时间逐渐压缩至三、四天时间(当然一般每周要有一到两个通宵时间),对我来说已经是一个巨大的进步。尤其是,黄老师最后一节课对我的担忧,令我模糊意识到理论著作的阅读和笔记似乎应当与其他书有所不同。

其次,两个多月的理论学习和黄老师的讲授,将我带进了理论的大门。这是我以前未曾太多接触过的。在这个课堂上,我了解到我平时接触的经济学原来是属于新自由主义,除此之外还有后现代主义、实体主义、实践主义等,百家争鸣。而且,之前在接触经济学时,对其"理性经济人"假设一直心存怀疑,就是不知如何破解。直至接触了实体主义、劳动消费均衡理论。让我意识到人的感情在某种程度上也是可以理论化的。记得和浩舟在谈到我做的读书笔记时,我们还用边际劳苦递增来解释我做读书笔记时的状态……

再者,黄老师提出的经验—理论—经验研究路径,让我在研究的起步阶段不致误入歧途。在参加本次课程之前,我写过一篇有关财政法的论文,写作路径就是典型的理论—实践—理论,首先摆出公共产品理论,然后去分析实证的材料,最后在试图证成理论,结果越往后写越有觉得对不起自己的"感觉"。后来才发现,原来这就是黄老师一直批判的理论—经验—理论的研究,这个路径本身存在认识上的误区。真的非常庆幸选择了黄老师的研修班,使我能够迷途知返。

还有,黄老师在农业和法律中提出的许多概念,包括非正规经济、农业"内卷化"、表达和实践的背离和抱合等,对于理解和分析中国问题都是很强力的概念。王睿和我在谈到合作社研究时,就想要用表达—实践背离和抱合来作为分析合作社法律表达—实践的路径。毕竟,西方理论源于西方的实践,其中隐含非此即彼的绝对二元对立、"理性经济人"等假设,这些都与中国的观念和情感存在很大的冲突。

其实,本次课程所获远非简单的知识增量所能衡量。对我来说,更赋价值的应当是理念、方法上的启迪,我想,这对我的研究和学习的影响,将是持久性的。而且,黄老师鼓励我做自己的研究、做扎实的研究,也很是令我鼓舞。毕竟,在现代功利化的氛围之下,能够安心、扎实地研究些东西,实在需要放弃很多,也要经受很多打击。

惜　别

天下无不散筵席,我们这个班级来自全国各地,又要回到自己学校之中,有离别的不舍、伤感,也有对未来的期待、企盼。黄老师、王睿、浩舟、晓立、文利师兄、王峰师兄、祥菡师姐、王燃师姐、刘臻、泽宇、封雪、都督、晁群、春晖……无论大家身在何方,海内存知己,天涯若比邻,以后常联系,大家会有再见的一天!

抱诚守真，深自砥砺

——参加 2017 年黄宗智教授研修班感想

赵 珊

（2017 年研修班学员，时为天津商业大学法学院 2015 级法律史专业硕士生，现为中国人民大学法学院法学理论专业博士生）

二零一七，岁在丁酉，暮春之际，与良师益友会于人大明德法学楼，研修事也。群贤毕至，少长咸集。自认才识浅陋，蒙先生不弃，忝然列坐，希求道于其间。

两年前初读法史，颇感惶惑，内无通史晓法之功底，外无切中要害之指点，久困于研究无力、投学无门，唯一腔赤诚，两手空空。彼时，不识先生其人，钦佩先生之文。法史三卷，常备案头，每每翻阅，屡有所获，拜服实践历史之研究进路。偶闻先生设研修班于人大，志忐执笔投书，不虞入先生法眼，得机缘受教，幸甚至哉。

课前月余，再读先生农史与法史各三卷书，醍醐灌顶，顿有所悟。今之国运日隆，而小农实弱、法治未兴，其因缘如何？其出路如何？先生以史家之渊博与社会之关怀，秉笔直书，句句珠玑。妄自揣度，先生冀以过去与现在、实践与理论之联接越二元对立之鸿沟，以实践历史之学术研究开中国农村与法律发展之新河。此进路亦解余之所惑，即法史学之意旨何在。思忆至此，先生于未曾谋面之时，已稍霁余心之所困，实有学术启智之恩。

　　自幼读书,不求甚解,鲜有笔记留存。自入研修班,每临报告交付前夜,必是殚精竭虑,午夜奋战,力求精确总结,可为日后所用。后读理论,常不得其法。遇实体主义之恰亚诺夫、形式主义之韦伯、后现代主义之吉尔茨、萨义德、马克思主义之布迪厄,时陷轻虑浅谋之桎。犹记初读布迪厄之困顿不堪、懵然无知,恍如撞墙。闻先生之阐述,深入浅出、鞭辟入里,方知布迪厄缘何为马克思主义者,豁然开朗,其情其景至今仍历历在目。

　　先生年逾古稀,仍事必躬亲,课前细细审阅读书报告,兼览众人报告之短长。课上信手点其利害,切中肯綮。思维敏捷,头脑睿智,入则对话诸家理论,出则拈来逸闻志趣,张弛有度,为余等后辈深深敬仰。众师兄弟姐妹,广涉法学、社会学、经济学、历史学诸专业,皆个中翘楚,思维活跃,言辞有力。课上交流,大开大阖,实涤荡心智、开拓视野之乐事耳。思及自身,七周磨炼,报告十篇,然笔记之精确、理论之意会仍有缺憾。惟寄于抱诚守真,深自砥砺,但求不负先生所授。

　　忆七周往事,百感交集,思绪甚繁。在此谨表谢忱,先谢恩师黄宗智,引我入学术之门,导我以研究之法。先生之风,高山景行,虽不能至,心向往之。余定当竭尽全力,不负所望。再谢众师兄弟姐妹,彼此倾心相交,纵情畅谈,倾盖如故。三谢正阳师姐,甫见但觉爽朗利落,感念其勤恳付出,再致谢意。

　　谨以此文,是为纪念,是为自励。

经验·理论·实践

马超然

(2018年研修班学员,时为香港中文大学历史系硕士一年级,现硕士二年级)

　　自本科阶段进入历史系学习,我从江南出发,走进了明清社会经济史的研究中。此后外出求学,希望能够将视野扩展向更加广阔的地域和领域中,于是我又相继接触了明清法制史和诉讼档案的研究。在我的学习经历中,黄宗智老师的著作始终是我进入一个领域时所遇到的必读书目,因此黄老师的论著和观点,一直以来对我影响颇深。而当我徘徊于社会、经济和法律之间,隐约察觉到其中的联系,而又百思不得其解时,依然是黄老师《清代民法的表达与实践》一书回答了我的困惑,尤其是其中"第三领域"的概念引发了我的许多思考。因此,当得知此次研修班招生的消息,我欣然报名,希望能有幸得到老师的当面教诲,在老师的指导下和同学们一起学习如何读书、如何开展研究。

　　在此前的学习中,虽然我已经积累了一定数量的读书笔记和书评报告,但自认为并不得要领,基本只是对文本内容简单、零散的摘抄和排列,对于文本的拆解和分析力度不够,未能有效提炼出论著的核心论点和分论点。这导致我的阅读效率较低,对于文本的把握不够充分,往往需要在之后的学习中不断地返回文本,反复阅读、再次提炼。在研修班的读书训练中,我发现完整地阅读文本只是读书的第一步,只有在写作一篇清晰、简洁、有用的读书笔记之后,自己对于文本的掌握才开始有所深入。经过七周的训练,在黄老师和同学们的指点和帮助下,我基本上形成了一套行之有效的读书和撰写笔记的方法,并准备将其投入到此后的学习中,相信这一读书方法的养成足以让人获益终生。

除了撰写笔记之外,在每周的课堂讨论中,来自不同学科背景的同学们相互分享读书心得,黄老师则针对每位同学的特点因材施教,促使我们意识到自身的优势与不足。与此同时,黄老师还推动我们就文本展开深入而广泛的讨论。从实证研究到理论研究,我们在黄老师的引导下进行左右比较、前后联系,如切如磋、如琢如磨。在大家热烈的讨论与争辩中,有许多新鲜的观点迸发出来,时常让人有拨云见日之感。

相比于此前的读书缺少章法,经过七周的阅读、写作和讨论,我收获了许多读书方法和研究方法。首先,黄老师提醒我们,读书时应该首先要明确作者对话的学者和理论流派,在总结作者的观点时,应该清楚地阐明其与对话对象之间的关系。这一提醒使我十分受启发,由于国内的学术规范似乎并不鼓励学者之间针锋相对,因此许多研究的对话对象往往隐藏在文本背后。这也导致学生在梳理学术史时,一般只是对前人研究进行简单的归类和排列,而并不明确提出自己的对话对象或理论敌手。在黄老师的启发下,我发现经典研究往往都有着强烈的对话意识,并且作者的观点在几个理论敌手的"陪衬"下,显得更加清晰、有力。这也提醒我在未来的研究中,应该进一步明确自己的对话对象,而不能陷于一种闭门造车、自言自语的窘态。

其次,本次研修班的学习,还带领我进入到了系统的理论阅读之中。由于此前接受的历史学训练是以掌握史实、阅读文献为主要内容,较少强调理论思维的训练,因此我始终没能掌握进入理论论著的法门。而且受到学科自身特点的影响,历史系学生在阅读社会科学理论时似乎有着先天的"障碍",即过于追究理论家的论证过程和经验材料,纠缠于经验证据的细节当中,而未能把握理论家的主要论述思路和核心观点。在研修班的学习中,通过集中阅读实体主义、形式主义、后现代主义和马克思主义这几大理论流派的经典著作,我们不但具备了短时间内阅读和掌握理论著作的能力,而且还理解了几大流派的特点和它们之间关系,为此后进一步阅读相关理论著作打下基础。

此外,在阅读理论著作有所收获后,黄老师还提醒我们,应该尝试连接理论与经验证据,针对理论的有效性提出自己的判断;如果无法在简明、清晰的理论和复杂、多样的文献材料之间架起桥梁,那么只会让自己陷入更深的迷茫当中。在这一指点下,我不断尝试将理论与经验相结合,比如在阅读《法律社会学》时,我便尝试将韦伯有关中国法律的观点和清代诉讼档案中的情况相比较。而在阅读《实践感》时,布迪厄试图以"实践"这一概念来超越主观与客观的对立,对我也有较大的启发。以往的史料阅读经验给我留下了一种印象,即人的行为既不完全受制于外部环境,同时又不完全由个人意志所作用,所以无论是外部结构还是主观能动性,似乎都不能解释人在历史中的行为。苦于缺少理论分析工具,一直以来我无法解开这一萦绕在脑海中的困扰。而布迪厄所提出的"实践"这一概念,正好解答了我的问题,并引导我进一步关注人在历史上的实践活动。

在阅读与写作之余,黄老师的言传身教不但让我们收获了学习方法,还教会了我们治学的态度和理念。黄老师对于中国的现实问题由被动的关怀转向主动的关怀,关心的问题从过去、现在延续到未来,这一同时具有回顾性、现实性和前瞻性的研究理念深深打动了我。虽然历史学研究并不一定要对现实问题提供解答,但是这并不意味着历史学者应该抛弃对于现实的关怀。例如在对于明清经济史的研究中,虽然学者们已经指出明清国家在各个领域中的成就,但是我们依然要面对的是近代中国的经济衰落,以及对于"中国为何落后于西方"这一迷思的持久追问。又如在明清城市的经济繁荣和文化发达之外,我们还看到了乡村的内卷化和贫富差距的扩大,那么这样的发展模式如何塑造了近代历史?在当代是否也有类似的发展趋势?在对当代问题的关怀之下,我们也许能够反过来更加切身地理解曾经发生的历史究竟意味着什么。

从暮春到初夏,一个多月来,奔走于京沪两地。当我第一次搭乘高铁穿越江南和华北时,地理物候和种植面貌的变化在窗外清晰地展开,手中的《长三角小农》与《华北小农》变得更加鲜活起来。而当最后一晚,和同学们一起从明德楼走出来,在晚风吹拂下依依惜别时,我才意识到七周的课程已经接近尾声。回想这段难忘的学习经历,经过无数次挣扎和坚持,我们仿佛浴火重生。如今,带着老师的教诲和同学之间的鼓励,我们又将步入新的旅程。相信在未来的学习中,研修班的收获将为我们提供源源不断的养分,而老师的教导也将指引我们从实践出发,去做有前瞻性和真实感的中国研究。

今方睹学问之难穷

屠 凯

（2005—2006 年研修班学员，时为清华大学法学院法学理论专业
硕士生二年级，现任清华大学法学院副教授）

黄宗智先生在中国人民大学开设的"乡村、经济与法律的历史学研究讨论班"结束已经几个月了，结合最近一段时间的经历，再次回顾一下在讨论班中的收获，是我非常强烈的愿望。我愿意谈一谈自己的感想，供未来的朋友们参考。

黄宗智先生说明的读书方法是大陆学生应当努力掌握的。包括我自己在内，大陆学生常常以"泛读"的方法对待学术书籍。这也许是因为缺乏专著传统的大陆学界著作大多表现为资料汇编的形态，在这样的书籍中如黄宗智先生要求的提炼一个中心句无疑有些困难。但"泛读"的方法不利于抓住作者的核心观念与之商榷，以至于不能写出有分量的书评，甚至不能完成一个成文的读书报告，时间就都浪费了。黄宗智先生提出，应提炼专著的中心句、中心论点，再归纳支持论点的论据，分析其论证过程，就此提出自己的意见，并形成书面的报告备案，这样一来，"劳动"就有了成果，将来利用起来也便利了许多。经过黄宗智先生的训练，这个读书

方法我已经掌握了,从中确实获益匪浅。

进而,黄宗智先生提倡的西方"专著传统"也给了我很深的印象。中国法学著作自"改革"以来,在我看来,已经经历了两个阶段,即教材阶段和论文集阶段。"文化大革命"以后,法学教育刚刚恢复,寻找一本像样的教科书都非常困难,学者在这时候集中精力编辑教材无可厚非。但长期以来,学者习惯于以教材的"体例"写作,观点不鲜明,论述不翔实,也确有遗憾。当前主流的法学家们很多放弃了教材体例,新著作逐渐表现为论文的汇编,文字也更加流畅生动了。但是"论文集"中各篇文章之间缺乏内在的逻辑联系,尚不能形成一个有机整体,也就是说,尚不成为"专著"。我想,"专著"确实非常有利于知识的积累,就一个问题展开充分的论述,形成一个鲜明的中心论点,是较教材与论文集更有力量的学术贡献。如果可能,我希望中国法学界能有更多扎扎实实的专著,也形成一个"专著传统"。

在研讨班中,同各学校各专业同学们的切磋开阔了我的眼界。虽然以前也大量阅读过各专业的经典著作,但与各专业同学们的接触,才使我了解到这种"业余"学习与专业训练的成果之间存在怎样的差距。我想,一方面应坚持吸收各学科的知识,加深对问题之丰富性与复杂性的理解;另一方面更应在坚守专业立场的同时,虚心向其他专业的同学们学习,尊重他们的判断,这就是所谓的"隔行如隔山"吧。再有,对我自己而言,特别重要的还在于,与各学校各专业的同学的交流,使我充分认识到学术观点应当用最简单直白的方式表达,写作的目的是为了读者了解,保证读者了解的责任在作者身上。一段时间中,由于所处理的问题非常复杂,特别是对语言的锤炼不够,自己关心的问题写得不容易让其他专业的同学读懂,当然也就不容易产生共鸣。黄宗智先生和蔼地向我指出了这个问题,提醒我要像给大学一年级本科生上课那样写作,我才格外警醒起来。我深知这个问题的重要性,今后我会十分注意。

第四个问题我想谈谈理论与实践相结合的问题。在中国法学界,不关心社会事实的问题相对而言要比不能抽象思考的问题来得严重些。部门法学最重要的方法论还是法律解释学,关注点在于如何解释法条。这并不为过,但脱离社会事实的法学难免缺乏说服力、公信力和执行力,难免损害多数的弱势的人民的利益。另一方面,也确实有一些法学研究者集中精力于法律实务,不关心理论问题,长此以往,中国法学的品格也不能得到提升。黄宗智先生提出的"实践逻辑"与"现代传统"两个概念因此就显得特别的重要。无论是"实践逻辑"还是"现代传统",都促使法学研究者关注社会事实,同时也不忽略理论提炼,在认识到问题的复杂性的同时不放弃加以抽象化的努力,我想这两个概念的提出对中国当代法学的弊端来说确实是对症下药了。而且,黄宗智先生还特别生动地说明了理论如何在"悖论"中突破、发展。这样精炼的思想利器确实只能得自讨论班一年的训练,如果未来的朋友们能够在讨论班中掌握这个思维方法,研究一定能上一个台阶。

谈到实践,不得不说的还有,许多法学专家或者指导学生们如何在计时服务中收取更多的咨询费,或者"无事袖手谈心性",在安逸的生活中淡漠了民生疾苦,也有的法学专家或者迷信西方的某种学理从而对传统法制妄加评论,或者离开学术立场做比附讽喻遮蔽了真相。如此种种,虽然用心不同,但都令人失望。黄宗智先生作为历史学家,却关心乡村,关心事实,讨论班中的同学们,也都关心家乡,关心同胞。我想,无论如何,对一个知识分子来说,"良知"与"良能"都是不可或缺的吧,对法学这样一个与千百万人民的生活密切相关的学科来说,就更是如此了！在这个讨论班中,在黄宗智先生的引导下,我找到了许多志同道合的朋友,这也是这一年来我最大的收获之一。

20 世纪中国最卓越的法学家吴经熊先生曾说:"As a Chinese, I have a country to save, I have a people to enlighten, I have a race to lift, I have a civilization to modernize."后生晚辈虽然不敢企及先贤的伟大成就,但也愿意为未来"真、善、美"的中国法学添砖加瓦——而如果不是有万分的幸运能够在过去一年中参加了黄宗智先生的讨论班与同学们一道学习,在寻找一个确定方向的道路上的我也许还会继续迷茫很久吧,也许再过一段时间我会对这一年的收获有更深刻的认识,但即使在此刻,我也已经确信它根本上改变了我的生活。

真诚地感谢同学们。感谢黄先生,感谢您选择了我们。

探寻学术之"根"

——黄宗智 2011 年秋季研修班课程总结

赵大千

(2011 年研修班学员,时为吉林大学理论法学研究中心 2008 级
博士研究生,现任大连理工大学法律系讲师)

深秋的北京,我带着自己在学术研究上的困惑来到黄老师主
持的"法律、社会与经济:历史与理论"研修班。9 个星期,战斗般
的日子。两种不同思维方式的冲击、对立、比较、选择……这是一
次酣畅淋漓的思维训练。课前报告、课上讨论、课后反思,身上的
每一个细胞都被调动起来,痛苦并由衷地快乐着。2 个多月的记忆
清晰而踏实,在此借着这篇小小的课程总结,记录下那些点滴的
变化。

不是方法,而是思维

说实话,知道黄宗智老师,接触老师的著作要远远早于参加研
修班。黄老师深刻地指出中国学者在"理论"与"经验"上的相互隔
离的状况,倡导二者的连接,从最基本的经验事实中提炼最深刻的
理论概念,并用这些概念与那些源自西方的主流理论对话。审慎
对待那些脱离经验证据的"空泛"的理论。还记得最初读到黄老师

这些清晰而有力的表述时的兴奋,它刚好击中了我在学术研究中的迷茫之处。

我以为自己的问题是对于经验研究缺乏方法上的系统训练。我的学术入门开始于西方法学理论的研习,没有受过系统的实证研究训练,方法上的缺失导致我在面对经验材料是捉襟见肘。在参加课程之前,我将自己的课程目标定位为学习如何做深入的经验研究,侧重关注老师对经验证据的具体操作,学习可以借鉴的方法。研修班的课程以黄宗智老师的"法律三部曲"和"农村三部曲"为开端。能和作者本人对话,由作者亲自判断我的阅读是否精确,仔细讲述自己的研究过程,对任何一个学生来说都是一个千载难逢的好机会。

课程之始,我的"美梦"就破碎了。研修班的头号"反面教材"——这样的身份贯穿始终。从第一堂课开始,老师就不断地警醒我反思自己既有的思维方式:中国社会科学究竟需要什么样的理论?如何产生原创性的理论?既有的理论是否裁剪、束缚了我的视角?我既有的思维方式是否造成某些自己意识不到的盲点?

理论批判的来源有两种:一种是理论之间的对立。这种思维方式从研习本领域的不同理论出发,通过研习阅读经典著作把握各自的基本观点,在不同理论的交锋之处发现最根本的问题,从而批判某种理论。这种理论讨论的是根本的问题,还是细枝末节的问题?理论内部是逻辑自洽,还是自相矛盾?相关理论对它的质疑、批判是否有说服力?这是一种"理论——理论"的思维方式,对现实经验的关切在就理论而理论的过程中被架空了。我长期以来的思维方式正是如此,这种思维方式造成了我在理论关联经验过程中的无力。

"历史感"与"真实感"

跟朋友谈起研修班的心路历程时,大家都很疑惑:为什么一个"反面教材"格外积极,乐在其中。我认为,越是巨大的思维差异,越能体会到不同,越能触及问题的实质。真正的痛苦在于迷茫和徘徊,与"赤裸裸的真相"相伴,自我挑战,是何等快意之事啊。

感谢黄老师对我的耐心、宽容和敦促。我的固执和愚笨会不会有时让您很抓狂呢?感谢您如此认真地阅读我的读书报告,结合我的特点给出建议,并忍受我每周五凌晨发出的邮件炸弹。感谢您一边叹着气说"唉……这个学生'病入膏肓'了",一边鼓励我转换视角和思维方式。

您说我需要关注理论批判的另一个途径:事实与理论的对立。从"理论——理论"的思维方式侧重对理论本身逻辑一致性的追问,取代了更为重要的问题,即理论对现实经验的解释力的追问。经验事实是理论批判最根本的来源。比如我们研习一种理论,追问的问题是这种理论由哪些经验证据支撑?这种理论是否符合中国的实际?经验现实并非如理论展现的那样逻辑一致,而是一个矛盾体。正是这种矛盾往往使得事物保持长期的稳定性。理论在追求自身逻辑自洽的同时往往切割掉了经验事实中的差异和矛盾之处。

更为重要的是,"质疑理论"并不是学术研究的最终目的。黄宗智老师多次强调,真实感是学术研究的首要条件。这是一个最好的时代,中国社会处于巨大的转型之中,大量独特的经验事实不断冲击着既有的理论,几乎所有重要的问题都没有得到解释,新的思想孕育其中。找寻自己最为关注的社会问题,充分收集和占有第一手的经验证据,并从中发现问题、提炼概念。研究的问题是否是当下中国实践真正存在的问题? 材料本身是否可靠? 对材料的分析是否有说服力? 这些都需要来源于经验,都需要不断运用和磨练自己的真实感,提醒自己避免简单的经验堆积,要有明显的问题意识。

在我看来,真实感的根本目的是勾勒出与我问题相关的基本经验现实到底是什么。要解决这个问题必须同时运用历史感。研究的问题需要历史化,从历史本身发现问题和解释问题,比如说:这个问题从哪里来? 经历怎样的演变? 如何形成现在的模样? 历史并不单单作为研究的背景存在,它与研究的问题紧密关联,与当下的实践经验紧密相关。同时,开阔的历史视野有助于减少由于意识形态、理论立场所带来的思维上的局限性。

"经验—理论—经验"的批判性研究才是黄老师一直倡导的思维方式。为自己所关心的社会问题收集经验证据,从经验证据中提炼概念和理论,将自己的概念和理论放到实践中检验。随着课程的推进,我对黄宗智老师"连接经验与理论"理念的认识也随之加深。但做到真正的理解,做到思维方式的转变,一切才刚刚开始。"梦"醒了,现实中的行走缓慢而坚实。

启　程

我们这个多元化的研修班横跨法学、社会学、经济学、管理学、政治学等多个学科。特别艳羡农发院 A 同学从经验证据中发现问题的能力、金融学 B 同学娴熟的计量研究、社会学 C 同学充分的田野考察、法制史 D 同学踏实的史料把握、政治学 E 同学严谨细致的笔记梳理……还有咱们"外地四人帮",每周五的午餐讨论都使我受益匪浅。没有红叶的"香山红叶节"因为和你们在一起也格外灿烂呢!虽然,大家来自不同专业,年龄、理论基础也颇为不同,但整个研修班有着共同的底色,就是对研究认真严谨的态度和对中国现实问题真切的关怀。

庆幸自己"反面教材"这个身份,两种截然不同的思维方式的冲击迫使我跳出既有框架的束缚,尝试站在第三者的角度审视自己,以同学为师。在课程之初,我侧重讨教大家在经验研究上的方法、操作。认识到自己问题的真正所在以后,我开始注意他们思考问题的方式。面对同样的著作,接受系统实证研究训练的同学他们会提出什么样的问题呢?我有没有想到这些问题呢?我们提问方式的不同是否是因为他们从经验出发,而我是从理论出发呢?怎么从经验证据中发现、提出问题呢?

感受最深切的要数研修班最后的那堂报告讨论。我的报告是关于国企改革中工龄买断问题的研究。在讨论的时候,黄老师指出我所谓的经验研究还是停留在固有的"理论—理论"的思维方式上。用过多的"包装"架空了经验实际。我将国企改革前的工资关系概括为"身份机制",改革后的概括为"合同机制",然后就改革过程中两种机制的作用、冲突、问题展开讨论。我的问题是僵化的理解了黄老师的从经验中抽象概念,用概念对概念的讨论取代了经验证据。实际上,基本事实本身即是重要的概念。比如法律三部曲指出"中国法律表达与实践背离"。黄老师说某种程度上这并非一条理论，而是从大量诉讼档案中提炼出的中国法律的基本事实。之所以被大家广为接受和不断讨论推进，恰恰是因为它符合历史感和真实感，对中国当下的法律实践有解释力。再比如恰亚诺夫的"农民农场"的概念。恰亚诺夫通过大量可靠的经验研究总结出农民农场既是生产单位，又是消费单位，有力地挑战了"资本主义农场"概念，对非资本主义国家，对中国农村的经验现实都是有解释力的。"经验—理论—经验"的出发点是探寻真实的问题和基本事实，用事实反思理论，解释问题；而非简单化的、盲目的抽象出概念。两种截然不同的思维方式在我的头脑中掀起一场风暴。那么就让暴风雨来得能猛烈一点儿吧！

我很庆幸自己在求学生涯的最后阶段能够来到研修班，它使我有机会看清未来的路，使得我在北京的金秋有了别样的收获。感谢黄老师对我的接纳。研修班虽然结束了，但我们的故事才刚刚开始。海内存知己，天涯若比邻。很高兴在学术的道路上与大家相遇，今后也一起携手走下去吧！祝福大家！

功成不必在我，功力必不唐捐

——记参加黄宗智教授 2017 年研修班点滴

张潋瀚

（2017 年研修班学员，时为四川大学法学院
2014 级刑事诉讼法专业博士研究生、美国印第安纳大学
法学院法律科学博士研究生，现任四川大学法学院讲师）

距离研修班课程结束已近三周，此时回顾尚显得沉淀不够，但为了更准确地记录课程的点滴，不被后来诸事冲淡记忆，且勉力为之，算是给自己一个交代，也给后来者提供一个参考。这段思维激荡的时间将注定成为我等学术生涯中一块绽放着瑰丽光泽的水晶，时不时回顾总能映出师友的音容笑貌或者智识的浮光掠影。课程结束那天，黄老师匆忙按下了视频结束键以避免告别的伤感，我年纪一把却不争气地当着年轻小同学们的面湿了眼眶。当晚在北京一间狭小的旅店房间，我一夜未眠，将人与人的相逢和分别，将学习的感悟与自我的反思反复舔舐。我明白，这段经历是跳跃在我们十八个人各自人生轨道之外的东西，刹那交汇之后或许就是散落天涯。当然我也知道，在此期间的训练和交流，无疑将会在我们十七个青年学子的将来，或显或隐地发挥它应有的影响。

人是理性人也是感性人

黄老师说学术研究既是一个自我认识和理解的过程,也是一个感情的过程。正是处在父母所代表的截然不同的中西思想的并存和矛盾中,为了给内心的冲突寻找答案,他方才形成了决定自己一生学术研究的基本问题意识。这种由感情驱动的深层研究动因,对于一直自觉感性大于理性的我来说,是个不小的鼓舞——感情丰沛的人并非不适合做学术,只是需要将内心深切的关注导流到最重要的问题上,将这种能够进行自我长期激励的动力与理性求真的认识相结合,从中找到具有建设性的学术路径。

将学术上的感情因素做一定延展,说到底就是学术研究所具备的现实关怀和学者的政治觉悟问题。黄老师主张学术研究的一个重要目的是为大众谋求幸福。做研究不仅是要进行纯理论、哲学、抽象性的探讨,还要对关乎中国现实和未来的重要问题作出创新性的贡献。这种理念一以贯之地体现在黄老师关于中国农村和法律问题的著作中,同时也在其授课中得到不断强调。黄老师从读书笔记的字里行间就能看出一个学生的政治意识倾向甚至是意识的有无,并在课堂中进行有针对性的引导。这种引导不能说是价值观的灌输,而是一种敲打,将学生从懵懵懂懂的状态中敲打出来,以便其对自己的价值观进行一次清醒的梳理或做进一步反思。可以说,这种在国内学术训练中极少见到的做法,正是给学生求学和为学之路赋予灵魂的关键举措,只有先知道了为何而研究,下一步才是研究什么和怎样研究的问题。

在理论的探讨中，黄老师也提到正是因为人的双重性才使得在形式主义与实体主义中非此即彼地选择哪一方都是错误。如今占据话语霸权的形式主义需要实体主体的纠正。以恰亚诺夫为例，他所分析的小农既要生产也要消费，既是理性人也是感情人，这种建构打破了古典经济学理性经济人的理想化抽象，更加符合真实感。此外，韦伯虽以其宏阔的全球视野创立了形式和实质的理想类型，但黄老师认为正是由于韦伯骨子里是一个西方主义者、新自由主义者，缺乏社会公正感，因而无法再更进一步，指出如何结合形式主义和实体主义的出路。这从一个侧面说明了价值观对于学术研究所具有的重要作用。

理论不过是超市里待人选购的工具

无论在美国还是中国的学术环境下，理论与经验的割裂都是一个普遍问题，美国偏向理论而轻视经验证据，而中国在经济研究领域也多有类似倾向，而在以经验研究为传统的历史学科中，为摆脱意识形态影响则干脆直接拒绝理论，只做碎片化的经验研究。在这种大环境下，如何培养学生连接经验与理论的能力成为这门研修课程关注的核心。

课程前三周讨论黄老师两套三卷本著作时，经验材料和理论分析都有所体现，但更偏重经验材料一些，此阶段大家书写读书笔记精确性的提升也是最快的。但在后四周接触理论著作后，阅读难度迅速攀升，"每个字都懂但连起来就不懂了"，最后甚至到了同学们在微信里互相看别人停滞不前的阅读进度来缓解自己焦虑的程度。于是每周的日子就在反复咀嚼阅读、绞尽脑汁写笔记、熬夜赶周三午夜截止日期、在黄老师的课堂引导下穿过层层迷雾，以及课后对照优秀笔记自查自纠的循环中飞快地度过了。这样四周的"魔鬼训练"下来，尽管大家的笔记对于汪洋恣肆的理论著作尚无法完全做到系统完善、条理清晰的总结，但是基本上也都能进入这些理论本身。

但这种进入的程度也因各位同学各自性格、学习经历和研究偏好的不同而有所差别。总的说来，年纪稍长的同学对于经验的把握更为容易，但对于理论来讲，天赋以及先前是否受过系统的理论训练均会影响大家阅读理论著作时的表现。用黄老师的话讲，脑袋里关于理论概念的那块肌肉不锻炼是会萎缩的。以我自己为例，偏重经验一方的感觉就很明显，较容易做到对经验材料的精确阅读，但面对理论著作时，则有些力不从心。就像来到理论家修建的采矿场，面对四处闪耀的矿石，我能做到的仅仅是发现矿石并攫取下来放置一处，尚缺乏构造一个系统框架来合理摆置这些矿石的能力。在学习过程中，大家类似这样的对自身局限性的认识都很有价值，可以为将来的自我提升指明道路。

在黄老师"理论为我所用"的理念下，学习理论不仅仅是对理论的精确阅读，还是在沉浸一种理论掌握其脉络后，带着自省和批判的态度跳出来，完成对理论的使用。首先去除理论的"意识形态化"，然后在多种理论中以经验证据来决定取舍，最终实现反思理论或是与之对话来提炼新概念的最高境界。换句话说，我们学习理论不是为理论而理论，不是为了比较而挑出唯一正确的理论，相反，学习理论是逛超市选择趁手工具的过程，在找到合适自己研究的一种或多种工具后,使用它。

三人行必有我师

学习,除了向书本学,向老师学,还有重要一环就是向同学学。通常情况下,在进入大学以后,我们身边的同学就都是同专业的了,即使新认识的朋友属于其他的专业世界,也无法在日常的吃喝玩闹中打破对彼此专业的生疏和隔膜。而黄老师的研修班,集中了政经、农发、历史、法学、社会学等各个社会科学专业的优秀学生,大家来自不同的高校,成长于不同的地域,处于人生不同的年纪,唯一的共同点是对知识的渴求。这样带有多元背景却聚焦于共同文本的课上课下讨论环境,孕育出极佳的互相学习机会,既有助于在自己的本专业之外扩展跨学科、跨古今、跨中西的视野,学习从宏观角度观照问题,找到具体问题在世界中的位置,也能够从彼此的优秀品质中取长补短,获得志同道合的归属感以及良性竞争激发的拼搏乐趣,找到自己在世界中的位置。

同样属于外地来京,刘毅和我同住进了人大外面的一间简陋公寓,她说"从东方神秘主义的角度,这种缘分特靠谱"。从生活到学习,从个人身心到周遭世事,我们无所不谈,无谈不欢。在她那间能够看一角万家灯火的窗口,两个人一口接一口喝着茶吹着风,往往一谈就是两三个小时,还意犹未尽。与她的交往让我真切地感受到"人并不是一座孤岛",因为总有那么一些人的存在,能和我们对世界的认识、对理想的追求和对人生的感悟产生巨大的共鸣。而作为唯一年长于我的学员,刘毅的许多关怀和告诫也使得正处在人生变动路口的我多了几分从容笃定。

而年纪轻轻的其他同学则实实在在让我感受了一把什么叫后生可畏。匡晓璐是班里唯一一个本科生，能够获得黄老师的认可进入研修班学习本身就足以说明一些问题。小姑娘在大四毕业的当口，为了写读书笔记从早上八点坐到晚上十一点，每天看书写作十五个小时。想到自己当年这个时候正独自在全国各地开展"毕业旅行"，我汗颜的同时也感受到了时不我与的紧迫感。与晓璐年龄相仿的代剑锋，拼命程度有过之而无不及，由于白天还有其他课业压力，他经常晚上只睡两三个小时，熬夜读书写笔记。黄蕙昭和赵珊则是另外两个让我不得不佩服的小年轻，她们的笔记总能得到黄老师的击节赞叹。本科时系统的哲学思辨训练加上理论天赋，黄蕙昭对于让大家痛不欲生的理论著作能够在自己消化之后形成逻辑清晰、层次分明的笔记，读上去让人赏心悦目。赵珊话不多，但有说一句顶十句的效果。杨扬则是大到学科前沿小到会议信息，各种资讯一手掌握，热爱学术也热爱生活，看上去永远是张扬外露，但实际上心思细密、重情重义。

当然学习过程中还有许多趣事。在后期跟黄老师视频进行课堂讨论的时候，刚开始黄老师一直问"我讲懂了吗？啊，大家没有反应吗？那看来是没懂，我再讲一次。"讲了数次之后，黄老师终于反应过来，"哎呀，你们冻结啦！"从那以后，坐在最靠近摄像头位置的李泽宇就被派了一个任务，得时不时动一动，好让黄老师判断视频画面是否又卡住了。郭玲玲是学政经专业的，每次都会被拎出来问关于马克思主义和新自由主义的站队问题，"郭冰冰，你觉得呢？"大家从一开始的面面相觑到后来的会心一笑，觉得郭冰冰这个名字其实也挺好听。郭玲玲、何钧力、李彦岩、胡树琪都是挺有性格的人,在讨论问题时遇到黄老师误解自己的情况也能不卑不亢坚持己见。我对他们是钦佩的,学者最需要的其实就是傲骨。陈锋、张晗和王陈平在小年轻中属于年纪稍长的,他们对于经验的认识相应来讲也就有更多的心得。最有趣的是,在照集体照的时候,李付雷没有赶上,最后靠陈田成的妙手将其天衣无缝地 P 在了大家旁边。这张照片见证了研修班十八人这次神秘的缘分,也定格住大家青涩的学术生涯开端。正所谓"诗家清景在新春,绿柳才黄半未匀。若待上林花似锦,出门俱是看花人"。

功成不必在我,功力必不唐捐

黄老师五十余年的学术生涯都贡献给了中国问题的研究,近十余年来更是专心致力于国内的教学和为国内读者写作。他放弃加州海边的舒适生活,甘冒酷暑和长途飞行,不远万里来到中国免费为学生授课,同时笔耕不辍,使得大量紧贴中国最核心最重要问题的中文文章得以发表。他的家国情怀和学术关切只需一句话就足以使人潸然泪下,"这些话再不说可能就没有机会说了"。

他要求学生跳出学术上自以为是的设定,不能不加思考就将中国当成是和西方一样的东西。他强调实践历史的研究方法,以期连接多来自西方的理论与中国的实际,通过中国自身的实践经验来探寻符合中国实际的概念和理论,简言之即遵循"经验—理论—经验"的路径。许多实际本身就是人之所未想,要从基础的经验出发,寻找出经验的独特性,例如之前未预料到的(意料之外的)

结果,并思考这是不符合哪一套理论的另一套设想。最终在这个基础上再来与理论对话,这样才会更有价值。

当然要建立起具有中国主体性的学术和理论,不是一个人或几个人,甚或一代人所能做得到的,但黄老师已经给我们指出了方向。在北京五月熙攘炙热的街头,怀抱着大小杂物狼狈搬家的我,竟鬼使神差般地涌起一股使命感。因为只要方向正确,我们的每一份微渺努力,就都会算数。

无论怎样回顾,言终不足以尽意,个中尚有些滋味需经历者自己方能体味和珍藏。最后,用陶行知的一句话来为这两个月的研修班做个总结,"千教万教教人求真,千学万学学做真人"。

经济学、乡村发展

授人以渔

罗 煜

（2011年研修班学员，时为中国人民大学财政金融学院2011级
金融学专业博士生，现任中国人民大学财政金融学院副教授）

从10月14日第一次上课，到12月9日讨论论文，仅仅9周的时间，感觉还没有过瘾黄老师的研究班课程就结束了，然而就是这9周的课程，让我从黄老师那里得到了沉甸甸的收获，让我受用终身。

在这不到两个月的时间，我们每周读一本书，写读书笔记，进行一次讨论。我从来没有像对待这门课一样上过其他的课程，几乎每次都花费了好几天时间在阅读指定的书目上，经常是到了最后一个晚上还在通宵写笔记，在第二天上课之前发到黄老师的邮箱。黄老师说，他已经习惯了我最后交读书笔记，在上课的那天清晨打开邮箱查收我的读书笔记。这个惯例在最后一次提交课程论文的时候被打破了，我知道黄老师要在最后一天时间内集中看十几篇论文很辛苦，于是争分夺秒地提前了一天把文章写好发给了黄老师，这次居然我是全班第一个交论文的，代价就是两个通宵没有合眼。我觉得这么做是值得的，我投入了多少，收获的比这还

要多。

还记得第一次写读书笔记的时候,我面对厚厚的一本书,不知道怎么按照黄老师的要求,把它提炼成薄薄几页纸的笔记,一直到了最后一天才连夜写出来。经过了两三次练习,写读书笔记的能力迅速地被训练了出来,写顺了就相对轻松了,关注点也不再放在怎么写笔记,而是怎么理解一本书中的理论,以及怎么把它和自己的研究结合起来。

黄老师在这门课读指定阅读的书都是各领域经典著作,涉及历史、经济、社会学、法学、人类学等学科,涵盖了当今人文社会科学的几大主要的流派。俗话说"站得高才能看得远",在这门课上,我们学习讨论的不局限于某个领域的某一方面的知识,而是一个学科、一个流派最重要的方法论,这是"授人以渔"的教学。原来我们站在某一个学科的局限内,跟着主流研究走,追随二三流研究者的步伐,只见树木不见森林。现在,黄老师让我们站在人类智慧最高峰的平台上,去探寻那些大师们的思想,引导我们去思考理论与实践的连接,拨云见日,让人豁然开朗。从这门课上,我获得了学术研究方法的利器。

黄老师对改造中国的教育有着满腔的热情,胸怀奉献精神。他对年轻人充满了期待,他不断鼓励我们不要迷信,要独立思考,要从经验出发,去研究真问题。在最后一次课结束之后,我和黄老师谈了一个小时,他对我给予了学术研究上的极大鼓励,激发了我的信心和志向。在结课后的聚餐上,黄老师很兴奋地和大家碰酒杯,吃饺子,他是如此平易近人,让我们倍感亲切。

黄老师曾经对我说,当初在遴选学员的时候,犹豫过要不要让我加入。他担心我受过比较长时间的主流经济学教育,思维已经成型,可能这门课不会影响到我,不过最终还是让我进来了。事实证明,这门课对我影响很大,而且是全方位的,可能是决定性的。我的专业背景和班上绝大多数学员距离甚大,在阅读某些领域的作品时,确实有难度,但是这种挑战给了我学习新事物的动力,经历一番付出之后,我大开眼界,重塑了我的方法论。在撰写课程论文的时候,我已经或有意或无意地把课程中的方法、思维放到了我的文章中,我对此感到很欣慰。

与黄老师相识的短短两个月,我就获得了一笔宝贵的财富,对黄老师心中充满着敬仰和感谢。对有一批在一起学习讨论、碰撞交流思想的同班学员们,我也深表荣幸。黄老师在聚餐时说,我们吃饺子的地方有国际声誉,因为不少国外知名学者也在那里吃过饺子。我想,我们对黄老师的最好回报,也是对这门课最好的总结,就是按照黄老师所期望的,做真正的研究,做大学问。或许,这个简陋的饺子馆未来还真会诞生有国际声誉的中国学者。届时我们会再邀黄老师一起庆贺!

读书的拐点、学术的起点
——2012年秋季研修班总结

程瑶瑶

（2012年研修班学员，时为中国人民大学农业与农村发展学院可持续发展管理专业2012级博士研究生，现供职于北京化工大学公共管理系）

　　研修班已经结束一个多月了，至今仍记得暑假收到老师邮件时的兴奋，也记得每周三、周四凌晨完成读书笔记时的喜悦，以及结课聚餐时的不舍。三个月，十本书，从研修班习得养成的读书习惯、思维方式将是我未来学术生涯中受用不尽的宝贵财富；三个月，十九个人，课堂课后跨学科、跨院校的交流、讨论乃至思想的激烈碰撞和争锋，极大地拓展了视野，培植了我们深厚的友谊。

　　仍记得开讲的第一次课，黄老师就有意识地引导大家养成良好的读书和写笔记的习惯：先读首尾，掌握作者的主要论点后再逐章阅读，并在阅读中不断问自己有没有被作者说服，并可进一步来想若是自己的话会怎么写。老师对每个人的读书笔记都一一做了精细的点评，指出哪些地方存在问题，并对比了总结精确的和不精确的笔记，让学生自己体会之间的差距并作出针对性的改善。这个方法对我非常适用。开课前我在写第一篇读书笔记时虽然也有意识地用黄老师提倡的方法来读书和写笔记，却不得要领。第一次课后我把自己写的笔记与"范本"笔记进行对比时就能清楚地发现,自己远没有把准书的核心论点,所梳理的论据也没有"直接有力"。读第二本书时,我尝试作出调整——读完后把书放到一边,然后尽可能用精简的语言概括书的核心论点、各个分论点,以及作者是用什么经验材料来支撑证明其观点的。这样下来,对全书的掌握效果明显好于第一本。就这样,我在不断摸索中琢磨学术专著是如何写成的,在反复研读中增进对读书方法的理解,也就越能体会老师提倡的读书方法的妙处。如今每每翻看那些用该方法读过的书,就像遇到老朋友般亲切,核心观点、逻辑框架跃然纸上。

这十本书,让我领略了实体主义、形式主义、马克思主义和后现代主义四个不同流派的主要观点及其论证思路,也让我清醒地认识到自己以往接受的新古典主义经济学的科班教育只是广阔深邃的学术领域中一个小小的分支,更让我深刻认识到问题的思考不是只有一种路径,农村的经济发展不仅受经济规律的影响,也在很大程度上受到政治、社会、法律等诸多因素的影响制约。"理论是核武器",学习和掌握好的理论是让人兴奋的,但归根结底理论也只是一种工具,要避免陷入理论学说争辩的"空中楼阁",更不能堕入知识崇拜的窠臼。所以黄老师一直强调读理论时要吸收其符合实际的部分、对自己有用的部分,不要试图找一个全能的、万能的理论,而是要把各种理论当作"超市"货架上的"商品",活学活用,把这些理论当作跳板,重新构造,形成对自己有用的概念或分析框架,要利用它、超越它。正是老师的这些警醒,让我在初学这么多理论的时候,不去迷恋它们的高深晦涩,不去扎进理论的争辩,而是从外部更加客观地窥见每个理论观点的异同、论证范式的差异以及它们各自背后的意识形态、现实关照和具体情境,将他们解构、重组,再去找寻解释现实困惑的答案。黄老师提倡的这种从经验出发到概念再回到经验的学术思维方式,帮助我更好地扎根实践,寻求"真问题"。

读书方法的习得和对理论的掌握学习都让我受益良多,但对我影响更深的是老师一直力行和提倡的"关心大多数人利益"的学术立场。老师的每本书都饱含着他对中国小农的深切关怀,他解读他们的生活,剖析现状背后的原因,希望农民能过上更好的生活。我想,这也正是做学术最具魅力所在。

此外,研修班上同学们的"学霸"精神也让我感触颇多。不论是几位外地同学不定期地在北京和学校、工作单位之间的奔波往返,还是每周五早上五点半起床赶来人大上课的求学精神,都让我深深感佩;每周五课后聚餐的时候,学霸们抛出的各种概念、理论、观点总让人眼前一亮,备受启发;秋游时大家在地铁上三三两两聚在一起谈论的都是在读的某本书或者自己感兴趣的某个学术问题,下车时大家意犹未尽地笑称"这或许是史上最学术的一节地铁车厢了吧"……这段特别学术且充满欢声笑语的时光让人无比怀念,每个人将对知识的向往、理论的拷问、现实的关切迸发为对学术的执着、笃定与热情。有这样一群可爱可敬的人相伴,我们组就了一个小的学术共同体,未来的学术道路上我们将不再寂寞。

"心法"加"套路"：改变思维习性的学术之旅

——2012 年"社会、经济与法律：历史与理论"研修班心得

王庆明

（2012 年研修班成员，时为吉林大学社会学系博士毕业生，

现任南开大学周恩来政府管理学院社会学系副教授）

2012 年夏，我申请了黄宗智先生主讲的"社会、经济与法律：历史与理论"研修班，后获批，十分欣喜。金秋九月我来到北京，在两位友人的帮助下我住到离中国人民大学不远的法华寺附近。在北京的喧嚣之中能有如此幽静的居所，实在是难得了。法华寺，山门虽在，佛已成空。我三个月的学习就是在这一僻静之处度过的。法华寺的空静，似乎也意味着青灯残卷，静心苦读是这次学术之旅的应有之意了。回想这三个月的时光，黄先生的循循善诱和犀利批评、同窗的深厚情谊以及为读书笔记挑灯熬战的亢奋，此刻都已成为弥足珍贵的记忆了。此外，还有一些潜移默化的以及沉淀下来的东西，正在慢慢地改变着我的一些读书和写作的思维习性。

黄先生这门研修课程的核心是事实与概念的连接，而我感觉自己最近研究的一大困惑恰是理论概念与经验事实连接的"不自然"。在近两年的研究过程中，这种"不自然"的困扰就愈发明显。

如何能够在研究的过程中将理论与经验自然连接,我试图从黄老师的研修班上找到答案。在三个月的学习过程中,我尝试着找到解决自己困惑的捷径。但一上课,黄老师就强调:并没有什么理论连接经验的秘诀,这不是一朝一夕的事情,是每一个研究者要终身面对的问题。而且,只有研究者通过具体的研究实践,暴露了自己的缺点之后才可能寻找到改进的具体策略。简单讲,答案只能靠我们自己通过具体的研究来寻觅了。而研修班的"三步训练"则是帮助我们培养习惯、提升智识并快速寻找答案的有效途径。这三部训练对于我而言主要是暴露缺点和改变思维的过程。

如何养成高效精确的阅读习惯

黄先生说自己是在三十岁的时候才养成写读书笔记的习惯的,但仍然后悔不及,感觉此前白白浪费了太多时间。刚听到黄先生的话,似有窃喜,我刚到而立之年,看来自己还不是太晚,但却没有感觉自己不做笔记的读书是浪费时间。黄先生说之所以说"白白浪费"时间是因为,看完一本书,两周三周后记忆就会模糊,再过一段时间就会忘掉,这样子读书就成了浪费时间。只有用心写读书笔记后这本书才能成为自己一生的财富。当然要想使笔记成为一生的财富,写出来的东西一定要对自己"有用"。关键之处是什么样的笔记才能一生有用呢?

关于怎么写读书笔记,我通过参加和组织一些读书会也形成了自己的一些浅见。此前我自己认为读书笔记最重要的是"问题意识",阅读经典著作的关键是要懂得这些经典作家提出问题的方式,以及解决问题的方式。但黄老师说,对于经验研究的著作而言,读书的关键不仅要掌握作者提出的"问题",因为问题的解决并不是通过理论而是依凭经验事实来实现的。关键的是,要在把握作者的核心论点之后,马上跟进经验事实,看作者的经验材料能否支撑其理论。理论很重要,它能帮我们提出问题,但理论不能解决问题,只有经验事实才能把问题解释清楚。只有经验连接理论的笔记才能有用。

谈到如何写有用的读书笔记,黄先生首先给我们泼了一盆冷水,说这一代研究生吹牛的本事非常"发达"。要想写有用的笔记,必须改掉这一代人读书的两个恶习:第一种恶习是只看经验材料,不看观点和理论,认为一切理论都是意识形态;另一种恶习则只看观点,不看经验材料。后一种恶习在这一代人中可能更严重一些。不幸的是,我恰恰是后一种恶习的典型代表。黄老师语重心长地说,读书的习惯,决定写作的习惯。只有改掉这两个根深蒂固的习惯才能养成理论连接经验的思维。

关于写笔记如何具体操作,我自己总结黄先生的想法是"作者在场"和"读者在场"的统一。所谓"作者在场",是要非常精准地掌握作者的论点,概括出作者的核心论点后,更要明确作者的支撑性论据。而"读者在场",是要时刻问自己,"作者把你说服了没有?"哪些地方没有说服你?如果让你来写,你会怎么修改?关键是如何组织这些经验材料,并在此基础上提出新的理论概念?无论是作者在场,还是读者在场,这里问题的关键之处都是理论与经验的统一。

为了鼓舞士气,黄老师还特别强调如果我们能掌握一个领域奠基性的十年磨一剑的二三十本著作和四五十篇文章的话，就可以"登堂入室"了。所谓掌握就是要认认真真写出对自己一生有用的笔记。我们当时研修班的速度是每周一书，按此计算掌握三十本著作仅仅需要三十周而已。如此想来，登堂入室似乎"指日可待"？当然，写有用的读书笔记是一个好的学者一辈子的事。重要的是，这种训练能培养一种理论连接经验的思维，进而影响理论连接经验的写作。

对于我们参加研修班的同学而言，在读书和写笔记的过程中，如何践行黄老师这些方法性论纲才是问题的关键。我感觉自己总是在不知不觉中就钻到理论逻辑的线索之中，而忽略掉支撑理论的经验事实。我们第一篇读书报告是针对黄老师的《华北的小农经济与社会变迁》一书，我围绕黄老师所说的革命前中国小农的三种面貌，在对三种经典小农理论梳理批判的基础上，提出了中国小农的理论困境与出路。我本以为这样的读书报告应该不错了，但一上课黄老师就说好的读书报告一定是理论连接经验的，脱离经验事实来看这些(中层的)理论是没意义的。后来我拿到黄老师批改后的读书报告，一看成绩是一个"√"和一个黄老师自创的不确切的符号。按照黄老师两个"√"合格的标准，显然不及格了。我又仔细读了一遍自己的读书报告，看到黄老师逐字逐句的批改，虽然当时对先生的评判标准不完全认同，但对于先生的认真却非常感动。一位年过古稀的先生，凌晨三点半起来逐字逐句的批改我们语焉不详甚至词不达意的笔记，着实难能可贵。

如果说第一次读《华北小农》的笔记是自己的理论思维习性的直接反映的话，那么等到进入课程班第二阶段"理论入门"，读恰亚诺夫的《农民经济组织》的时候,我的思维方式则得到了彻底地暴露,当然也受到了先生的彻底而深刻的批评。

学术理论的掌握以及新概念的建造

研修班的第二阶段是"理论入门"训练。黄老师选择了实体主义、形式主义、马克思主义和后现代主义四大经典理论的代表性著作为范本来引导学生如何面对经验研究中的理论。在理论训练阶段我们读的第一本书是俄国经典作家恰亚诺夫1925年出版的《农民经济组织》,这是实体主义的重要代表著作。这本书虽然此前已有接触,但再次阅读时还比较用心。我最初的笔记是分为五部分:研究的主要问题、理论假设、基本论点、研究方法与基本思路,最后一部分是引入同样是实体主义流派的波兰尼和斯科特的理论,并结合中国经验事实对恰亚诺夫的反思。当然这种笔记的写法仍然是以"问题意识"为出发点的。

等到一上课,黄老师第一句话就说这次庆明的笔记是"倒数第一",这样的笔记"不如不写"。"倒数第一""不如不写",我当时听了之后非常震惊,这并不是因为当众批评让我难堪(我在吉大的读书小组火药味非常足,对于批评我早已被迫有了免疫力)。我震惊的是,我本来很用心阅读和写作的读书笔记,为什么会是"没有用的"?这节课,我听得特别认真,记录得也很全。"低调"地上完课,高调地饱餐一顿之后,我拿着恰亚诺夫的《农民经济组织》进了自习室。

坐在教室里,我把自己的读书笔记又看了一遍,仍然感觉不到根本问题的所在。于是又回到了文本本身——重读《农民经济组织》。读了三天之后，我看了一下当天的课堂记录，隐约地感觉到自己的笔记问题可能有两个重要缺陷：首先，我针对理论本身和问题意识的思考同样存在问题，在明确了恰亚诺夫的理论问题以及核心论点之后我把斯科特和波兰尼引入，虽然他们都是实体主义的代表，并且在很多问题上有共通之处。但针对文本本身而言，这种发散是没必要的，更有用的是要明确恰氏的"理论对手"是谁？显然，恰氏两个对手是亚当·斯密和列宁。斯密的经济人假设认为经济行为的准则就是追求"利润最大化"，并把"经济人"假设外推至历史上的一切经济行为主体之上。恰氏认为：在农民农场中，每一个经济人都是家庭经济单位的组织者，其行为动机不是追求个体性的利益最大化，而是遵循"家庭效用最大化"，具体是指在家庭劳动辛苦程度和家庭消费需求之间达到的一种均衡。而这一判断成立的事实基础是：家庭农场既是一个生产单位也是一个消费单位。针对另一"对手"列宁的"阶级分化论"，恰亚诺夫提出了"人口分化论"。这样的理论梳理可能比我此前的梳理要好的多。

其次，此前笔记的另一个缺陷是，恰亚诺夫的理论是基于重要的经验事实提炼出来的。恰亚诺夫问题的关注点是 1920 年代俄国的 1850 万个分散的小农民农场，而最为普遍的家庭农场经营状况是拥有 1 个男劳动力，播种面积在 3—6 俄亩。家庭规模扩大或分裂这一人口分化过程是恰亚诺夫"人口分化论"提出的基础。在梳理恰氏理论的过程中，必须马上跟进这些重要的经验事实，这样我才可能判断他的理论是不是能够成立的。

明确了自己先前存在的缺陷后，我又重写了一篇读书报告。

现在回头看,这篇文字还是有一些用处的。这次重写读书笔记的经历,让我更清楚地理解了经验与理论的关联。社会科学研究中的理论与经验的关系是所有研究者都不可能回避的问题。在我看来,理论与经验的问题在今天还有一种特别的意义。这种特别在于,面对全球化的冲击我们强调"文化自觉",而自觉实质上需要我们对自己的文化和自己的历史进行重新解读,然而在文化自性缺位,自足的文化解释体系并不存在的情况下重新解读又何以可能呢?换言之,我们要借助什么样的理论概念和分析框架来解读呢?如此追问的前提是,我们当下使用的概念分析工具几乎都是源于西方理论的。黄老师针对西方理论与中国经验事实的矛盾而提出的"多重悖论"恰恰是基于这个意义上而言的。

中国在接触西方以前有一个自足的文化解释体系,依托的是"经、史、子、集"四库之学。而在 19 世纪中期被迫接触西方以后,这种文化的"自足"出现了危机,我们不得不借助西方来理解自身,亦即需要借助西方理论来解释中国。然而西方的理论体系对中国的历史社会事实的解释的合法性是否是不正自名的呢?若不是,则西方理论对中国事实的解释又在多大程度上是一种误读呢?对这些问题的反思不仅是我们当下知识增进的基本要件,而问题的关键是我们何以反思?针对中国当下的学术研究状况,黄先生对以上这些问题的回应代表了一种重要趋向,或者说他试图引领一种研究的趋向。对此黄老师一以贯之的态度是:没有放之四海而皆准的"普适理论"。任何的理论都必须要面对中国经验事实的检验,要依托中国的历史经验事实来对理论本身做出"选择"。在具体的研究过程中,要想做到理论连接经验,同样要从经验事实出发,用经验来"选择"理论。这直接关乎如何进行理论连接经验的写作问题。

研究写作:理论连接经验的实践

2007年我曾就自己的"麦客研究"请教黄老师,我记得当时先生就非常明确地指出我研究的致命缺陷是:文章的有限的经验材料不能支撑住文章的理论抱负。参加研修班学习期间,我又把自己关于身份产权的一篇文章提交给先生和诸位同仁讨论,得到的评价是仍然存在理论与经验的分离。后来我自己冷静下来想了想,这里面可能关乎对待理论的态度,以及研究的出发点和落脚点的问题。

对理论的理解,此前我自己根深蒂固的一些想法直接受到了社会学家亚历山大的影响。在亚历山大那里,理论是在特定时空下对个别事物的抽象。就一般的理论而言,它不能从经验的事实中归纳出来,当然这并不是否认理论的建构是以经验事实为基础的,而是强调,仅仅依靠事实并不能建构理论。这是因为在社会科学的实践中,正是理论自身产生了检验事实的"实验",或者说恰是社会科学家头脑中的"理论"构造了作为研究对象的"事实"。而且,理论的推理和真实的世界之间会保持"相对的自主性"。当然,理论既可以产生于对真实世界进行经验研究之前,也可以产生于对这个真实世界的经验研究之后。而社会科学研究中的"非经验部分"关涉到研究者个人的想象力、知识的社会化程度以及个人信仰等等。

然而,到了研修班之后,我对理论的态度以及在此基础上形成的思维惯习则受到了很大的冲击。黄先生一方面强调"理论是核武器",非常重要,他能帮助我们提出高质量的学术问题,但理论本身并不能解决问题,问题的解决只能靠经验事实。另一方面,黄老师又给学生贯彻一种"实用主义"的理论态度。先生强调,对于一个初学者而言,我们面对卷帙浩繁的理论资源,我们很难用有限的时间快速掌握。但不用害怕,开始学理论就像进超市一样,我们只选取对我们有用的东西就可以了。怎么辨别有没有用呢? 就是要看这些理论对我们理解经验事实或经验材料有没有用。一种情形是,以往的理论能够直接帮助我们解释经验事实,例如黄先生从恰亚诺夫那里获得启发对家庭农场的理解,其根本的学理与事实的契合之处就是:家庭既是一个生产单位又是一个消费单位。另一种情形是,以往的理论,和我们看到的经验事实之间存在背离。这时候恰恰是我们推进理论的机会,只有当我们发现以往理论和经验事实之间的悖论之处时我们才有机会修正或提升以往的理论概念。

对于研究的出发点和落脚点,我此前的一种思维定式是,"从理论中来到理论中去"。从理论出发,尤其是要找到理论之间的交锋点,在这些交锋之上争取提出一个好的有理论价值的问题。明确了研究问题之后,寻找与这一问题直接相关的经验事实。并且试图从凌乱的经验事实中整理出清晰的"事理逻辑",以这些事理来反观此前的学理讨论,在此基础上修正或补充以往理论。简单讲,出发点和落脚点都是理论,即"理论——经验——理论"。但黄老师从始至终都特别强调,社会科学的研究要"从实践中来到实践中去"。由于我们现在所学习的西方理论在面对中国的经验事实时经常会呈现出多重悖论，由此，若从理论出发就容易陷入各种"陷阱"之中，而戴上西方理论的眼镜看到的经验事实往往也是扭曲的，或者说是被既往理论所"型塑"的。若要在此基础上再去修正或补充以往理论，则仍然跳不出西方理论的窠臼。

要想改变这种研究困境，必须反其道而行之，即从经验事实出发，在经验事实的基础上提炼出有生命力的分析概念，并以此概念和以往理论对话，最后再看这样的理论概念对理解中国此类的经验事实有什么用？黄先生从经验事实和实践出发的研究路径可以概括为"经验—理论—经验"。若以此路径来进行经验研究也就不太可能出现理论与经验分离的问题了。研修班上黄老师贯彻的这两点恰恰是与我自己此前的研究思维相反的。这次研修班对我而言，最重要的就是要改变思维习性。

结　语

以前从武侠小说中看到武林高手或者世外高人传授绝世武功时，一般都主要注重"心法"。而黄老师与一般的高人不同的是，先生不但亲授"心法"，而且更注重"套路"。"实用主义"的理论态度和从实践出发的研究套路加在一起方可以称得上是黄师"秘笈"吧？在此我要特别感谢黄老师的无私教诲，先生的学养和品格是我的终身之师。当然由于自己的笨拙以及根深蒂固的思维习性，只能慢慢参悟秘笈了。

在北京的这三个月是我一次非常重要的学术之旅。在这一旅程中,不但体悟到苦行作业后的无上清凉,也享受到了真正的学术批评以及难得的同窗情谊。

附录:摘录一些研修班趣事,算作另一种纪念。

1.某日,平时受黄老师表扬甚多的一位同学没来上课,黄老师说她病了。后来坊间传说这位同学是熬夜写读书笔记累垮了。下次上课,黄老师开场就说"这次怎么只有一半同学交了笔记呀?"没交的同学,微笑、低头,似无压力。后来见到真人,我问候之后方知原来是肠胃病症不能上课。

2.一般对一个问题的讨论到了收尾之时,黄老师总习惯地问,"谁还有想法"? 一般这个时候大家都低头以示没有。但奇怪的是,唯有一位同学屡屡被黄老师叫到,但他又屡屡委屈地慢慢说到:"我没有呀。"后来大家集体研终于发现,这位眼神里一直充满"问题意识"。后来再遇到这种情形,大家都不再低头而直接看这位同学的眼睛。

3. 12月7日是我们最后一次讨论课,12月6日大家在QQ群里讨论的异常兴奋,直至零点之后。面对最后的讨论和考核,一位仁兄终于按耐不住说,我们明天"再干上一票"就终于可以喝酒了。

4.黄老师说自己喜欢喝酒。某位善于思辨的法学同学,玩味一番黄老师的话后,提议我们可以用"田忌赛马"的策略来和黄老师喝酒,先让最不能喝酒的同学上。他提议庆明你最不能喝,你应该先上! 等到喝酒吃饺子的日子,酒未过三巡,阵脚已乱,此前谋划终未奏效。

学以致用

王海侠

(2009 年研修班成员,时为中国人民大学社会学专业 2009 级硕士生,
现任北京师范大学中国社会管理研究院/社会学院讲师)

课程结束后早就该写出自己的一些心得,但却迟迟不想动笔,因为好想将这段记忆轻轻封存、不去触碰,但却能依稀感受到其中的滋味。不过,封存起来的记忆再美好,也不能与人分享,所以在"独乐乐与众乐乐"中,还是会选择后者。

还记得看到课程公告时的兴奋,还记得读到黄老师撰写的卷首语时的激动,还记得写申请论文时的惴惴不安,还记得在得到确认邮件时的欢欣雀跃……时间过得好快啊,一转眼这已成往事。不过在这短暂的时光中,却收获了沉甸甸的果实……可以说这是我投入最多的一门课程,当然这也是收获最多的一门课程。这些收获主要包括以下三个方面:

首先,是在知识层面。以前读书就是从前读到后,记住作者的观点和引入材料,几乎很少再做细致的整理与分析,所以再有感触的书,随着时间的流逝也会渐渐模糊、慢慢遗忘。但上了这门课以后,才知道读书也是很讲方法的,这门课专门对读书方法做了训练,觉得真得很有受用,用此法读书不但可以加深理解,而且可以增进记忆。提取中心论点与撰写读书笔记真是让人终身受益的读

书方法,不过此法相应地要求较大的投入,浮光掠影的读是一定达不到这种标准的,因而这也就成了促使自己细致读书的督促。课程结束后,就给自己定了一个目标:争取每二周读一本书,并写出一篇像样的读书笔记。如果能够坚持下来,几年后就可以有很多的积累了。

还有就是对理论的认识。作为社会学的学生,可能不仅是我一个人,似乎大家都有这样的习惯:非常重视理论,写文章要是不用点理论,就觉得自己没水平。因而常常甚是高调地使用理论,甚至有的论文用一半的篇幅去做文献回顾,而自己要写的东西却不多,而且还有用理论套经验事实的倾向。但上过这门课后,自己对理论有新的认识,开始对理论轻拿轻放了。可以说对理论的掌握与应用是必要的,理论无疑具有相当的指导性与概括性,但是理论要扎根于经验证据之中,要保持与实践的密切联系,这样的理论才是有生命的。同时,在应用的过程中要尽量低调的使用,运用理论于无形才是更高明的应用。理论仅是用来加深认识的,而不是用来炫耀的。所以,我想自己在以后的学习中不会再执迷于空泛的理论迷雾之中了。

第二点是在认知层面。在这门课程的学习中一直贯穿着一条主线,就是清晰的历史感与真实感。现在的人可能都习惯向前看,但却忘了"以史为鉴",尤其对今日而言,能以历史的角度来看待问题、分析问题更是十分重要。有人说"忘记历史等于背叛!",而今却似乎走进了历史虚无主义的迷雾,学者很少正视历史,高校学生更是少有接触。因而,就出现了这样的论断:"历史是可以被人随意打扮的小姑娘!"难道果真如此吗?历史是最最真实的,一些人只能掠夺书写她的权力,但却永远不可能改变她。历史感与真实感无论对于普通人,还是对于知识分子而言都是十分重要的。无须再执迷于某种精心的论述,只要用我们的眼睛、我们的心去审视实际生活,难道这样获得的认识不比书本中的论说更可信、也更可靠吗?

历史感听起来有些虚空,但却与我们的认识有着密切的关联,这一点可以从汪晖老师所写的浩瀚长卷——《现代中国思想的兴起》中得到清晰的呈现。汪晖将对思想状况的考究置于历史图景的分析构架之下,用一种历史化的眼光看待近代思考的变化与曲折进程。同时,汪晖在文中指出:"正是对这些问题的思考把我们带入思想得以发生的各种历史条件和久远的历史进程之中,因为在现代性充满豪情甚至傲慢地加以拒绝的历史本身蕴含着克服现代性危机的可能性和启示。"可见这套历史性的分析话语对于我们的认识及对中国主体性的探寻有着多么重要的意义。

最后一点,也是让我触动最深的一点,就是黄老师所怀揣的使命感与时代紧迫感。其实,中国不乏做学问的人,但是却太缺少真正关注底层、关心国运的人。即便有人也在大谈时事,但却常常置身其外、将其当作与自身无关的事情。而黄老师却并非如此,他不远万里回国来为学生授课,绝不仅是为了传授一些知识、为了教中国学生怎么做出漂亮的学问。

就个人理解而言,他可能带着对祖国深厚的情感、对国运民生深切的担忧,这是与自古以来知识分子一直所追求的道德使命感相契合的。我深深为黄老师这种情怀所触动,因为自己一直坚信:学习知识就是为了使用知识,知识分子的使命是要为普通群众做贡献,是要让社会变得更好;而至于所谓的价值中立、价值无涉,可能更多的是知识分子为了推脱责任而寻找的托词,成了抨击那些站在普遍群众立场上陈述问题的人的工具!布迪厄指出,社会学是一门"制造麻烦的学科",社会学的任务是揭露社会的隐秘。我不想去制造麻烦,但是当麻烦出现时,是不是应该有勇气去正视、去解决,而不该去回避!

面对今日之中国,我知道黄老师非常希望年青的一代可以有所超脱、有所建树,能为中国自身现代性的探索有所贡献,我想吾辈不应辜负其期望,应该努力丰富自我、完善自我,做一个于国于民有利之人,而不是成为一个职业的知识分子。

但是当我从这门课的立意去思考时,发现这门课程似乎存在一点不足之处,或者就个人的理解来说并不像想象中的一样:就是研修班的同学,好像并非很注重对历史的探寻及对中国社会的深切关注!有一些同学来参加这门课程,完全就是为了学习纯知识的。而这门课显然不是在就学术而论学术,虽然也是在讲知识,但这知识却基于一颗热忱的心,如果没有了这腔热忱,光有知识的提高又有多大意义呢?所以希望再参加这个班的同学,一定要能理解老师的苦心,不要辜负老师的辛劳与期望。

总而言之,最大的收获可能是自己内心的一丝清明,以前常常困惑于学术、价值、理论、实践的争论之中。而今,却能够清楚地辩明其中的关系,结束了一直以来的分裂状态。很感谢黄老师给我的启发与指导。

感激之情,无以言表!您是我心中真正的学者!

初学涂鸦

焦长权

（2010 年研修班成员，时为北京大学社会学系博士生，

现任北京师范大学中国社会管理研究院／社会学院讲师）

记得还是本科二年级的时候，我开始读一些关于中国农村社会的研究著作。其主要原因，一来是上一些课程的需要，二来是自己对一些一直困扰自己的社会问题思考的驱动，我试图通过书本的阅读来回答自己内心的困惑。当时就接触到了黄宗智老师《华北的小农经济与社会变迁》一书，当时拿来一读，虽然只记住了"内卷化"等一些最基本概念，根本没有深彻地理解书中的内容，更对这些讨论的学术理路毫不知情。但是，当时留下了一个极其深刻的印象：作者为写作这部书确实花了极大功夫。

后来，随着自己学业的成长，才慢慢开始了解一些中国乡村研究的学术理路，也才逐步开始深入理解黄老师的学术进路与成就，了解的越多，敬佩之情愈强。2009 年我又由武汉辗转到北京继续学习，早知黄老师在人大开设经济、社会与法律历史的实践研究的研修班，抱着试试的心态申请了该课程，承蒙老师不弃，忝列班级学习。在一个学期的学习中，在黄老师的指导之下，我开始了对自己大学以来的所思所学的一次重新清理和检讨。

一

研究班的设计分成三大块。第一部分是培养阅读方法和阅读习惯,主要阅读黄老师自己的几部著作,这样他能更好的指导,也能结合自己的写作与研究现身说法。第二部分是理论阅读,主要是阅读几个主要理论流派的代表性经典理论著作,从而对各路理论脉络有个基本的理解,算是嗅嗅各门各家的味道,同时知道里面的一些核心对立与辩驳,为以后结合自己的兴趣进行进一步的阅读奠定基础。第三部分是提交思考性论文并讨论,每位同学提交一篇结合理论与经验的思考性文章,在课堂讨论,每次课大致讨论9—10篇文章,讨论前每位先简略介绍自己的论文,再由同学提问和评议,黄老师最后点评与指导。下面结合我在各个阶段的学习谈些学习体会和感悟。

第一阶段就是培养大家的阅读方法与习惯。其实,在研究生以前,我自我感觉还比较喜欢读书,各学科、各流派都稍有涉猎,但是一直是在囫囵吞枣,不求甚解,所以虽有所收获,但总感觉是隔靴搔痒。上黄老师的课时,老师强调要精确掌握,把书本"精确的放到桌面"上来,而且要养成做笔记的习惯。这些都是我以前没怎么注意的。后来才慢慢发现,在刚开始读书的时候,有时候为了了解各门派的味道,在里面不求甚解的跑一通尚且可以,但是在有一定基础后,读书还得讲究深入理解与吸收。对于经典著作,对其中心观点、方法、理论对手、核心经验材料以及经验与理论之间的关系是否搭配等都必须要细细地琢磨,这样才能够每读一本书都有长进。特别是进入一个专门领域以后,对本领域中的那些经典著作必须娴熟于心,扎实掌握,这样才能谈到真正的接续研究。这主要是读书方法的反思和体会。

而对于黄老师自己所著几本书的阅读,对于我反思研究中的经验与理论的关系,如何对待理论,如何组织材料等也有了更深的认识。黄老师的研究不拘泥于学科,不专职伺候理论,以问题为导向,以事实为依据。比如,其对华北经济社会史的考察是其在浏览了当时所有的可用材料以后,从问题出发,在经过多次的经验分析与理论研习的来回后,最终发现了"经营式地主"与"家庭式农场"之不同生产组织特性的问题,并进一步论证了二者各自不同的演变逻辑,从而证实了华北农业由于人口压力和阶层分化所导致的农业内卷及与此相关的一系列经济社会变迁命题。黄老师在书中娴熟地运用各门各派的理论资源,对各家理论既肯定其合理部分,又指出其缺陷,从而达到了真正推进研究积累和对问题的综合解释的效果。尤其使我感佩的是,黄老师真正实践着"有一分材料,说一分话"的学术追求,特别重视经验与论点之间是否能够搭配,亦即材料是否能够支撑论点,逻辑是否清晰。在阅读课刚开始的几节课,黄老师都会时时介绍自己著作成书的过程和研究中的一些思路,给我们展现了经典著作背后的探索过程,这对于我们这些初学者来说,无疑起到了很好的指导作用,这让我们不仅能够从他具体研究的过程中学习研究方法,而且更能体会到一位真正的优秀学者的胸怀和气度。而且,在每一次讨论自己的著作的最后,他都要结合同学们的讨论以及自己著作完成以后这么多年的思考进行自我反思和批评,这让我们在看到前述作者研究过程的同时,又进一步看到了作者本身对著作完成以后的后续思考，从而展现了一位学者自我学术思想的发展脉络和心路历程。我想，没有比这种现身说法更好的教学素材和教学方法了。

二

在完成了三周的阅读习惯和方法课程后，就进入理论阅读阶段。理论阅读选取的著作均为经典作品，分别涉及韦伯、恰亚诺夫、布迪厄、舒尔茨、萨义德、格尔兹、汪晖等古今中外的思想名家，内容包含实体主义经济学、形式主义经济学与法学、马克思主义实践理论、话语分析、文化分析等理论流派。在理论阅读阶段，黄老师对每家理论都会指出其主要的对手和主线，比如布迪厄，其主要的对手是客观主义与主观主义，试图以实践的逻辑调和这一社会科学中的经典二元对立，将时间的因素引入交换的考察，将象征资本的概念引入资本的考察，将习性的概念引入到结构的分析之中等，这大大丰富了此前关于这些理论命题的讨论。在阅读这些理论著作的时候，黄老师会重点介绍自己是如何来运用这些理论的。比如，他介绍早期所做经济史时受到恰亚诺夫的巨大影响和帮助，后期所提倡的中国法律史的实践历史研究则深受布迪厄的影响。

在此，给我印象最深的是我们如何对待理论。理论一方面是"核武器"，所以必须要有理论，不能主观地排斥理论，要有主动的理论思维和运用理论的自觉。理论既可以帮助我们对问题的解释，也可以帮助我们将自己的研究通过对话来清晰地阐述，还可以增强我们的研究立场，因为理论背后都有立场，吸收和运用理论的过程本身也在被其背后的立场所吸纳。另一方面,理论也是个"幽灵"。我们不能在理论面前匍匐,不能在理论面前膜拜而失去了主体性,这种情况很容易发生在只了解和掌握一家理论的情况下:由于没了别家理论作为反思对话的主体和对象,自我又处于初学阶段或者在理论面前过于渺小而容易仰视理论,从而很容易被理论的逻辑所"收编"。这很容易导致自己思维的过早定势还浑然不觉,在具体研究中的表现就是不自觉地给已知的单一理论作注脚或意识形态的论证,或者仅仅将掌握的这家理论当作自我经验研究的修辞,其实与自己的研究不搭界。

在这种对待理论的态度背后,也隐藏了对待经验的态度。那就是对经验的碎片化的理解而不是整体性的掌握,从而同样的经验材料可以来论证任何的理论观点,经验实际上成了理论的装饰品和叙述材料,成了任人打扮的"灰姑娘";而反之亦然,这种理论也成了"万金油",哪里都能贴,哪里都能用,因为只将其当作一种修辞。真正正确对待理论的态度是在准确掌握理论的基础上,将其对我研究有启发的部分拿来为我所有,在自我的运用中对原有理论、概念进行改造或创新,从而发展出与自己的研究对象和经验比较切合的理论概念和模式。这既能够完成与原有理论的衔接和对话,同时也使得自己的研究能够真正地做到有血有肉:有观点,有材料,有概念,有论证。这就是黄老师一直强调的联结经验与理论的深意。

同时,在理论阅读阶段,黄老师还特别强调和提醒大家理论背后的立场问题和研究者自我的立场问题。每一种真正成熟的理论背后都很难摆脱意识形态的影响,意识形态的影响发挥在不知不觉之中,一旦理论成型,其背后的意识形态就成了理论一个方面的品性。而这一点在我们吸收和运用理论的时候往往是不注意的。黄老师提到了舒尔茨在《改造传统农业》中的立场问题,强调即使如经济学这般在社会科学中较硬的学科,其背后完全可以有其相应的立场,而且还因其"科学性"而遮蔽背后的立场(意识形态)。这一点在国内的教学和科研过程中很少有学者明确提出来,有很多人是因笃信研究的纯学术性,在被意识形态所"俘虏"的情况下还纯然不觉;还有一些人是"知而不言"。两者的共同后果是给学生和学界造成了一种学术中立和"价值无涉"的假象,特别是给新生代学生造成了很大的误导,这在某种程度上又从另一个侧面塑造了社会科学的客观"神话":以为社会科学完全是一种真理信条,而且是不分时空条件的普世条款。这种对社会科学之"价值无涉"的过分自信与对社会科学的结论的过分迷信是齐头并进的,而且,对自我研究结论的过于自信又往往导致了一种失去时空条件的意识形态争论和完全背离事实的政策建议。

三

在完成了第二阶段的阅读之后,就进入第三阶段的论文写作与讨论阶段。每个同学提交一篇结合本学期阅读和经验材料的思考性论文。我提交的论文是在小家户生产的条件下农田水利的供给机制问题,背后的理论启发主要来源于恰亚诺夫和黄老师的著作,经验材料则是以前调研的材料,论述的核心论点是:作为中国当下农村最基本的生产单位的小家户无法与市场化的水利供给实现有效的直接对接,而必须要有高于家户至少也是自然村(村民组)一级的灌溉单位才可能与大、中型水利进行有效联结。要想丰富的理论观点是:农业生产不仅仅存在一个生产、加工、销售这一种植生产环节之外的纵向一体化问题,而且就是在生产环节内部,也存在着一个典型的纵向整合问题。虽然文章都还处于提纲和未完成状态,但还是得到了各位师友的评议与建议,对于我进一步深入思考该问题有很大帮助。在论文写作讨论的阶段,黄老师的意图是让我们尝试着将课程上所强调的连接经验与理论的方法论在实践中演练一遍,在实践中纠正我们对待经验和理论的不当态度,指导我们如何去建构一个适合自己研究问题的中层概念而不是仅仅将理论拿来当修辞,同时还指导大家如何真正地在经验与论点之间进行论证。这种对论文写作进行群体讨论和一对一指导的办法确实能够对我们的写作和思维锻炼起到很大的作用。同时,在这个阶段,我也真正感觉到了不同学科同学在思维方式上的差异,从这种差异中能够反思自我的缺陷和不足,从而借鉴其他学科的思维方式和方法。

在研修班的整个过程中,黄老师强调的另一个重要问题是研究要有历史感和现实感。做研究和文章要尽量有历史深度,这样能够更加清晰地理解研究对象当下的状况,不然很可能做出偏误较大的应然苛求。同时,从事物本身历史演变过程的理解也有助于预测事物的未来发展方向,历史使研究对象厚重、扎实。当然,历史感不是历史资料的简单堆积,而必须是对资料去伪存真、去粗存精后的再加工和再组织,尤其需要注意的是,历史研究往往会受限于资料,也就是说,能够服务于一个问题的材料在一定程度上来讲是有限的,所以材料的收集、掌握和分析对于历史研究就极为重要。现实感是一种经验感,是对社会现实的一种敏锐捕捉和判断,以我个人理解,好的现实感和经验感,一方面来源于社会调研,另一方面来源于对自身经验的反思:自身经验往往最深彻刻骨,当然毛病是往往形成一种身体无意识而难以反思,一旦开始将社会调研与自身经验结合起来,就会慢慢琢磨出社会大问题是如何深入到自我的日常生活中去的。自我反思这一过程就已经在开始理解研究对象、研究者和研究问题之间的多元交搭关系,很容易从这种关系中找到矛盾之处和现实感,从这个角度讲,一个研究者和普通人有所区别的第一步就是开始将自身经验纳入到反思之中,亦即开始有意识地反思自我及与外部世界的关系。这种反思永远找不到确切的答案,找到的只是矛盾,而矛盾本身就是一种真实的现实感。正是由于我们目前所用来解释现实的概念和理论大部分是外来的,其本身也是对西方经验世界的抽象简化后的产物,再加之时间推移导致的理论滞后性和转译过程中的偏差因素,使它们与中国现实经验的逻辑有较大的距离,因此,在我们的反思和研究过程中遇到的最多的就是矛盾或悖论,这恰恰为我们推进有关研究提供了机遇和空间。

最后,要特别指出的一点是:通过这个课程我结识了一群有共同兴趣爱好,有理想追求的优秀师友,在以后的学习过程中,我想我们一定能互相帮助,共同进步。

再次感谢黄宗智老师的谆谆教诲,听黄老师上课确实有一种如拨云雾而见青天之感。

研修班的读、写、听、说

李　宏

（2018 年研修班学员，时为中山大学社会学与人类学学院
2017 级博士研究生，现博士三年级）

自研修班结课，至今还不到一个月的时间，其间却总是心心念念、时不时忍不住回味。一个半月的课程里，八位来自不同学科的同学，七次前往明德楼，聚坐一起，围绕系列专著和理论经典，展开读、写、听、说，整个过程就像跟随黄老师、同学们一起挑战了半程马拉松，一路下来，颇有几分全力奔跑后的疲惫、踏实和畅快。

所　读

自学生踏入大学校门起，至今已七年有余，仿佛经常在读书，实际极少能把字纸间的东西内化于心。与人谈论一本书时，不是模糊其核心要义，就是对概念张冠李戴，皆因对书本的理解偏于孤立、片面，既无视作者在思想谱系里的位置，也无视其所应对的社会历史情境，更遑论从中析取精髓，对社会周遭的问题展开具体有效的讨论了。如此恶性循环，反倒成全了"读书无用"的诅咒：书袋掉得满身，实际一无所知，"内卷"于书面理论，脱离经验现实。

黄老师著作等身，不吝以他的亲著为本，带领我们实操训练、

掌握"稳健"的读书方法:首先尊重原著,锁定核心论点、抓取关键证据和结论,以理解他的具体工作;再来,引导我们将他的工作放置于理论的网络里、置于社会历史背景中,以理解其背后的思想给养,触摸连接着"经验"和"概念"的问题意识。循着老师所开列的书单,学生就能比较清楚地把握他学术的内在理路,不止于此,老师还不吝向后辈交待自己的学术"心路",即驱动着他之"知行"的生命与情感体验,理解了这些,方才懂得黄老师的所学所问,乃是一种内发性的自我认识和理解的过程,其中,理论的思想给养与现实情感的驱动同样重要。这样一种对自己和读者都极其真诚负责的研究与写作方式,让作为后辈学生的我,也主动想要成为一个负责任的读者迎向他去,也正是在这个理解老师及其研究的过程中,不知不觉推着自己去思考真问题。

窃以为,黄老师定会期待看到我们当学生的以一种"交互"的状态来读书,他不但十分重视我们是不是尊重原著、有没有领会作者的本意,更令学生感动的是,老师一直在留心观察我们每个人在课堂上的神情随讨论进展而发生的变化,捕捉我们各自心底所真正关切的问题,他试图引导我们做自己认识的主体,找到理性认识经验世界的方法,免受知识与实践上的"精神分裂"。学生也斗胆以此理解黄老师的学问:黄老师所倾力研究的经济和法律领域,虽看上去好像是两个不同的经验范畴,并且在当下的学院制度上,二者也各自有着它们明确的学科归属,但这并不会使我们在阅读中感受到两者间的障碍或断裂,反而能感受出其间的内在关联:小农经济和法制史,虽各自面向不同的实践主体和制度现实,但横贯在二者之间的,是对乡土社会中的底层家庭、社区、社会的把握、理解和关怀,由它们的"实践历史"串联起来的,是社会总体的真实图景。这令尚在知识象牙塔的我,不能不为老师笔下所触及的现实之宽阔而震撼。

所　写

于我而言,读书笔记的写作是课程中劳动强度最大的环节。课程伊始,黄老师就一再强调笔记的"精确",教我们不要高估自己的记忆力。起初,看到研修班的课程要求中有"读书笔记"一项,我并没放在心上,因为从上大学起,正常的课程都会要求写读书笔记,形同家常便饭。但开课前,细看黄老师在教学大纲中所列的笔记要求,再对照过去自己所做的笔记,发现绝大多数都不合格,不是流于碎片化的经验联想,就是玩弄理论的文字游戏,分析性的概念根本道不出个一二三,只能算得上是业余选手的"读后感"。方才紧张起来,看来要达到老师要求的笔记,恐非下硬功夫不可。

我生性贪玩、缺乏耐心和细致钻研的定力,又误打误撞,进入社会科学的"非主流"学科——人类学,它固有的几分浪漫和非理性的色彩,与我的散漫一拍即合,让我借此找到逃避逻辑训练和规范表述的借口,表现在读书笔记上,就是一贯的不精确、不愿进入具体的经验论证。来到研修班,一想到笔记提交的对象黄老师就是书的原作者本尊,生怕自己抓不住重点、担心自己携带的偏爱阐释的人类学思维对原著过度阐释,打心底里焦虑起来。现在想来,这种焦虑的根本来源,恰恰就是自己以前的笔记做不"精确"的心理障碍所在,本质上,不往精确的做,其实就是本能的畏难情绪和懒惰心理在作祟。

于是，课程期间，每个写笔记的白天和夜晚，都像是与自己的懒惰和小聪明展开的一场力量角逐，我尝试逼自己先老老实实勾勒出原著的结构，再补充关键的概念，最后用自己的话说出作者想要说的话、甚至可能想说而没说出的话，直到写到自己觉得没什么可写为止，也因此总是违约、逾期提交报告，惭愧。好在，比起以往那些花拳绣腿的读后感，我自认为研修班的这 10 余篇读书笔记，多少有了些今后可拿出来当笔记查阅的实用价值。即便如此，比起班上其他 7 位同学，"精确"这一项我还远未达标，他们当中的大部分同学，对于每本书的核心论点、分论点、关键证据，都以数倍于我的耐心在细致爬梳，而我的笔记总是作"自由发挥"状，在大家严谨的笔记中间略显得画风"独特"。黄老师曾在批注中一针见血地指出我某些地方的总结有些"言过其实"，但老师也同时对我的"主动思考"给予了宽容的鼓励。对此，学生既羞愧又受鼓舞，莫不敢忘，唯有以此鞭策自己，多往舒适区外跨出几步，踏踏实实读得精准、写得精确，才能做到老师说的"登堂入室"，真正踏进学术研究的门。

所 听

课程里最开心，也是最高能的环节，就是每周费劲造完笔记后去明德楼里听黄老师开讲了。黄老师的几部著作原是以英文写成的，后转译成中文，面向中国学生，固有清晰的层次和架构。比起专著里严整细密的文字，老师口头上的知识表述，经常是严肃里带着活泼,有着"反差萌"。在课堂上,会听到老师不同于结构化表述的经验故事,方知老师对小农的劳作特点和法庭判决的情形,都有着富于现场感的观察和理解,他的实证研究和理论思考,乃是脱胎于现实的经验,而不是相反。也许正是出于同样的原因,每当黄老师听到有同学源自现实生活阅历而提出的发问,老师都会大方肯定这些问题的潜力,也鼓励同学们从经验真实出发,去检视理论的局限。

由黄老师引导的课堂讨论,基本上是圆桌式的,每节课,都首先围绕书本身展开,黄老师会均等地邀请每位同学发言,接着,老师会拎出我们笔记中普遍存在的问题进行讨论,也会对个别同学笔记中存在的特殊问题进行答疑,也常常细心问诊个别笔记中出现严重理解偏差的原因,这是在常规课堂里极少有的听课体验。

此外,几乎每次课程开始,老师都会特意请笔记清晰的同学朗读其中精彩的段落、甚至全篇,也会对该同学的笔记提出问题。这个环节往往让我颇有收获,因为提炼原著中的要点、转化成笔记,对我来说已经是一个高度要求专注和精确的学习步骤,而课堂的即时发言则对思维逻辑有着更高的要求,最常听到的优秀笔记朗读和发言,出自香港中文大学的马超然同学,她在课上的即时发言、和她所朗读的笔记中的精彩段落,几乎有着同等程度的清晰和洗炼,牵引着她的知识表述的,则是她从容冷静的思维能力。在8个人的班上,虽说论年纪或年级我都稍长,但比起其他七位来自建筑学、历史学、法理学、社会学的同学,我的口头表述却显得和笔记一样,有时由着直觉横冲直撞。研修班"小环境"的熏染,让我想在接下来的时间里,耐下性子慢慢去学习。

若说课堂听讲有什么美中不足，便是限于课堂时间，同学之间无法做一一对应的交流。在听同学发言的过程中，经常会强烈感受到同学们因不同的学科背景、不同的知识存量、不同的生活阅历，对某一问题的敏感程度和立场态度的明显不同。比如，学历史的同学善于抓取材料与结论的关系，有着法律实务经验的同学则关注实践中的情形，建筑学的同学对实证部分有着异常强大的细节钻研能力，等等。同学之间往往不能够在同一层面上展开讨论，不过，这也反而有助于我们在学科的差异中感受自己思维的边界。

所　说

虽然大家同时读同一本书，但涉及一个具体概念的讨论时，大家的理解难免存在分歧，不仅各自有着不同程度的表达欲，知识表述的风格也各异，社会学、法学、历史学的同学惯于朴素引用，而我则习惯于从"个人感觉"开始谈起，原因是担心若不声明自己所说的话是"个人感觉"，就隐去了所述之言的主观色彩，却也恰恰容易让同学以为，我只是在强调"个人感觉"。后来渐渐意识到了这个"表达"与"实践"上的背离，也理解之所以存在此种误解的可能，其中原因在于思维惯习的差异。往往在同学发言后，黄老师会从同学各自的背景、性格乃至遭遇出发，去解读同学之所以如此发言的原因，这也提醒我，对自己身上铭刻的某一种学科、环境或是经历的思维惯习有所觉知，对自己的知识表述与经验的局限、以及在不知不觉中限定着"现在"的"过去"有所觉知，这也许是放下傲慢、对被主体遮蔽的知识进行解蔽，靠近理性认识的前提吧。

学问原本就是一边学一边问的行进间动作,尤其在这个信息爆炸的世界里,要稳健理性地走下去,并没有可以一劳永逸地依赖的理论工具。前人告诫我们要谨言慎行,我想,对于读书做学问来讲,谨言应当是"严谨地表达",而慎行应是"审慎地实践",小到在读、写、听、说中持续不断地积累、判断和自我修正,大到在经验与概念世界的往复之间进行自我改革。是为一个半月的课程所带来的思考和感受。

虽然时间短暂,但当课程结束时,心里竟颇有难以言说的不舍,每个同学的言辞形貌都难忘。毕竟在现时的环境里,几个人能聚坐在一起,在黄老师,同时也是几部经典的作者的带领下,一起阅读、讨论一套书,这样的机缘实在不多得了。此交淡如水,愿大家各自潜心学习、不断进步,期待江湖再见。

政治经济学

一种健康的学术心态

马梦挺

（2016 年研修班学员,时为中国人民大学经济学院
政治经济学专业博士生,现博士四年级）

如果需要用一句话来表达我上完这本课之后感受,我想应该是:在最恰当的时间接受了最及时的指导!

这个夏天或许会成为我人生中一个重要的节点。6 月,我从清华大学硕士毕业,然后将在 9 月去中国人民大学攻读博士。然而,面对这个即将到来的博士身份以及今后漫长的学术工作生涯,我在内心深处依然感到不小的疑惑。我不清楚,对于这个社会而言,人文社科的学术研究究竟有何意义? 在这个时候能够有幸参与黄老师《社会、经济与法律:历史与理论》一课的学习,真的就像是在茫茫大海中找到灯塔一般令我感到欣喜和侥幸。

有的人可能会问,既然我不清楚学术的意义何在,那又为何要读这个博士呢? 说句实话,如果不是要写这篇课程读后感,我自己都没有认真思考过这个问题。读博士对我而言太过自然了,似乎根本不需要考虑什么理由。不像很多同学直到硕士的最后一年还在思考是否读博的问题,我早在本科阶段就确立了从事学术研究

的志向。而当时的我是没有今天这种困惑的。趁此机会,我也想好好整理下这几年我所经历的思想变化。

我想我是一个喜欢探索问题的人。很多人的高中过得都很痛苦,而我却不是。在我看来,从小学到中学,似乎只有高中的知识,尤其是数学和物理才是真正有意思的,是能真正体现出科学的美来的。在填高考志愿的时候实际上我考虑过浙江大学的理科实验班,想着是否将来能做个物理学家。但在当时的我看来,这终究是不现实的想法。我的父母都是普通的务工人员,身边的亲朋好友基本上也是如此,我完全想象不出一条成为一名科研人员的道路。我所经常见到的是父母工作的艰辛和有钱人家的神气。对我而言最现实的道路是选个好找工作的专业,早点工作,努力做个有钱人,不让家人受欺负。于是最终就选了金融学这个专业。

然而一个人内心深处对某种事物的热情是很难长期压抑的。在北京的大学生活一下子开阔了我的视野。大学生活五彩斑斓,各色各样的社团和各种各样的活动,但是我发现我最喜欢的还是读书和思考。更为机缘巧合的是,我经由一个社团开始接触到课堂之外的马克思主义,开始阅读《资本论》。马克思主义对这个世界的分析令我信服,而对于微观经济学这样的专业课程,我开始感到反感。我甚至开始讨厌金融学这个专业,而且我认为正是因为我的家庭所处的阶级使我不能按照自己的兴趣选择专业,使我和我的家人不得不服从于一种个人奋斗的意识形态。出于对马克思主义的认同,我感到我必须为这个社会做点什么。

众所周知,在马克思的分析中,资本主义的出路在于通过阶级革命建立社会主义。但是我很快发现如果仅仅抱有这样一种信念,我们将在现实社会中感到无所适从。该如何在现实中实践自己所认同的马克思主义呢？在当时看来,学术是最为合适的选项。于是,我就报考了清华大学理论经济学专业的硕士研究生。

然而,我在清华的学习并不怎么如意。首先,理论经济学专业的课程学习基本由新古典经济学构成,这些课程浪费了我很多时间。不过对于这点我还是有心理准备。比较意外的是我看到一些马克思主义经济学的研究似乎也并不符合我之前的预期。例如,有学者花了大量经历研究所谓转型问题(一个纯粹数学证明的问题);有学者忙于将马克思主义的体系数理化;还有学者则热衷于阅读大量马克思的手稿,以期找出只言片语为某种观点进行佐证。我并不知道这样的研究思路是否正确,但我清楚这并不是我心目中的马克思主义。反倒是在政治经济学学界之外,我看到了更多符合我理想的研究。黄老师的一系列关于小农经济的专著尤其吸引我。

黄老师在课堂上的一系列告诫更是振聋发聩,引人深思。我们常常批评新古典经济学是一种意识形态,将之视为一种"庸俗"的经济学。可是,马克思主义经济学又何尝不会庸俗化呢？新古典经济学是理论,马克思主义又何尝不是理论。学术研究的真正的落脚点应在经验和实践。从经验中来到经验中去才是社会科学研究科学性的真正保障,而不是倒转过来,把理论当成落脚点,把经验变成"证明"理论普适性的手段。我觉得现在的马克思主义经济学研究似乎也正在犯新古典主义经济学那样的错误。不少人质疑新古典经济学的普适性,是要用马克思主义的普适性来取代之。新古典经济学努力把自己变成一个高度抽象化、数学化的封闭的理论体系,而如今一些人也要把马克思主义经济学变成一个高度抽象化、数学化的封闭的理论体系。其实大可不必这么在意理论的体系性和完整性,社会科学到底有没有普适性的理论都说不准。

另外,我感到只要我们把经验和实践作为学术研究的出发点和落脚点,那么在我们心中不同理论之间的紧张就会大大缓解。我感叹于自己竟这么晚才明白这个道理。想想不久前的自己,一听到私有产权、市场化、自由化就立刻产生排斥感,何尝不是因为太过于注重理论与意识形态,进而对理论采取了非此即彼的态度。其实,新古典经济学未尝就没有可取之处,马克思主义未尝就没有偏颇。以经验为基础,选择性地吸收各家理论并与之对话,这显然是更加健康的学术心态。黄老师《华北》一书的开篇即提到关于明清时期中国小农经济的三个理论,这三个理论实际上并不像我们之前所认为的那样矛盾,它们不过是各自抓住了小农经济的一个侧面而已。看到这一内容,心中顿有豁然开朗之感,学术就应该这样做啊。

由此我也突然想到自己原先为自己设定的博士选题其实还是存有一种追求普适性理论的冲动。幸好能在这个暑假得到黄老师的指导,使我可以重新思考自己的博士选题。

另外,必须要提一提这门课上我所认识的朋友。四年的金融学本科学习加上两年的理论经济学硕士学习,我身边的同学中最终选择学术的寥寥无几。而这个班几乎所有的同学都与我有着相同的兴趣和志趣,这是何等幸事啊!

最后由心地祝愿朋友们可以坚持理想,最终做出成就;谨祝黄老师身体康安,工作顺利。

我的学术启蒙

——参与黄宗智老师 2017 年研修班有感

匡晓璐

（2017 年研修班学员，时为中国人民大学经济学院经济学专业本科生，

现为中国人民大学经济学院政治经济学专业 2019 级博士生）

能够参加黄宗智老师的研修班，我感到自己无比幸运，在提交申请时，我还是一名大四的学生，我想用"不学无术"来形容自己。上大学以来，除了应付老师布置的作业和考试，我甚至连教科书都不会抽时间去读，作为一名准毕业生我不仅没有良好的读书习惯，甚至还丧失了专注读书的能力。幸运的是，在即将开始研究生学习的前期，我的导师向我推荐了黄老师的课程。更加幸运的是，我通过了筛选，正式成为研修班的一名成员，能够与黄老师面对面的交流。我把这次参与研修班的经历称为我的"学术启蒙"。

一

浏览课程大纲时，我对"理论与经验的连接"这句话印象深刻。当时，受我导师的影响，我深深感到做政治经济学的研究不可以空谈理论，而是要结合经验数据做更深入的研究。这一点感想也是我申请材料中重点强调的。怎奈我才疏学浅，竟认为阅读这几行

字就能解读黄老师,以自己的浅薄知识与老师对话。上了黄老师的课之后我才真正体会到理论与经验的连接的真正内涵。

"理论—经验—理论"是现在学者做研究的主流框架,因为这样最简单、最容易出成果。"理论—经验—理论"即找到一个理论模型,再用经验证据做计量回归等来证明这个理论。但黄老师认为这种研究是毫无意义的,因为并不会带来创新的东西,还是在原来的理论框架中打转。真正的学术研究应该是"经验—理论—经验",也就是黄老师说的"从实践中来,到实践中去"——我们发现一个事实/现象,提炼出一个创新的中层理论,再回到经验中去,这才是有意义、有创新的研究。

二

课前我一直知道黄老师对新自由主义深恶痛绝,对马克思主义的态度我并不清楚;而课后,我才明白黄老师是一位"超越左右"的学者。作为一名准政治经济学专业的研究生,我对马克思的理论深信不疑,在运用马克思理论解释中国问题上,我也并未感到任何不妥。而《长江三角洲》——本课读的第一本书,就让我开始质疑马克思理论对中国农村的适用性。在以前的研究中,我一直忽略了马克思理论诞生的历史背景是英国,而英国与中国的情况大相径庭。黄老师一直强调中国人多地少的人口因素,强调单纯的新自由主义或是马克思主义都绝不适用于中国国情。而超越左右的二元对立,超越意识形态,从实践中找到、建立真正符合国情的理论才是中国学术研究的正确方向。

三

三天读一本书并且写读书笔记,如果这是别人的故事我一定会大呼"怎么可能完成?"并暗自窃喜还好我并不需要做这个。然而,在依然有课业压力的毕业季,三天读一本书并完成读书笔记成为了我的故事。在这七周的课程里,周一开始读书,周三午夜赶在最后几十分钟上交读书笔记,周四在床上躺一天已经成了我的习惯。前三周阅读黄老师的书,内容结构清晰易读,任务较为轻松,收获颇丰;而后四周的理论书籍一本比一本难读,着实让我感到抓不住重点,只有在周五的课上讨论环节中,才能有所收获。

我很感激有这个机会参与这次研修班,让我得到七周的读书笔记密集写作训练。我的导师曾说过做学问不是要你聪明,而是要你勤奋。读书是做学问必须要跨越的一关,而我深刻认识到对我来说读书不能拖,要讲求速度,不然永远都读不完一本书。

以上只是我收获中的冰山一角,只有亲身经历了才能体会到本课程之收益颇丰。研修班的氛围之好,绝对算得上我待过的最棒的班集体。黄老师与我爷爷同龄,看起来更像是一位亲切健谈的爷爷,而不是威严的老师。刘毅师姐、激翰师姐像大家长,组织同学们聚会,和大家打成一片;赵珊师姐、惠昭师姐读书笔记写得最好,是我们学习的好榜样;陈田成师兄和正阳师姐帮助大家做了很多服务工作;玲玲师姐和杨扬师兄特别可爱……总之所有师兄师姐都非常非常优秀,非常幸运来到黄老师的研修班,非常幸运结识这些同学。最后,祝愿大家学有所成,祝愿黄老师和夫人身体健康,一切顺利!

建筑学

精确的阅读与真实的学术

张　园

（2018 年研修班成员，时为清华大学建筑学院、
新雅书院本科生，现为清华大学苏世民书院硕士生）

研修班结束后的某天周五，我梦到自己竟然一觉睡到九点钟，错过了晚上黄老师的课程，于是在焦虑中惊醒，才发现课程在两星期前就已经结束了。我从未想过在短短七周的时间里，会在黄老师的指导下经历如此巨大的改变，甚至如黄老师所言，我在课程前后"判若两人"。首先，我想向黄老师及研修班的同学们致以深深的感谢。反思自己在课程前后的转变，大致可以分为两点。

从漫无目的的阅读到快速精确的笔记式读书

对比第一堂课与最后一堂课的读书笔记，前一份黄宗智老师《华北的小农经济与社会变迁》一书阅读与写笔记的时间是 8 天，但是非常多不够精确之处(几乎都是单勾)，而最后一份布迪厄《实践感》则只用了 3 天时间，却绝大部分很精确(大部分是双勾)，更不用说后者作为理论著作本身就要比前者难懂许多。这一文本阅

读层面的变化,得益于黄老师每节课的批改与阅读同学笔记所带来的启示。

第一,最有效的阅读过程是带着问题来读,而不是平均用力扫完每一个段落。记得第一节课老师提问:《华北》一书中最重要的经验证据是什么?我脑中一片空白,因为在我写笔记的过程中从未思考书中哪个证据、哪个段落更为重要;但对于任何一书的作者而言,这些恰恰是写作过程中无可回避的重要问题。所以,像作者一样思考,意味着不能毫无选择地吞咽每个段落,而是努力接近作者发现问题、论证问题的最有效方式。

第二,区分题目、问题与论点,由此抓住一书的核心。直到第三节课,我在核心论点的概括方面仍然处于迷茫,而黄老师指出的这一区分方法使我一下子意识到了如何抓住要害:题目,也就是一书论述的范围;问题,是一书左右手的敌手,或者说在学术共同体中试图与怎样的现存观点对话;论点,则要指出关键概念的具体意涵及论证逻辑。换言之,需要在与其他论著的对比中抓住一书的核心问题、明确本书的位置。

第三,在明确左右敌手的同时逐渐形成阅读的光谱或体系。黄老师一开始就指出,要将四大理论作为可以选用的工具,而对于我这样接触理论较少的学生来说,首要的事当然是明确这些理论的谱系。通过精读四本理论著作,我得以初步理解不同理论的不同思维逻辑与侧重点,并对其加以比较——比如,实体主义理论与布迪厄的马克思主义理论是否有共通之处。由此,借助从"普遍"到"特殊"的光谱,我对论著的定位越来越清晰,也逐渐可以将之运用到自己的思考中。

总之,由问题来指引阅读,而后通过题目、问题与论点来概括笔记,最后与其余论著一起形成自己的阅读光谱,是笔记式阅读给我带来的启示。

从"纯粹"学术到有真实感的学术

我先前总以为学术是纯粹的,至少与我的专业建筑学这一实践学科相去甚远,也正是抱着对于"连接理论与经验"这一新鲜提法的好奇,提交了对于研修班的申请。但在课程结束之后,我才意识到黄老师所说的"连接"比仅仅兼顾二者要深刻、复杂得多。

首先,连接的深刻性在于,对于理论的理解要足够透彻,对于经验的把握要足够真实。黄老师常常说,理论是从最基本的经验事实中探寻最重要的概念;因此,要想真正连接理论与经验,对于理论的理解就必须达到这种刨根问底的深度,不能浅尝辄止。另一方面,经验证据不在于多寡,而是在于其材料与理论问题的互动;正如黄老师常常提及的,选择满铁资料是因为能够满足问题意识的需要。在这种深入探寻基础上的理论与经验的连接,不仅能够提供历史变迁动力的解释,更可以给未来社会带来启发。

第二,连接的复杂性在于,理论与经验二者从来都不是二元对立的关系,甚至也不是前者解释后者的关系,而是两者"背离抱合"、交搭互动。这不仅是黄老师的"实践逻辑""实用道德主义"等学术概念所揭示的历史实际,更是理解理论与经验所必须的治学态度。换句话说,纯粹的理论教条永远与实际存有距离,但表达本身虽无法取代历史,却不可避免地影响了实际运作;所以,历史研究的有趣之处,就是在普遍与特殊之间、表达与实践之间,指出其过往的互动关系,并由此与当代的思想和政策对话。

对我个人而言,连接理论与经验,不仅是看到历史与城市、建筑的关联,更是意识到,要想做出有洞见的学术,需要对书本与现实有远比现在深刻和精微的的理解。我知道自己目前还远远无法做到对理论有自己的领悟并作出独特的阐发,但黄老师的课程不仅帮我铺垫了扎实的基础,更指明了"做真实的学术"的方向。我也十分希望自己能像黄老师所说的,从这门课开始走向成熟,做出有价值的学术贡献。

最后,无论是精确的阅读,还是做有真实感的、连接理论与经验的学术,都需要常年的坚持和发自内心的责任感。每当听到黄老师年近八十仍然凌晨起床工作,看到我所提交的笔记画满了批注修改,我总是内心充满愧疚,也勉励自己日后一定要加倍用功。2018 研修班带给我的,绝不仅仅是学术训练,更是黄老师以身作则的治学态度和待人方式。我希望自己也能在年近八十的时候,拿着一杯冰水,把毕生所学教给后辈。

再次感谢黄老师! 感谢研修班的每一位师兄师姐!

政治学、哲学

有一种温暖叫做学术
——参加黄宗智教授 2010 年研修班的学后感

吕 勇

（2010 年研修班学员，时为北京师范大学哲学院博士生，
现为中共广西区委党校[广西行政学院]哲学社会学教研部副教授）

为什么参加研修班?

　　我第一次看到黄宗智老师在京为国内学生免费授课的消息是在他的《经验与理论：中国社会、经济与法律的实践历史研究》这本文集，在阅读该文集的"连接经验与理论：建立中国的现代学术"这篇文章时，我被黄老师所提倡读书的方法深深地吸引，希望能有机会当面听黄老师讲学布道。不过，在提交课程申请书之前，我曾犹豫了很久，这主要有两方面的原因。一方面，虽然我以前念过法律，但现在研究的领域主要是政治哲学，哲学研究者的"惯习"是进行理论的纯思，是不考虑经验证据的，但这种惯习恰恰是黄老师倡导的"实践历史"所反对的。另一方面，黄老师的课程是学术入门课，授课的主要对象是博士一年级的同学，而我已经是博士三年级了，三年级的学生在思维上差不多已经定型了，基本上是"孺子不

可教也"。更重要的是,我还需要着手收集博士论文的材料并进行写作,临近毕业又面临求职的压力,我很担心自己无法投入足够的精力去参加研修班的读书和讨论。更重要的是,由于申请参加研修班的学生众多,我也担心自己不能被黄老师选为研修班的成员。

在课程申请截止期限的最后一天,我才决定向黄老师提交课程申请书,因为我觉得自己作为一个哲学研究者很需要学习黄老师做学问和读书的方法。哲学这个学科在当下面临很大的困境。在中国的哲学界,西方哲学、中国哲学、马克思主义哲学这三个专业构成了三足鼎立的局面。马克思主义哲学在中国思想界中是占据主导性的,但这种主导性是由于其与政治(意识形态)的紧密勾连而获致的,这种政治性被西方哲学及中国哲学的研究者所排斥。因此,哲学界内部的对话往往只是在西方哲学领域与中国哲学领域之间有限地展开。西方哲学研究者大多诉诸西方思想家们的思想和学说,致力于所谓的"纯哲学",主张为哲学而哲学(为学术而学术),以替西方哲学家的思想做脚注为荣,不提西方哲学家的名字似乎就不能开口说话,很多研究者基本上是不关心中国现实的。哲学是对现实生活的抽象表达,如果哲学无视或无法回应感性的现实生活本身,那么哲学也会被现实所遗弃。虽然我对法学很不满而走向了哲学,但经过多年的哲学训练,我发现哲学理论不接现实的"地气"是不行的,需要以"逻辑的事物"来展露"事物的逻辑",但前提是要把握"事物的逻辑"。我参加研修班的目的之一是希望能够了解像黄老师这样最顶尖的中国研究者在从事中国研究时是如何把握中国经验的,更重要的是,我非常想了解黄老师在直面中国问题时是如何把中国经验与理论进行相互勾连的。我感到非常幸运的是,我被黄老师选为2010年研修班的一员。

我一直对哲学研究的现状深感不满,并自认为是一名哲学的异端,但参加研修班之后,我发现班上的很多同学都是其所在领域的另类分子。例如,来北京朝圣的台湾大学历史系博士生邱士杰同学对马克思的阶级分析理论颇有研究,在台湾做一名研究马克思学说的左派无疑是非常另类的。有意思的是,甚至连黄老师自己也常常在授课时自认为是一名远离主流史学界的另类。也许,一群另类在一起才会觉得彼此是同类。在参加研修班数个月的时间里,我有幸结识来自不同学校和不同学科的同学,他们都是黄老师在众多申请者中挑选出来的优秀的年轻人,基本上来自社会学、法学、历史学、农业经济等专业,他们都具有扎实的经验研究经历,在课堂讨论及平时的交往中,我从他们身上学到很多东西。

阅读习惯的反思:学会精确阅读

黄老师对研修班学生的首要要求是通过写读书笔记来总结作者的中心论点以及支撑该中心论点的最主要的经验证据,进而逐渐形成连接概念与经验的阅读习惯。对我而言,这种通过写读书笔记来进行精确阅读的读书方法非常有用。我自认为读过不少书,除了少数几本专业性的哲学理论著作读得很熟之外,其他的很多著作在阅读时都是蜻蜓点水式的"浏览阅读"。然而,对经典著作进行浏览阅读是很难有收获的,因为阅读的效果只是在短期之内留下笼统的印象,一段时间过后基本上会全部遗忘掉。这样一来,自己阅读过的书籍仍然只是书架上的摆设,还没有被内化成为自己的思想营养。说得功利一点就是,书读完之后对自己没有什么用。黄老师要求学生进行"精确阅读",是希望学生能够在学术的入门阶段用心扎马步以练好从事学术研究的功夫。更重要的是,这种精确阅读的读书笔记能够对自己将来的研究和教学有用。在读书上,黄老师是一个典型的实用主义者,他在点评大家的读书笔记时常常问的一句话是:"你的读书笔记是否精确?对你将来的研究和教学有没有用?"黄老师对读书笔记是否精确的要求是很严苛的。前几次课所讨论的著作是黄老师自己的著作,作为作者本人,黄老师能够判断出学生的读书笔记是否读懂了他的著作,即是否达到精确阅读的要求。黄老师已经 70 岁了,每周在授课之前要阅读二十多份读书笔记,我写的那些难以卒读的读书笔记无疑会加重黄老师的阅读负担。当黄老师把读书笔记发下来的时候,看着黄老师在读书笔记上所做的密密麻麻的批注,我为自己在阅读时的粗心深感内疚,更被黄老师认真的态度所感动。

我原以为,写读书笔记是一件容易的事,但实际上要把读书笔记写好是很困难的。在阅读黄老师所指定的书目时,我在阅读的过程中经常以为自己已经读懂了,但是在写读书笔记的时候往往发现没有完全理解原文。黄老师曾在中国法史研究中提出一个著名的命题"表达与实践的背离":说是一回事,做是一回事,说和做结合起来又是另一回事。在写读书笔记的时候,我也常常处于类似的背离之中:阅读是一回事,写作是一回事,两者结合起来又是另一回事。写读书笔记是进行一种规范性的学术训练,这种学术训练对于培养自己严谨的学术态度是很有帮助的。我前几次的读书笔记写得都不够理想。黄老师在授课时一直鼓励和帮助大家,不辞辛劳并手把手地教大家怎样进行精确阅读。通过前几次的写作训练，我在随后的阅读中逐渐养成每看完一章的内容就进行总结的习惯，这都归功于黄老师的耐心指导。

我在阅读和写读书笔记的过程中逐渐地重新认识自己。如果不是参加黄老师的研修班，我真不了解自己具有如此懒惰和拖沓的"惯习"。布迪厄认为"惯习"只是一种行为倾向，但我却把懒惰的"惯习"养成为一种不知不觉的学习常态。黄老师要求我们在上课的前一天下午之前把读书笔记发给他看。惭愧的是，我第一次提交的读书笔记是在上课那天（周五）的凌晨五点才发给黄老师的。在上课时候，黄老师问我的第一句话是："读书笔记是不是熬夜写的？"我至今能清楚地记得自己在回答黄老师这句话时的窘况，那个场景我估计一辈子都忘不了。第一次阅读的书目是黄老师的《华北的小农经济与社会变迁》，我的读书笔记的确是熬夜写的，这逃不过黄老师的火眼金睛。在阅读《华北的小农经济与社会变迁》这本著作的时候，由于自己写读书笔记的方法问题，一开始打算看完全书之后再进行总结，但读完之后没能一下子把握全书的中心论点和主要的经验证据，一直不敢下笔写作。到了上课的前一天晚上这个火烧眉毛的时候，才从12点开始逐章进行总结，一共花了五个小时才把几千字的读书笔记整理出来。然而，我那懒散与拖沓的惯习居然一直没有改掉。我在随后每周都提交了一篇读书笔记，连同最后一次提交的思考性论文，我一共写了十篇笔记和论文，但我每次都没能在规定的时间内完成并按时通过 E-mail 发给黄老师，基本上都是在上课的前一个晚上才匆匆把读书笔记发到黄老师的邮箱。从邮件回执显示的时间来看，黄老师大多是在授课那天凌晨四五点的时候打开邮件来阅读我的读书笔记。对我而言,这真是一种难以宽恕的罪过。

　　黄老师对大家提交的读书笔记都进行了详细的批改和点评,第一次的读书笔记仅有八位同学合格(达到精确阅读的程度)。虽然我的读书笔记是其中的合格者之一,但是当时我并没能完全把握黄老师的《华北的小农经济与社会变迁》这部著作的核心内容。经过黄老师在课堂上的讲解,我才初步明白原来黄老师主要运用了苏联实体主义经济学家恰亚诺夫的理论,而理解这部著作的关键之处在于家庭农场与经营农场的比较。在阅读恰亚诺夫的《农民经济组织》这部经典的理论著作之后,我再回过头来看《华北的小农经济与社会变迁》时才真正明白黄老师在这部著作中的理论贡献。令我惊讶的是,黄老师的记忆力非常好,在课堂上能清楚地记得二十多份读书笔记的内容,并通过读书笔记和课堂讨论来了解每位同学的研究兴趣和才华,他知道班上哪些同学具有扎实的经验研究积累以及哪些同学具有理论天赋,并尽可能地发现每位同学身上的闪光点。由于长期接受思辨哲学的学术训练,我在阅读带有经验材料的著作时常常不得要领,前五次写的读书笔记不甚理想,在进入到抽象理论著作的阅读阶段,我才逐渐进入状态。黄老师有一种很细致的观察力,他通过对比我前后的读书笔记发现我的长处在于对抽象理论比较敏锐。因此,经过写读书笔记和黄老师的课堂指导,我重新清楚地认识自己在学习和研究中的短处和长处。

理论学习的吊诡：威力与陷阱

　　研修班的后半部分基本上是围绕经典理论著作来展开阅读，黄老师主要围绕中国研究中四种主要的理论传统来讲授：以韦伯（法律）、舒尔茨（经济）为代表的形式主义；以布迪厄为代表的马克思主义；以萨义德、吉尔茨为代表的后现代主义；以恰亚诺夫为代表的实体主义。经典理论著作比较难懂，因此我在这个阶段花了不少时间和精力，要在读书笔记中对一本自己初次接触的理论著作进行精确总结并提出自己的看法不是一件容易的事。就像台湾大学的邱士杰同学所说的那样，需要投入大量的时间进行"过密化"阅读，但这种"过密化"阅读对自己思维能力是一种很好的训练。在阅读韦伯的《法律社会学》与布迪厄的《实践感》这两本很晦涩的著作时，我发现自己能在晦涩的文字中把握全书的中心论点，这种进步归功于前几次精确阅读所养成的良好习惯。黄老师在讲授理论著作时，能举重若轻地把整本书的逻辑链条清晰地总结出来，黄老师的清晰讲解常常能加深我对原著的理解。在阅读布迪厄《实践感》这部著作时，由于从法文翻译过来的译文非常糟糕，我把该书反复读了几遍之后仍不知所云。黄老师曾说布迪厄是一个马克思主义者，但是我在阅读该书时完全看不出布迪厄与马克思的内在关系。在读书笔记里，我向黄老师提了一个问题："为什么说布迪厄是一个马克思主义者？他在哪些方面超越了马克思？"在上课的时候，黄老师通过对布迪厄的"象征资本"与马克思的"物质资本"进行细致的比较来揭示布迪厄对马克思的超越，我听了之后有豁然开朗的感觉,受益不菲。

黄老师在课堂上也常常强调理论对手的重要性,而他自己的著作也非常善于利用理论对手,并常常并置不同的理论对手来讨论问题。我在阅读黄老师的著作时能深深地感受到这一点,这对我的触动非常大。哲学研究者在写作时习惯于援引各种西方的思想理论来证明自己观点的正确与否,但他们常常把自己所援引的理论作为给定的前提而不予反思。黄老师对理论对手的重视不是为了援引理论对手的理论来证明自己的研究是否正确,而是要与理论对手进行对话,通过理论对手来澄清自己的观点。例如,在经济史方面,黄老师在著作中与舒尔茨进行对话;在法制史方面,黄老师与马克斯·韦伯进行对话。甚至作为一位恰亚诺夫主义者,黄老师不是照搬而是推进了恰亚诺夫的家庭农场理论。经过黄老师的课堂讲解,我也逐渐学会怎样把握一本经典著作所主要讨论的问题及其所预设的理论对手。

研修班所学习的四种理论传统在当代中国研究中有着深远的影响,黄老师要求我们要关注那些另类的理论传统,并且重点学习西方形式主义传统。当然,学习西方形式主义传统不是盲从于西方,而是要反思形式主义传统在中国的话语霸权。由于我的博士论文选题主要是从政治哲学来研究程序正义,需要讨论西方形式主义理论传统。在研修班所学习的四种理论传统中,我对以韦伯、舒尔茨为代表的西方形式主义传统有了进一步的理解,这对我做博士论文非常有帮助。在学习理论传统方面,黄老师要求预设左右两个理论对手来展开讨论,但更重要的是,研修班的所有学习都是围绕如何勾连理论与经验来展开的。黄老师常常举出国内学者的例子来说明只搞经验研究或只搞理论研究都不是学术的正途，学术研究应该勾连经验与理论。这种勾连经验与理论的方法对我的震撼非常大，由于缺乏经验研究的积累，我希望自己将来从事中国近现代政治思想史的研究以补足这方面的缺陷。

黄老师是在三十多岁才开始系统学习理论并认识到理论的威力的，但他告诫我们既要认识到理论的威力，又要认识到理论是一把双刃剑，错误地运用理论往往会对经验研究造成负面的影响，运用理论的最高境界是把理论运用于不知不觉之中。更重要的是，理论不是用来炫耀的，而是用来与之对话的，黄老师很反感学生随意地炫耀理论的肤浅做法。我也发现自己平时有炫耀理论的惯习，这种缺点是自己在今后应该进一步加以改正的。

谁之中国？何种主体性？

任何理论的背后都潜藏着一种政治立场，因而理论与意识形态是紧密地勾连的。在这个意义上，没有纯粹的理论。那种试图无视政治意识形态以主张为理论而理论的做法要么是自欺，要么是欺人。在研读理论著作的过程中，我感受很深的一点是黄老师非常强调理论背后的政治意蕴，即要意识到理论背后的政治立场并进行判断和选择。我注意到，黄老师在学术上对左派和右派既不是完全地认同，也不是完全地反对，而是有走第三条道路的倾向，这从他的"跨越左右分歧：从实践历史来探寻改革"这篇论文中可窥见一斑。这可能与黄老师的理论谱系主要源自恰亚诺夫有关，因为苏联经济学家恰亚诺夫就是主张走第三条道路的。经过学习四种不同的理论传统,我在阅读的时候开始有意识地对所读的著作进行某种判断,这种做法是我在参加研修班之前从来没有的。

研修班课程学习的内容之一是反思作为意识形态的西方形式主义传统。在当代中国学术界,西方形式主义在话语层面上占据了主导性的霸权地位。在经济学领域,占主导的是形式主义经济学;在法学领域,占主导的是形式主义法学。经济学与法学是当代中国学界最活跃的两个领域,但这两者均被西方形式主义思潮所支配。黄老师在授课时对形式主义的危害进行反复讲解并希望学生能够反思形式主义的话语霸权。通过对《东方学》《地方性知识》《现代中国思想的兴起》等著作的阅读与讨论,我加深了对形式主义话语的理解:形式主义作为一种意识形态,它在话语层面上影响人们于不知不觉之中。因此,要注意到话语背后的意识形态。黄老师举的一个例子令我记忆犹新,即中国从1949年到改革开放之前,阶级分化是最小的,但在这段时间里充斥着阶级分析的话语,即使是那些反对阶级分析的学者也运用了阶级分析的话语;自改革开放以来,中国的阶级分化是最严重的,但却抛弃了阶级分析理论。因此,话语作为一种政治的构成性力量,它本身也是被建构起来的。在当代中国,发展主义话语代替了阶级分析话语,但这种发展主义话语的背后其实潜藏着西方形式主义的思维方式。

黄老师希望研修班的诸位同学能够反思西方形式主义的强大磁力,但这并不是对形式主义有某种偏见,而是希望大家经由反思西方形式主义对当代中国学术的宰制而走向探寻中国理论主体性的道路。黄老师所倡导的"实践历史"意味着:在理论层面上,当代中国学术唯西方马首是瞻而缺乏主体性;但在实践层面上,中国的实践是有主体性的,当代中国的理论已经远远落后于实践。对中国研究者而言,中国的实践经验本身已经孕育着诞生具有主体性的中国理论的可能契机,问题的关键在于如何经由勾连中国经验与理论来建立中国学术的主体性。黄老师著作中的一段话让我很感动:"今天,距中国被迫与西方发生接触已经有一个半世纪了,但是依然有一个没有解决的问题:在现代性中,"中国"对我们意味着什么? 在现代世界中,中国文明的内容将是什么?"(黄宗智:《经验与理论:中国社会、经济与法律的实践历史研究》,北京:中国人民大学出版社,2007 年,第 198 页。)这段话意味着,"中国"不是一个给定的概念,它在现代世界里是需要进行重新讨论或重新界定的。研修班的诸位同学大部分是 20 世纪 80 年代出生的年轻人,对于我们这一代年轻学者而言,如何重新思考中国问题以及如何探寻中国理论的主体性是我们在进行学术研究中必须直面的问题。

有一种温暖叫做学术

黄老师免费为研修班诸位同学开课的目的是为国内培养顶尖的学术人才,他常说自己回来给我们上课是带着使命感而来的。虽然黄老师长期在美国生活,但是他对国内学术界的情况是非常了解的。从他的著作和课堂授课来看,我发现黄老师对中国问题的把握很精确,这与我原来脑海中所想象的费正清式的汉学家完全不一样。在课堂上,我感受很深的是,黄老师强调做学术既要有历史感,又要有真实感,研究者要凭借自身的真实感或现实感来判断理论。更重要是,理论要与历史紧密地结合在一起——有理论关怀的历史或者是有历史感的理论。

黄老师常说自己是一个实用主义者,在讲授理论著作时,他常常会问:"你们从这本著作中学到了什么? 这个理论对你们有没有用?"他提出"实践历史"这个概念的目的在于试图改变国内学术界长期以来形成的重理论轻实践的惯习,从这个意义上而言,"实践历史"是反对对未来的中国道路进行某种理想性预设的。有意思的是,黄老师并不是只追求实用而不追求理想图景的学者,他在寻求中国理论主体性时似乎是在寻找中国未来的理想图景,"当我们在为中国寻求理论的自主性时,我们所面临的问题部分地是寻求中国未来的另一种图景"。(黄宗智:《经验与理论:中国社会、经济与法律的实践历史研究》,北京:中国人民大学出版社,2007 年,第197 页。)"一个从历史的眼光来看既现代而又独特的,并从西方的角度看来是矛盾的中国,它将会是什么样子呢? 对于西方的后现代主义者,这样的问题看起来似乎是一个现代主义的老掉牙的问题,但是对于中国而言,它一直是一个根本性的问题。"(同上,第198 页。)理论研究者很喜欢从理论的角度来讨论中国未来的理想图景,但我发现黄老师所谓的理想图景与其他中国理论研究者的理想图景是不一样的:前者从历史及现实的维度来讨论中国的未来,即从"当下中国从何处来"这一历史的维度来讨论"中国往何处去?"这个激动人心的问题;后者是从某种理想的预设出发来讨论中国的未来。我发现邓正来教授的《中国法学向何处去》这部著作深受黄老师《中国研究的规范认识危机》这篇文章的影响,但邓正来教授所主张的"中国法律理想图景"属于后者。

由于国内学术界深受西方形式主义的影响,学术的体制化、行政化有时使得学术成为形式主义的"婢女"。作为一个年轻的学子,我对此不时有一种绝望的心境,因为这种体制化在一定程度上把学术理想卑微化、犬儒化。黄老师对国内学术体制的弊端也是深有体会而且是感同身受的,也常常在课堂上批判这种学术体制,但是黄老师经常以乐观的态度来鼓励大家。在这个有点绝望的体制化时代里,黄老师让我重新认识到学术理想也可以是高贵的、有希望的。在2010年寒冷的秋冬时节,在中国人民大学明德楼主楼9层那间熟悉的小教室,我有缘与黄老师相逢,感受到有一种洋溢着希望的温暖叫做学术。

中编

关于实践社会科学研究的进一步思考

"新法律史"如何可能①

尤陈俊

(中国人民大学法学院副教授,博士生导师,2018年度教育部青年长江学者)

一、引言:智识地震?

在《美国历史评论》(*The American Historical Review*)2001年刊登的一篇书评中,美国知名的中国研究专家戴茂功(Neil J. Diamant)开篇即讲:"在过去的十年当中,一场智识上的地震在中国法律史领域隆然发生。确切地说,它的震中位于洛杉矶。在那里,加利福尼亚大学洛杉矶校区历史系的一群学者与博士生们,从根基上成功动摇了数十年来某些关于中国法律的公认看法。"②而上述文字所描绘的这场发生在中国法律史研究领域的智识地震,其首倡者则是时任加利福尼亚大学洛杉矶校区(UCLA)历史系教授的黄宗智(Philip C. C. Huang)先生。正是在他的引领下,自20世纪90年代以来,UCLA中国法律史研究群迅速崛起,成为广受学界关注的知识生产群体。到21世纪的头十年时,这一群体便已大致包括了

---

① 本文系在《"新法律史"如何可能——美国的中国法律史研究新动向及其启示》(载《开放时代》2008年第6期)的基础上修删而成。

② Neil J. Diamant, "Book Review: *Sex, Law and Society in Late Imperial China*," *American Historical Review*, Vol.106, No. 2(2001), p.546.

三代学者,他们分别来自美国、中国、日本和新加坡。除了作为导师的黄宗智及其夫人白凯(Kathryn Bernhardt)两位教授之外,当年的博士生们,包括但不限于白德瑞(Bradly Reed)、苏成捷(Matthew Sommer)、艾仁民(Christopher Isett)、唐泽靖彦(Yasuhiko Karasawa),如今都已成为年富力强的中青年学者,各自在美国、日本的大学中执掌教席,其中不乏斯坦福大学这样的世界级名校。

在美国早期的古典汉学研究中,中国法律史研究所占的位置微乎其微,直到后来古典汉学(Sinology)相对衰落并逐渐让位于中国学(Chinese Studies)时,才开始真正兴起。[①] 在美国的中国法律史研究领域,早期的那些代表性作品当中,最为中国学者所熟悉的莫过于博德(Derk Bodde)和莫里斯(Clarence Morris)合著的《中华帝国的法律》[②]一书。这本于1967年出版的英文专著,如今早已成为被此领域的西方学者们奉为圭臬的经典之作。在此之前及其后,美国的其他一些学者,包括孔杰荣(Jerome A. Cohen)、爱德华(Randle Edwards)、包恒(David C. Buxbaum)、马伯良(Brian McKnight)、钟威廉(William C. Jones)、安守廉(William P. Alford)、宋格文(Hugh T. Scogin Jr.)、曾小萍(Madeleine Zelin)等,同样在中国法律史领域辛勤耕耘,贡献了不少颇具分量的学术作品,他们

[①] 参见陈君静《大洋彼岸的回声:美国中国史研究历史考察》,北京:中国社会科学出版社,2003年。

[②] Derk Bodde and Clarence Morris, *Law in Imperial China, Exemplified by* 190 Ch'ing *Dynasty Cases*, Mass.: Harvard University Press, 1967。中译本为(美)D. 布迪、C. 莫里斯:《中华帝国的法律》,朱勇译,南京:江苏人民出版社,1993年。

之中的一些人至今仍在笔耕不辍。①

　　考虑到美国的中国法律史研究领域的上述背景，我们又该如何理解戴茂功所称的这场"智识上的地震"？如果他的这番断言并非故作惊人之语，那么对于我们来说，接下来的问题则是要去追问：究竟是哪些因素，使得 UCLA 中国法律史研究群能够区别于其他学者？又或者更直接地说，UCLA 中国法律史研究群的成果，是否具备了真正的学术特色而足以彰显自身？对于这些问题的回答，唯有将全世界范围内（尤其是美国）、不同年代的同领域研究相互参照对比后，方有可能做出判断。而这或许可以从传统中国法律的海外形象开始谈起。

二、西方人对于中国传统法律的误解与反思

　　在 20 世纪末发表的一篇论文中，安守廉反思了一个意味深长的现象。那就是，如果称 1990 年代之前西方学者作为一个整体都忽视了对中国法律的研究，则未免有些言过其实，但在西方研究中国历史与社会的绝大多数学者，的确都往往忽视或误解法律在中国人生活中的实际作用，尤其是看轻其中丰富的法律史传统。一个此方面的例子是，安守廉在 1972 年秋天开始其研究生课程学习

---

① 美国学者研究中国法律史的主要成果，参见马钊主编《1971—2006 年美国清史论著目录》，北京：人民出版社，2007 年，第 212—232 页。对美国的中国法律史研究的一个简介和述评，参见梁治平《法律史的视界：方法、旨趣与范式》，载杨念群、黄兴涛、毛丹主编《新史学：多学科对话的图景》（下），北京：中国人民大学出版社，2003 年，第 598—603 页。

之时,著名的中国史专家芮沃寿(Arthur Wright)教授曾疑惑地向他问道,像你这么一个看起来聪明的年轻人,怎么会坚持在中国法律史的研究上浪费时间。①

十多年后,另一位美国的中国法律史研究者步德茂(Thomas Michael Buoye)对安守廉在这篇论文中所反思的诸多原因进行了精辟的总结。他如此写道:

> 由儒家对法律的某些偏见所造成的特定价值深入人心,到帝国主义为了把其在中国所获得的治外法权正当化而不断谴责传统中国法律的残忍野蛮,以至于将当代中国司法审判中存在某些不公不义现象直接联系到传统中国的法律体系,这些理由都足以让许多西方学者轻视与低估了中国传统法律体系的重要性;尽管强有力的证据显示中国其实有一套发展成熟的法律传统。②

而在更早之前,包恒就已经提醒西方学者,在研究中国法律之时,一定要注意避免民族优越感与极端的相对主义:

> 我们关于传统中国法律如何实际运作的很多看法,都是根植于19世纪那些带有种族中心主义的西方外交人员、神职

---

① William P. Alford, "Law, Law, What Law? Why Western Scholars of Chinese History and Society Have Not Had More to Say about Its Law, " *Modern China*, Vol. 23, No. 4 (1997), pp.398-399.

② (美)步德茂:《司法档案以及清代中国的法律、经济与社会研究》,邱澎生译,载《法制史研究》(第4期),台北,2003年,第240页。

人员和商业人员所做的报道,而他们自以为正在通过将西方的商品、政治、法律和宗教带给野蛮人的方式来传播文明。事实上,西方关于传统中国法律的很多研究和未做探究的结论,不过是在重申我们那一时期的同胞们及其伙伴——那些亲西方、反朝廷的中国人——的口号。①

也正是因为如此,包恒进一步指出:"甚至是(西方)当代最为优秀的学者,也高估了清代法律的严酷性与刑事法律的重要性,而低估了民事法律的作用。"②

包恒的这番话可谓洞烛玄机。按照苏亦工的研究,"近代西方开始接触中国法律最早大抵开始于 16 世纪中叶……与西方人接触中国法律相比,西方人对中国法律的了解起步并不算早。其他的各国不必说了,即便是英国,直到 18 世纪末叶以前,对中国法制的运作状况仍处于茫然无知的状态"。③ 尽管其间也不乏对中国法律稍予赞美之辞,例如《大清律例》的首位西方译者小司汤东(Thomas Staunton,1781—1856)就曾对《大清律例》条文所表现出来的那种"高度的条理性、清晰性和逻辑一贯性"④的技术特点予以肯定,但总体而言,尤其是自 18 世纪末以降,当年这些西方传教

---

① David C. Buxbaum, "Some Aspects of Civil Procedure and Practice at the Trial Level in Tanshui and Hsinchu from 1789 to 1895," *Journal of Asian Studies*, Vol. 30, No. 2 (1971), p.277.

② Ibid., p.255.

③ 苏亦工:《另一重视角——近代以来英美对中国法律文化传统的研究》,载《环球法律评论》2003 年春季号,第 76—77 页。

④ 转引自(英)约·罗伯茨(Roberts, John Anthony George)编著《十九世纪西方人眼中的中国》,董重跃、刘林海译,北京:中华书局,2006 年,第 23 页。

士、外交人员和其他长期旅居中国的外国侨民们对中国法律的评价相当糟糕,特别是大量紧紧/仅仅围绕中国刑罚与监狱展开的几乎千篇一律的描述,更是使得中国法律的形象被整体"黑暗化"。①

　　作为其宏观背景的,便是西方的中国形象之微妙演变。周宁曾发人深醒地指出,自 1250 年前后西方的中国形象出现之后,1650 年前后更是兴起了泛中国崇拜的"中国潮",从制度到器物到思想,表现在当时西方社会生活的各个层面,但到了 1750 年前后,西方的中国形象史就遭遇了根本转型的分水岭:由前启蒙运动时代(大致从文艺复兴到启蒙运动的若干世纪)的好感过多,转向后启蒙运动时代强调"停滞衰败""东方专制""野蛮或半野蛮"之东方帝国形象的丑化憎恶。② 中国法律的西方形象之演变,正是这一整体形象转折过程中的重要组成部分。③ 从魁奈(Francois Quesnay)、伏尔泰(Voltaire)等人对传统中国法律极尽赞美之辞,到 18 世纪中叶以来中国法律的"黑暗"形象在西方世界被建构为主流,西方人在此数百年间的赞扬与批评,尽管看似相悖,但都不同程度地包含着个人或集体的主观目的。而在这之中,导致 18 世纪中叶以来中国法律极富戏剧性地转变为西方人之批评对象的原因,很大程度上就在于,从那一时候起的很长时间内,"西方人对于中国法律的研究,如果可以称得上是研究的话,基本上都是出于一个非常实际的目的,那就是要在中国建立治外法权。要实现这一点,很自然,首先就要

---

① 晚近的一本专著利用百余幅来自西方的图文资料,图文并茂地生动展现了西方世界对中国法律的早期看法,参见田涛、李祝环《接触与碰撞:16 世纪以来西方人眼中的中国法律》,北京:北京大学出版社,2007 年。

② 参见周宁《天朝遥远:西方的中国形象研究》,北京:北京大学出版社,2006 年。

③ 参见史彤彪《中国法律文化对西方的影响》,石家庄:河北人民出版社,1999 年。

证明中国法律的野蛮和落后,不值得西方人尊重和遵守"①。

　　19 世纪后半叶之后,尤其是 20 世纪以来,随着西方汉学的发展与中国学的建立,关于中国传统法律的研究有了进一步的提高,但萨义德(Edward W. Said)意义上的"东方主义"幽灵在此领域仍是时常可见。② 正如高道蕴(Karen Turner)所曾经批评的那样,"尽管自韦伯以后西方汉学研究有了进展,也有更多的新文献可供利用,西方汉学家却常常继续重复着韦伯 19 世纪关于中国的观点",美国的中国学巨擘、哈佛大学东亚研究中心创始人费正清(John King Fairbank)的那部《东亚:伟大的传统》就是其中的一个显例,在这部"可能比其他任何美国有关出版品都对更多的学者具有影响"的教科书中,对中国法的描述实质上几乎完全与韦伯所言同出一辙。③ 另一个此方面的著名例子则是,美国的批评法学运动掌旗手之一昂格尔(Roberto M. Unger)对传统中国法律制度的批判,被安守廉认为完全就是一场囿于西方现代社会的特定价值、极

---

① 苏亦工:《另一重视角——近代以来英美对中国法律文化传统的研究》,载《环球法律评论》2003 年春季号,第 78 页。

② Edward W. Said, *Orientalism*, New York: Vintage Books, 1979。中译本为[美]爱德华·W.萨义德:《东方学》,王宇根译,北京:生活·读书·新知三联书店,1999 年。

③ [美]高道蕴、高鸿钧、贺卫方编:《美国学者论中国法律传统》(增订版),北京:清华大学出版社,2004 年,导言,第 9—10 页。

具反讽刺意味的误解。①

公正地讲,在上述那些遭到诟病的西方学者那里,中国法律史并非其主攻方向,而仅仅只是其研究所涉的众多领域中不痛不痒的一个(例如对于费正清而言),甚至完全是出于某种目的而仅仅将之引做陪衬(就像昂格尔所做的那样),因此,他们的这些论述,无法代表着西方(尤其是美国)在二战后中国传统法律研究的真正状况。随着"中国中心观"(China-centered approach)的转向,②尤其自 1970 年代以来,新一代的中国学专家乃至是职业的中国法学研究者逐渐崛起,相对而言,他们在看待法律在中国社会中的作用时,已不似其前辈们那么狭隘,并纷纷对老一辈汉学家们关于传统中国法律的成见加以反省与批判。尽管在此阶段旧见新说同时杂陈其间,但新一代学者的努力,着实已将西方(尤其是美国)关于传

① Roberto M. Unger, *Law in Modern Society: Towards a Criticism of Social Theory*, New York: Free Press, 1976。中译本为(美)昂格尔:《现代社会中的法律》,吴玉章、周汉华译,北京:中国政法大学出版社,1994 年。安守廉对该书涉及中国法律的部分所做的犀利批评,参见 William P. Alford, "The Inscrutable Occidental? Implications of Roberto Unger´s Uses and Abuses of the Chinese Past," *The Texas Law Review*, Vol. 64, Issue 5(1986), pp. 915-972。中译文为(美)安守廉:《不可思议的西方? 昂格尔运用与误用中国历史的含义》,收入(美)高道蕴、高鸿钧、贺卫方编《美国学者论中国法律传统》(增订版),北京:清华大学出版社,2004 年,导言,第 3—51 页。

② Paul A. Cohen, *Discovering History in China: American Historical Writing on the Recent Chinese Past*, New York: Columbia University Press, 1984。中译本为(美)柯文:《在中国发现历史——中国中心观在美国的兴起》,林同奇译,北京:中华书局,1989 年。

统中国法律的研究大大推进了一步。① 而促使新一代的学者们做出如此转向的诸多原因之中，首当其冲且显而易见的就是他们都在某种程度上不约而同地自觉追寻一种"以中国为中心的中国史"（A China Centered history of China）。除此之外，最为关键的因素还在于，中国第一历史档案馆和全国各省市档案馆收藏的一些档案文献陆续向外国学者的开放。

三、司法档案与中国法律史研究

对于清代文献这一宝库向国外研究者们开放，孔飞力在其《叫魂》一书中写到，这"必将被列入当代学术研究历史的重大事件之一，而我们只是刚刚开始意识到它们对于理解人类生活的重要性"②。而在这些逐渐向中外学界开放的档案文献中，司法档案就占据了相当大的分量。

例如，尽管在北洋政府时期经历了被称作"八千麻袋事件"的浩劫，③中国第一历史档案馆现今收藏的明清档案仍有 1000 余万

---

① 关于当代美国的中国法研究状况之介绍，参见苏亦工《当代美国的中国法研究》，载《中外法学》1996 年第 5 期；苏亦工：《另一重视角——近代以来英美对中国法律文化传统的研究》，载《环球法律评论》2003 年春季号；梁治平：《法律史的视界：方法、旨趣与范式》，载杨念群、黄兴涛、毛丹主编《新史学：多学科对话的图景》（下），北京：中国人民大学出版社，2003 年，第 598—603 页。

② Philip A. Kuhn, *Soulstealers*: *the Chinese Sorcery Scare of 1768*, Mass.: Harvard University Press, 1990, vii.

③ 关于北洋政府时期发生的"八千麻袋事件"之介绍，参见邹家炜等编著《中国档案事业简史》，北京：中国人民出版社，1985 年，第 167—171 页；中国第一历史档案馆编著：《中国第一历史档案馆馆藏档案概述》，北京：档案出版社，1985 年，第 5—6 页。

件,共 74 个全宗,其中仅刑部呈报使用的题本(即学界所称的"刑科题本")就数量惊人。中国第一历史档案馆的工作人员对这些刑科题本进行了分目编类,分别为:秋审朝审类、命案类、盗案类、贪污案类、监狱类、缉捕类和其他类。命案类内又再分为打架斗殴、土地债务、婚姻奸情和其他事项,其中仅乾隆年间汇录的与田土债务纠纷有关的人命案件报告就多达 56850 件。① 除了刑部档案之外,中国第一历史档案馆现今珍藏的档案中,与法律议题直接相关的,至少还有宪政编查馆档案、大理院档案、修订法律馆档案、都察院档案等。②

又如,在中国台湾的台北故宫博物院和"中央研究院"历史语言研究所,也保存着大量的清代司法档案。其中,台北故宫博物院现藏的清代司法档案,主要为省级以上的资料,包括《宫中档》朱批奏折、《军机处档》月摺包、奏折录副、《上谕档》、《起居注册》、《外纪档》、六科《史书》、清朝国史馆与民初清史馆《刑法志》各种稿本,以及《满文原档》等等。③ 而"中央研究院"历史语言研究所珍藏的"内阁大库档案"之中的"三法司案卷",早已是名扬中外学界

---

① 对中国第一历史档案馆收藏的刑科题本的介绍,参见(美)步德茂《命案报告:刑科题本》,载(美)步德茂《过失杀人、市场与道德经济:18 世纪中国财产权的暴力纠纷》,张世明等译,张世明、步德茂校,北京:社会科学文献出版社,2008 年,第 235—272 页。

② 中国第一历史档案馆编著:《中国第一历史档案馆馆藏档案概述》,北京:档案出版社,1985 年,第 77—78 页,第 113—121 页。

③ 参见庄吉发《故宫档案与清朝法制史研究》,载《法制史研究》(第 4 期),台北,2003,第 278 页。另可参见秦国经《中华明清珍档指南》,北京:人民出版社,1994 年,第 128—140 页。

的研究清代法律史的珍贵素材。①

　　除了中央一级的司法档案之外,清代地方一级档案中包含的司法档案,更是迄今仍待深入发掘的宝藏,其中著名者有台湾淡水厅—新竹县档案(简称"淡新档案")、四川巴县档案、顺天府宝坻县档案、四川南部县档案等。其中,淡新档案、巴县档案与宝坻县档案向学界开放有年,南部县档案则晚了一些,直到近年来才逐渐引起学界的关注。除此之外,尚有其他散落各地的清代档案中也包含有很多与法律有关的内容,它们的确切数量近乎天文数字,但至今仍是一个谜。

　　明清档案文献的陆续开放,为全世界的研究者们提供了天赐良机。尤其是自1980年代以来,西方研究中国史的一些优秀学者纷纷来华,其中美国学者尤多,不同程度地利用这些总数极为庞大的宝贵资料做出新的研究。大致从那个时候开始,美国乃至西方世界中国学研究领域的主流刊物上,例如 *Ch´ing-shih wen-t´ i*(后改名为 *Late Imperial China*)和 *Modern China*,就常有刊登对在中国大陆和台湾地区所接触到档案资料或美国收藏的明清档案进行介绍的一些文章。

　　自20世纪90年代以来,在西方学界,尤其是在美国,利用这些档案来研究中国法律开始逐渐形成气象。他们立足于其前辈同行们取得的成就之上,但又对其进行超越。尽管早在20世纪60年代,博德和莫里斯就已经从《刑案汇览》(实则包括《刑案汇览》《续

---

① 参看刘铮云《旧档案、新材料——"中研院"史语所藏内阁大库档案现况》,载《新史学》第9卷第3期(1998)。

增刑案汇览》《新增刑案汇览》三种各自独立的汇编)精选出 190 个案例加以研究,但他们自己也承认,相对于《刑案汇览》三编合计多达 7600 余件的案例数量而言,"显然,从如此小的选译比例中,我们不可能得出关于清代法律在统计数字方面的结论"①。更何况,《刑案汇览》三编所辑录的众多案例,实际上往往只是极度浓缩的案情摘要,而无法提供有关案件审理过程及其前后相关情形的详细信息。而如今,卷帙惊人的司法档案为探讨清代法律的实际运作过程创造了得天独厚的条件。与老一辈学者们主要依靠官方颁布的律例、会典等传统文献资料所做的研究不同,新一代的学者凭借着新近可得的司法档案,逐渐逼近传统中国法律的复杂面相,不再仅仅依赖于帝制中国时期那些文化精英们单方面的代为发言,先前无数籍籍无名的下层民氓也不同程度地"开口说话",中国法律的面貌,亦因此逐渐向原本多向度的历史实践复原。例如,在基于传统文献资料所做的中国古代司法研究中,我们所能看到的,往往只是高高在上的州县官在司法过程中对看似唯唯诺诺的小民百姓进行单向度的权力支配,而如今透过这些司法档案,我们则还可以看到小民百姓的抉择乃至试图反向建立权力支配的复杂面相。并且,新一代学者的学术关注点,也不再限于法律制定的过程,而是扩展至包括具体执行在内的各个运作环节;不再限于中央一级,而是还扩展至地方基层;不再限于刑事法律,而是还扩展到民事法律、行政法律与商事法律等更为广泛的领域。总而言之,这是西方学界在中国法律史研究上的一种新传统。

---

① (美)D.布迪、C.莫里斯:《中华帝国的法律》,朱勇译,南京:江苏人民出版社,1993年,第 152 页。

　　在美国,这种中国法律史研究领域的新传统,至少可以追溯到1970年代初巴恒对淡新档案的开创性研究。[①] 这项在美国进行的中国法律史研究,得益于当年一段跨越太平洋的学界因缘。1968年至1969年间,台湾大学戴炎辉教授应当时任教于美国西雅图的华盛顿大学包恒教授之邀,前往该校进行共同研究,其间将淡新档案全部拍成33卷微卷携赴该校,而这些微卷后来留在了华盛顿大学亚洲图书馆。作为此次共同研究计划的成果之一,包恒正是利用这批资料撰写了那篇享誉西方学界的论文。在这篇文章中,包恒除了对淡新档案进行介绍外,还主要以美国当时最优秀的中国法律史研究成果——比如博德和莫里斯的前述专著以及孔杰荣的研究——所呈现的清代法律体系为引子,立足于来自淡新档案的大量案件资料,对学界此前研究成果中的不精确之处乃至根本被忽视的诸多面相进行了探讨(尽管他还是未能深入讨论州县官实际上究竟是如何处理民事案件)。包恒所探讨的问题至少包括:清代法律中关于“重案”和“细事”的区分;“细事”案件被提交到官府的情况(包恒对1789—1895年间的淡新档案进行统计,结果发现其中19.2%属于“细事”,31.9%属于“重案”,并且,“细事”所涉的内容,遍及民事生活的各个方面,常常作为普通案件而非极端案件发生于当时);“细事”是否被按照刑事程序进行处理;在被证明无辜之前,刑事案件的被告是否被当作有罪(包恒的研究显示,这种假定在普通的民事案件和刑事案件中均不存在,而这与博德和莫

---

① David C. Buxbaum, "Some Aspects of Civil Procedure and Practice at the Trial Level in Tanshui and Hsinchu from 1789 to 1895," *Journal of Asian Studies*, Vol. 30, No. 2 (1971), pp.255-279.

里斯先前的论断恰恰相反);民众与法律制度的纠缠是否就意味着其个人的灾难,以及后者是否倾向于威吓民众(包恒对此予以否定回答)。为了更为有力地确证自己的观点,包恒在这篇论文中还做了大量的数据统计,例如行政/刑事/民事案件的各自逐年比例分布、案件的实际审理期限、涉讼当事人的家庭住址距离衙门之远近与其提起诉讼的能力之相互关联等等,而这些都为进一步的深入研究奠定了基础,无论后来的学者是赞同还是反对包恒的那些看法。

四、中国法律史研究与社会科学

20 世纪西方史学的发展可谓风起云涌,各种史学新潮层出不穷,代际更替之频繁,令人目不暇接,但有一个议题几乎自始至终萦绕于其间,那就是历史学与社会科学之间的关系。追寻两者的结合,早在 20 世纪初期便已为不少史家所提倡,20 世纪中叶以后更是成为席卷整个西方史学界的大潮流。

正如王晴佳和古伟瀛所指出的,"在 20 世纪初叶,西方史学界的主要兴趣在于如何将社会科学的方法引入历史研究中来"①。作为 20 世纪初美国"新史学"(New History)流派的奠基人和倡导者,鲁滨孙(James Harvey Robison)便已将社会科学喻为"历史的新

① 王晴佳、古伟瀛:《后现代与历史学:中西比较》,济南:山东人民出版社,2006 年,第 71 页。

同盟",进而号召将历史研究与社会科学的成果综合起来。① 这样的主张,也为其同道弗里德理克·特纳(Frederick J. Turner)、查尔斯·比尔德(Charles A. Beard)等人所共享。而兴起于20世纪上半叶并在其后蜚声国际学界的"年鉴学派"(Annales School),自其形成之初,便一直是坚持主张将社会科学的概念与方法引入史学研究的倡导者和践行者,其核心刊物(创办于1929年)在1994年改名为《历史与社会科学年鉴》(Annales:histoire et sciences sociales)就是最为有力的明证。②

　　大致从1950至1955年之后,历史学与社会科学的结合在西方学界到达了一个新阶段,其本质特征就是"从社会科学创造的比较广泛的一般概念转向社会科学的方法论问题"③。锋芒所及,在主要来自社会科学的推动之下,史学与社会科学相结合的作法,迅速取代以兰克史学为代表的传统史学,进而风行于整个西方史学界。在美国,反映此趋势的"新社会史",自1960年代以来,更是成为史学界的主流,它甚至还因此被一些学者称为"社会科学化史学"(history-as-a-social-science)。柯文(Paul A.Cohen)在总结1970年代以来在美国的中国史研究领域中表现日益明显的"中国中心取向"时,其所概括的四大特征中的最后一个就是"热情欢迎历史学以外诸学科(主要是社会科学,但也不限于此)中已形成的各种理论、方

---

① (美)鲁滨孙:《新史学》,何炳松译,桂林:广西师范大学出版社,2005年,尤其是第三章。
② 关于"年鉴学派"的评述,参见(英)彼得·伯克《法国史学革命:年鉴学派,1929—1989》,刘永华译,北京:北京大学出版社,2006年。
③ (英)杰弗里·巴勒克拉夫:《当代史学主要趋势》,杨豫译,北京:北京大学出版社,2006年,第59页。

法与技巧,并力求把它们和历史分析结合起来"①。

对于西方的中国法律史研究者来说,来自史学之外的"各种理论、方法与技巧"当中,最为熟悉的恐怕要属马克斯·韦伯(Marx Weber)这位社会学巨匠留下的丰富学术遗产。按照林端的研究,马克斯·韦伯这位不谙中文的"中国研究的伟大外行",其"整个社会学研究主要是为了彰显西方文化发展的独特性(Eigentümlichkeit)而进行的:何以只有在西方,出现了逐步递增的理性化与知识化(Rationalisierung und Intellekturalisierung)的现象?同样的,他的法律社会学也是为了强调西方法律的此一特性:西方法律朝向一个形式的—理性的秩序的发展,是西方全面理性化过程中的独特性指标之一,为什么只有在现代西方的部分地区,一时地朝向一个首尾一贯的'法律逻辑化'(Logisierung des Rechts)呢?"②为了能更为清楚地凸显这个问题,韦伯选取了中国传统法律作为西方现代法律的"对比类型"。经过他的这种理想型分析(ideal-typical analysis)之后,前者与后者之间的相反面被刻意地建构出来,其中最为著名的,当属帝制中国的司法审判属于自由裁量的、不可预计的卡迪司法(Khadi justice)的论断。③ 正是随着这些论断的展开,原本是"启发式的欧洲中心主义"的学术企图,逐渐沦

---

① (美)柯文:《在中国发现历史——中国中心观在美国的兴起》,林同奇译,北京:中华书局,1989年,第165页。关于此特征之表现的一个具体描述,参见陈君静《大洋彼岸的回声:美国中国史研究历史考察》,北京:中国社会科学出版社,2003年,第205—224页。

② 林端:《韦伯论中国传统法律——韦伯比较社会学的批评》,台北:三民书局,2003年,第5页。

③ (德)韦伯:《中国的宗教》,简惠美译,台北:远流出版公司,1989年,第214页。

落为"规范式的欧洲中心主义"。① 更为不幸的是，韦伯这些关于传统中国法律的论断，后来在很大程度上成为支配西方学界的中国法律史研究者们的前见，甚至于直到今天还缺乏充分的反省与清算。

这一例子，在某种程度上正好印证了柯文当年的忧虑。他曾提及应用社会科学的方法分析中国史实的一些不甚成功的例子，以此来表明要真正做得成功将是何等困难。而这是因为，当人们试图以此为追求之时，摆在面前的就有三大难题：(1)"找出正确的理论——所谓正确是指它既适用又能觉察出西方中心的偏见——并把它卓有成效地和史料结合起来"；(2)"把社会科学的概念与历史叙述相结合时，不像提出这些概念的人常犯的毛病那样几乎完全不顾写文章的艺术"；(3)"要求史家的大脑能掌握全然不同的许多学科的理论、方法论与策略(这些学科往往超出社会科学的范围，涉及数学，乃至应用自然科学)——而这副大脑，如果恰恰装在一位研究中国的美国史家的脑筋里，则已经花了大量的时间和精力，与世界上最令人生畏的一两种语言苦战多年了"。②

不过，困难与危险固然存在，但这绝不意味着试图将社会科学理论与中国法律史研究相结合的学术努力将永远是前途暗淡。自从 20 世纪以来成为全世界的学术中心后，美国就一直是世界范围内各种社会科学理论最主要的生产地与实验田。在 20 世纪至今

① 林端:《韦伯论中国传统法律——韦伯比较社会学的批评》，台北:三民书局，2003年，第 21 页。
② (美)柯文:《在中国发现历史——中国中心观在美国的兴起》，林同奇译，北京:中华书局，1989 年，第 163 页。

的美国乃至西方学界,时不时地会遭遇到今天左一个转向、明朝右一个主义,各式各样的理论往往是你方唱罢我登场。浸淫于此种"乱花渐欲迷人眼"的环境当中,定力欠佳者固然可能为之目眩而不知所处,而功力上乘者则可以凭借良好的鉴别能力,从中择优为己所用。瞿同祖在海外出版的那本将历史学与社会学相结合的英文专著《清代地方政府》,就属于至今仍为人们称道的成功范例。①如今,一些中国法律史研究者也正在试图从社会科学理论中汲取学术营养,尽管步履艰辛,甚至难免瑕瑜互现,但不失为值得称道的探索与努力,步德茂(Thomas Michael Buoye)的那本专著《过失杀人、市场与道德经济:18世纪中国财产权的暴力纠纷》就是晚近的一个例子。该书主要援引了新制度经济学理论,利用清代刑科题本研究了18世纪中国的社会经济结构变迁和寻常百姓日常纠纷之间的相互关系。②

五、在经验与理论的勾连中发掘历史感

注重司法档案在研究中的运用,以及从社会科学理论中汲取灵感,这两大趋势,正日益在当今西方学界(尤其是美国)优秀的中国法律史研究者笔下交汇,从而构成如今方兴未艾的"新法律史"

---

① T´ung-Tsu Ch´u, *Local Government in China Under the Ch´ing*, Mass. : Harvard University Press, 1962.

② Thomas M. Buoye, *Manslaughter, Markets, and Moral Economy*: *Violent Disputes over Property Rights in Eighteenth Century China*, New York : Cambridge University Press, 2000。中译本为(美)步德茂:《过失杀人、市场与道德经济:18世纪中国财产权的暴力纠纷》,张世明等译,张世明、步德茂校,北京:社会科学文献出版社,2008年。

的重要特征。1990 年代以降，尤其是近年来，美国出版了不少颇具学术分量的中国法律史研究专著或文集。它们往往也具备了上述两大特征之一甚至全部，因此，不同程度地体现"新法律史"研究风格的，从来就不是"只此一家，别无分号"，然而，客观地说，在美国从事中国法律史研究的人员相对分散。而在 UCLA 中国法律史研究群那里，这些特征则得到了尤其明显的集中体现，引领此一风潮的中心和重镇亦由此形成。

自 1994 年以来，斯坦福大学出版社陆续推出"中国的法律、社会与文化"（Law, Society, and Culture in China）系列丛书，这是"新法律史"在美国兴起的一个重要标志。这套丛书由黄宗智和白凯两位教授联袂主编，自问世以来产生了深远的影响。从 1994 年开始，先后被列入这套丛书出版的迄今已有 7 本。① 除了一本论文集与麦柯丽（Melissa Ann Macauley）的专著外，其他的 5 本专著分别出自黄宗智、白凯、苏成捷、白德瑞之手（其中黄宗智一人撰有两本），而他们四位正是 UCLA 中国法律史研究群的核心成员（或是

---

① 列入该丛书先后出版的分别为：Kathryn Bernhardt and Philip C. C. Huang, eds., *Civil Law in Qing and Republican China*, Calif. : Stanford University Press, 1994；Philip C. C. Huang, *Civil Justice in China*: *Representation and Practice in the Qing*, Calif. : Stanford University Press, 1996；Melissa Ann Macauley, *Social Power and Legal Culture*: *Litigation Masters in Late Imperial China*, Calif. : Stanford University Press, 1998［中译本为（美）麦柯丽：《社会权力与法律文化：中华帝国晚期的讼师》，明辉译，北京：北京大学出版社，2012 年］；Kathryn Bernhardt, *Women and Property in China*, *960－1949*, Calif. : Stanford University Press, 1999；Matthew H. Sommer, *Sex*, *Law*, *and Society in Late Imperial China*, Calif. : Stanford University Press, 2000；Bradly W. Reed, *Talons and Teeth*: *County Clerks and Runners in the Qing Dynasty*, Calif. : Stanford University Press, 2000；Philip C. C. Huang, *Code*, *Custom*, *and Legal Practice in China*: *the Qing and the Republic Compared*, Calif. : Stanford University Press, 2001。

UCLA 的教授,或在博士阶段就读于此)。我们可以这 5 本专著为例,来初步展示 UCLA 中国法律史研究群对"新法律史"方法的自觉运用。

在美国乃至西方学界,UCLA 中国法律史研究群对司法档案的注重可谓首屈一指。早在 1970 年代末和 1980 年代初,黄宗智就已来华搜集档案以供学术研究之用。他后来在 1981 年 5 月于加拿大多伦多召开的美国亚洲研究协会(Association for Asian Studies)年度会议上就此做过专门报告,其中提及自己当时根据刑科题本、宝坻县刑房档案与巴县档案所做的初步研究。[1] 在 1996 年出版的专著中,黄宗智使用了从巴县档案、宝坻县档案和淡新档案中收集的628 件清代民事案件,此外还有河北顺义县自 1910 年代至 1930 年代的 128 件民事案件。而在 2001 年出版的另一本专著中,他利用了 875 宗地方案件的档案记录,其中清代案件从巴县档案、宝坻县档案和淡新档案中选取,民国案件则来自河北顺义、四川宜宾、浙江乐清和江苏吴江等四县。除此之外,黄宗智的这两本专著都大量使用了日本满铁(南满州铁道株氏会社)于 20 世纪三四十年代在中国华北三个村庄所做的实地调查成果。[2]

白凯研究从宋代到民国时期中国妇女财产权利之演变的专

---

[1] Philip C. C. Huang, " County Archives and the Study of Local History: Report on a Year´s Research in China," *Modern China*, Vol. 8, No. 1 (1982), pp.133−143.

[2] Philip C. C. Huang, *Civil Justice in China: Representation and Practice in the Qing*, Calif.: Stanford University Press, 1996(中译本为黄宗智:《清代的法律、社会与文化:民法的表达与实践》,上海:上海书店出版社, 2001 年); Philip C. C. Huang, *Code, Custom, and Legal Practice in China: the Qing and the Republic Compared*, Calif.: Stanford University Press, 2001(中译本为黄宗智:《法典、习俗与司法实践:清代与民国的比较》,上海:上海书店出版社,2003 年)。

著,成功地突破了以往学界在帝制中国之财产继承制度方面形成的静态图象。利用妇女史的独特视角,白凯认为,过去的绝大多数研究由于囿于男性中心的视角,只是看到许多世纪以来男子的财产继承权利基本稳定,而甚少注意到,中国妇女的财产权利从宋至清其实发生了极为重要的变化。而达致这一洞见的关键,就在于区分财产继承制度中的"分家"(适用于男子有亲生子嗣的情况)与"承祧"(适用于男子无亲生子嗣的情况)这两个不同的过程与概念体系。借助于人口史的研究成果(它们表明当时的中国约有 1/5 的家庭没有长大成人的儿子),她指出,从宋至清,相较而言更为常见的分家制度固然相对静止,但绝非无关紧的承祧制度却发生了重大变化(先后经历了三种截然不同的承祧制度),而这尤为明显地体现在妇女(无论是女儿,还是寡妻)的财产继承权利方面。该书论述民国时期妇女财产权利之变化的那部分内容,更是涉及一个至今为学界瞩目的重要论域——法律移植。白凯生动地揭示了民国以来立法者原意与法律实效的背离:国民党的立法者试图通过对旧的继承制度进行毁灭性打击,从而让妇女能够获得与男子一样的平等权利,但事实却是,寡妻的确可以得到一份其亡夫的遗产,但却丧失了对其亡夫所有财产的监护权;寡妾与寡媳所受到的负面影响则更为深远,而连首次在立法中确立的女儿的继承权也极其脆弱。总言之,民国时期的妇女在财产继承权利方面虽有所得,亦大有所失。为了确证这些新的学术论断,白凯使用了众多司法档案材料,包括 68 件清代关于财产继承案件的司法档案(分别来自山东曲阜县、四川巴县、顺天府宝坻县、台湾淡水厅和新竹县、江苏太湖厅),以及 370 件民国时期继承案件的原始法庭档案(其中,96 件来自 1910 年代至 1920 年代的大理院,134 件是在同一时期上诉到京师高等审判厅的案件,1910 年代至 1940 年代京师地方审判厅及其后继者北京地方法院审理的 140 件案件),此外还有大量的判词、地方官员日记和传记。①

苏成捷的专著《中华帝国晚期的性、法律与社会》所研究的主题,乃是自唐代以来,直至清代,国家对性行为(包括强奸、通奸、卖奸、同性相奸)的法律规制及其对普通百姓的意义。他指出,尽管从唐至清,在国家对性的法律规制中都使用"奸"这一词语来指称性犯罪,但实际上,背后的看法和标准却经历了微妙的变化。首先,国家法律对潜在的性侵犯者与被侵犯者的形象预设正在发生变化。在唐代,他们往往分别被视为是精英家庭的男性奴仆和其主人家中的妻女,而延至清代,这类形象预设则分别被光棍和良家妇女及正经人家的男童所取代。其次,国家法律对性的规制标准,体现了一种苏成捷称之为"从身份展演到性别展演"(from status performance to gender performance)的渐进变化。在雍正元年(1723)下旨废除贱民身份的改革之后,原先仅适用于良民的关于性道德和刑事责任的一般标准,在法律上被逐渐扩展至各个阶层,要求人们普遍地按照正统观念,各自依其性别尽责地扮演自己在社会和家庭中的角色。苏成捷的这些学术洞见,正是建立在其对司法档案的扎实研究之上。他同时使用了清代地方和中央的司法档案,尽管在该书中坦言并未对所收集的司法档案悉数引用,但不

---

① Kathryn Bernhardt, *Women and Property in China*, 960 – 1949, Calif.: Stanford University Press, 1999。中译本为白凯:《中国的妇女与财产:960—1949 年》,上海:上海书店出版社,2003 年。

同程度地组成这一研究背景的资料仍然非常丰富:地方一级的案件记录,500件来自1758年至1852年间的巴县档案、160件来自顺天府档案(几乎全部来自宝坻县),而中央一级的案件记录,则选自清代内阁刑科题本(苏成捷从中复制了600余件)与刑部现审案件档案(苏成捷从中复制了80件)。①

白德瑞的专著《爪牙:清代县衙的书吏与差役》系统探讨了清代地方政府运转中书吏与差役所实际扮演的角色,以及他们的组织和行为是如何可能影响到清代国家与地方的关系。在此之前(甚至迄今仍是如此),由于囿于儒家精英话语的表达,几乎所有研究清代地方政府的论著在提到差役和书吏时,都漫画式地将这些卑微的人物视为一心只追求私利的腐败无能之辈,认为这些人远远超出官方额定设置人数而大量存在于州县衙门的事实,乃是帝国行政失序的一大表现。白德瑞的研究却向我们展示了与前述惯常形象截然有别的一种真实图景。清代巴县的差役和书吏,在其事实上已然职业化的行为中,创造并奉行着一套非常精密的惯例、规则与程序,以之来规范包括招募新人、晋级升迁和分配诸多有利可图的机会在内的各种举措,同时也在一定程度上自我约束,通过内部制裁对那些腐败和滥权的极端个案进行处理。它们也往往被县官们所认可(县官在解决差役和书吏之间发生的内部争端时,实践中常常会发布指示对这些惯例、规则与程序予以维护),但是,这些实际上发挥着行政法律制度之功用的惯例、规则与程序,却并不被清代的正式法律所承认,其中的一些甚至一直被国家法律视为

---

① Matthew H. Sommer, *Sex, Law, and Society in Late Imperial China*, Calif. : Stanford University Press, 2000.

非法(例如陋规的收取)。白德瑞因此将之称为"法外制度"
(extrastatutory system):它们不为官方法律所正式承认,但却具有一
定的合理性,弥补着由于缺乏正式规则所造成的空隙。为了保障
这些"法外制度"能够运转顺畅,书吏与差役力图以各种方式将其
"非法"的行为/地位合法化(legitimizing the illicit)。总而言之,白
德瑞所展示的,迥异于马克斯·韦伯所描画的现代西方理性化官
僚行政,毋宁说,这是韦伯模式所无法概括但值得学者认真对待的
另一种行政行为模式。白德瑞对学界旧见的有力挑战,其所依据
的,正是他对巴县档案中涉及行政、司法的数百件文书所做的极为
细致的研究。①

　　仅就上述这5本专著观之,其中所使用的司法档案数量之多
与所讨论的内容之广,已令人印象深刻,同样值得注意的还有,与
传统的中国法律史研究不同,这5本专著均不同程度地援引了当
代社会科学的研究成果,或以其为学术奥援,或将之作为对话对
象。这在黄宗智的两本专著中体现得尤其明显。他的前一本著作
设置了专章(即第九章)与马克斯·韦伯的观点进行对话,重新检
视了清代法律及政治制度。借助于韦伯理论的启发,同时也纠正
了其偏见,黄宗智赋予韦伯曾使用过的"实体理性""世袭君主官僚
制"等概念以新的内涵,从而使它们在解释清代法律文化方面焕发
出新的学术活力。例如,韦伯曾提出过一个尝试性的概念——"实
体理性",但惜乎未做充分发挥,而黄宗智则对此概念予以借用并
进行推展,以形容实体主义和理性主义、官方审判和民间调解在清

---

① Bradly W. Reed, *Talons and Teeth: County Clerks and Runners in the Qing Dynasty*,
Calif.: Stanford University Press, 2000.

代民事法律中的矛盾结合。黄氏的后一本专著则吸收了吉尔茨（Clifford Geertz）、布迪厄（Pierre Bourdieu）、萨义德（Edward Said）等西方当代重要的社会科学理论家之成果中的精华部分，同时综合形成自己的新看法（例如该书在分析习俗之时，就强调重构"［习俗的］实践逻辑"，而这显然是受到布迪厄的相关理论之启发后再做发挥）。

这些著作的上述鲜明特点，自其出版以来就已不同程度地为众多评论者所注意，[1]后来更是在论文集《从诉讼档案出发：中国的法律、社会与文化》一书当中体现无遗。[2]就该书使用到的司法档案而言，分别来自四川巴县、顺天府宝坻县、台湾淡水厅和新竹县、伯都纳副都统衙门、河北获鹿县、奉天省海城县、辽宁省新民县等地区，以及京师刑部、中央内阁、盛京户部及内务府、北京地方法院、四川省高等法院、四川省民政厅、河北省高等法院、江苏省高等法院、上海第一特区地方法院等机构，全部司法档案加起来，所涉

---

[1]　关于这套丛书的更多评论，参见 Neil J. Diamant，"Book Review：*Sex，Law and Society in Late Imperial China*，" *American Historical Review*，Vol.106，No. 2(2001)，pp.546-547；(美)彭慕兰：《转变中的帝国：中华帝国末期的法律、社会、商业化和国家形成》，载刘东主编《中国学术》(总第 15 辑)，北京：商务印书馆，2003 年，第 214—239 页；(美)步德茂：《司法档案以及清代中国的法律、经济与社会研究》，邱澎生译，载《法制史研究》(第 4 期)，台北，2003，第 220—225 页；马钊：《清代法律史：民事审判与司法实践——1990 年以来以英语发表的清史著作综述之七》，载《清史译丛》(第四辑)，北京：中国人民大学出版社，2005 年，第 255—262 页；杨柳：《历史研究与法律的现代性问题——评"中国的法律、社会与文化"丛书》，载黄宗智主编《中国乡村研究》(第 4 辑)，北京：社会科学文献出版社，2006 年，第 393—423 页。其中黄宗智的两本专著引起的单独评论更是不计其数，此不赘举。

[2]　参见黄宗智、尤陈俊主编《从诉讼档案出发：中国的法律、社会与文化》，北京：法律出版社，2009 年。

及的时间范围从清代直至民国,此外还有来自当代华北、江南各一县与南方 R 县的诉讼案卷。而书中被援引作为学术资源并以各自的实证研究对其进行检讨修正的社会科学理论,至少就包括"市民社会/公共领域""国家与社会"、社会权力来源、"文化的权力网络"等理论,包括但不限于韦伯、布迪厄、哈贝马斯(Jürge Habermas)、艾森施塔特(S. N. Eisenstadt)、孔飞力、迈克尔·曼(Michael Mann)、斯科特(James C. Scott)、杜赞奇(PrasenjitDuara)、韩南(Patrick Hanan)、滋贺秀三以及瞿同祖、萧公权在内的诸多近代、当代学术名家,更是频频地被作为对话对象。

UCLA 中国法律史研究群所共同标举的这种旨在沟通经验与理论的研究风格,不仅在相当程度上纠正了西方学界对于传统、近代乃至当代的中国法律的诸多偏见,并颠覆了一些所谓的权威定论(那些先前的偏见与"定论",至少包括认为清代中国并无"真正的"民法可言,清代衙门甚少正式依法处理民事案件,以及将从清代法律向模仿西方的国民党法律的转变,视为由非理性向理性、由实体主义/工具主义者的"卡迪法"向所谓现代法的转变),并且还大大拓展了中国法律史研究的广度与深度,进而逐渐逼近中国法律与社会的复杂面相。而另一方面,或许也正是因为这些成果与以往研究的差异,激起了经久不息的学术论辩,其中最为人们熟知的,当属那场发生在美日学者之间的著名论争。

1996 年 9 月 21 日至 23 日,"帝制中国晚期的法、社会与文化——美日学者之间的对话"(Law, Society, and Culture in Late Imperial China: A Dialogue between American and Japanese Scholars)国际学术研讨会在日本的镰仓市召开。其中,美方学者由黄宗智

领衔,而日方学者则以著名的中国法律史专家滋贺秀三为首。① 双方最初的学术交锋,可以追溯到1993年左右。正是从这一年开始,黄宗智发表了多篇英文文章,针对滋贺秀三的一些观点提出明确的批评。② 黄宗智的这些批评,激起了与滋贺秀三有着师徒之谊的寺田浩明的反批评,后者在1995年后发表了多篇文章予以反驳。③ 虽然寺田浩明谦称自己只是这场学术争论的"半个当事人",④但实际上,日本方面的应对几乎完全就是"有事弟子服其劳",由他出面参与学术论战。因此,只有两相对照黄宗智和寺田浩明两位教授在这场学术争论中所持的不同立场和不同方法,才能深刻地发

---

① 此次会议的论文后被分作两辑,收入日本的中国社会文化学会主办的《中国—社会と文化》第12号、第13号。关于美日学者在这场会议中各自所持的论点之介绍,参见唐泽靖彦《序论》,载《中国—社会と文化》第13号;寺田浩明《后期帝制中国的法·社会·文化——日美研究者的对话》,载《中国图书》第9卷1号,1997年;易平《日美学者关于清代民事审判制度的论争》,载《中外法学》1999年第3期。

② Philip. C. C. Huang, " Between Informal Mediation and Formal Adjudication: The Third Realm of Qing Justice," *Modern China*, Vol.19, No.3 (1993); Philip. C. C. Huang, "Codified Law and Magistrial Adjudication in the Qing," in Kathyn Bernhardt and Philip C.C. Huang, eds., *Civil Law in Qing and Republican China*, Calif.: Stanford University Press, 1994.

③ 寺田浩明:《権利と冤抑——清代聴訟世界の全体像》,载东北大学法学部《法学》第61卷第5号,1997年12月,中译本为(日)寺田浩明:《权利与冤抑——清代听诉和民众的民事法秩序》,载(日)滋贺秀三等著,王亚新、梁治平编《明清时期的民事审判与民间契约》,北京:法律出版社,1998年;(日)寺田浩明:《清代聴訟に见える「逆說」の现象の理解について——ホアン氏の「表象と实务」论に寄せて》,载《中国—社会と文化》第13号,1998年6月,中译本为(日)寺田浩明:《关于清代听讼制度所见"自相矛盾"现象的理解——对黄宗智教授的"表达与实践"理论的批评》,郑芙蓉译,载易继明主编《私法》(第4辑第2卷),北京:北京大学出版社,2004年。

④ (日)寺田浩明:《清代民事审判:性质及意义——日美两国学者之间的争论》,王亚新译,载《北大法律评论》第1卷第1辑,北京:法律出版社,1999年,第604页。

现其中潜藏的一些问题及其真正意义。

按照寺田浩明的看法,双方争论的焦点,主要集中在"清代听讼是否属于依法分清是非、保护正当权利拥有者的审判"这一核心观点之上。在一份通常被视为权威的研究成果中,滋贺秀三借用D.F.亨达森的用语,将清代的民事审判之性质称为"教谕式调停"(didactic conciliation)。[①] 而黄宗智则依据对大量司法档案的实证研究指出,清代的州县官们在处理民事纠纷之时,事实上绝大多数都是严格按照清律的规定作出明确的胜负判决。[②] 这场后来被概括为"调停说"VS"审判说"的学术争论,当年由于某些原因而未能正面交锋,最终多少显得有些不欢而散,但其遗留下来的议题,至今仍为中国法律史研究者涉足此领域时所无法绕过。[③]

倘若当年的与会者们今天重新回过头看昔日的那场学术论争,也许都不免会有物是人非之感,因为日方学者中的灵魂人物滋贺秀三业已于 2008 年 2 月 25 日辞世。斯人已逝,然其文犹存。多年后,遥望当年的这场学术论争,晚辈如我者从双方各自的论说中获益良多。黄宗智早已精辟地指出,美日双方学者的这场争论,主要是由各自所持的历史观与方法分歧所致(其中最为关键的区别或许在于:一方重视法律的实际运作和当事人的抉择,另一方则主

---

① (日)滋贺秀三:《清代訴訟制度における民事的法源の概括的檢討》,载《東洋史研究》40 卷 1 号,1981 年,第 4—102 页,中译文为(日)滋贺秀三:《清代诉讼制度之民事法源的概括性考察——情、理、法》,滋贺秀三等著,载王亚新、梁治平编《明清时期的民事审判与民间契约》,北京:法律出版社,1998 年,第 19—53 页。

② 详见黄宗智《清代的法律、社会与文化:民法的表达与实践》,上海:上海书店出版社,2001 年,第 73—106 页。

③ 徐忠明非常详细地概述了与这一系列争论题相关的研究成果,参见徐忠明《案例、故事与明清时期的司法文化》,北京:法律出版社,2006 年,第 57—58 页。

要是探寻永恒不变的核心法理/思想),①而我则更愿意提醒人们要注意颇为重要的另外一面:美、日这两派学者观点的差异,除各自的视野不同外,还与其采用不同的研究素材有莫大关系。

在相当大的程度上,黄宗智所赖以立论的,乃是针对数量庞大的诉讼档案所做的实证分析,而这种立足诉讼档案进行的扎实研究,可以洞察到传统法律史研究所忽视的另一面,尤其是那些名不见经传的小民百姓在面对法律时的抉择。而相对而言,滋贺秀三等日本学者所利用的,则基本上属于传统史料(包括正史、政书、方志、律例等),多是一些州县官的指导手册(例如汪辉祖的《学治臆说》)、官员的判词判牍(例如邱煌的《府判录存》),即便是偶尔利用到一些原始诉讼案卷,也往往数量极其有限。尽管日本学者能够在相当成熟的固有范式下将前述史料之功用发挥至最佳,从而做出非常出色的研究,但当时还甚少有人能真正系统地利用某一类乃至几类诉讼档案进行实证研究。即便是当时的一些最优秀的著作,也往往多是围绕某一个或数量极其有限的几个案件,展开类似于吉尔茨所说的"深描"(thick description),试图从中抓住所谓法律传统乃至于整个社会和文化的核心原理,而不大注重系统运用在数量上具有足够说服力的司法档案,至少从滋贺秀三、寺田浩明等日本学者已被译成中文的那些论著来看如此。②

---

① 参见黄宗智《中国法律制度的经济史、社会史、文化史研究》,载《北大法律评论》第
　2 卷第 1 辑,北京:法律出版社,1999 年,第 366—368 页。

② 例如(日)寺田浩明《中国清代民事訴訟と「法の構築」——『淡新档案』の一事例
　を素材にして》,载日本法社会学会编《法の構築》(年刊誌《法社会学》第 58 号),
　有斐閣 2003 年 3 月版,第 56—78 页。中译文为《中国清代的民事诉讼与"法之构
　筑"——以淡新档案的一个案例为素材》,李力译,载易继明主编《私法》(第 3 辑
　第 2 卷),北京:北京大学出版社,2004 年,第 304—326 页。

不同的方法自然各有其利弊,因此,我们也无须厚此薄彼地去苛责日本学界的这种中国法律史研究路数。但正是这些各自利用的资料性质及处理手法的不同,在相当大程度上导致了美日学者之间这场著名的争论。其中的某些误会,或许正如黄宗智曾自信地断言的那样,"将来使用档案的人多了,这问题会不了自了"。①

在一篇文章中,寺田浩明站在滋贺学派的立场之上,对黄宗智1996 年出版的那本专著进行了绵里藏针式的批判性分析。他认为日美学者的分歧在于"观察途径或理论起始点的不同":"滋贺教授作为其立论基础的是中国法文化与西方法文化之间的类型对比。而黄教授始终关心的却是清代法秩序与中华民国法秩序,以至与改革开放,市场经济化以后的现代中国法秩序之间的历史继承关系";"滋贺教授论证的却是两种类型之间在规范性原理上的差异,从方法论的角度看,功能在事实上的相似并不能消除这种原理性差异。而在黄教授的讨论中,原理或类型上是否存在根本差异的问题却一直未被提及,就好像两种类型之间的原理性一致是不言而喻的事实似的"。② 不过即便如此,寺田浩明在另一篇文章的最后部分中,也承认黄宗智所指出的"官方表达和与其背离的实践"这种框架在总体上仍具有说明力,而其原因主要在于民国时期的法律实践上的连续性。③ 在我看来,寺田浩明这一批判性的分析,正

① 黄宗智:《中国法律制度的经济史、社会史、文化史研究》,载《北大法律评论》第 2 卷第 1 辑,北京:法律出版社,1999 年,第 367 页。

② (日)寺田浩明:《清代民事审判:性质及意义——日美两国学者之间的争论》,王亚新译,载《北大法律评论》第 1 卷第 1 辑,北京:法律出版社,1999 年,第 611 页,第 614 页。

③ (日)寺田浩明:《关于清代听讼制度所见"自相矛盾"现象的理解——对黄宗智教授的"表达与实践"理论的批评》,郑芙蓉译,载易继明主编《私法》(第 4 辑第 2 卷),北京:北京大学出版社,2004 年,第 458 页。

好无意中带出了黄宗智所践行的"新法律史"的另一个重要特征。

在 2001 年出版的英文专著的序言部分,黄宗智曾明确交代了自己一项当时已实施过半的研究计划,那就是以时代为序(即清代、民国和中华人民共和国),撰写三卷本的法律史著作。① 而这一研究计划的最终汇总成果,便是后来于 2014 年时由法律出版社出版的《清代以来民事法律的表达与实践:历史、理论与现实》三卷本(由《清代的法律、社会与文化:民法的表达与实践》《法典、习俗与司法实践:清代与民国的比较》和《过去和现在:中国民事法律实践的初步探索》等三卷构成)。在我看来,支配黄氏这项雄心勃勃的研究计划的,乃是一种实则超越传统法律史学的深刻认识。黄宗智曾在多处反复强调,已经初步成形的现代中国法律,"其组成因素中既有清代遗留的成分,也有可以称作为中国革命的(排除其全能主义政权而突出其'革命的现代性'的部分)传统,而在这两者之外,更有从西方移植(并经国民党政府修改)的成分"。② 如果结合他一贯的研究风格稍做推衍,那么其言外之义可以说是:由于并不存在没有历史的法律现实,中国法律史的研究必须做到贯通不同的时段,发掘潜藏其间的变与不变,以增进人们对现实的理解,而不应该仅仅满足于为历史而历史(实则反而是历史虚无主义)。③

---

① 黄宗智:《法典、习俗与司法实践:清代与民国的比较》,上海:上海书店出版社,2003 年,英文版序。

② 黄宗智:《中国法律的现代性?》,载黄宗智《经验与理论:中国社会、经济与法律的实践历史分析》,北京:中国人民大学出版社,2007 年,第 393 页。

③ 这样的理论关怀,在黄宗智的中国法律史三卷本著作中,逐卷得到明显的体现。也可参见 Kathyn Bernhardt and Philip C. C. Huang, " Civil Law in Qing and Republican China: The Issues, " in Kathyn Bernhardt and Philip C. C. Huang, eds., *Civil Law in Qing and Republican China*, Calif. : Stanford University Press, 1994。

借用甘阳所标举的一个用法来说,这其实是在呼唤中国法律史研究中的"通三统"。①

我将这种理念称为中国法律史研究中的"历史感",而这构成了"新法律史"所应具备的三大特征中极其关键的一个。正是在这种"历史感"支配之下,黄宗智基于对清代、民国的扎实研究,提炼出"表达与实践的背离""实用道德主义""集权的简约治理"等中层概念及其相应的理论,使得人们即便在凝视现实之时,也能凭借其跨越时空的穿透力而达致洞悉背后隐藏的奥秘。易言之,只有在"历史感"的观照之下,连接经验(广泛利用极富学术价值的诉讼档案)与理论(从优秀社会科学理论中汲取灵感并与之真正对话),提炼自己具有启发性的新的中层概念,方有可能成就真正意义上的"新法律史"。道路坎坷,但前途无限,正如黄宗智很多年前就曾指出的那样:"从经验研究的角度来说,它可以为我们发掘新的信息,而从理论研究的角度来说,它可能有助于我们为中国历史寻找符合它的实际的概念和理论。更重要的也许是新法制史有可能帮助我们跨过眼前学术界的代沟,也就是说'新'文化学与'旧'社会经济史以及'旧'法制史之间的代沟,也就是主观主义和客观主义之间的鸿沟。"②

---

① 甘阳:《通三统》,北京:生活·读书·新知三联书店,2007年。
② 黄宗智:《中国法律制度的经济史、社会史、文化史研究》,载《北大法律评论》第2卷第1辑,北京:法律出版社,1999年,第376页。

六、结语

对于中国的研究者而言,当然可以对 UCLA 中国法律史研究群的某些论断——比如某些特有的问题意识——有所保留,任何不加思索的盲目追随本就应该被予以拒斥,更何况众所周知的是,从来就不存在十全十美的学术研究。人们甚至可以就 UCLA 中国法律史研究群的一些论点提出批评,只要这种批评确属持之有据,而不是连对方所言都未真正弄清,仅听其名就迫不及待地"横溢"才华。但即便如此,在时刻警醒保持阅读和思考之主动性的同时,也请记住长期主持海外中国学移译事业的刘东教授那一番满怀深情的告诫:"任何人都不会仅仅因为生而为'中国人',就足以确保获得对于'中国'的足够了解;恰恰相反,为了防范心智的僵化和老化,他必须让胸怀向有关中国的所有学术研究(包括汉学)尽量洞开,拥抱那个具有生命活力的变动不居的'中国'。"① "不识庐山真面目,只缘身在此山中。"② 在我看来,这句家喻户晓的中国古诗,正好道出了当今跨文化学术交流中的另一面。而能够克服这一缺陷的最佳方法,或许就是培养 18 世纪苏格兰诗人罗伯特·彭斯

① 刘东:《阅读中国序》,载黄宗智《中国研究的范式问题讨论》,北京:社会科学文献出版社,2003 年,丛书总序,第 2 页。
② [宋]苏轼:《题西林壁》。

（Robert Burns）所称的那种"能象别人那样把自己看清"的本领。①

若干年后，倘若有人再次谈起中国法律史研究上发生智识地震之时，我希望听到震中是在中国版图内的某地。

---

① 彭斯在一首诗中曾如此写道："啊，但愿上天给我们一种本领，能象别人那样把自己看清！那就会免去许多蠢事情，也不会胡思乱想"，参见（英）彭斯《致虱子》，载（英）彭斯《彭斯诗选》，王佐良译，北京：人民文学出版社 1998 年，第 106 页。

历史社会法学视野下的中国法律与中国法学

——读《实践与理论：中国社会、
经济与法律的历史与现实研究》

余盛峰

(北京航空航天大学法学院/人文与社会科学高等研究所讲师)

一、悖论社会中的法律实践逻辑

黄宗智先生研究法律史的卓越之处，在于他深刻讨论了法律在作为悖论社会(paradoxical society)的中国所呈现出的悖论形态。① 这不仅是指法律实践在中国经常违背形式理性法所预设的应然逻辑，同时也指向一双双相互矛盾、有此无彼的法律现象的并存。改革开放之后的中国法治进程，预设了整合于统一的市场经济以及相应的产权形态和随之而来的一系列法律发展的历程，通过法律人和法律职业者的理念塑造，提供理性经济人在商品交易和资本流通过程中的基础法律保护。它假定了法治化进程最终会顺利突破城乡分立的社会格局，通过科学立法、严格执法和公正司

---

① 有关中国的悖论社会特征，可以详见黄宗智《实践与理论：中国社会、经济、与法律的历史与现实研究》，北京：法律出版社，2015年，第1、7章。本文所引黄宗智著作，如无特别说明，皆为本书，不再详列书名。

法来保证一个"橄榄型"中产阶级法治社会的逐步形成。但与这种韦伯(Max Weber)意义上的资本主义理性法的想象不同,中国当代法律的实践逻辑则是多重悖论和矛盾的并存。

一个基本的事实是,中国法治空间的构造依然延续了新中国成立之后城市发展但乡村落后的基本格局。这种城乡法律之间的格局落差不仅是传统延续和发展时序上的自然反映,正如黄宗智先生所敏锐指出的,它也是存在于城乡两种经济制度和两种产权形态的交接点上的庞大问题;在某种程度上,正是基于农村土地集体产权和小农家庭财产制的特殊安排,确保了一个规模庞大的临时性、半正式和非正式农村劳动力群体可以持续被城市资本以低成本吸纳,从而可以提供中国经济发展的比较优势。这决定了中国的《劳动法》和《劳动合同法》不是针对所有就业人口的同等保护从而可以形成一个统一的劳动力市场,处于国家劳动法规保护和福利制度之外的非正规经济的大规模扩增,需要在法律上形成对"劳动"概念的特殊界定,需要把大量的劳动排除在法定"劳动"范畴之外。通过在法律上对非正规"劳务关系"和正规"劳动关系"的严格区分,《劳动法》的适用对象最后就被限缩为国家公务员、事业单位人员和少数蓝领工人。改革时期所形成的大规模"非正规经济",正是通过这种特殊的身份等差和城乡等差的法律结构安排,通过一整套相应的"非正规法律"才形成了为经济发展保驾护航的制度机制。这种特殊的法制结构成为了地方政府相互竞争和招商引资的重要法宝,不仅劳动法规如是,环境保护法执行等其他方面都如是。①

在我们既有的法学研究视野之下,无论是偏重条文解释的教义法学,还是主张社会科学方法论的分析,乃至强调中国传统与本土资源的法学流派,都很难在其理论和概念体系里正视和处理1.53亿户籍农民在城镇就业,以及 2.17 亿农民在农村从事非农就业这两大事实。② 中国当代法律关于人的形象的预设,按照黄宗智先生的概念,其表达与实践显然存在严重的背离。真实的形态,既不是形式主义法学预想的城市中的理性经济人和法律人,也不是本土资源派浪漫想象的"无需法律的秩序";而是伴随中国社会经济变迁所形成的具有悖论和矛盾身份重合的秩序形态,一种既巩固城乡等差身份又极其鼓励其持续流动性的法律格局。在某种程度上,形式主义法学和本土资源派正是基于对"城市/乡村"法律各执一端的表述和辩护,立基于城市制定法与乡村习惯法的不同气质,各自建立了一个关于中国法律图景的非此即彼的静态描述。二者共同的问题则在于,没有正视和处理中国悖论社会下法律的悖论化特征,而假装中国法治进程只是西方法律现代化进程的一个简单复制版本,不同的只是对此采取拥抱抑或抗拒的态度。在黄宗智先生看来,今日中国法学界的分歧表现为西化主义和本土主义,一方强调西方法律的普适性,另一方则强调中国历史与实际的特殊性。但这种普适主义与特殊主义之间非此即彼的选择,实际上都阻碍了对于中国法律实践历史真实逻辑的探寻。③

---

① 有关中国劳动法的历史演变与非正规经济,可以详见黄宗智书,第 17 章。
② 黄宗智书,第 482 页。
③ 有关黄宗智先生的实践法史研究,可以详见黄宗智书,第 9—11 章。

在黄宗智先生跨越经济学、社会学和法学的通达历史视野下，他为我们展现了中国法律实践所依托的矛盾社会形态及其悖论法权特征。以财产权为例，就至少存在多种不同的产权模式的并存：一是传统中国过密化的糊口小农经济和家庭财产制的延续，它也是今天的非正规经济和非正规法律的重要历史根源；二是旧有计划经济下庞大的国有工业体系及其产权结构，仍占全国民经济产值的将近一半；三是市场化转型下出现的资本主义意义上的私有产权体系的发育；四是国有企业抓大放小私有化以及大型国企资本的公司化股份制改造。① 在此之外，还有农村土地集体所有制和城市土地国有制所形成的复杂土地产权结构。这个由多重悖论所组成的错综复杂的庞然大物，形成了一个难以被传统形式主义法学所概括和阐明的复杂法权结构。它无法用自由主义法权或社会主义法权的逻辑进行统一界定，也无法简单沿用传统的公法与私法的二元框架来加以认识，亦难以使用政治国家和市民社会的二元对立模式来进行认知。中国改革开放时代以来所形成的财产法权格局，所依托的显然不是简单的私有化路径或既有国有产权形态的延续，而是采取了一种相当致密的法律制度框架重构来同时确保不同种类资产的市场化流动以及国家对于各类形态资本的持续影响和支配力。正如黄先生所言，改革时期的市场经济和私营企业很大部分是在国家机器扶持下兴起的，私人企业的很大部分和党—政国家权力机构带有千丝万缕的联系。② 同样道理，在中国改革开放语境下，各种私法意义上的物权转移行为和各种公法意

① 参见黄宗智书，第24页。
② 黄宗智书，第133页。

义上的国家法律行为其实具有深刻的连带关系,它们都需要"社会主义法律体系"通过各类特殊的法权制度安排予以落实。

黄宗智先生通过其典范研究清楚地指明,农民和农民工共同组成的非正规经济今天占到全国总就业人员中的 83.2%。[①] 中国改革开放后期以来,正是通过各种特殊的法律制度安排,形成对劳动力、土地和资本的极为特殊的保护形态和法律界定;而某些地方政府正是借此利用非正规廉价劳动力以及各种各样的非正规补贴和优惠(包括法律政策倾斜)来吸引外资和内资,由此推动了中国的发展奇迹。可以看到,正是通过某些地方政府的各种非市场行为和反法规行为,通过包括金融、财税、户籍、劳工和环保在内的多种国家公法手段,才建立起一个有利于资本逻辑发挥动员作用的市场结构和法权体系,从而可以用最有利的成本/收益核算来招引各种资本。这种法治发展逻辑就不是传统左右之争中坚持的政府和市场、公法与私法非此即彼的二元对立;不是在于公权对于私权的一味压制或私权对于公权的自然胜利,而是在于两者特殊的协调与搭配机制。在黄宗智先生看来,新制度经济学和形式主义法学都没有考虑到这个基本的制度性因素。

因为既有的形式主义法学流派多少都预设了一个具有统一性的劳动力、土地和资本市场在中国业已存在;而未来法律改革的目标就在于顺应这个基本前提,从相应的权利体系和基本原则出发,通过严密的法律逻辑演绎出各个不同的部门法条文,从而形成一个自圆其说的前后一贯的整体。各种基于社会科学政策分析方法

①　黄宗智书,第 23 页。

特别是有关资源配置的经济效益成本分析,则配合教义法学所提供的基础规则框架为其做查漏补缺的规则填补和正当化论证工作。在此,黄宗智先生敏锐地意识到,作为理论对手的教义法学和社科法学都缺乏对于中国长时段历史演变和社会实际的考察视野;而与此同时,它们都掩盖和回避了中国法律发展过程中所存在的不正义性现象,缺乏对于中国法律公正性拷问的前瞻性价值的指引。中国的"非正规经济"和"非正规法律"发展模式实际存在一定程度的社会不公问题,①而各种采取技术主义和形式主义方法路线的法学理论,都忽视并掩盖了既有的民商事与经济法部门在有关劳动力、土地和资本市场等领域法律规则构造过程中的正义性问题,夸大了其作为法律规则制度的整合性程度以及法治将自动伴随市场经济发展而建成的乐观想象,借此也否认和掩盖了一定程度贫富悬殊的社会实际,并且规避和转移了对于巩固这种不正义的悖论制度安排的拷问。而此种意义上的法律危机,实际难以用流行的法治改革口号中所隐含的过渡期话语(如有待未来出台的《民法典》)和时髦的法治转型话语(如司法改革)所消弭,也无法用貌似客观中立的技治化的资本配置合理化等形式主义理论模型(如法律经济学理论)来淡化。

根据黄宗智先生的研究,自 1985 年以来,低报酬、低稳定性、低或无福利、没有国家劳动法律保护的非正规经济就业人员已经从所有城镇就业人员的 3.5% 爆炸性地扩展到 2010 年的 63.2%。② 中

① 有关"非正规经济",可以详见黄宗智书,第 1—17 章。"非正规法律"的概念系笔者根据"非正规经济"含义所作的演绎。
② 黄宗智书,第 479 页。

国经济自 20 世纪 80 年代以来从一个基本全是正规+国有经济的
体系极其快速地转变为一个大部分是非正规、非集体的体系。而
与法治乐观论者的想象不同,中国并不是从一个从没有私法保护
的国家公法体制,向一个严格同等保护财产和独立法律人格的市
民法模型转变的意象。根据黄先生的研究结论,时至 2005 年,全国
就业人员中的 85% 基本没有或少有社会保障和劳动法规保护。[①]
这实际就意味着,作为正规的国家法律部门及其权利规则,实际只
涵括保护了不到五分之一的劳动就业人口。而作为最大多数的劳
动人员,实际上被整体地排斥在正规的劳动法律体系之外。因此,
如果简单地将学术视野聚焦于正规经济和正规法律,并想象全国
的劳动人民已经或行将被整合为一个同等待遇的单一劳动市场,
完全无视规模极其庞大,由 9 亿农村户籍的"半工半耕"家庭所组
成的广大劳动人民;这种正规法律幻象的正义性问题当然是需要
予以深刻反思的。

　　改革开放之后形成的农村地权安排,是依据不允许耕地自由
买卖但可以遵循平均分配耕地使用权的原则,再配合以城乡二元
的户籍法规定,由此形成了一个由国家法律所强行制度化了的"半
工半耕"过密化农业。[②] 而由这种地权和身份权安排所形成的过密
化小农家庭财产制,其法权逻辑就与西方意义上的资本主义农场
法权形成了鲜明对比,它同时也与城市资本和企业产权两相呼应
形成了一种事实上的中心—边缘的法权等差结构,从而可以通过
降低企业的劳动力成本和福利支出的方式大幅增加其资本回报

---

① 黄宗智书,第 483 页。
② 参见黄宗智《制度化了的"半工半耕"过密型农业》,载《读书》2006 年第 2、3 期。

率。而中国企业产权也在某种程度上形成了等级化的所有制形式，由此再形成各种特殊的产权结构以及相应的物权、债权和侵权法制度安排，同时还包括极为复杂的法人间与法人—自然人法律关系的构建。在这个意义上，正如黄宗智先生对以科斯定理（Coase Theorem）为代表的新制度经济学和法学理论在中国的误用所提出的批评，因为中国产权改革历史绝不是简单的形式主义意义上降低交易成本或合约成本的问题。农村劳动力跨越城乡和地域的流动不是某种自然化与合理化资源配置的结果，而是基于国家法律政策的积极塑造和特殊安排所形成的人为法权结构，大量产权改革一方面大幅度降低了各种交易成本，但另一方面由其产生的负外部效应也被不成比例地转嫁到各类法律上的失语群体（如"农民工"）。正是在这个意义上，黄先生认为，中国社会今天的主要差别已经不再简单是工业和农业、非农就业和农业，甚至也不简单是城镇和农村间的差别，而是城镇具有法定身份和福利待遇的正规经济人员与不具有如此身份和福利待遇的城镇与农村非正规经济人员间的差别。① 在这里，经济社会学意义上的历史考察就获得了一种历史社会法学和政治宪法学意义上的理论提升的潜力。

在黄宗智先生看来，作为其"历史社会法学"的意旨，探索成文法律的实际运作，需要将其置于社会情境中来理解，而社会情境的一个关键变数，就是不同阶级/阶层以及不同等级之间的差别，特别是城市居民和农村农民的身份差别以及上层和下层间的阶级差

---

① 黄宗智书，第 482 页。

别。① 黄宗智先生的历史社会法学,因此就具有了强烈的社会关怀和政治正义的维度,而且他不是基于朴素的左翼马克思主义的价值关怀;而首先是基于其作为严谨的历史学家通过对长时段的中国历史发展的洞察,意识到中国社会还不是德国思想家卢曼(NiklasLuhmann)意义上的已经实现了的现代功能分化社会,而依然还是一个通过身份层级分化和城乡层级分化所型构的悖论社会形态。而黄宗智先生对中国当代政体的考察也特别强调了其悖论化特征。当前的中国政治体制,既有现代官僚行政科层制从属于传统行政法规范的成分,但与此同时它又是一个既高度集权又深度渗透社会却不隶属于国家公法规范范畴的政党—国家全能体制。而在国家结构方面则又形成了中央集权与地方分权的悖论结合,这些多重悖论特征同时并存于同一个国家体系。②

　　在这种特殊的悖论政体结构下,政治系统与经济系统、法律系统依然无法实现其各自功能运作意义上的封闭和分化,政治权力依然是国家和法律秩序展开与演化的中心,并且经常出自各种货币和财政上的经济实用考虑来决定法律体系的规则制定与司法实践。在黄先生看来,这在某种程度上就使得包括《劳动法》在内的法律体系变成具有强烈倾向维护特权身份和收入阶层的既得利益的法规;这种具有等级分化意味的法律形成了一种系统化的社会排斥机制,因而与各种新自由主义的乐观法律想象形成了鲜明反差。而基于自由主义法律原则前提假设的各种形式主义理论,则

---

① 黄宗智书,第305页。
② 参见黄宗智书,第23页。

可能无视和否认这种不公正法律的产生机制。与那些指责黄宗智先生具有维护现状的左派倾向的批评声音完全不同,黄先生非常严厉地批评了具有比西方资本主义体系还要强劲的政治权力与商业资本的联姻趋势,以及由此形成的不平等的社会法律现实。在他看来,整个中国法律体系其实正处于一个交叉路口。

二、历史社会法学的问题意识及其前瞻性导向

黄宗智先生尤其擅长总结中国历史中的各种悖论现象,譬如其经济史研究中提出的著名的"没有发展的商品化""没有发展的增长""内卷型商品化""没有城镇化的工业化",以及其法律史研究中所提出的诸如"表达与实践的背离和抱合""道德实用主义"等概念,都是其从实践到理论再返回到实践检验的历史研究方法典范力量的体现。一方面,黄宗智先生提示我们,从法律的实践/实际运作出发,我们就会看到众多不同的中国与西方法律并存和互动的实际,如产权、债权、赡养和继承法制度;但另一方面,黄先生也特别强调假如缺乏足够的理论比较和概念提炼能力,对于历史实践逻辑的把握也同样是不可能的。近现代中国的一个给定前提就是中国与西方、历史和现实、习俗与条文的必然并存,所以我们必须超越在理论与经验、表达和实践以及中国与西方的二元之间作非此即彼的抉择,而要借助西方的经典理论研究和强有力的概念描述,去把握实践历史逻辑中实际的二元并存和互动。只有聚焦于种种二元悖论间的并存和互动,关注其间的连接和媒介,才能

把握历史演进的真实逻辑及其未来发展的走向。① 中西方法律传统的混合既不会是简单的全盘西化过程,也不会是简单的传统延续的过程,而是两者的并存和互动。在这个意义上,黄先生的历史社会法学,真正超越了我们将法理学和法史学划分为两个不同的二级学科,造成两者各行其是、互不过问的旧有格局。

黄宗智先生始终是以中国历史语境下理论和实践之间的张力为关照的意旨。而作为后发的法律移植国家中的法律人,我们还会面临比理论/实践矛盾更深层次的价值认知困境,因为我们还必须处理历史和现实之间的关系,并因此很容易陷入各种应然和实然、事实与规范之间的价值选择困境。面对这类难以承受的历史和认知重担,作为法律知识人的研究者就特别容易陷入一种蜷缩到"乾嘉学问"的诱惑,即希望可以依照科学、客观、中立、技术化的路径来处理法律问题;而由此可以回避在历史正义和政治正义的维度上对法律发展道路作总体性的历史考察与价值评判。特别是,当各种舶来的法律条文、规则与制度安排,似乎可以为经济发展保驾护航并由此实现与世界先进国家的顺利接轨;这种来自历史发展的绝对命令,似乎足以取消对法律发展和法律正义问题的批判和质疑。又因为,唯有通过这种必要的限缩和切割,才可以为法律的科学研究创造出一个合适的封闭"实验室"环境,各种分析资源才可以顺利地发挥它们的理论作用。而这种切除了历史—政治关怀视野的技术主义法学路线,因为可以回避对复杂历史和政治问题的总体考察,同时又由于其符合学科专业化和实证主义的

---

① 黄宗智书,第11页。

研究潮流,并容易配合于各种"学以致用"的法治建设工程;因此,它就能特别顺利地和自命为科学主义的法学研究前见达成某种理念同盟关系,从而培养出各类犬儒主义的法律"技术专家"。

事实上,冷静地看,我们的问题,既不是理论太多,也不是实践太少,而是没有真正认识清楚和处理好两者之间的关系。根本问题在于,研究中放弃了历史和政治的总体理论视野,从而导致法学研究缺乏具有贯穿性的历史解释力和兼具社会关怀的动力,有的只是支离破碎"去历史化"和"去政治化"的琐碎理论运用。对历史和现实的整体解释,最后变成了各种庸俗理论的简单拼凑。理论和实践成了完全分离的两张皮,而无论是理论上的认知努力,还是田野调查或史料的钩沉,都不能从根本上解决这种内在的困境。而黄宗智先生提供了一个可能的出路;他认为我们可以在翔实可靠的经验证据的基础上决定对不同理论及其不同部分的取舍,结合多种理论传统中的不同洞见,进而探寻和建构更符合中国实际的新概念。①

黄宗智先生具有尤其高超的融合不同理论传统和历史传统的能力,他绝不墨守任何一种理论,而是针对历史和社会实际活学活用现有理论资源,并且随时根据需要建构新的概念。某种程度上,也只有这种可以在不同敌对的理论资源之间借助其犀利的历史洞察力,才有可能匹配对于复杂的中国历史和社会现实的总体研究任务。正如黄先生在其系列法史专题研究中展示的,今天中国法律实践中仍然延续着古代法律传统(如调解制度、家庭主义赡养、

---

① 参见黄宗智书,第673—689页。

继承和产权法则及制度),以西方现代法律传统,还有来自革命传统的法律制度(特别是婚姻法律和法庭调解制度)。古代法律、革命法律和从西方引进的法律组成了一个复杂的混合体,这三大传统并存的经验实际构成了一个对于简单历史和理论框架而言难以融合的法律悖论现象。① 而对于黄先生而言,悖论性的历史社会现象实际也构成了理论创造的生长点。因此,对于他而言,其所强调的"实践历史"研究方法,绝不是对于历史材料和社会现象的简单堆积和梳理,以此去建构某种"乾嘉学问"意义上的历史考据学。相反,他对于历史经验证据的强调,是希望相对于一种无法容纳理论冲突和历史悖论现实,试图可以不考虑任何理论背景而进行自然科学意义上的逻辑演绎的研究做法的拒绝。② 这种历史认知方法,同时也是对于法律创制范式想象的一种探索;它允许法律实践过程中的各种悖论现象,从而可以允许多重的矛盾和悖论、创新与演变,而不是将历史发展路径锁死在一种抽象的理论模式之上。

但"实践论"的问题在于,它容易导致对历史和现状合理性的先天接纳,和对当下不合理状态的确认和巩固。在这个意义上,实践论的"时间性"可能指向一种"去时间化"的历史诠释,而难以揭示"历时性"的"历史"所充斥的各种无法共存的力量和难以消弭的冲突可能性。虽然在"理论"上可以兼容不同的形式原则,在观念上强调其共存的合理性,进而构造出一个抽象层次上的黄金调和原则(如中国法的"道德实用主义""君主官僚制"传统)。但这些

---

① 参见黄宗智书,第 6—11 页。
② 可参见黄宗智《社会科学和法学应该模仿自然科学吗?》,在黄宗智书,第 636—672 页。

具有内在冲突的原则其均衡点在"实践"中如何把握,特别是当"疑难案件"出现之时,当必须作出某种历史"决断"的时刻,"实践论"就必须把试图避免作出的非此即彼的决断公开表达出来。否则,"实践论"就有可能蜕化为无原则的浑融主义和犬儒主义。作为严格意义上的道德原则,其背后都有特定的规范性条件预设,这些规范性条件预设所代表的,往往是冲突与敌对而不是始终友好相处的历史力量。这些难以调和的"诸神之争"意义上的敌对和矛盾,最终作为"历史的狡计",恰是历史正题和历史反题上升为历史合题的契机。而实践论的调和主义态度,则可能带来对史料选择性的裁剪和拼接;虽然是出于善意,但有可能导致"理论"和"历史"的死亡。因为,对于矛盾原则融洽共处的善意期待,就会要求对历史作出符合此种融洽共存状态的解读和认可。如果把握得好,是融会贯通;而如果把握不好,则可能蜕化为对现状合理性无批判的承认。

概言之,法律的历史实践必然包含目的、原则和道德的维度。因此,黄宗智先生对中国传统法"道德实用主义"特征的概括,这里所拈出的"道德主义"和"实用主义"要素是如何具体结合的?其历史连接机制是如何持续演化和最终巩固的?这两种历史动力原则又是如何能够始终内在合契地共处,特别在"疑难案件"出现之时,当必须进行价值和原则决断之时,其决断主体和决断结构又是如何进行设置的?判断其合理性的标准又是怎样建构的?它是否可以被掌握在一个具有超然性地位和角色的群体或组织手中?从更法理化的层面而言,"法律"作为"法律"的特殊之处,正在于它的规范性运作过程中,存在一个必须作出规范决断的"临界点"。法律作为一种超越日常"实践"的规范性力量,天然具有某种"反日常实践"的特殊色彩;正是通过这种反对和抗拒"日常实践"的姿态,来承担其作为法律系统的特殊功能。法律作为维护规范性期望于不坠之地的一种特殊实践形态,本身就要求以一种"不学习"和"不顺从"实践的态度来维持这种规范性期望的持续稳定。即使破坏这种规范性期望很有可能带来某种"实践"上的好处,它也要求必须采取一种看似愚笨的非实用主义态度来维系所谓"法律的信仰";以此来安定一个更高层次和更大范围意义上的历史实践的可持续性。

这也是各种自由主义或社会主义观念力量在形塑法律历史过程中的真正力量。它们充当了历史车轨"扳道夫"的角色,通过对道德与正义原则的历史追溯和弥新解释,以此来塑造历史并改变历史的轨迹,从而赋予采取"不学习"和"不顺从"态度的法律实践以道德方向指引的驱动力。"实践论"无疑也隐含了此种意义上的价值与原则抉择的态度,但由于它极力隐藏这种态度,就可能让其变为一种多少具有巫术性色彩的历史概念,成为一个极具暧昧性的理论概念。它既可以容纳普通法的传统,也可能涵括法家主义的传统;既可以是亚里士多德式的,也可以是康德式的;既可以是儒家主义的,也可能是马锡五式的概念。

更需要特别指出的在于,黄宗智先生的"实践"概念,绝不是对于历史和现状无原则的总体接纳。相反,在他看来,各种法律本土派和模式派的"实践论",恰恰由于其只是回顾性地关心司法实践和无视前瞻性的法律准则,无视前瞻性的价值规范,所以只会陷入盲目的保守从而在根本上背离真正历史的实践逻辑。这些"实践论"可以表现为各式的法律现实主义、实用主义或社会科学分析乃至教义论,其思想光谱可以涵盖从左翼到右翼的模式论、本土资源论、法律史研究、法律经济学和新自由主义法学的各种版本,而其共同的特征则在于都陷入一种简单的回顾主义和本土主义,无视现有法律体系的缺点,并无视当今法律全球化中的一些必然的共同演变趋势。

有趣的是,作为历史学家的黄宗智先生特别强调了作为启蒙哲学家的康德(Immanuel Kant)的"实践理性"概念的重要性,而其根本目的就在于要为他的"实践历史"概念提供其他各种"实践论"版本所缺失的规范性意涵。[①] 各种宣称"理论"要为"实践"服务的"现实主义"或"实用主义"法律学说,究其根本问题就在于缺乏前瞻性和批判性的道德价值维度,特别容易沦为对现实合理性的论证和辩护,从而无法借助对历史实践的认知反向提供改变历史现实的价值指引。这正是中国的"历史社会法学"能否发扬光大的一个内在制约因素,也是黄先生自己对"实践历史"概念自觉反思的出发点。"实践逻辑"不可能都是合理和正义的,因此"实践逻辑"当有"善"与"恶"之分,而对于作为稳定规范性期望的法律制度而言,其本身就具有极为强烈的"应然"色彩,因此就更为需要具有前瞻性和批判性的原则标准提供对其是否从属于"良法"的判准。因此,黄先生深刻地意识到,康德的绝对命令和实践理性其实符合中国文明的基本倾向:只有将儒家的道德化思维转变为一个能被一般公民所接受的标准,进而凭借实践理性的标准来决定法律制度

----

① 参见黄宗智书,第28—32页。

的善恶,只有如此才能从杂多的"实践逻辑"中辨认出具有普适性的法律发展道路。善与恶之间的道路选择,更是需要以理解历史道路的复杂性和悖论性为前提;唯有如此,才能以成熟稳健的历史智慧探寻出一条既符合实际又带有前瞻性的法律建设道路,这则是一条基于现代民主和社会公正理念所导向的中西融合的道路。这正是黄先生念兹在兹的既带有历史视野也带有社会关怀的"历史社会法学"进路,这也正是中国法律和中国法学的历史使命所在。

黄宗智先生毫不讳言,其历史问题意识其实不只是出自学院派的爱智,而更来自感情,来自对中国普通劳动人民命运的深切关怀和体认。这种感情驱动而非纯粹的思考,也许更强有力也更持久地成为他不懈探索中国历史实践的真正动力。在这点上,黄先生与其他的传统美国汉学家殊为不同。他是真正将自己置于中西思想和文化并存的矛盾之中,将自己置于由古今中西之间所形成的种种历史张力的漩涡地带,在历史张力和历史悖论之中探寻历史发展的建设性动力。最终,他超越了全盘西化和全盘中化的简单范式,在种种历史力量的张力、拉锯和撕扯与磨合中,寻找历史视域融合和超越的契机。

"家产官僚制"与中国法律：
马克斯·韦伯的遗产及其局限[①]

赖骏楠

（复旦大学法学院）

一、引言

马克斯·韦伯不曾死去。他活在现代社会科学之中：长久以来，他无疑被社会学和政治科学领域的专家均视作学科鼻祖之一。他也活在战后的法律理论之中：他有关法律思维之类型的概念体系启发了无数法学理论领域的思考者。他还活在各种区域研究之中：他对于世界各主要文化之宗教、经济、政治和法律的评价——无论这些评价本身为正面还是负面——都迫使相应的历史学家做出回应。他甚至活在数代人的哲学思考当中：其"方法论"作品中所体现的世界观意涵，其"理想型"的建构模式，都不断吸引哲学家做着一次又一次澄清的尝试。这一切都促使雷蒙·阿隆感叹，相比于埃米尔·涂尔干或维尔弗雷多·帕累托，只有韦伯还是"我们

---

① 本文曾提交于由洪范法律与经济研究所、"社会法学连线"与《原道》编辑部联合承办的"法律、文化与社会"暨纪念林端教授学术研讨会（2014 年 8 月 24 日）。会议中，梁治平、蔡博方、白中林、岳林等师友提供大量宝贵意见，本人从中受益良多。

的同时代人",而人们对前两人的理论作品已经"不太感兴趣"了。① 阿隆在20世纪60年代发出的这声感叹,依旧可以用来描述新世纪学者的心态。韦伯依旧活在卷帙浩繁的韦伯研究文献之中。而他之所以始终生存在我们的时代,是因为他思考的问题也恰是我们所必须思考的问题。

韦伯也活在中国研究之中。他在该领域的一系列论断,或者是激发起学者的想象,或者是构成严峻的、看似不可逾越的挑战。他以不容置疑的口吻断定:传统中国不可能催生现代产业资本主义,因为无论是正统的儒教和异端的道教都与新教伦理相去甚远;由于儒教的合理化程度远未达到新教伦理的水平,整个帝制中国就像是一个"巫术花园",无论是中国人的内在生活样式,抑或外在社会结构,都维持在合理化进程的较粗糙阶段;中国的政治,或者说——用韦伯的术语——支配(Herrschaft, domination)②类型,长期停滞在家产制(patrimonial)支配这一阶段;而处于这一支配下的行政与司法,则永远呈现为一副非理性的"卡迪司法"面貌。这一系列图景已为我们所熟悉。无论人们是接受还是排斥这些命题,人们都被迫去严肃面对。因为提出这些命题并不断敲打我们的,是始终活在我们的时代,甚至与我们各个学科、各个问题意识并行的韦伯。

在中国法律史领域,韦伯"赠送"给中国法的"卡迪司法"标签,也同样萦绕在每个学者心头。无论是否直接阅读过韦伯的作品,

---

① 雷蒙·阿隆著:《社会学主要思潮》,葛智强、胡秉诚、王沪宁译,北京:华夏出版社,2000年,第378页。

② 本文在引用韦伯著作中的部分专业名词时,注明其德文原文及其英译或中译。

也无论是否曾自觉回应韦伯的这个论断，几乎所有研究清代州县司法的学者，下意识地诱使自己追问如下问题：中国传统法律究竟是不是"卡迪司法"？韦伯的结论，究竟是对了，还是错了？而学者们对这些问题的回答方式，大致可分为如下三类：

第一种回应方式，是以建立在史料基础上的经验研究，来间接印证或否定韦伯的命题。已经有大量有关清代州县司法（抑或"审断"）的研究，通过官箴书、中央及地方档案、诉状及契约文书，乃至文学文本等各类材料，来为我们展示出一个颇为全面的清帝国地方治理的完整场景。这样的研究实际上已经数不胜数。① 然而，大部分此类研究由于停留在对经验材料的归纳层面，从而缺失了与韦伯命题的积极对话。有必要明确的是，对一种理论的证成或扬弃，必须在理论层面（而非停留在经验层面）本身进行操作。否则，引用再多的官箴书、再多的诉讼档案，也无法对韦伯有关中国法的理论命题形成充分回应或挑战。

第二种回应似乎更为高明。有鉴于韦伯将"卡迪司法"这个标签扔给了中国人，中国人大可以将具有类似杀伤力的标签扔回给韦伯本人，这类标签包括"东方主义""欧洲中心主义"等等。② 任何西方学者，只要有幸获得这两种"主义"称号的任何一种，都将有在非西方学术界失宠的危险。这是因为，说一种研究是"东方主

---

① 对这类研究较为出色的梳理与总结，参见里赞《晚清州县诉讼中的审断问题：侧重四川南部县的实践》，北京：法律出版社，2010 年，第 1—17 页。

② 笔者就曾采取过此种回应方式，参见赖骏楠《韦伯中国研究中的"东方主义"》，中国人民大学历史与社会高等研究所网站，http://www.lishiyushehui.cn/modules/topic/detail.php? topic_id＝293。这是一篇提交给黄宗智教授"社会、经济与法律：历史与理论"研修班课程（2009 年秋季学期）的习作。

义""欧洲中心主义"的产物,在当代语境下,似乎就等于在说它是纯然偏见的产物,是全球资本主义权力格局在学术话语上的自动呈现。因此,这种研究似乎就纯然成为偏见,成为话语,它将没有学术价值,引用它也将是政治不正确的。于是非西方学者就可以将这种研究置之不理,从而高枕无忧了。然而,这种"省事"的处理方式,一方面阻止了我们从每一个西方学者的作品内部,去思考这类"主义"在内在理路和思维方式上的深层发生学诱因;另一方面也抹杀了每一个学者(包括韦伯)本身的学术尊严:任何"思想",都不会全然是经济或政治结构的纯粹"反映",即使这种思想被经济或政治绑架,思想仍旧有着思想所特有的原创性和独特性,而且在剥除种种"主义"所带来的影响后,思想仍可能服务于新的研究与新的认识。所有这些方面,都是我们在反思韦伯时所不可忘却的。

只有第三种回应才是严肃而又积极的理论应对。这一类学者,包括黄宗智与林端在内,将自己的思考首先建立在对清代州县司法的一、二手研究的基础之上,随后从这种经验研究中归纳出有关中国法律与社会的更具普遍意义的命题,并以之展开与韦伯的理论对话,最终尝试对韦伯的若干概念和结论予以理论上的证伪或修正。① 这种对话无疑具有丰富意义,它既能让我们明晰韦伯的概念与结论之诸多局限,也能让我们在认识到这些局限之后,将修正后的韦伯学说改造成研究中国法律传统的更具启发力的工具。

---

① 参见黄宗智《清代的法律、社会与文化:民法的表达与实践》,上海:上海书店出版社,2001 年;黄宗智:《中国法律史研究的现实意义》(该文为《清代以来民事法律的表达与实践:历史、理论与现实》三卷本的总序,北京:法律出版社,2014 年);林端:《韦伯论中国法律传统:韦伯比较社会学的批判》,北京:中国政法大学出版社,2014 年。

在某种程度上,本文也将是这个方向上的智识努力。因此,本文不是一篇后现代话语分析。相反,本文尝试做到严肃对待韦伯的理论遗产,并思考这份遗产的可能贡献与局限。同时,本文也将力图避免"欧洲中心主义"这类大而化之的概念。实际上,某种程度上的"欧洲中心主义"是现代学术的宿命。[①]　我们所能做的,或许只能是将这种"主义"对非西方学术的伤害尽可能减少。

二、"家产官僚制":理论建构

(一)家产制

由于韦伯基本上是在"家产官僚制"这一概念框架下,来探讨帝制中国的司法与行政的,所以,我们对韦伯"中国法命题"的检视,也需要从这一概念出发。

众所周知,韦伯在其较为成熟版本的《支配社会学》中,将政治支配明确划分为三种类型:卡理斯玛型、传统型和法制型。韦伯是从支配正当性(Legitimität, legitimacy)之来源的角度,来界定这三种类型的支配的。在卡理斯玛型支配中,支配的正当性来自对支配者的非日常禀赋的信仰,这些禀赋包括巫术能力、预言、战场上的英雄主义,以及演说才能。在传统型支配中,支配的正当性源于对传统以及通过传统而获得权力的支配者之神圣性的信仰。而在法

---

① 正是林端有意识地区分了"启发式的欧洲中心主义"和"规范式的欧洲中心主义",参见林端《韦伯论中国法律传统:韦伯比较社会学的批判》,第 19 页。在他看来,前一种"欧洲中心主义"无疑在某种程度上是可取的。

制型支配中,正当性则建立在人们对一个合理性的、融贯的且实定的法律体系的信任之上,其最纯粹形式即是通过官僚制实施的法制型支配。①

对传统型支配而言,其最原始的形态是家父长制支配(patriachale Herrschaft,patriarchal domination)。这种支配源自家长对其家族共同体的无可置疑的权威,而这种权威本身是基于一种严格的、个人性的恭顺关系。② 一旦这种支配结构扩展到家庭的狭小领域之外,并发展出特别的行政机构和武装力量,且这两者都成为支配者的工具时,就产生了家产制支配(patrimoniale Herrschaft,patrimonial domination)。③

在某种意义上,传统型支配(包括家父长制和家产制支配)可以视作三种支配"理想型"中的中间或过渡形态。其支配结构一方面带有卡理斯玛型支配的非理性特质,另一方面却也具备法制型支配的某些合理性要素。在韦伯眼中,卡理斯玛型支配是全然的恣意和非理性的支配,而法制型支配,尤其是包含有官僚制的法制

① 例见韦伯著《经济与历史 支配的类型》(该书为两本专著的合集,下文引用时,分别简称《经济与历史》和《支配的类型》),康乐等译,桂林:广西师范大学出版社,2004年,第303—304页。
② 韦伯:《支配社会学》,康乐、简惠美译,桂林:广西师范大学出版社,2004年,第90页。
③ 韦伯:《支配的类型》,第333页。

型支配,则是合理性的彻底实现。① 在创作于不同时期的各版本《支配社会学》文本中,韦伯都指出,家父长制或家产制支配在权力行使过程中,存在着一种相对稳定领域和个人恣意决断领域的并存格局。一方面,"神圣传统"的存在及其崇高地位(家产制支配的正当性即仰赖于此),导致家产制君主及其官吏不得不对其予以尊重,从而在涉及传统的领域无法恣意裁断;另一方面,在传统事项之外,则权力的行使不受任何约束,从而呈现出非理性的特征。②

韦伯有关不同支配类型的"发展史"的初步构想,也同样赋予家产制支配一种中间地位。在《世界诸宗教之经济伦理:宗教社会学素描——导论》(以下简称《导论》)一文(创作于约 1914 年,首次发表于 1916 年,1920 年又经韦伯修订)的结尾部分,韦伯就给我们展现了一部颇为清晰的支配类型的"发展史",而这部历史的演化逻辑,明显是"卡理斯玛型——传统型(包括家产制和身份

---

① 此处将官僚制界定为"合理性的彻底实现",乃是采取对韦伯相关学说的一般性理解,而这种一般性理解恰能更清晰地服务于本文的论证。当然,韦伯本人对官僚制的理解和建构,实际上存在一定的模糊之处,尤其是他在晚年承认,在官僚制的最顶端层级,通常不会是纯官僚制因素,而更有可能是被安置一个"实质"的乃至"非理性"的角色。参见赖骏楠《马克斯·韦伯与现代法律"铁笼"》,北京大学博士学位论文,2014 年,第 62—67 页。然而,即使对官僚制采取此种更复杂的理解,在我看来也不会影响本文论证的主旨。无论如何,官僚制的整体合理化程度,无疑要高于传统型支配,更毋庸与卡理斯玛型支配进行对比。
② 韦伯:《支配社会学》,第 131、151 页;韦伯:《支配的类型》,第 324 页;韦伯:《中国的宗教　宗教与世界》(该书为两本专著的合集,下文引用时,分别简称《中国的宗教》和《宗教与世界》),康乐、简惠美译,桂林:广西师范大学出版社,2004 年,第 156 页。

制)——法制型(官僚制)"的三阶段顺序。① 鉴于韦伯明显是以"合理化"这一命题来建构世界历史的,我们可以断定:在韦伯心目中,包括家产制在内的传统型支配无疑在合理化程度上高于卡理斯玛型支配,如果卡理斯玛是彻底的非理性,那么更为"高级"的家产制至少应具备某些种类的合理性要素。

因此,在家产制支配的法律领域,一种传统约束和恣意裁断的二元格局便是其显著特征。由于某些神圣传统的存在,家产制君主和官吏在裁判事项涉及该传统时,便不得不对其予以尊重。然而,只要是"神圣传统"未曾明确规定的领域,具有原始"(家父长制)福利国家"特色的家产制,便倾向于打破各种形式性的程序和实体法上的限制,并追求实质性的真相和公道,而这种实质性的诉求往往是以极为特殊和具体的、因人因事而异的方式体现出来,从而完全不具备规则性与合理性。韦伯甚至断定:"所有家产制君主的司法体系皆有往此方向发展的趋势。"②然而,即便如此,我们仍须牢记的是,韦伯原初构想的家产制支配下的法律,是一种传统约束与任意裁断并存的状态,从而与彻底非理性的卡理斯玛型支配有着显著区别。

而在《法律社会学》中,韦伯则直接使用"合理性"及相关概念,来描述家产制君主下的某些法律现象。首先,家产制君主为了维

---

① 韦伯:《比较宗教学导论——世界诸宗教之经济伦理》,载韦伯《宗教与世界》,第497—500页。
② 韦伯:《法律社会学》,康乐、简惠美译,桂林:广西师范大学出版社,2005年,第269页。

持治安,会创制"合理性的刑法"。① 其次,家产制君主会向其官吏发布包含有一般性指令的行政规则,从而在客观上实现对臣民权利的"法律的保障"(由于有了可预见的规则,从而不再屈从于专断的裁判权力)。② 最后,家产制君主为了对抗身份制特权,不得不依赖形式合理性的官僚制与相应法律,也不得不出于拉拢资产阶级以共同对抗贵族的目的,而制定并实施形式合理性法律(这里更多是指私法)来保障资产阶级的利益。③

因此,即使是"理想型"或者说纯理论层面上的家产制支配,其日常行政和司法也绝非像卡理斯玛型支配那样彻底地不受约束、恣意和非理性。一方面,其权力之行使的某些领域,毋宁受到传统规范的制约,从而有着一定的稳定性(即使不能说这就是真正和完全的"合理性")。而在另一方面,家产制支配无论在理论还是在现实中,都可能与较高程度合理性的立法与司法兼容。而这后一个方面,就可能涉及家产制支配与法制型支配(或者说官僚制)的某种混合状态,亦即"家产官僚制"(Patrimonialbürokratie, patrimonial bureaucracy)。

(二)"家产官僚制"④

世界并非由概念构成。作为一名绝不缺乏实证研究经历的社

① 韦伯:《法律社会学》,第 261 页。
② 韦伯:《法律社会学》,第 267 页。
③ 韦伯:《法律社会学》,第 272—273 页。
④ 黄宗智对清代政治形态的描述,对本部分写作有直接启发。见黄宗智《清代的法律、社会与文化:民法的表达与实践》,第 184—188 页。

会科学家,韦伯无疑对此了然于心。无论众多"理想型"建构得多么精致,它们始终无法代替现实本身。在支配社会学领域,这些概念的意义和局限也同样为韦伯所了解。韦伯数度强调,现实总是三种支配类型的"结合、混合、调试和修正"。① 这些"纯粹"类型的功能,在于提供"概念指导",②从而有助于确定一个具体案例到底最为接近何种类型的支配。而且,在必要时,结合来自不同"纯粹"类型之要素的新术语,也会被创造出来。这其中之一,便是"家产官僚制"。③

略为遗憾的是,韦伯尽管提出了这一概念,却未能在理论层面上对其做出足够的澄清。不过他至少提供了若干线索。在上文已提及的宗教社会学《导论》一文中,韦伯对"家产官僚制"的解释如下:"我们将被迫一再地要造出像'家产官僚制'……这样的语词,以表明这现象有部分特征是属于理性的支配形态,然而其他部分的特征却是属于传统主义的……支配形态。"④这至少表明,韦伯在设计"家产官僚制"这个新概念(也可以说是新"理想型")时,是承认这种支配形态分享有某种程度的官僚制之合理性的。

因此,可以推断的是,"家产官僚制"是家产制支配和官僚制支

---

① 韦伯:《支配社会学》,第 20 页。译文据德文原文有所修改,见 Max Weber, *Wirtschaft und Gesellschaft: Grundriss der verstehenden Soziologie*, Johannes Winckelmann (Hrsg.), Köln; Berlin; Kiepenheuer & Witsch, S. 702。

② Max Weber, "Die Wirtschaftsethik der Weltreligionen. Religionssoziologische Skizzen. Einleitung," in *Archiv für Sozialwissenschaft und Sozialpolitik*, Bd. 41(1916), S. 30.

③ 韦伯:《比较宗教学导论——世界诸宗教之经济伦理》,载韦伯《宗教与世界》,第500 页。

④ 韦伯:《比较宗教学导论——世界诸宗教之经济伦理》,载韦伯《宗教与世界》,第500—501 页。

配的混合状态。在这种支配形态中,家产制的因素表现如下:君主本人的权力行使,无论是出于事实上的不受合理性法律约束的状态,还是出于意识形态层面的家父长式"福利国家"的心态,都倾向于去形式化与去规则化;而对这种支配下的官吏而言,尽管他们身处一个准官僚制之中,但同样由于"福利国家"心态和"父母官"的角色,其权力行使方式在某种程度上类似于在中央的君主,至少在理论层面上,作为皇帝在地方的代理人,他们在各自辖区内具有绝对、不受约束的专断全权。

但我们也不应忽视"家产官僚制"这个概念中"官僚制"的一面。在这方面,韦伯本人也有相关陈述。实际上,韦伯自己承认,在任何超越狭小的家族与村落范围的家产制政治体内,如果支配者试图长期维持其权力地位,那么其日常的权力运行就必然要依赖一个官吏群(Beamtentum)。① 而且,这个官吏群,也可能"由于不断进展的职务分化与合理化,特别是文书利用的日增和职位层级制度的出现,而具有官僚制(bürokratische, bureaucratic)的特征"。② 对"读"和"写"这两项技能的需求,排除了从家产制内部选拔官员的途径,并对支配者的权力构成限制。③ 而且,以外家产制形式选拔的行政干部,除去其支配的正当性来源不论,其官僚形态与法制型官僚形态会表现得极其类似。④

所以,"家产官僚制"中的官僚,也必然分享了纯粹官僚制中的

---

① 韦伯:《支配社会学》,第122页。
② 韦伯:《支配社会学》,第128页。译文据德文原文有所修改,见 Max Weber, *Wirtschaft und Gesellschaft*: *Grundriss der verstehenden Soziologie*, S. 759。
③ 韦伯:《支配的类型》,第332页。
④ 韦伯:《支配的类型》,第398页。

官僚的某些特性。由于官员处于要求照章办事、遵循先例的行政机构之中,其权力的行使必然同样要遵循相应的行政规则或先例。其对日常行政事务的处理,也受到上级部门依规章而实施的监督。而且,不论一个官员在施政理念层面上是否愿意,整个行政机构都被迫依职能和专长类型来进行分工,从而有助于各官员的治理方式朝职业化和技术化方向发展。

无疑,在这种支配形态中,家产制与官僚制的成分不会以一种彻底和谐的方式并存,它们之间的关系毋宁是一种矛盾性的共存。家产制君主总是会恐惧官僚阶层成为一种固化的、自律的、身份制的既得利益集团,并对自己构成威胁,从而倾向于以官僚制以外的手段来对官僚制进行限制,并使家产制下官僚制无法发展到法制型支配下官僚制的那种合理化程度。君主本人也时常以最高权力拥有者的身份,打破官僚制的约束,从而在政治治理中直接实现自己的意志。而众多的官员,也由于意识形态上的"父母官"心态,更愿意相信自己是一个追求实质公道,且对民众实施无微不至之照料的全能型准家长。然而,另一方面,官僚制本身的存在,就已经对君主权力构成了不可忽视的限制。就官员而言,即使他们试图以彻底的家父长制的方式来解决地方治理中的各种问题,官僚制下严格的审查制度也促使其不得不顾虑相应的规则。而现实的社会问题越是复杂,也就越是迫使他们走向职权分化和专业化的道路。

因此,可以想象的是,"家产官僚制"下的日常司法行为,必然也是一种混杂的状态。它既不可能是全然不受限制的"卡迪司法",也不可能是彻底遵循合理性规则的现代官僚制司法。但正是这种描述中间或混杂状态的概念,却有助于我们认识支配的现实世界。

韦伯正是使用这个概念来描述现实世界中的某些支配形态。他为"家产官僚制"寻找到的最现实案例便是帝制中国。他尤其声称,古代中国"代表了……家产官僚制的最纯粹类型"。[1] 他强调,对中国而言,"家产官僚制……是个强固且持续成长的核心,也是这个大国形成的基础"。[2] 那么,值得期待的便是,当韦伯使用"家产官僚制"这个概念来观察中国的政治与法律时,他到底写下了什么?

三、"家产官僚制":中国案例

(一)"普遍历史"

在韦伯"后期思想"(约 1915 年至 1920 年)中,其核心问题意识,是建构一部人类精神和物质生活不断走向合理化的普遍历史。[3] 作为一名观念论者,[4] 韦伯相信,合理性(Rationalität,

---

[1] 韦伯:《支配社会学》,第 183 页。译文据德文原文有所修改,见 Max Weber, *Wirtschaft und Gesellschaft: Grundriss der verstehenden Soziologie*, S. 789。

[2] 韦伯:《中国的宗教》,第 96 页。

[3] "普遍历史"(universal history)一语,出自莫姆森研究韦伯的一篇论文,参见 Wolfgang J. Mommsen, "The Universal Historian and the Social Scientist," in Wolfgang J. Mommsen, *The Age of Bureaucracy*, New York: Harper & Row, Publishers, 1977, pp. 1–21。

[4] 参见赖骏楠《马克斯·韦伯"法律社会学"之重构:观念论的力量与客观性的界限》,载《中外法学》2014 年第 1 期。

rationality)或者合理化(Rationalisierung, rationalization),是人类历史发展的核心动力。像黑格尔的"绝对精神"那样,韦伯理论中的合理性已经成为一种世界历史中的"原生的总体性"(original totality)——借用勒维特(Karl Löwith)的语言。[1] 它将人类生活分化为宗教、经济、政治、审美、性爱和知性等各领域,并以"除魅"(Entzauberung, disenchantment)的方式,将各个领域进行合理化或"升华"(sublimieren, sublimate)。[2] 最终,在科学世界观、自由市场资本主义、现代官僚制、以潘德克顿学派为代表的形式合理性法律思维,乃至艺术领域的对位法、合音、弦乐四重奏、奏鸣曲和交响乐[3]中,合理性完成了自我实现,合理化的世界历史宣告完成。

韦伯首先以西方历史为例来呈现这个"历史哲学"命题。对他来说,宗教是理解合理化命题的关键。正是西方的宗教传统,促进了西方人整体"生活样式"(Lebensführung,无对应英语单词)的不断合理化。这段历史始于古犹太教先知的贡献,他们的预言打造出一种伦理而非巫术导向的宗教心志,从而使犹太人的日常伦理在古代世界独树一帜。[4] 接力赛的第二名选手是欧洲中世纪天主教。修道院中僧侣的生活方式,已经实现高度的禁欲—合理化。僧侣们通过辛勤的劳动和极端的禁欲,已经持续创造出巨大的财

---

[1] Karl Löwith, *Max Weber and Karl Marx*, Hans Fantel(trans.), London: Routledge, 1993, p. 63.

[2] 参见韦伯《中间考察——宗教拒世的阶段与方向》,载韦伯《宗教与世界》,第505—550页。

[3] 关于艺术领域的合理化,参见韦伯《资本主义精神与理性化》,载韦伯《宗教与世界》,第449页。

[4] 韦伯:《古犹太教》,康乐、简惠美译,桂林:广西师范大学出版社,2007年,第354—418页。

富,这也可视作现代资本主义的"萌芽"。① 最终,新教伦理接过火炬。"入世禁欲"的加尔文教徒和清教徒,消除了存在于中世纪的僧侣和普通民众之间的双重伦理模式,伦理的、禁欲的与合理的教义,如今成为在俗世中也必须实现的目标。为了确证自己乃是被上帝选中、从而可享受恩宠之人,清教徒竭尽全力朝向一种合理的、讲求方法的、整体的"生活样式"发展,并最终自我塑造出一种伦理上合理的整体人格。这也正是"人之类型"的发展的最高成就。② 无疑,也正是这种整体式"生活样式"的全面合理化,催生了现代产业资本主义、现代官僚制行政、现代合理性法律,乃至现代音乐与艺术。

此处暂且不论韦伯在叙述这段历史时是何等的"唯心主义"、何等的"欧洲中心",以及何等的"乐观主义",也暂且不论合理性的彻底实现是否会对人的自由与尊严构成致命威胁(关于这一点,韦伯无疑有清醒的认识,但在本文讨论中不便展开)。平心而论,韦伯所发现的这段历史(如果这段历史叙述真正得以成立),的确堪称人类历史(如果不是"普遍历史")中的伟大成就。也难怪号称严守"价值中立"的韦伯本人,会对此赞叹不已。他自豪于"欧洲文化之子"的自我认同。他坚信有些"文化现象"仅仅发生于西方世界。而欧洲学者们的使命,便是去观察这些现象,并思考这些现象的产

---

① 参见韦伯《新教伦理与资本主义精神》,康乐、简惠美译,桂林:广西师范大学出版社,2007 年,第 102—112 页;韦伯:《经济通史》,姚曾廙译,上海:上海三联书店,2006 年,第 228—229 页。另见施路赫特《理性化与官僚化:对韦伯之研究与诠释》,顾忠华译,桂林:广西师范大学出版社,2004 年,第 27—28 页。
② 参见韦伯《新教伦理与资本主义精神》,第 73—146 页。

生原因。① 任何学术都无法脱离时代,也无法脱离感情,只要这种感情并没有在根本意义上损害学术的品质,那么也就无伤大雅。所以,就让我们给予韦伯少许"同情式的理解"吧(作为当今世界第二大经济体中的学者,本来就应该有这种气魄)。

然而,"同情的理解"必须在此告一段落。在韦伯的眼中,合理化毕竟不单纯是一个欧洲历史现象,它尚且具有"普遍意义及价值"。② 既然在欧洲发生的合理化有着"普遍意义",那么它至少可以作为一种价值尺度,来对东西方各文化的发展状况进行一种统一的衡量。而且,从欧洲历史中揭示的合理化命题,甚至有可能成为对全人类都通用的发展规律(尽管韦伯未曾明确表达出这种看法)。正是在这种思维的指导下,韦伯展开了他的"跨文化"比较研究。这种比较,不仅要呈现出西方世界与"东方世界"是何其不同,而且要呈现出那些"异样"的"东方"文化,是处在由欧洲历史规定下的发展位阶体系中的具体哪一位阶。换言之,借用汪晖的话来说,韦伯作品中西方与非西方的关系,固然是一种空间关系,"但这种空间关系是一种时间性的空间关系,因为对韦伯而言,只能在西方产生的理性化过程是在具有普遍意义的发展中的过程"。③

在众多非西方文化中,韦伯选定中国作为其比较研究的起点。

---

① 韦伯:《资本主义精神与理性化》,载韦伯《宗教与世界》,第 448 页。
② 韦伯:《资本主义精神与理性化》,载韦伯《宗教与世界》,第 448 页。译文据德文原文有所修改,见 Max Weber, "Vorbemerkung," in Max Weber, *Gesammelte Aufsätze zur Religionssoziologie*, I, Tübingen: J. C. B. Mohr, 2. Aufl., S. 1。"普遍"(universeller)一词在原文中为加粗字。
③ 汪晖:《韦伯与中国的现代性问题》,载《汪晖自选集》,桂林:广西师范大学出版社,1997 年,第 13 页。

韦伯在 1904 年至 1905 年发表《新教伦理与资本主义精神》系列论文之后,原本准备进一步研究整个西方基督教的发展史及其与社会经济之关系的演变。然而,当他获悉友人特洛尔奇(Ernst Troeltsch)已经着手研究中世纪基督教的社会思想史时,鉴于两人的研究可能发生重叠,因而"提前"转向跨文化的比较宗教社会学研究。① 他几乎下意识地就将这种研究的第一个观察对象锁定为中国(尽管他在汉学领域几乎未受任何训练),并在约 1911 年至 1914 年之间完成了《儒教与道教》系列论文。此外,其支配社会学和法律社会学中有关中国政治、法律与社会的表述,也大致完成于这一时期。

在韦伯的跨文化研究中,中国享有独特地位。在他的世界历史观点下,地处欧亚大陆东端之尽头的中国,是一个与现代西方在各方面都构成鲜明对比的、绝对的"他者"。如果西方是历史的终点,那么中国就是历史的起点(在完成历史起点的功能后它就"停滞"了)。如果西方是合理性,那么中国就是非理性,或者只是合理化进程的初步阶段。值得一提的是,在黑格尔的《历史哲学》中,体现着"神意""绝对精神"和"自由"的世界历史,也同样开端于中国,而终结于日耳曼种族。②

---

① 玛丽安妮·韦伯:《马克斯·韦伯传》,阎克文等译,南京:江苏人民出版社,2002年,第 378 页。特洛尔奇的作品,见特尔慈《基督教社会思想史》,戴盛虞、赵振嵩译,香港:金陵神学院托事部、基督教辅侨出版社,1960 年。该作品内容与韦伯的研究实际上联系不大。

② 参见黑格尔《历史哲学》,王造时译,上海:上海书店出版社,2001 年。

(二)"家产官僚制"的"表述失灵"

出于建构普遍的、合理化的世界历史的目的,韦伯采取与黑格尔类似的做法,亦即将"早熟"而又"停滞"的中国置于人类合理化命运的开端,而将西方(尤其是德国)置于此一进程的终点。这种思维倾向也同样影响了韦伯对中国"家产官僚制"的描述。上文已经表明,"家产官僚制"是一种混杂了家产制与官僚制的支配的中间形态,因而也就部分具备支配的合理性,部分具备支配的"任意性"。然而,韦伯有关"家产官僚制"的这些表述,却在面对中国的情形时失声了。为了符合其"历史哲学"观点,韦伯总是"情不自禁"地侧重于中国"家产官僚制"中的家产制一面,同时也"情不自禁"地忽略其官僚制的一面。

在《政治秩序的起源》一书中,弗朗西斯·福山主张,秦汉时期的中国是人类历史上最早的现代国家。而他据以得出此结论的标准,正是来自韦伯的作品:"马克斯·韦伯定为本质上的现代特征,秦朝如果没有全部,至少也有很多"。① 正是战国时期各诸侯国"发明了现代官僚机构",②而随后的秦汉帝国政府则"几乎符合现代官僚机构的全部特征"。③ 实际上,在某些时候,韦伯本人也承认帝制中国政治中的某些官僚制现象。在其完成于一战前的支配社

① 弗朗西斯·福山:《政治秩序的起源:从前人类时代到法国大革命》,毛俊杰译,桂林:广西师范大学出版社,2012 年,第 123 页。
② 弗朗西斯·福山:《政治秩序的起源:从前人类时代到法国大革命》,第 112 页。
③ 弗朗西斯·福山:《政治秩序的起源:从前人类时代到法国大革命》,第 131 页。

会学作品中,韦伯在某一处写到,帝制中国的科举制度及官员考核制度,"可说是官僚制即事性(Sachlichkeit,无对应英语单词)所可能的最彻底实现,因此也是与纯正的家产制官吏——官职之持有乃是有赖于个人性的恩惠与宠信——之最彻底的决裂"。① 在相隔不远的另一处,韦伯又声称:"中国(在形式上)可说是近代特有的、和平化与官僚化社会的最佳代表。"②而在《儒教与道教》中,韦伯也声称,秦代中国是"一个严密的官僚制秩序",而汉代仍旧实施"理性行政"。③

然而,除了这些零星表述,韦伯在大部分时间都将重心放在阐述中国政治的家产制一面,同时也时刻不忘记给"中国的官僚制究竟是如何地不成熟""中国为什么未能真正发展出官僚制"这类问题寻找各种解答。即使中国有官僚制,但这种官僚制在职权上的切事性划分仍旧十分有限。④ 而且,"下属的官府通常都将中央政府的令谕看作是伦理性的、权威性的建议或期望,而不是命令"。⑤这些现象可从以下角度获得解释(韦伯几乎是随机式地在不同场合提出以下各种观点):第一,自秦汉以来大一统帝国的建立,导致东周时期"国家体系"的消失,在不存在严重外患的情形下,权力运行合理化的刺激消失了;⑥第二,帝国疆域过于辽阔,但官僚制规模

---

① 韦伯:《支配社会学》,第 161 页。译文据德文原文稍作修改,见 Max Weber, *Wirtschaft und Gesellschaft: Grundriss der verstehenden Soziologie*, S. 776。
② 韦伯:《支配社会学》,第 162 页。
③ 韦伯:《中国的宗教》,第 87、90 页。
④ 韦伯:《支配社会学》,第 161 页。
⑤ 韦伯:《中国的宗教》,第 95 页。
⑥ 韦伯:《中国的宗教》,第 110 页。

相比之下则显得太小（因为皇帝始终无法完全信任这个官僚制），官员在地方治理中必然力不从心，从而只能采取"自由放任"政策；[1]第三，（与前一个因素相关）地方官僚与地方半自治的氏族团体处于一种既对抗又依赖的矛盾性共存关系，这导致日常治理在很大程度上不得不依赖后者，而后者则抱持典型的"传统主义"心态；[2]第四，即使帝制中国在形式上具备一个官僚制，但这种官僚制的内在运作"精神"却不同于现代西方官僚制，这是因为，中国官僚制的担当者——士大夫——所追求的理想文化形象，并非切事性的专家，而是饱读诗书，从而在人格上完满的通才；[3]第五，儒教将若干典籍视为神圣不可动摇，因为这是家产制中国的正当性来源所在，然而这种"传统主义"也必然限制家产官僚阶层的理性主义（而且儒教的经典尤为缺少逻辑性和体系性）。[4]

本文的重点不在于从经验研究的角度，对韦伯的各个论据予以反驳。[5] 本文只是意在表明，概念和理论上的审美，是如何诱使韦伯自己违背实证研究的严谨和价值中立的诉求。韦伯对一个清晰的、合理化的普遍历史的需求，导致他试图将东西方各大文化（中国、印度、伊斯兰、古犹太教、中世纪天主教、新教伦理、科学世

---

① 韦伯：《支配社会学》，第 160 页；韦伯：《中国的宗教》，第 198 页。
② 韦伯：《支配社会学》，第 160 页；韦伯：《中国的宗教》，第 151 页。
③ 韦伯：《支配社会学》，第 162 页；韦伯：《中国的宗教》，第 97、110、231 页。
④ 韦伯：《中国的宗教》，第 236 页。
⑤ 这方面的作品，参见 Otto B. Van Der Sprenkel, "Max Weber on China," *History and Theory*, Vol. 3, No. 3(1964), pp. 348 - 370; Arnold Zingerle, *Max Weber und China*, Berlin：Duncker & Humblot, 1972; Gary G. Hamilton, "Patriarchalism in Imperial China and Western Europe: A Revision of Weber's Sociology of Domination," *Theory and Society*, Vol. 13, No. 3, Special Issue on China(May, 1994), pp. 393 - 425。

界观)在合理性进化位阶上一一对号入座。他选中中国作为这个位阶体系中的第一阶,可是中国偏偏不能完美地契合于韦伯为它砌好的模具。最终,韦伯只能以"强行"的方法来证明"家产官僚制"中的官僚制成分在中国失败了,才能顺利地将中国驯服在他所指定的位置之中。韦伯的理论目的总算达到了,可是在实证研究层面上,他给数代学者留下了一幅残缺乃至具有误导性的画面。

在此,我们或许可以观察一下韦伯对欧洲历史上出现的"家产官僚制"支配的描述,并以此对照韦伯描述的中国(失败的)"家产官僚制"。韦伯宣称,中世纪欧洲的家产制国家曾在某些领域发展出一种形式合理化的行政阶层,而且"此一行政阶层根本上与其他任何时代、任何地区政治体的行政阶层皆不同"。① 在早期近代,伴随着战胜贵族特权的绝对主义君主国家的建立,欧洲国家的行政也开始走向合理化。在韦伯看来,这种合理化具备由法律专家主导的形式合理化,与由家产制君主主导的实质合理化两个面向。也就是说,该时期的西欧"家产官僚制",既具有形式合理性,又具备实质合理性。② 而持续时间长达两千余年的中国"家产官僚制",则与这两种合理性的任何一种都无缘。这不禁令读者疑惑:究竟什么才是"家产官僚制"?

---

① 韦伯:《支配的类型》,第 351 页。
② 韦伯:《比较宗教学导论——世界诸宗教之经济伦理》,载韦伯《宗教与世界》,第499 页。

四、中国法律在韦伯作品中的"归宿"：实质非理性

鉴于韦伯名义上将中国称为"家产官僚制"国家，却在实质上视中国为纯家产制国家，韦伯对家产制中国之法律运转的描述，也必然与上文提到的家产制"理想型"中的行政与司法模式高度吻合。于是，毫不奇怪的是，在《儒教与道教》中，韦伯认为中国的"家产官僚制"未能发展出合理性的法律，这是因为中国没有现代资本主义，因为中国不存在强有力的司法职业阶层，也是因为"神圣传统"及行政组织有限的规模阻碍了法律的合理化。[1]

因此，韦伯展现的中国法律运作图景，近乎戏剧和漫画。中国尽管拥有一定程度上合理性的刑法，却完全没有私法。[2] 在日常行政和司法中，也是处处充斥着非理性。"官绅行政"基本上是"反程序主义的、家父长式的"。他们追求实质的公道，不依赖（也不存在）任何官方的判例集成，而且没有"英国那样的中央法庭"。司法行政仍停留在"卡迪司法"或"王室司法"的程度上。[3] 在这种司法中，官员们"会视被审者的实际身份以及实际的情况而定，亦即根据实际结果的公平与妥当来加以判决"，[4]所以这种判决必然体现为具体、恣意且去规则化的形态。

在《法律社会学》中，韦伯为这种司法安排了一个更具理论意

① 韦伯:《中国的宗教》,第 217 页。
② 韦伯:《中国的宗教》,第 157 页。
③ 韦伯:《中国的宗教》,第 158—159 页。
④ 韦伯:《中国的宗教》,第 216 页。

味的表述："实质非理性"（materielle Irrationalität, substantive irrationality）。这种法律实践之所以是"实质"的，是因为它所依赖的裁断标准来自法律之外的事实、伦理、情感或政治因素。而它之所以是"非理性"的，则是因为这些裁断因素都是以具体的、个案的形式呈现出来，从而并不具备规则导向。① 与宗教社会学中对中国法的解释一致，在法律社会学中，家产制支配同样是导致中国法呈现为"实质非理性"的根本原因。② 因此，帝制中国的司法，"以家父长制的权威，解消掉存在于司法与行政之间的区隔"，"只要不是在巫术性的制约之下，则司法一般皆倾向以实质正义——而非程序正义——为其判决的基准。从程序正义或是经济的'期待'角度而言，这显然是一种强烈的非理性的、具体的'权衡'裁判的类型"。③

此外，韦伯思维体系中一种根深蒂固的二元对立思维，也加剧了他对中国法的这种想象。在他眼中，各种法律现象，似乎不是合理性的，就一定是非理性的。尽管韦伯在《法律社会学》中原本试图建构出一种描述"法律思维"的四维概念体系，亦即"形式/实质合理性"与"形式/实质非理性"，但韦伯自己在叙述人类历史中的各种法律现象时，却又在大多数场合仅仅使用"形式合理性"与"实质非理性"两个概念。康德认识论和伦理学中对"形式"与"质料"（materie，韦伯作品译文中"实质"一词的原文也是该词）的理解和区分，使得韦伯——一名新康德主义的坚定盟友——在下意识中

---

① 韦伯：《法律社会学》，第 28 页。
② 韦伯：《法律社会学》，第 232 页。
③ 韦伯：《法律社会学》，第 269—270 页。

认定:"形式"代表着纯粹形式逻辑的合理性,而"实质"则必然是纷纭芜杂的、具体的,从而也是非理性的事实现象和价值诉求。如此,则原本有着四个维度的"法律思维的类型"概念体系,时刻存在着"垮塌"为更尖锐的二元论——"形式合理性/实质非理性"——的危险。①

这导致韦伯本来设计好的"实质合理性"概念,在这种二元论的牵引下,又从内部发生了坍塌,从而丧失用武之地。在韦伯的原意中,"实质合理性"是一种具备规则导向乃至具备一定程度体系性的法律思维类型,因此它也属于"合理性"的法律类型。然而,这种法律的规则体系并非来源于法律体系内部纯粹形式逻辑的演绎和抽象,而是来自诸多"法外"因素:诸如(规则化乃至体系化的)宗教、伦理、功利和其他政治因素。韦伯原本正是试图将这种法律思维放在家产制法律的主题下来讨论。然而,当韦伯真正探讨到家产制法律时,这个概念却失灵了。韦伯此刻又更愿意相信:一旦向法律内部导入"实质",那么必然会破坏法律的规则性和体系性,因为"实质"不可能以合理性的形态呈现,而只能是个案的、具体的,从而是反规则、反体系的。

因此,包括中国法在内的所有家产制司法又都沦为"非理性"司法。韦伯主张,家产制下的司法机关都具有"行政"(在法律社会学中,"行政"[Verwaltung]一词就意味着不受约束的任意决断②)的性格,司法救济"大多也只不过是种任凭己意而赐予的恩宠,或

---

① 参见赖骏楠《马克斯·韦伯"法律社会学"之重构:观念论的力量与客观性的界限》,载《中外法学》2014年第1期,第154—161页。

② 韦伯:《法律社会学》,第6—9页。

根据不同个案所给予的特权"。而且,"所有家产制君主的司法体
系都有往该方向发展的趋势"。① 在他于此处举出的诸多家产制
"非理性"司法的例子中,中国自然不能幸免。上文曾经引用过韦
伯在该场合对中国法的表述,但在此重复其中的关键词句,对于我
们埋解韦伯是如何"本能性"地将"实质"与"非理性"等同,也是不
无裨益:"(中国的)司法一般皆倾向以实质正义……为其判决的基
准。……这显然是一种强烈的非理性的、具体的'权衡'裁判
的类型。"②

五、结论

早在 1964 年,英国汉学家斯普林克尔(Otto Van Der Sprenkel)
就已指出:韦伯"是一名天才概念家,但有时也会沦为他自己概念
的囚徒"。③ 因此,面对韦伯遗留下来的一系列鸿篇巨制,后世学者
的一项无法逃避的任务,便是去检视韦伯在何时创造出闪烁着天
才光芒的概念,又在何时为着概念和理论的(有时是过度的)清晰
性需求,不惜对纷纭芜杂的人类历史与社会现象采取有意或无意
的切割与扭曲。对于中国法律史研究这一领域,这同样也是刻不
容缓的义务。这甚至不仅仅是一个学术问题,而且是一个文化问
题。林端在 2005 年的一次访谈中,曾经说出下面这段话:"如果这

---

① 韦伯:《法律社会学》,第 268—269 页。译文据德文原文有所修改,见 Max Weber,
Wirtschaft und Gesellschaft: Grundriss der verstehenden Soziologie, S. 621–623。
② 韦伯:《法律社会学》,第 270 页。
③ Otto B. Van Der Sprenkel, "Max Weber on China," *History and Theory*, Vol. 3, No. 3
(1964), p.370.

些误解(指韦伯对中国法的某些误解)不断存续下去,甚至中国人的世界也越来越接受这种误解的说法,会是很可怕的事情,到最后中国人自己不了解中国文化的特征,却顺着西方人的眼睛来看自己的中国,看自己的文化……"①当然,由于这是一个源自学术问题的文化问题,所以为了解决这一问题,我们仍须回到学术讨论本身。

对此,大量学者已经在清代州县司法这个领域,通过自己的辛勤耕耘,做出了难能可贵的贡献。然而,在经验研究的基础上,进一步与韦伯进行理论层面的积极对话,在学术界仍属少见。迄今为止,在此一方向上做出最严肃的智识努力的,在我看来是黄宗智和林端的研究。前者的贡献在于,他剥离了韦伯思维中严重的二元对立倾向,并提出以"实质合理性"这一矛盾性结合的概念,来理解中国法律传统。此外,他也激活了被韦伯相对忽视的"家产官僚制"概念,并提倡以这一同样是矛盾性结合的概念,来理解中国传统政治以及州县官员的双重角色问题("父母官"与技术官僚)。②而本文的写作,也在很大程度上受益于黄氏作品的启发。林端则一方面依据各种经验研究,对韦伯有关中国法的"卡迪司法"命题展开批判,另一方面也在理论层面对韦伯一系列论点和思维展开质疑。尤为重要的是,在指出韦伯"非此即彼"的二元对立思维并不适合用来思考中国法律文化之后,他创建出一种"既此且彼"的

---

① 赵呐:《树立民族自信心 走出自己的法律之路:一位社会学者眼中的法律社会——访台湾著名社会学家林端》,转引自尤陈俊《中国传统法律文化的重新解读与韦伯旧论的颠覆——〈韦伯论中国传统法律:韦伯比较社会学的批判〉评介》,载《法制与社会发展》2006 年第 2 期,第 158 页。
② 黄宗智:《清代的法律、社会与文化:民法的表达与实践》,第 210—221 页。

"多值逻辑"观察方式,来思考拥有整体性、连续性与有机性等特征的中国法律传统。而他对中国法律传统的实际运作的呈现,也正是遵照着这种"多值逻辑"。①

本文尝试在这两个人研究与思考的基础上,对在理论层面思考韦伯的"中国法命题",做出或许是微不足道的贡献。本文主张,在韦伯对"家产官僚制"概念的原初设计中,其支配形态是一种合理性与非理性混杂并存的格局。然而,其合理化的"普遍历史"命题,却不断诱使韦伯将中国"家产官僚制"塑造成一个非理性成分远大于合理性成分的支配状态,其理论目的则是将中国置于人类"普遍历史"的开端,从而与历史终结之处的西方社会遥遥相对。在这种背景下,中国法律必然被理解成一种几乎完全不受约束的恣意裁判,亦即"卡迪司法"。而韦伯法律社会学中处处弥漫的深刻的二元对立思维,也导致韦伯最终放弃使用"实质合理性"的概念来理解包括中国法在内的家产制法律,并转而以"实质非理性"来界定这类法律。在完成对韦伯"中国法命题"的理论反思之后,有必要强调的是,作为20世纪最伟大的思想家之一,韦伯的一系列概念和洞见仍旧有助于后世学者去思考东西方历史与社会中的诸多现象。如何进一步激活"实质合理性""家产官僚制"等概念,并使其以一种更妥帖、更靠近经验的方式,融入中国法律史研究之中,仍旧是未来学者的使命。世界并非由概念构成,然而要清晰地认识世界,却必须依赖概念。有鉴于韦伯已经提供给我们大量拥有丰富启示力的概念,我们不得不去澄清、继承和扬弃这个智识宝

---

① 参见林端:《韦伯论中国传统法律:韦伯比较社会学的批判》,第37—154页。

库。而且,只有在完成这项任务之后,我们才能更加明了他的天赋
与缺陷,他的成就与局限,以及他在跨文化学术沟通中的意义和
地位。

再思社会科学方法论的形式主义与实质主义之争

高 原

(中国人民大学农业与农村发展学院)

一、引言

20 世纪 60 年代,围绕经济学研究的方法论取向,曾经有一个重要的论争——形式主义与实质主义之争。以波兰尼(Karl Polanyi)为代表的经济人类学家和经济史学家认为对经济性社会事态的研究应该秉承一种称之为"实质主义"(substantivism) 的方法论,而反对采取以新古典经济学为代表的、在波兰尼等人看来应称为"形式主义"(formalism) 的方法论。[①] 在实质主义者看来,形式主义经济学研究的失当,在于将嵌入在更加复杂的人类社会关系中的生产、消费、交换、分配等经济性的社会现实,简化为一个个"理性人"在稀缺性的约束下发生的选择行为的总集合。[②] 新古典经济学形式化的理论表达和演绎推理,在实质主义者看来,应当让位于更加贴近经验世界和人类物质生产及社会关系现实的人类学和历史学式的研究进路。这一论争,不仅对当时关于社会科学方

[①] 一个对形式主义—实质主义论证的最近总结,参见 Stanfield, Carroll, and Wrenn (2006)。

[②] 波兰尼对这一嵌入关系的集中阐发参见 Polanyi (2001[1944])。

法论的一般讨论产生了影响,而且对针对具体国家和地区社会变迁的区域研究(area studies)领域也产生了重要的影响。①

五十年之后,我们看到社会科学已经迥然不同于形式主义—实质主义论争发生之时的样貌。在以北美为代表的主流经济学界,已经很少有实质主义的声音,而形式主义完全占据了主导,成为科研和教育的近乎排他性范式。而经济学内,形式主义本身,也展现出与五十年前不一样的新特点。这些新特点,一方面体现在形式主义向着更加数学化与结构化的方向发展,力图将经济学理论表达为细节完全刻画的模型(completely specifiedmodels,后文简称为"全模型"),排除早期形式主义仍然不时允许的一些弹性和模糊性;另一方面则体现为,一些主流经济理论家,在方法论上,开始清楚地认识到以全模型的样貌而呈现出的经济理论,根本不是经济现实本身,其对于人们理解现实的作用,不在于准确地预测现实中的事态,而在于提出可与现实相互比照进而启发思维的"理论案例"(Gilboa, Postlewaite, Samuelson, and Schmeidler, 2014)。与此同时,五十年后的人类社会,也展现出五十年前并未如此惊人地展现出的一些事实,尤其是巨量的数据和形式化的模型,日益在人类社会生活组织上,发生着无法替代的作用。在这种情况下,实质主义取向的方法论,应如何重新加以估量?在当下它与形式主义之间的关系,又应如何理解?形式主义经济学在方法论反思以及具体学术实践中的新进展,又应如何评估和阐明其内涵?

带着这些问题,我们力图对形式主义与实质主义这两种方法

① 其中,Huang(1985,1990)是有意识地在中国乡村研究中比较形式主义和实质主义这两种方法取向的重要著作。

论进路,在当今社会科学的背景下,做一重新检视;其目的不在于延续 60 年代非此即彼的争论,而是为了给今天的社会科学研究提供新的方法论视野。

首先,我们将指出当今形式主义与五十年前的区别在于,更加数学化与结构化、力图对理论世界中细节进行完全刻画的全模型①,日益成为主流的理论构造与表述方案。全模型刻画的事态,更鲜明地让人意识到,它们只是发生在远离现实的理论世界里。一部分主流经济学家对此问题的觉醒,意味着,六十年代形式主义与实质主义之争的一个关键问题——哪一方的本体论承诺更接近现实——已经动摇,因为形式主义经济学的立场已经在此问题上发生了后退,亦即承认以全模型来表达的理论,并不是现实世界本身,而仅对一个假想的理论世界中发生的假想事态具有约束力。由此,我们认为,形式主义发展到当今全模型的阶段,反而揭示出,实质主义对于当今社会科学具有当然的基础性价值;全模型与现实世界的这一巨大鸿沟,恰恰是实质主义发挥不可替代的作用的一个关键场域。

其次,我们将通过分析一个具体的全模型研究实例来回答这一问题:全模型的抽象与数学化,对于理解现实世界的事态,有着怎样的帮助? 我们认为,全模型的认识论价值,恰恰在于其不同于经验世界本身的高度简化和结构化。唯有如此,这种研究方法才可以构造一个数学上可解的抽象模型,在无法对现实世界进行实验和调控参数的情况下,通过控制模型的各种参数,得出理论世界

----

① 我们对于模型完全刻画(completely specified)与不完全刻画(incompletely specified)之间的区分,受益于 Weyl(2019)及该文献的 2015 年工作论文版本。

中的事态背后可能存在的机制,进而通过类比,对推断现实世界中的事态,提供辅助性的帮助。与此同时,虽然具有高度数学化的特性,但是全模型并未意欲将其自身表达为一种普遍规律(general laws),而是将自身理解为被具体经验研究对象所规定了适用范围的理论案例(empirically delimitedtheoreticalcases)。

最后,我们将拓展实质主义的传统意涵,使之超出原初的经济人类学和经济史范围,澄清其本质是追求阐明现实世界中事态的实际性质,从而成为一个内涵更为广阔的概念;在此基础上,我们指出,前述主流经济学在最近半个世纪以全模型为代表的方法论发展趋势,其本质意涵是"形式主义经济学的实质主义化"。亦即经济学理论的发展及其越来越高的数学化程度,并非追求新自由主义所表达的超经验的意识形态话语表达,反而是开发出一系列针对特定经验对象、具有限定适用范围的全模型,作为阐明经验世界某一侧面细节及其背后机制的认知工具。我们认为明确主流经济学内部这一新的方法论趋势,对于破除长期以来将经济学理论理解为发展一般与普遍规律的迷思,具有启示价值。

二、形式主义的最新形态:全模型

形式主义在理论构造上的最鲜明特点——以数学化的语言建立的模型来表达理论的前提与推论,起源于自然科学尤其是物理学。自伽利略—牛顿时代开始,物理学逐渐形成了以数学语言表述刻画基本物理规律的理论,并且通过人工创造各项条件可以控制的实验环境对基本物理规律加以检验的研究范式。① 在古典政治经济学以及作为其前身的重农学派那里,这种以数学表述理论的类似物理学的方法论冲动,已经开始有萌芽般的体现。我们看到,18世纪魁奈的经济表,试图以图表的形式,来刻画经济系统中价值在不同阶级之间的流动。而从18世纪末到19世纪中期,经过斯密、李嘉图、马尔萨斯、小穆勒,直到马克思那里,则开始用代数方程,来刻画资本主义运行的长期规律。而19世纪后最后25年边际革命兴起之后,微积分又开始逐渐被用于刻画围绕竞争性市场而产生的生产与消费关系。到20世纪上半叶,在英语世界已经成型的新古典经济学,以及试图对新古典范式做出突破的凯恩斯那里,以微积分和线性代数为核心的数学(这也是现在世界范围内非数学系本科生标准的大学数学知识的主要内容),已经成为表述经济理论的语言中不可剥离的组成部分。② 60年代形式主义—实质主义论争发生之时,站在形式主义一边的新古典主义的经济学家,仍然是在边际革命之后这一波形式主义方案中工作的。

　　但是,那时的形式主义背后的哲学,和今天经济学中的形式主义——我们称为全模型方案——却有两个关键的不同。首先,非全模型的形式主义对于数学语言的运用,是局域和实用主义式的。他们并不谋求以数学整个地重整经济学知识,而是在看到某些现象所呈现出的样貌适合用数学语言加以刻画时,才运用数学对这

---

① 关于自然科学范式的形成,一个有价值是文献是 Cohen(1994)对"科学革命"的思想史研究。

② Morgan(2012)给出了从重农主义到新古典主义这一漫长历史时期中经济学数学化和模型化的许多具体案例。

一块现象进行表述。由此,透过这些数学语言建立的模型,则并非是对事态进行完全刻画的(incompletely specified)。其次,此时形式主义的理论叙述与推理方式,仍然主要是借助自然语言来完成,仍保留质性地进行说理和论证的那种特点。最后,全模型兴起之前的形式主义,其背后的本体论承诺,仍有与实质主义一较高下的意涵。换言之,它同样认为其理论所表达的即是真实的经济系统。虽然在建立形式化理论的时候经历了一定程度的简化,但是它仍然认为简化后的形式化理论——谋求效用最大化的经济主体在稀缺条件下进行选择——可以捕捉经济活动的本质内容。

但是,以 20 世纪 50 年代阿罗(KennethArrow)和德布鲁(Gerard Debreu)所建立的现代一般均衡理论为肇始,到 70—80 年代博弈论、合约理论、机制设计理论兴起之后,经济学的形式主义,开始发展到了下一个阶段,亦即"全模型"的阶段。这一阶段形式主义具有三个新的特征。

第一,将不完全刻画细节的模型,改变为对细节进行完全刻画的模型,从而排除了老形式主义仍具有的弹性和模糊性。老形式主义的模型仍留有许多未被明确的参数和自由度,但是在全模型方案的设定中,全部参数与自由度,必须有明确和清晰地规定。

第二,与前述完全刻画的要求密切相关的是,理论的呈现和推演,抛弃了老形式主义仍具有的自然语言论说的特点,而是按照现代数学研究论文中的论证方式,采取"定义—命题—证明"这种和自然语言推理很不一样的、更加公理化的表现形式;与此同时的,则是全模型的形式主义方案所使用的数学,从微积分和线性代数一跃上升到实分析(real analysis,世界范围内数学系本科生高年级或研究生低年级必修课)的水平。相比微积分和线性代数,实分析是一门从集合论的基础语言出发、更体现 20 世纪现代数学哲学中更强调公理化和结构化的布尔巴基学派(School of Burbaki)思想的数学课程。[①] 大幅以实分析的语言代替微积分和线性代数的语言,和全模型方案盛行之后,经济学理论更加严整和形式化的"定义—命题—证明"的表现形式,是相辅相成的。如果翻开现在主流的高级微观经济学教科书,例如 Mas-Colell, Whinston, and Green (1995)或 Kreps(2013),我们看到其行文与论述,几乎是数学教科书的样貌,其主干完全以"定义—命题—证明"组织。

第三,也正是因为细节完全刻画,同时以高度结构化的"定义—命题—证明"方式进行表达,全模型方案下的经济学理论,相比老的形式主义,变得更加理想化、更加远离现实世界。和实质主义进行论争时的形式主义经济学,在使用比如价格理论讨论问题时,仍然给人一种似乎是在讨论现实中某一具体现象的感觉。而当今全模型方案下的经济学,在其理论推导的过程中,几乎是完全针对一个假想的、与现实泾渭分明的"理论世界"而进行讨论的。因为模型的全部细节得到充分刻画,加之采取"定义—命题—证明"的严整形式做推理,全模型所描写的"理论世界"中的事态,是高度结构化的,亦即它们只能以模型所规定的方式发展与呈现。无疑,这种对事态可能性的严格规定,在充满模糊和不确定性的现实中,并不存在。

我们应当如何评价全模型对于社会科学研究的认识论价值?

---

① 关于 20 世纪数学布尔巴基学派对经济学的影响,一个详实的总结参见 Giocoli (2003)的经济思想史研究。

首先，必须明确的是，相当一部分经济学家存在这样的迷思，亦即将这个经由完全刻画的数学模型建构出来的高度简化的理论世界，不加反思地等价于经验世界（Huang and Gao，2015）。从而认为全模型的理论世界中所推导出的事态，一定会同样地发生于经验世界之中。这其实是将一个高度纯净化的理论世界中的简单逻辑，不加思索地用于充满了不确定（uncertainty）与模糊（ambiguity）的经验世界；如果不恰如其分地阐明全模型应有的认识论意义，进而对这种构建理论的方法产生误用，将损害社会科学研究的妥当性。我们看到，新自由主义经济学（neoliberal economics）试图将原本是理想化模型的推论一般化为规定经验世界如何运作的"普遍规律"（general laws），进而掩盖或忽视剥削关系、殖民主义和霸权侵略等历史实际，恰恰是这种误用的一个典型。

接下来，我们想进一步问，既然全模型所建立的理论世界是高度简化从而迥异于经验世界的，那么以全模型的方式建立理论做出推断，究竟有什么价值？这里需要指出的是，一些具有科学哲学的反思自觉的经济学家清晰地认识到，全模型不等于经验世界；如果用基于这些模型产生的论断对经验世界中的经济现象进行预测，往往是不准确的；但是他们却仍然认为这些模型对于理解经验世界中的事态具有价值。这一支文献中，尤其以以色列经济学家 Itzahk Gilboa 及其合作者对全模型方法的分析最具启发（Gilboa，Postlewaite，Samuelson，and Schmeidler，2014）。Gilboa 等人认为，全模型的方法论本质是提出一种"理论案例"（theoretical cases），而不是对现实的忠实描绘。理论案例不存在于现实之中，也自然无法对现实中的事态进行准确预测，但是，它们却可以在"类比"

（analogy）的意义上，帮助人们通过对比模型结论与现实中的真实案例，来获得启发。

在此基础上，我们提出，全模型的独特认识论价值在于，其构造出的一个个"理论案例"或"假想案例"，因是高度简化的、因其能够做到细节完全刻画，所以它一般是在数学上容易处理的（tractable），由此也具有很强的理论上的可操纵性（manipulability），从而使无法实际做实验室环境下的可控实验的社会科学，可以在这个理论世界中，透过对模型的调试、摆弄，进行一系列的假想实验，进而得到对于理解经验世界具有意义的启发性洞见。

数学上的容易处理，也就是当代经济学的理论性文献中对模型进行评价所常用的一个概念——tractability，其内涵在于强调，人工构造出的模型，在数学上或者能够严格求解（solvable）；能够给出清晰的解的解析表达式（the analytical solutions）；或者在解的表达式不容易给出的时候，对解所具有的关键性质，可以做出明确的判断，从而在后续的分析中虽然不能利用解的直观表达式，但是可以利用解的性质做出不平庸的推断（nontrivial inferences）。由此，透过模型所求的解，以及整个求解过程，我们可以明了这个模型的前提设定所可能带来的结果（implications）。这些可能的结果，以及整个推理的过程，以及在这种推理过程中经由数理逻辑和数学结构所梳理出的种种判断和理论性陈述，可以帮助人们形成对理解经验世界有帮助的洞见。当然这些洞见并不一定要与经验世界中的某一侧面完全重合，反而在有些情况下，这些洞见恰恰在于全模型给出的结果与经验世界中的现象迥异而带来的反差。

理论上的可操纵性，则来源于，一个得到完全刻画的模型，类似于一个全部参数得到确定、由此可以任意调整条件设定的实验室。对模型的设定进行更改，就相当于实验室中更改控制条件，从而可以观察到不同的结果（outcomes）。因为社会科学很难进行类似自然科学的实验室研究，尤其是研究的对象是组织、社区、国民经济或整个中国社会的时候，不可实验性尤其成为突出的与自然科学之间的区别。自然科学中惯常使用的一种用来探索机制与规律、发掘不同因素之间关系的手法是可控制的比较，亦即保持其他因素不变，而只保持一个因素发生变化，来观察变化前与变化后实验结果的异同，从而确定该因素对于研究对象的影响。而这种可控制的比较，尤其依赖于构造一个人工的、自然界中不存在的实验室环境。在社会科学中因为不具备这样的条件，因此全模型的价值尤其凸现出来——只有在全模型所对应的那个假想的、理想化的理论世界中，可以透过人为地改变模型的设定，来探索不同因素之间的关系及其对于该世界中事态的影响。① 但需要强调的是，经由全模型所发掘的这个理论世界中的机制，与现实的经验世界中的机制，并不一致。理论世界中经由模型的操纵而阐明的机制，对于理解经验世界，至多只能起到启发、类比与比较（comparison）的功能，而不能不加区分地直接"应用"于经验世界。

全模型的这两个特点——数学上易于处理和求解以及可以操纵模型设定从而透过"理论性的干预"探索机制——决定了它所构造出的那个理论世界，是一种高度结构化的世界。亦即，在这个世界中，种种事态的发生与发展，严格按照全模型所规定的方式展

---

① 值得注意的是，这种可操纵性，对于全模型而言，比部分刻画的模型（例如芝加哥学派的价格理论），更为显著。

开,而没有别的可能性。由此,在这个世界中,提出机制、做出因果推断,远较在更复杂、充满模糊与不确定性的经验世界容易。由此我们也看到了全模型主义的认知价值——经由与这个高度结构化的理论世界进行比较,我们可以更有目的地去观察经验世界,更有意识地去选择案例、数据,去针对经验世界中的现象做出推断。我们这里所指出的全模型的认知价值,自然不同于一部分经济学家所认为的那样,把模型应用于经验作为理所当然,而是将全模型的理论作为一种"认知的辅助装置"(auxiliary devices of cognition)。更有甚者,在后文我们将指出,如果全模型的这种功能,能用来配合实质主义这一更为深厚的传统,那么我们对社会科学之基本对象(人类社会)以及我们中国学者特别关注的中国社会的理解与认识,将得到更大的提升。

与此同时,我们也指出,正是因为全模型所构造出的理论世界是一个高度结构化的世界,在某些很特殊的情况下,这种结构有可能正好与经验世界的某个侧面较为吻合。因此全模型针对理论世界做出的推断,甚至可以直接拿来对经验世界中的事态进行判断甚至预测。在1980年代之后微观经济学中的某些理论部分,尤其展现出了这一特点。关于这一点,在下一节中具体的一个全模型式的研究例子中可以更清楚地看出。

三、从双边匹配模型的案例看全模型的认识论特征

接下来我们将通过一个具体的例子,来形象地阐发全模型的方法论特征。这里我们选取的是微观经济学中的双边匹配模型

（two-sided matching model）。利用这个例子，我们力图澄清如下几点：首先，全模型所谓的细节完全刻画（fully specified）是怎样透过数学语言实现的；其次，全模型中的求解，以及对解的性质的阐明，对于理解问题的帮助；第三，如何通过操纵（manipulate）模型设定，来探索机制（mechanism）；第四，如何通过保留模型的形式而改变概念的语意，将同一个模型应用于分析不同的经验对象；第五，在怎样的情况下，全模型所构造的理论世界与经验世界，具有较大的重合，而又在怎样的情况下，这二者会发生分殊。

需要额外提出的一点是，如果按照学科发展的历史来看，一般均衡理论应是新古典经济学里发展出的第一个全模型。长久以来，经济学家试图为"价格机制引导下的要素配置与市场出清"这一直观构想找到合适的理论表达。从 18 世纪末亚当·斯密式的纯粹质性的针对"看不见的手"的分析，到 19 世纪下半叶瓦尔拉斯尝试采取联立方程组的数学技术表述一般均衡理论，最后到 20 世纪 50 年代阿罗和德布鲁在数学家纳什工作的启发下，利用当时代数拓扑中出现的新工具角谷不动点定理，在严整的公理化体系下，成功表述了一般均衡理论。追溯这个过程，会对理解经济学从类似实质主义的研究路径走向全模型大有裨益。但是，一般均衡理论的技术细节较为复杂，详细讨论将超出本文预设的篇幅和主旨。所以我们这里选择一个更加简单的双边匹配模型，作为案例来考察全模型的特征。

（一）高度结构化与细节完全刻画

双边匹配模型最早可以追溯到美国数学家—经济学家 David Gale 和 Lloyd Shapley 发表于 1962 年的论文"College Admissions and the Stability of Marriage"（Gale and Shapley，1962）。这一类模型一般假设这样一个极为简单的理论世界：两组经济主体（two sets of agents），分别用 M 和 W 两个集合表示，两个集合中任意一个元素，可以分别表示为 m 和 w；这两个集合中的主体数目是确定的，为简单起见，我们可以假设它们的数目相等，均为 N。每组主体对另一组主体具有严格的偏好，亦即，M（或 W）中任一主体对另一集合 W（或 M）中的主体可以做出一个次序性的排列，从而使得在做选择时，该主体可以选出自己最偏好的、次偏好的、第三偏好的对象，以此类推；对于来自两个集合中任意的主体 m 和 w，这种偏好可以用符号 $>_m$ 和 $>_w$ 表示；这些偏好关系的全体，可以统一用符号 $>$ 表示。至此，在经过了数学化的刻画之后，双边匹配模型所建立的这个理论世界，可以简洁地用一个三元组 $(M, W, >)$ 表征。我们也可以给这个理论世界本身赋予一个数学符号的表征，可称作 T，我们可以更进一步地写为 $T = (M, W, >)$。

不难看出，理论世界 T 是一个极其简约，甚至可说是贫乏的世界。不仅如此，这个世界还是高度结构化的，换言之，身处其中的 $2N$ 个主体中的每一个，其可能的行动，是被严格规定了的。每个主体只能做出一种行动，那就是"选择行动"，亦即从对立的集合中选出自己偏好的匹配对象。更有进者，每个选择行动的结果，也被前述给定的偏好关系,严格约束着——任意给出两个对象,主体能够而且可以确定地从这二者中选出一个更偏好的对象来。这种理论世界本身的高度结构化,对应在数学上,就是模型细节的完全刻画——三元组 $(M, W, >)$ 中的每一个数学对象都是被清楚规定的。

(二)模型求解

接下来一个重要的问题是,这个全模型或理论世界 $T = (M, W, >)$ 能告诉我们什么?从前述基本的设定出发,我们能做出怎样的推断?恰恰在这里,我们开始触及具有全模型特色的研究手法。第一步,是给这个全模型找到某个或某些合适的"解概念"(solution concepts),来刻画从模型的基本设定出发,所可能达致的结果(outcomes)。对于匹配问题来说,最值得研究的结果当然是 M 与 W 这两个集合中,谁和谁组成一对。集合 M 和集合 W 之间主体的匹配,可以用函数 μ 表示;例如,对于集合 M 任意一个主体 m,$\mu(m) = w$,表示 m 与 w 匹配。显然,如果不对 μ 的可能性进行约束的话,我们将得到任意一种匹配,而这种 μ 的所有可能的集合,虽然其所容纳的可能性足够丰富,但是却无法告诉我们有价值的信息。Gale 和 Shapley 在 1962 年论文中的第一个贡献则在于,将 μ 的可能压缩到一个更小的集合上,亦即,只考察他们所称为"稳定匹配"(stable matching)的那些 μ 上。稳定匹配指的是那些不存在"阻塞对"(blocking pairs)的匹配,亦即,在这种匹配中,对于任意两个匹配在一起的两个主体 m 和 w,不存在另外的两个主体,使它们二者更偏好于这两个另外的主体而不是现在所匹配的对象。一旦阻塞对存在，便容易使现存的匹配关系解体。而当阻塞对不存在时，直观可以想象这种匹配可以被称为"稳定"的。可以看出，提出稳定匹配这样一种解概念，原本意义不明确的 μ，突然在其一个子集合上被赋予了意义。这种意义主要来源于经验世界所提供的"稳定"的概念（甚至可以说，这是一种具有很大直观性的概念），而不是来源于数学与形式化本身。

紧接着，则是一个数学化的问题：稳定匹配固然是一个有意义的（从而与经验世界中的现象可以发生关联的）解概念，但是在双边匹配模型中，这种稳定匹配一定存在吗？如果在相当多的情况下，稳定匹配不存在，那么这种解概念的价值就要大打折扣。对解的存在性的讨论，以及在可能的情况下，指出求解的路径与方法，则是全模型方案在明确了模型设定的诸个细节，以及确定了合适的或目标的（targeted）解概念之后，所要进行的进一步的工作。连同确定解概念一起，这些工作可以统一称为"求解"。

Gale 和 Shapley 的第二个贡献在于，他们不仅证明了只需满足最少量的、也是较为容易满足的几个条件后（主要是偏好 > 的完备性与传递性），稳定匹配在前述模型设定下，一定存在。而且他们在证明过程中，构造了一种称为延迟接受算法（deferred-acceptance algorithm）的方法，利用这种方法可以在给定模型参数的情况下，构造出至少两组稳定匹配，其中一组对集合 M、另一组对集合 W 中的主体有利。

更进一步的，美国经济学家 Alvin Roth 在 1984 年发表的论文 "The evolution of the labor market for medical interns and residents"

中,发现美国医疗系统自1950年代起采用的用于匹配医院和住院医的"国家住院医匹配系统"(National Intern Matching Program,简称NIMP),其实就是一种延迟接受算法(Roth,1984)。Roth的案例研究显示,NIMP是几十年来经过反复的试错而逐渐形成的。与此相反,Gale和Shapley的工作,则是利用数学工具在没有任何经验指引下,完全通过抽象方法构造出来的。现实中的案例揭示出理论家抽象数学工作的意义,而理论家的数学工作则揭示出,为什么NIMP在替换掉之前的匹配程序之后,能有效地运转下去——其根本原因就在于之前的匹配程序提供的不是稳定匹配,而NRMP则提供的是稳定匹配。

(三)操纵模型设定

在明确了数学化模型的细节、选择了解概念以及完成了对解的性质的研究及具体解的构造之后,理论家可以进一步地,通过操纵(manipulate)模型的设定,来比较不同的设定下,解的性质的改变,从而做出和经验世界的现象更紧密、或对于理解经验世界中的事态而言有价值的推断。可以说,全模型主义中每个具体方向的研究脉络,常常以这样的方式展开:初代研究,例如上述Gale和Shapley的开创性论文,设定一个最初形式的模型,同时提出合适的解概念以及进行初步的解研究;而后续的研究,则开始不断地改变初代研究的模型设定,以求发现解性质的不同变化;由此,这一方向的模型以及结果逐渐多起来,成为一组丰富的文献。

操纵模型设定对于社会科学研究而言,格外突出的一个好处是,在难以进行现实的实验的情况下,可以获得具有丰富意义的推断。例如,匹配理论中一个重要的问题是,当匹配中的一方突然增加的时候,匹配的双方,到底是哪一方更占优势? 在现实中有这样的例子:比如医院和住院医的匹配中,住院医数目增加;或者在地主与佃农的匹配中,佃农增加;或者在男性与女性的匹配中,男性数量增加。而匹配理论可以证明,如果增加匹配双方中一方的数量,此时没增加的一方,将更占优势。又例如,Alvin Roth 曾提出一个有名的"农村医院定理"(rural hospital theorem),该定理在理论空间里讲述了这样一件事,那就是从数学上的推导可以论证,如果一个集合 M 中的主体,对另一个集合 N 中的某些主体的偏好排名都较低(这些不受待见的主体可以被形象地称为"农村医院"),那么在任何一个稳定匹配中,这些农村医院都可能没有人愿意与之匹配(Roth,1986)。所以,仅依靠稳定匹配这样一个解概念,无法解决医疗资源(这里是住院医)向其倾斜的问题;在匹配设计中,必须要增加新的约束条件,才能使农村医院获得住院医。通过对这些额外的约束条件的参数的不同操纵,我们可以不做实验、不依靠观察现实制度的试错(这个试错过程可能不存在,如果存在也可能需要几十年的漫长时间显示出其完全的试错过程),就迅速得到有价值的推断。

(四)保留形式改变语意

全模型一旦构造出来,还有一个特点是,可以保留数学化的形式而更换概念的语意。对于匹配模型而言,这一点很鲜明。前述

匹配双方的集合 M 与 W 中的元素,可以赋予各种各样的语意,而不影响模型的解性质与求解过程——它们可以分别被理解为医院和住院医、学校和申请人、器官移植者与捐赠者、男性和女性、地主和佃农、工厂和工人、拍卖方和竞拍人、房屋出售者与买家,等等。当然,一旦涉及经验世界中的信息和现象,全模型干枯与贫乏的内容,总无法涵盖经验世界的丰富性——无论是上述所举的哪一个例子。但是通过改变语意,全模型却可以帮助我们迅速地从众多异质性的现象背后发现共性。例如,前述匹配模型的一个重要推断,当匹配的一方数量增加时,匹配结果会对其不利。这一推断既可以辅助我们理解男女比例失调下的婚姻,也可以辅助我们理解工人增加或佃农增加下的劳资关系或租佃关系。

(五)什么情况下全模型的推断对理解经验世界具有直接的功效

自然科学中一般对模型化的理解是,当模型的设定与研究对象(经验世界的一个侧面)较为接近,而且模型所没有涵盖的那些因素对于研究对象而言可以忽略不计的情况下,从模型出发所做出的推断,对理解研究对象最有价值。为了实现这种情况,自然科学一般是做两方面的准备:一是自文艺复兴时期开始,便逐渐转为不依靠对自然界、自然现象的直接观察,而是几乎是压倒性地依靠构造人工的实验室环境,作为模型化研究的对象。实验室环境的好处是,可以最大限度地解析自然界中的复杂性,而只在人工环境中重建某一个机制或某一个最纯的经验侧面。二是模型化也沿着化约的方向入手,不是发展事无巨细的复杂模型,而是只针对实验室构造出来,或解析出来的那一个单一机制建立模型。

而对于社会科学而言,研究对象的实验室化毋庸说是一个极大的制约。社会科学研究的内容,很少有可以在实验室环境中重构的。而且和自然科学研究的对象不同的是,社会科学迄今仍无法通过在实验室内析取一组简单的机制,而后利用针对这些机制的理论化而构造整个理论体系,并且用这些理论体系去解释经验世界中其他抗拒析取和实验室还原的现象。虽然经济学也会在实验室中针对人类行为进行实验,或是一些发展经济学家也会进行所谓"田野实验"(field experiments),但这些实验主要是作为启发性的、类比性的案例(cases)来服务经济学的,它们本身并不构成普遍理论的策源地。

那么,对于无法依照实验室化而与全模型相比照的社会科学而言,什么情况下全模型才具有较强的推断能力? 这里的回答是:当研究的对象——经验世界的某一侧面——本身具有高度结构化的特征时。只有研究者关注的那个经验世界的侧面,其中的事态生成与发展的可能性,处于一种高度约束化的处境中——亦即只能沿着某些特定的结构展开的时候,全模型主义做出的推断对于判断经验世界中事态的可能性,具有最大的效力。同样是用全模型主义的匹配理论进行研究,医院和住院医、学校和申请人、器官捐赠者和移植者之间的匹配,是目前模型化的研究所最有威力的例子。这三个领域的匹配模型,甚至可以用来指导具体的市场设计(market design),这意味着模型化的研究可以做到社会科学中理论所罕有达到的和自然科学类似的地步——预测现实。但是,在婚姻、企业与雇员（工厂与工人）等研究主题上，匹配模型至多只能提供启发性的作用，而产生不出预测般的推断。在匹配模型具有预测能力的领域，可以看出，经验世界本身就是高度结构化的，以至于在那种结构化的处境下，经验世界中的主体进行行动的可能性便被大大压缩到某几个可数的维度上。而在匹配模型只有启发性意义的领域，经验世界非常复杂以至于匹配模型不足以覆盖经验事实本身。Alvin Roth 及其合作者 Sotomayor 有一个敏锐的观察：匹配模型工作的有效区间，恰恰是研究的经济问题更接近于一种类似运筹学（operation research）研究问题的时候（Roth and M. Sotomayor，1990：2）。而这也是匹配理论在前述三个领域预测能力最强的原因——它们几乎是（微观）经济学里最接近运筹学的分支。

四、全模型发展所带来的形式主义经济学的实质主义化

（一）一个拓展了的实质主义概念

虽然以前述全模型为代表的当代形式主义在社会科学的一些学科尤其是经济学中占据主导地位，但是我们看到，一种不同于形式主义及其全模型方案的研究进路，依然存在于社会学、人类学、政治学、区域研究等领域之中。这种研究进路，仍可以依照波兰尼等学者的传统，称之为实质主义。但这里，我们认为实质主义并非仅仅局限于经济人类学和经济史的一种方法论，而是认为它能够

涵盖更为广阔的社会科学研究范围;它适合被用来指称一种更加接近于经验与现实世界,不以发展理想化模型为目的,而专注于发展适合揭示现实世界中研究对象实际性质的概念与判断的一种研究进路。①

在这一界定下,虽然与形式主义和全模型同样,实质主义也谋求进行(适度的)概念化,通过建立相互之间存在关联的概念的集合,进而形成有一定抽象度的命题,而不是凭借最原始的直观或感觉,来理解经验/现实世界。但是,实质主义所构建的理论,与形式主义/全模型的理论世界/理论案例,有显著的不同:其对理论进行表达的语言,主要是自然语言,而非形式化的数学语言;对理论的描写,并不像全模型那样做到完全刻画,而是容许较多模糊(vague)与不确定性(contingency);换言之,其所建立的理论,与全模型所建立的相比,是相对低度结构化的,但也是更复杂的;实质主义理论所刻画的事态,其发展与呈现,相比全模型所建立的理论世界中的事态,也能容许更多的可能性。也正因此,相比全模型,实质主义的研究进路所形成的理论,与(比依照任何认识论方案建立起来的可能理论世界而言都要错综复杂得多的)经验世界之间的距离更近。一些优秀的实质主义研究,甚至给人以使用理论于不知不觉中的印象——其理论分析与经验叙述难以清晰地区分开来;而不像全模型的研究那样,对模型的论述与对经验世界的论述,不仅在方法论理念上有着清晰的区分,甚至在最表象的论文的

---

① 这一界定来源于2018年秋季作者和黄宗智教授的讨论,后者在讨论中曾形象地将实质主义称为"实际性质主义",这是对拓展了的实质主义的内核的一个极为简练但清楚的表达。

写法上,读者也可以清楚地看到其"模型部分"与"实证/经验部分"的分别与不同。

而与力求从最基本的概念与公理出发一层层地(hierarchically)建构整个理论体系,从而容易形成单一与排他性范式的全模型主义不同,实质主义的研究往往会从不同理论阵营、不同理论训练传统中汲取思想资源,而暂时"悬置"这些不同阵营理论与概念之间可能存在的"悖论",从而显得更为包容,而且缺乏"学科帝国主义性";我们能够看到实体主义路径下的研究,可以做到自如而无负担地在同一项研究中使用来自马克思主义、新古典经济学与其他社会学与人类学流派的概念,而这些概念的并行反而增加了研究的说服力;在全模型中,这种并行往往是难以想象的。由此,相比形式主义和全模型,实质主义拥有远为丰富的思想资源可以借鉴,从而对错综复杂的现实世界有着更为敏锐的感受力。

我们认为,这一拓展了的概念,也比波兰尼等提出的原初实质主义概念,更具包容性。原初实质主义概念,因其高度重视与新古典经济学对于经济性社会事态的本体论之争,容易使人认为实质主义的特点是强调经济活动的整体性和嵌入性,强调文化、传统、习俗等对于经济活动的力量之于理性选择更强。在这种自我界定的倾向下,实质主义的概念长期停留在经济人类学和经济史领域,而无法成为一种用以分析社会科学一般领域中方法论状况的概念,不能不说是一个遗憾。而经由上述拓展、刻画,实质主义的内涵变成了以阐释经验现实实际机制和性质为特点的一种方法,从而可以直接地与当代社会科学中愈演愈盛的形式主义及全模型方法进行对话。

（二）全模型的运用体现了形式主义经济学的一种实质主义化

前述对形式主义及其最新的全模型方案所进行的分析已经揭示出，形式主义方法论所建立的理论，并非直接针对现实世界中的事态进行判断与描述，而是在一个"理论世界"里，刻画着一个"理论案例"对那个理论世界里发生的事态的可能性所进行的规定。以全模型的方式呈现的理论案例被构造出来，仅仅是研究的第一步，而不能直接与经验现象进行等价。在这之后的第二步，则是：学者需要用全模型所给出的推论，来获得启发、进行类比，进而分析现实中真实存在的事态。这也连带隐含指出了，第二步研究，其实是形式主义和全模型自身无法解决的。而这一步，作为全模型与现实世界/经验现实之间的沟通桥梁的，其实只有实质主义的研究才能承担。就像上一节我们所举出的双边匹配模型的例子，Alvin Roth 对于美国住院医和医院的匹配研究，现在已经被当作微观经济理论的研究典范，其核心贡献也被认为是建立了关于双边匹配的全模型。但是，如果细读其论文，可以发现如果没有针对美国住院医和医院匹配历史的详实案例分析，其全模型理论便无法与现实经济活动相挂钩，也无从在经济学中发挥影响。其案例研究的部分，其实是一个隐含的实质主义运用，亦即阐明住院医和医院匹配在历史上事态的"实际性质"。正是针对这个比较结构化的研究对象，形式主义和实质主义的配合，而不是形式主义自身，发挥了决定性作用。

更进一步地,我们看到,双边匹配模型虽然是一个以高度数学化的语言加以表述的抽象理论,但是其对于解释具体经验事实——美国医院与住院医匹配历史上的混乱及其成功改革——背后的机制所取得的巨大成功,其前提是它研究的是一个局域化的、经验上高度限定了的对象。换言之,全模型的数学化与形式化,并未将自身理解为用以描述全部经济事实背后基本规律的一种方法——正如新自由主义经济学的高度意识形态化与脱离实际那样。反之,全模型的运用,和对自身适用性范围的理解,是高度限定的,而且这种限定是被它所意欲研究的具体对象从经验上加以限定的。仍以双边匹配模型为例,这一模型并未被当作揭示了人类经济活动的普遍规律,而是被具体而限定应用于某些特殊的经验场景,例如美国某具体历史时期的医院和住院医之间的劳动关系,来用来对这一经验上限定的对象提出洞见。双边匹配模型的高度数学化和细节的完全刻画,并非为了将自身呈现为一种不以经验世界为转移的意识形态或绝对真理般的修辞,而是如上一节所分析的那样为了针对具体的匹配问题得出清晰与逻辑自洽的"解"(solution)。这种形式化的价值,不在于以一种科学主义的样貌而被视为有更高的"真理程度",而是为了便于把模型应用和裁剪到不同的场景里去。比如原本针对医院和住院医的匹配问题开发的模型,可以在改变设定之后,应用于分析公立学校和学生之间的匹配;而值得注意的是,后者的应用场景同样是在经验上高度限定的和局域化的。

实际上,自 20 世纪 80 年代以来,以北美为代表的英语经济学世界里发展最迅速、吸引了大量一流学者与学生的领域,就是全模型化的微观经济理论和微观计量经济学,以及这二者的结合。我们看到在这一领域中,形式主义经济学的数学化,非但没有形成构造普遍规律和理想化意识形态话语的冲动,反而在相当大的范围内解构了这种冲动。我们观察到这样的研究进路:首先是类似实质主义的研究方法,从具体的案例或历史背景里提炼出初步的经验判断;然后在质性的推断无法前进的情况下,转而借助高度数学化的模型来对经验对象进行刻画、提出新的洞见;最后把模型的推论返回到经验世界中,借助于微观计量的工具,与现实加以比照,对模型理论形成反馈。这种研究进路在经验世界中的应用场景,主要集中于阐明微观机制、评估微观政策,而非针对整个经济系统提出空泛和大而化之的判断。这一趋势可以被称为"形式主义经济学的实质主义化",是一种值得关注的方法论动向。其历史的发展脉络,和更为细致的内涵阐明,仍有待于未来的研究加以深化。

五、总结

以对社会科学方法论影响甚大的形式主义—实质主义论争作为契机,我们检视了形式主义经济学在这场论争之后的新发展——建立和求解完全刻画细节的全模型成为主流经济学构造理论的主要方法。虽然具有高度数学化的外观,但是在利用全模型对经验世界进行推断的时候,其应用范围却是局域的以及被经验对象的特质所限定的。全模型的认识论价值,并不在于发展一般而普遍的规律,而是在于针对具体与限定的经验对象,作为认知的辅助装置,阐明经验对象背后一些不易为单纯质性的研究所阐明的机制。我们认为重新考察形式主义与实质主义这两种方法传统在当下社会科学研究中的具体运用形式及其认识论含义,澄清研究实践中未被言明的方法论前提与意涵,对于丰富人们对于当前社会科学方法论的理解,并且展望社会科学的未来发展前景,具有积极的作用。

参考文献

Cohen, H. F. (1994). *The Scientific Revolution: A Historiographical Inquiry*. University of Chicago Press.

Gale, D., and Shapley, L. S. (1962). "College admissions and the stability of marriage," *The American Mathematical Monthly*, 69(1), 9–15.

Giocoli, N. (2003). *Modeling Rational Agents: From Interwar Economics to Early Modern Game Theory*. Edward Elgar Publishing.

Gilboa, I., Postlewaite, A., Samuelson, L., and Schmeidler, D. (2014). "Economic models as analogies," *The Economic Journal*, 124(578), F 513–F533.

Huang, P.C. (1985). *The Peasant Economy and Social Change in North China*. Stanford University Press.

Huang, P. C. (1990). *The Peasant Family and Rural Development in the Yangzi Delta, 1350–1988*. Stanford University Press.

Huang, P. C., and Gao, Y. (2015). "Should social science and jurisprudence imitate natural science?" *Modern China*, 41(2), 131–167.

Kreps, D. M. (2013). *Microeconomic Foundations I: Choice and Competitive Markets* (Vol. 1). Princeton University Press.

Mas-Colell, A., Whinston, M. D., and Green, J. R. (1995).

Microeconomic Theory. New York: Oxford university press.

Morgan, M. S. (2012). *The World in the Model: How Economists Work and Think*. Cambridge University Press.

Polanyi, K. (1977). H. Pearson (Ed.), *The Livelihood of Man*, New York: Academic.

Polanyi, K. (2001) [1944]. *The Great Transformation: The Political and Economic Origins of Our Time*, 2nd edition. Boston: Beacon Press.

Roth, A. E. (1984). "The evolution of the labor market for medical interns and residents: a case study in game theory," *Journal of political Economy*, 92(6), 991−1016.

Roth, A. E. (1986). "On the allocation of residents to rural hospitals: a general property of two-sided matching markets," Econometrica: *Journal of the Econometric Society*, 425−427.

Roth, A.E. and Sotomayor, M. (1990). *Two-Sided Matching: A Study in Game-Theoretic Modeling and Analysis*, Econometric Society Monograph Series, Cambridge University Press.

Stanfield, J. R., Carroll, M. C., and Wrenn, M. V. (2006). *Karl Polanyi on the limitations of formalism in economics. In Choice in Economic Contexts* (pp. 241−266). Emerald Group Publishing Limited.

Weyl, E. G. (2019). "Price theory," *Journal of Economic Literature*, 57 (2), 329−84.

"实践社会科学"与中国发展经验研究方法论[①]

赵刘洋

（复旦大学马克思主义学院）

一、引言

当代中国经济发展的基本事实挑战了西方主流经济理论的既有认识。正如著名经济学家林毅夫所指出的那样，尽管西方经济学界对于所有问题几乎都有不同的看法，然而在对社会主义经济改革问题上，主流经济学家却有一个惊人的共识，即采用基于"华盛顿共识"的"休克疗法"。[②] 首先所谓"华盛顿共识"，其主要思想是"消除政府的干预和扭曲，以创造一个以私有制为基础的，高效、开放、竞争的市场经济"。[③] 林认为东欧和前苏联（又称 FSUEE）市场经济转型的"休克疗法"实质上是"华盛顿共识"版本之一，因为其主要论点是："私人所有权是一个运行良好的市场体系的基础；真正的市场竞争需要一个真正的私营部门；转型经济体中的国有企业遇到的大多数问题可以通过快速的私有化来改善；私有化必须在国有企业改组之前进行；经济转型需要全面、爆炸式的价格放

---

① 本文载于《开放时代》2020 年第 3 期，文字略有调整。

② 林毅夫:《新结构经济学》(典藏版),北京:北京大学出版社,2019 年,第 125 页。

③ 林毅夫:《新结构经济学》(典藏版),第 125 页。

开;收紧政府财政纪律以维持宏观经济稳定,使价格对资源配置起
到导向作用及市场机制更好发挥作用。"①然而,采用"休克疗法"
的东欧和苏联国家的经济转型的实践结果却与西方主流经济学家
的乐观预测恰好相反:"在最初十年中实施休克疗法的这些国家,
根据世界银行的数据,俄罗斯的通货膨胀率达到了每年163%,乌
克兰则达到每年244%,中欧、东南欧和波罗的海国家累计产量下
降了22.6%,独联体国家下降了50.5%。俄罗斯2000年的GDP只
是1990年的64%,表现最好的与1990年相比只增长了44%。同时
多数国家基尼系数增加。除最初十年中这些国家经历了严重的通
货膨胀和经济衰退外,总体而言这些国家在改革中遭遇到很大困
难,其典型事实如产出下降、资本收缩、劳动力转移、贸易方向转
变、结构改变以及制度崩溃和转轨成本增加。"②"华盛顿共识"和
"休克疗法"实际预设了"政府"与"市场"的二元对立,主张将"政
府"排除于"市场"之外,将市场转型视为线性式、有明确目标和清
晰结果的非此即彼的转变,否定了两种经济体制之间的互动、交叉
与融合的可能。

　　众所周知,当代中国经济改革并未采取"休克疗法",也并未有
清晰明确的蓝图,而是采取"摸着石头过河"的渐进式改革,然而正
是并未被西方主流经济学家看好的中国经济改革恰恰取得了举世
瞩目的成就。林毅夫曾依据其自身经历指出:"中国政府从计划经
济向市场经济转型过程中推行的各项政策,基本上都违背了我在
芝加哥大学博士课程中学到的一个运行良好的市场经济应该有的

---

① 林毅夫:《新结构经济学》(典藏版),第125页。
② 林毅夫:《新结构经济学》(典藏版),第126—127页。

基本原则。20 世纪八九十年代西方经济学界的主流是新自由主义,认为有效的经济体系必须建立在私有产权的基础上,由市场决定价格和资源配置;计划经济不如市场经济,但渐进、双轨的转型不仅会导致资源错误配置,还会滋生腐败,是比计划经济还糟糕的制度,当时中国推行的却是这种被西方学界认为是最糟糕的转型方式。"①事实证明,中国采取的渐进式改革却取得了非常显著的成效:"在 1978 年—1990 年的 12 年间,GDP 每年增长 9.0%,贸易额每年增长 15.4%;中国人民的生活水平显著提高,城乡差距有所缩小;中国经济还承受住了东亚金融危机和全球金融危机的冲击,并对其迅速恢复起到了重要作用,同时还使 GDP 年均增长率从 1979年—1990 年的 9.0% 增长到了 1991—2012 年的 10.3%。"②而西方主流转轨经济学理论对此却缺乏令人信服的解释。

从理论上而言,以匈牙利经济学家(但曾长期执教于美国哈佛大学)雅诺什·科尔奈(János Kornai)为代表的主流西方转轨经济学理论对分析社会主义经济体制影响深远。科尔奈认为社会主义制度体制明显不同于资本主义制度体制,理解前者的关键在于认识到官僚协调体系在社会主义体制中的主导地位,其不同于依赖市场进行资源配置达到经济效率最优化的协调机制。③ 其理论逻辑在于预设社会主义体制是与资本主义体制根本对立的"制度范式",二者内在经济机制对立且无法调和,唯有实行私有化变革才

① 林毅夫:《新结构经济学》(典藏版),序言,第 2 页。
② 林毅夫:《新结构经济学》(典藏版),第 126 页。
③ (匈)雅诺什·科尔奈:《社会主义体制:共产主义政治经济学》,张安译,北京:中央编译出版社 2007 年版,第 344—346 页。

能解决其弊端,其最后又回到当时西方主流观点:"局部改革永远不能突破自身,必须要有体制上变革。"①然而符合科氏理论模型预期的东欧和前苏联国家的经济改革结果却是令人失望的,"这一时期大多数发展中国家的经济出现了恶化,William Easterly 将 20 世纪 80 年代和 90 年代称为发展中国家'失去的二十年'"②。可以看到,科尔奈否定"官僚协调"与"市场协调"存在良性互动的可能。

而既有的关于中国经济改革经验的解释,往往突出的是"市场协调"的一面。黄宗智先生将这些解释概括为以下三类:"一是新古典经济学论点,其主要依据的是市场是唯一最佳资源配置的机制这个'公理'或'信条',认为改革开放后中国经济方才遵循经济规律而侧重轻工业,由此充分利用了中国劳动资源特别丰富的'比较优势';其次是当代影响最大的'新制度经济学',认为中国采纳了私有化和市场化,尤其是稳定的财产权利法规,由此减少了市场上的'交易成本'而促进了经济发展,国家介入经济只可能导致反面效果;其三是中国地方政府变成类似于企业的实体的解释中国的经济发展始于农村工业化,是被'地方'(乡和村)'政府'行为变成类似于市场经济中的私有公司在'硬预算约束'下经营所推动的。"③正如黄所认为的,对中国经济改革的理论解释都面临同样的困境,都不能解释 20 世纪 90 年代中期以来发展主要动力变为地方政府在"招商引资"的竞争下为外来企业所提供的大力支持。黄指

---

① (匈)雅诺什·科尔奈:《社会主义体制:共产主义政治经济学》,序言,第 6—7 页。
② 林毅夫:《新结构经济学》(典藏版),第 124 页。
③ 黄宗智:《中国经济是怎样如此快速发展的?——五种巧合的交汇》,载《开放时代》2015 年第 3 期,第 113 页。

出正是伴之而兴起的庞大非正规经济才是中国 GDP 增长的主要动力,同时也是其一定程度的社会与环境问题的来源。[①] 依据西方主流理论在解释中国实践的过程中,最大的问题在于其以二元对立的概念来认识实践,恰恰忽略了实践本身的复杂性。

客观而言,以上解释中国发展经验具有相当影响力的二大派别,都意识到中国经济实践的重要性,希望能够建立起更加符合中国实际的理论。[②] 通过对中国经济实践的理论化概括可以形成对西方既有理论认知的冲击,进而构建具有主体性的理论解释,这本应是一个实现理论突破的重要契机,然而西方形式逻辑影响力是如此之大,正如下文将讨论的,对中国发展经验的主流解释最终又回到西方主流认知的脉络中。

面对此种困境,必须寻求出路,实际上黄宗智提倡的"实践社会科学"研究进路对构建具有主体性的解释理论的重要意义在于,对中国发展经验的概括并不必然要回到西方形式理论中,而是可以依据实践构建理论以形成对西方主流理论的冲击和彻底反思。黄的研究注重从最基本的现实出发,发现中国现实与西方理论之间的"悖论",通过经验与理论的紧密连接,概括出更符合中国实际的解释。西方理论在分析中国时会出现诸多悖论,主要在于中国的实践复杂性与形式逻辑之间的张力,西方理论主要基于西方社会实践抽象概括而来,并且依赖形式逻辑将其普适化,尽管这有助于清晰说明事物的内在逻辑关联,但同时也不可避免地高度简化

---

① 黄宗智:《中国发展经验的理论与实用含义——非正规经济实践》,载《开放时代》2010 年第 10 期,第 134 页。
② 林毅夫:《新结构经济学》(典藏版),序言,第 2 页。

了事物本身的复杂性,并制造了一系列二元对立概念和线性因果关联来理解世界。当代中国社会的复杂性不是任何一种理论所能完全涵盖的,近代中国以来的发展过程本身就融合了既有传统的延续与再生、西方以及革命的多重影响等,因此需要从中国的复杂实践中概括出更加符合实际的理论。就此问题而言,其研究很重要的贡献是首先从实践层面证明恰是政府与市场的互动,才是当代中国经济发展的主要动力,与此同时亦是诸多问题的根源,这一关键的实际却被主流解释理论所忽略。从政策启示意义上而言,并非将政府完全排除于市场外(这实际上亦不可能),而是如何实现二者的良性互动。

因此,本文将"实践社会科学"研究进路置于具体学术语境中来理解,通过聚焦中国发展经验解释的主要流派,突出其如何分析中国渐进式改革中最为关键的"政府"与"市场"关系,可以看到三大解释流派分别将资源禀赋结构、现代产权制度、地方政府行为激励机制作为中国经济发展的关键,尽管其在不同层面关注到中国实践,但最终还是回到了主流单一强调"市场主义"的解释逻辑中,由此亦将看到形式主义理论与中国实践复杂性之间的张力。面对这样的张力,"实践社会科学"从最基本的事实中提炼出最重要的概念,然后回到实践中检验,这对我们构建真正具有中国主体性的解释理论具有重要的启发意义。

二、形式主义理论与经典社会主义体制分析

欲对社会主义经济体制改革有深入的理解,首先就需要认识

经典社会经济体制的运行机制,而在这方面最具影响力的就是匈牙利经济学家科尔奈教授的研究。科氏的主要学术贡献正如孙立平教授所指出的那样:"科尔奈经济理论的重要性表现在,扎实的经验研究和敏锐的洞察力,使他意识到'短缺经济'这样一种国家社会主义的独特经济现象所具有的深厚理论内涵,并在其背后发现了'软预算约束'这一独特的国家社会主义经济运行机制。"①以下我们将着重分析的是,科尔奈如何将"政府"与"市场"置于二元对立的境地并将对社会主义体制的分析纳入西方主流理论中的。

科尔奈对经典社会主义经济体制的分析最终说明的是唯有彻底私有化才能解决其低效率弊端,实质上否定政府与市场存在多重复杂关系。科氏首先从东欧社会主义体制下短缺现象入手:"短缺或是作为其他现象的原因,或是作为它们的后果,通过无数纽带与经济体制的其他环节联系在一起。"②并将短缺现象抽象化为短缺经济,他认为社会主义经济属于典型"短缺经济",与资本主义经济类型对立。③ 科尔奈区别"短缺经济"中的"横向短缺"和"纵向短缺",前者主要发生在前述的买方和卖方之间,后者则发生在具有纵向关系的上下级之间,二者紧密相连。④ 经典社会主义之所以是"短缺经济",其根源在于对资源的协调依赖的是"官僚协调",只要依赖"官僚协调"就必定会涉及作为经典社会主义体制中核心机

---

① 孙立平:《实践社会学与市场转型过程分析》,载《中国社会科学》2002 年第 5 期,第 84 页。

② (匈)亚诺什·科尔内:《短缺经济学》,张晓光等译,北京:经济科学出版社 1986 年版,第 11 页。

③ (匈)雅诺什·科尔奈:《社会主义体制:共产主义政治经济学》,第 222 页。

④ (匈)雅诺什·科尔奈:《社会主义体制:共产主义政治经济学》,第 229 页。

制的"预算软约束"。[1] 这源于经典社会主义的"父爱主义"特征，具有普遍规律。[2] 科氏由此将西方微观经济学中"预算约束"的一般概念和分析方法引入到对经典社会主义中企业的分析中，他认为在经典社会主义体制下企业超出了其预算约束，其结果是约束将根据不断出现的超支来调整，企业会经常得到外部帮助，导致的严重后果是"企业对所有价格反应都变得迟钝，对价格反应弱是企业生产效率低下的主要原因"[3]。科氏理论深刻剖析了计划经济机制的弊病，然而其问题在于其将任何国家的干预都置于如此框架中来理解，实际上认为政府介入市场必然带来经济低效率。

科氏理论中作为"制度范式"的各要素之间紧密相连，牵一发而动全身，其理论否定政府和市场良性协调的可能，唯有通过彻底私有化才能解决预算软约束问题。其理论中二元对立思维非常明显，比如在对企业的两种纯粹类型即古典资本主义企业和传统社会主义企业的分析中，科认为无论是在资源约束、需求约束以及预算约束还是生产计划等方面，二者皆明显属于对立的两种类型。[4] 总之其认为社会主义经济与资本主义经济属于两种根本对立的经济类型，其内在经济机制无法调和，只能实行根本性的私有化变革，否定"政府"和"市场"存在良性协调互动的可能。然而正如蒂莫西·弗莱(Timothy Frye)等学者在分析"休克疗法"中为何波兰和俄罗斯会出现不同经济结果时，曾颇具启发性地区别政府作为

---

[1] （匈）雅诺什·科尔奈：《社会主义体制：共产主义政治经济学》，第 91 页。

[2] （匈）雅诺什·科尔奈：《社会主义体制：共产主义政治经济学》，第 136 页。

[3] （匈）雅诺什·科尔奈：《社会主义体制：共产主义政治经济学》，第 133—138 页。

[4] （匈）亚诺什·科尔内：《短缺经济学》，第 35 页。

"帮助之手"与"掠夺之手"的差异①,指出政府与市场实际存在多重复杂关系。

首先,接受"休克疗法"模式的结构性调整的国家更符合科氏的理论模型预期,然而其实践结果却无法令人满意,这显示彻底市场私有化并非必然等于经济高效率。社会学家迈克尔·曼(Michael Mann)曾指出:俄罗斯和东欧国家在经济转型过程中,正是西方新自由主义大行其道之时,然而实际的问题在于大规模的新自由主义自由化反而使得寻租行为更为严重。② 曼还提到斯图克勒(David Stuckler)等学者对21个后共产主义国家的研究发现,大规模私有化降低了增长、削弱了国家能力、减弱了产权保护。③即使是在审慎的层面来观察,我们仍然可以确认符合科氏理论的主张彻底私有化的"休克疗法"基本上是失败的。

更为重要的是,中国的发展经验明显不同于科尔奈的理论预期,然而中国经济却取得了举世瞩目的成绩,政府介入市场并非必然带来经济低效率。黄依据扎实的经验证据证明了"20世纪90年代以后中国发展的前沿从由地方政府发起、经营或控制的企业转到外来的投资以及快速扩增的民营公司和私营企业,地方政府的角色则从兴办和经营企业一变而为招引和支持外来的企业"④。这

---

① Timothy Frye and Andrei Shleifer, "The Invisible Hand and the Grabbing Hand," *The American Economic Review*, Vol. 87, No. 2(May, 1997), p. 354.

② (美)迈克尔·曼:《社会权力的来源》(第四卷)《全球化(1945—2011)上》,郭忠华等译,上海:上海世纪出版集团,2015年,第258—259页。

③ (美)迈克尔·曼:《社会权力的来源》(第四卷)《全球化(1945—2011)上》,第263页。

④ 黄宗智:《中国发展经验的理论与实用含义——非正规经济实践》,第138页。

一关键事实在科氏理论中根本不会被考虑,正如黄所评论的那样:"科尔奈社会主义和资本主义分别是自我连贯一致的体系,所遵循的逻辑是截然对立的,两者互不相容,两者的混合只可能导致矛盾和冲突。"①与此密切相关的是,科不会重视国有企业所具有的效率和竞争力,在他看来权力介入企业必定会导致"预算软约束",唯有依赖市场协调经济才能发展,然而中国的实际却是如黄基于扎实经验证据所指出的,即 2000 年以来国有企业改制,为在市场上盈利的国营公司在全球经济体系中占据重要的位置。②

　　问题的关键在于,科氏理论认为唯有彻底私有化才能解决社会主义经济弊端,实际上是将政府与市场关系简单化对立并将其普适化,否定二者存在多重实质性复杂关系。科氏将对企业经济行为分析及建立社会主义经济宏观动态模型相结合,构建起严密的理论体系,深刻剖析了计划经济体制的弊病,这是其重要贡献。然而其理论是对现实的高度简化(将二者简化为彼此对立的类型)+理想化(适用于全部社会主义国家的经济情形)以清晰说明二者逻辑关系,否定市场与政府间存在多重关系。其实二者并非必然对立,抽象理论模型并不等于实践本身,不能将模型当作实践。东欧诸国及俄罗斯的经济实践与中国的经济改革分别采取不同的改革方式,中国的渐进式改革却取得了突出的经济成就,与前者形成明显对比。中国发展经验冲击了以科为代表的西方主流转轨经济

---

① 黄宗智:《中国发展经验的理论与实用含义——非正规经济实践》,第 141 页。
② 黄宗智:《〈中国式"社会主义市场经济"? 中西方学者对话(五)〉导言》,载《开放时代》2012 年第 9 期,第 5 页;黄宗智:《国营公司与中国发展经验:"国家资本主义"还是"社会主义市场经济"?》,载《开放时代》2012 年第 9 期,第 9—10 页。

学理论,欲对中国发展经验的理论意义有深入理解,我们就需要真正回到中国经济实践中,以此深化对政府和市场多重复杂关系的认识。

三、中国的经济实践与中国发展经验研究方法论

科尔奈的理论在国内之所以有较为广泛的影响,重要原因在于其理论是在深入剖析计划经济体制的运行机制及其弊端的基础上提出改革方案的,与纯意识形态争论不同,而其理论又直接触及经济体制改革的核心问题,即如何恰当处理政府与市场关系的争论。不仅是科氏理论,在 20 世纪八九十年代中国经济体制改革过程中,诸多经济理论争论的核心仍然是如何处理政府和市场关系,这从张宇教授列举出的一些曾较有影响力的观点即可以看出:最开始是东欧和苏联等国家的经济学家关于社会主义体制的观点,如兰格、布鲁斯、奥塔·锡克、科尔奈、诺夫等,都曾在中国学界受到重视;国内学者有刘国光等提出体制模式与发展模式的"双模式转换"论和企业改革与价格改革两条主线协同并行的"双向协同"改革战略,厉以宁等提出企业改革主线论和股份制作为企业改革主要形式的观点,吴敬琏、周小川等提出以价格改革为中心进行综合配套改革的"协调改革"观点,董辅礽提出社会主义经济是"八宝饭"的混合经济观点,卫兴华等提出"计划调节市场,市场调节企业"的有计划商品经济的运行模式等;之后是西方的转轨经济学理论,比如以萨克斯等为代表的新古典经济学家所推崇的是以私有化和自由化为核心的"华盛顿共识"和激进的"休克疗法";以斯蒂

格利茨为代表的新凯恩斯主义者;演进主义范式有蒙勒、诺顿等。①
尽管具体内容复杂多样,主流学说着重突出市场协调的关键作用
以改变封闭僵化的计划经济体制。

这里仅以"整体改革论"的代表人物、著名经济学家吴敬琏先
生关于中国经济改革的分析为例,说明科氏理论在中国的影响。
吴在关于中国经济体制改革经验的分析中,首先提到科尔奈的反
思即以"休克疗法"和"渐进主义"作为分类来描述市场经济转轨策
略的不足。科氏认为此种分类隐含的标准是速度,而速度不应该
成为衡量改革成功与否的标准。科的观点是从纯粹形态而言,向
经济转型的策略有两种:一种是有机发展战略,其主要任务是创造
有利条件使私人部门自下而上成长起来;另外一种是加速国有企
业私有化战略,其主要任务是尽可能快速地把国有企业改制为私
有企业。科认为依据东欧后社会主义国家转型经验,很明显前者
是正确的选择,私有部门的健康发展和预算约束的硬化促进了生
产率的提高和失业率问题的解决。② 吴对科氏以上此种分析表示
非常认同,他认为科氏的分析对于理解中国经济改革同样适用,即
以非国有企业成长或国有企业改造作为理论框架对中国经济改革
进行分析。在他看来,中国的增量改革战略创造了民营企业得以
发展的条件,然而经济出现"双轨并存"状态形成了滋生腐败的寻
租环境,也为进一步转型增添困难。③

---

① 张宇、张晨、蔡万焕:《中国经济模式的政治经济学分析》,载《中国社会科学》2011
年第 3 期,第 70—72 页。
② 吴敬琏:《当代中国经济改革》,北京:中信出版社,2017 年,第 78 页。
③ 吴敬琏:《当代中国经济改革》,第 78—79 页。

因此在科氏理论中,改革的关键在于政府权力是否介入。他所推崇的是自下而上的私营企业发展,在他看来这样的发展没有政府权力的介入,不会发生寻租等行为,俄罗斯等国家经济在改革过程中出现诸多问题,说明只要政府权力介入就会影响资源配置效率等,所以其主张在改革中完全排除政府权力。然而问题是实践层面任何国家的经济发展显然不是在真空环境中,政府权力不可能真正被排除于经济活动之外,尤其是对于中国这样的发展中大国而言,经济结构、经济制度以及政府行为等诸多因素都会影响到经济发展,以下我们将聚焦于中国经济实践,分析既有理论如何注意到中国实际又如何回到单一强调"市场主义"的逻辑中。

(一)中国的经济禀赋结构与新结构经济学理论

林毅夫的新结构经济学理论特别针对的是新古典经济学中的所有企业都具有自生能力的这一既定假设。他认为此假设对于分析西方社会或许较为符合实际,然而在分析转型经济中许多企业缺乏自生能力的经济问题时,则存在明显问题。因此其主张必须放松现有的新古典经济学中暗含的所有企业都具有自生能力的假设,而这将是对新古典经济学的丰富和发展,也有助于重新定义政府在经济转型中的作用。① "休克疗法"之所以会出现"有休克无疗法"的尴尬情况,主要在于其没有充分认识到经济扭曲的内生性,未考虑到发达国家与发展中国家之间的结构性差异,忽略了发

---

① 林毅夫:《新结构经济学》(典藏版),第135页。

展中国家对各种扭曲进行改革时的次优性质。① 林着重强调,分析经济发展的起点应该是经济禀赋结构,不同经济发展水平的国家在经济结构上的差异是由其要素禀赋结构差异决定的,只有当产业与要素禀赋结构决定的比较优势相一致时,这一产业中的企业才会在开放、竞争的市场中具有自生能力。② 林突出发展战略与资源禀赋结构的契合性,实质上仍延续新古典理论单一强调市场协调关键地位的基本理念。

以此理论审视中国经济实践,林认为中国的发展经验的关键,在于改革开放后采取了符合中国实际的资源禀赋结构和比较优势的劳动密集型产业战略。此理论延续了林早前关于发展战略和经济改革关系的研究,实际包含两个层面的问题:改革以前中国发展缓慢的根本原因,以及改革后中国迅速发展的根本原因。对于前者,那是因为改革前推行了违背中国资源禀赋结构和比较优势的重工业发展战略;对于后者,其关键在于改革三位一体(扭曲价格的宏观政策环境、资源计划配置制度、没有自主权的微观经营机制)的传统经济体制,使中国所具有的资源比较优势能够发挥出来。③ 二者形成了明显对比:"传统发展战略的目标是优先发展资本密集的重工业,压抑的是符合中国比较优势的劳动密集型产业。受压抑部门的发展具有矫正扭曲的产业结构和发挥资源比较优势

---

① 林毅夫:《新结构经济学》(典藏版),第135页。
② 林毅夫:《新结构经济学》(典藏版),第135页。
③ 林毅夫、蔡昉、李周:《中国的奇迹:发展战略与经济改革》,上海:上海三联书店,1994年,第269页。

的效应,由此带来了中国经济的巨大增长。"①这实际上是将改革前与改革后两个阶段的经济复杂关系简单对立。

　　林毅夫正确地指出了中国经济要素禀赋结构与西方国家存在诸多差异,不过由于其所坚持的一套基本理念,并不会影响新古典经济学的基本主张和结论,最后还是回到单一强调市场协调的观点,实际上未能深入分析政府与市场的多重复杂关系。比如改革前中国基本发展战略和基础与改革后是否仅是简单对立关系,如果从工业发展角度而言,正如黄宗智根据珀金斯教授的权威性计量研究得出的结论,即工业发展上 1952—1980 年间取得了年均增长 11% 的成绩所指出的,这实际上为改革时期经济发展奠定了重工业基础;②另外即使是改革后,政府也从未放弃过对经济的发展规划,政府关于经济的规划的考虑是否皆与资源禀赋结构一致;政府行为内在激励机制与改革前是否完全不同等诸多问题。在另外一些学者看来,中国经济比较优势的发挥,与中国经济制度改革有密切的关系,这就需要回到关于中国经济制度与经济发展关系的研究中。

(二)中国经济制度的体制成本与新制度经济学理论

　　对中国经济制度研究的理论资源,主要来自以科斯(Ronald Coase)为代表的新制度经济学理论,科斯突出"交易成本"在经济

---

① 林毅夫:《新结构经济学》(典藏版),第 269 页。
② 黄宗智:《重新思考"第三领域":中国古今国家与社会的二元合一》,载《开放时代》2019 年第 3 期,第 19 页。

分析中的关键地位,发展了新古典经济学理论。科斯不满于新古典主义形式理论中缺乏实质性内容的做法,因为在这套分析方法中,"消费者不是一个个人而是一个偏好集合,企业被定义为成本曲线和需求曲线,理论只是最优定价和投入组合之间的逻辑,交易发生在没有任何制度特征的背景中"①。在科斯看来,新古典主义理论中企业和市场的存在都是不言自明的既定假设,但并未回答何为这些基础假设赖以存在的前提,因此他认为"对于经济学假设应该同时满足两个条件:既是易于处理的,同时也是现实的"。② 他指出"没有交易成本企业就失去赖以存在的基础,只要在企业组织生产的成本小于通过市场展开交易的成本,企业就会出现,而企业规模边界就在企业内部组织一项交易的成本等于通过市场开展这项交易的成本之处"③。市场同样如此,在市场交易中需要健全法律规则是为减少交易成本增加交易数量。④ 总之他认为"经济体系所产生的大量制度设计要么是为了减少交易成本,要么是阻止交易成本的发生"⑤。科氏的基本观点之后被一些学者进一步发展和数学化,新制度经济学关注制度对经济所产生的重要影响,这与原教旨新古典主义理论相比较为符合实际,加之诺贝尔经济学奖本身所具有的强大引导力,科斯之外,诺斯(Douglass North)获得1993年诺贝尔经济学奖,以及与新制度经济学有重要关系的"现代

① （美）罗纳德·科斯:《企业、市场与法律》,盛洪、陈郁译校,上海:格致出版社·上海三联书店·上海人民出版社,2014年,第3页。
② （美）罗纳德·科斯:《企业、市场与法律》,第29页。
③ （美）罗纳德·科斯:《企业、市场与法律》,第8页。
④ （美）罗纳德·科斯:《企业、市场与法律》,第22页。
⑤ （美）罗纳德·科斯:《企业、市场与法律》,第23页。

合约理论"代表性学者奥利弗·哈特(Oliver Hart)和本特·霍姆斯特罗姆(Bengt Holmstrom)获得2016年的诺贝尔经济学奖,诸多因素使得其成为当今颇具影响的理论派别。

　　这里仅以受科斯和诺斯理论影响较深的周其仁教授的研究为例,以此展示新制度经济学在分析中国发展经验的基本思路。周特别欣赏科斯对"真实世界的经济学"的关注,这或许与周曾有"上山下乡"和乡村调查的实践经历有关。周强调改革开放以来中国经济增长的关键在于降低了改革前高居不下的"体制成本",从而在全球化中发挥出前文强调的"比较优势",所以在周看来"体制成本"才是理解中国经济发展的关键。他对中国经济发展经验的研究主要依据的是新制度经济学的方法,主张应该在交易成本和制度成本的基础上进一步扩展至体制成本。所谓体制成本,他指出就是指经济运行所必须支付的一种成本,体制由一系列制度构成,在由社会强制执行的产权和合约的基础上运行,体制确立、运行和改变所耗费的资源就是体制成本,体制成本的性质和变化对经济增长至关重要。①

　　因此他着重突出的是降低体制成本对中国经济发展的关键意义。以他对农村改革的基本分析为例,在他看来改革前的体制成本是极其高昂且效率低下的,在农村变革过程中,关键在于降低体制成本,"改革重新划定了集体经济产权的边界,使第一线当事人有权选用较低运行成本的合适体制,大幅度降低体制成本才打开了充分释放原本数量充裕的农业劳动力转化为现实生产力的阀

---

① 周其仁:《产权与中国变革》,北京:北京大学出版社,2017年,第264页。

门。20 世纪 80 年代中期以后,数以亿计的农村剩余劳动力转向生产率更高的非农产业和城镇部门,构成中国高速增长的扎实基础"①。归结起来,他认为中国发展关键在于体制成本降低:"这是实现经济增长的前提,中国潜在生产成本优势才开始得到激发,中国出口才开始发力,世界才得以发现中国经济拥有惊人的比较优势。"②可以看到,体制成本的概念一方面扩展了科斯的"交易成本"范围,另一方面又与其挚友林毅夫的"比较优势"论点连接并相互呼应。

新制度经济学理论实质上是将中国经济改革理解为一种"自下而上"的变革,其预设了政府权力从经济领域退出,降低了交易成本,带来了经济活力和经济发展。其理论分析的现实基础主要包括两个层面的内容:一是中国农业领域的改革和私营企业的崛起,国家废除了原来的农村公社体制,实行家庭联产承包责任制,尊重和保护农民生产的自主性,提高了农民的生产积极性,中国农业领域变革的内在动力在于农民自身,而非依赖于顶层设计,"摸着石头过河"的逻辑实质上是国家对农民自主性变革的合法性确认和推广。私人企业追求利益获得合法性,国家尊重和保障私营企业的合法权益,国家权力从中退出,带来了社会领域的活力和自主性。第二个层面主要是国家建立起现代企业制度,以法律方式确认和保障私人产权,建立现代市场经济制度和法律制度降低了交易成本,从而推动了经济发展。总之,新制度经济学派在分析中国发展经验的过程中,特别强调降低交易成本的重要意义,其预设

---

① 周其仁:《产权与中国变革》,第 266—267 页。
② 周其仁:《产权与中国变革》,第 267 页。

了国家权力从经济领域的退出带来了对私人权利的保护和社会活力。

问题在于,在实际层面中国的产权变革从未采取如"休克疗法"那样的彻底私有化,仅就农业领域改革而言,正如巴里·诺顿(Barry Naughton)所指出的那样:"土地制度并没有因此而变成私有产权制度,虽然土地由农户耕作,但正式所有权仍归集体所有,一个完全的农村土地私有产权制度并不存在。"①这里关键的实际是国家保留所有权,出让经营权。此外在经济发展过程中,地方政府大规模招商引资以及改制后的国营企业均起到重要作用,因此不在于政府是否彻底从经济领域中完全退出,而应从实践层面正视政府在经济发展中的作用并思考如何实现二者良性互动,这就需要将目光聚焦于中国经济发展中地方政府的作用上。

(三)中国的地方政府行为激励机制与中国经济发展

关于政府行为激励机制与经济发展关系的研究,与中国经济实践紧密相关。在科氏理论中这一问题实质上并未得到有效处理,其"预算软约束"概念未涉及政府内部激励机制问题,由于科氏关于政府与市场二元对立的立场,对这一问题也不可能有积极性分析。对政府激励机制与经济发展关系的关注,和中国发展进程中的现实基础有关:一是中国县属企业的发展,二是财税包干制及其后"分税制"改革,三是地方政府"招商引资"大规模兴起。这些

---

① (美)巴里·诺顿:《中国经济:转型与增长》,安佳译,上海:上海人民出版社,2016年,第103页。

基本经验现实皆不同于科氏理论所主要依赖的东欧国家的经济事实。

社会学家魏昂德(Andrew Walder)以及经济学家钱颖一等学者对政府激励机制与经济发展关系的研究,实际上扩展了科尔奈的"预算硬约束"概念分析范围,将其引入到政府行为分析中。魏指出在科氏"软预算约束"理论中,假定政府拥有固定组织特征,实际上政府管辖范围差异很大,在中国庞大的公共部门中,生产率增长最快的地方往往是所有权最明确、最容易执行的地方,预算约束越硬,越有利于推动经济发展,这使官员能够以多元化方式管理公有制企业,这正如以市场为导向的公司。[1]

与此类似,钱颖一"中国式联邦主义"(Federalism, Chinese Style)观点依据的现实基础在于财税包干制及"分税制"改革之后,中央政府在财政和税收等诸方面的放权引起地方政府之间的经济竞争,直接限制了中央政府对经济的控制,同时兼顾限制地方政府行为并提供促进经济发展的激励。[2] 而政府财政分权是转型重要方面,并衍生出两种影响:地方政府在要素流动性下的财政竞争增加了救助的机会成本("请愿效应");货币集中化与财政分权引发利益冲突从而可能加剧预算约束并减少通货膨胀("制衡效

---

[1] Andrew Walder, "Local Governments as Industrial Firms: An Organizational Analysis of China′s Transitional Economy," *American Journal of Sociology*, Vol. 101, No. 2 (Sep., 1995), p. 263.

[2] Gabriella Montinola, Yingyi Qian and Barry R. Weingast, "Federalism, Chinese Style: The Political Basis for Economic Success in China," *World Politics*, Vol. 48, No. 1 (Oct., 1995), p. 50.

应")。① 总之他认为中央分权和地方政府经济竞争是中国经济发展的重要动力。

同样,周黎安的研究受到钱颖一等学者的影响,其进一步解释地方政府间的经济竞争何以可能以及为何地方政府间会出现差距,丰富和扩展了关于地方政府行为激励机制与企业发展关系的研究。周早期研究认为 20 世纪 80 年代开始的地方官员之间围绕着 GDP 增长而进行的"晋升锦标赛"模式是理解政府激励与增长的关键线索。② 在新近的研究中,周黎安用"官场+市场"来概括和解释中国独具特色的经济增长机制和政府与市场的互动模式,这一模式整合并进一步发展了他之前提出并被较多讨论的"政治锦标赛"和"行政发包制"理论,扩展了其师青木昌彦(Aoki Masahiko)教授的"比较制度分析"的研究进路。他认为解释中国经济增长过程中需要面对的基本现实是,中国经济增长是在地方官员之间围绕着辖区经济发展的官场竞争嵌入在不同辖区企业之间的市场竞争中,而辖区企业参与的市场竞争又嵌入在政绩竞争中的基本情境展开。其"官场+市场"模式强调的是政企合作对经济发展的核心意义,任何一个良性有效的政企合作关系,必须满足三个条件,即提供政府方面的政治激励、外部的市场约束以及必要的信息反馈和引导机制,中国"官场+市场"的增长模式在总体上提供了这三

---

① Yingyi Qian, Gérard Roland,"Federalism and the Soft Budget Constrain,"*The American Economic Review*, Vol. 88, No. 5 (Dec., 1998), p. 1143.

② 周黎安:《中国地方官员的晋升锦标赛模式研究》,载《经济研究》2007 年第 7 期,第 38 页。

个关键条件。^① 在其"官场+市场"解释模式中,周不仅考虑到地区差异,更从广泛的全球史意义上突出此模式的主体性价值。

周的研究显示出较为广阔的学术视野,其在基于实践的立场上尝试突破新古典主义理论单一强调市场的基本理念,其解释模式在中国经验的基础上尝试揭示政府和市场间的良性互动何以可能及其基本框架,这与黄宗智的"第三领域"理论具有实质契合性。在周看来:"政企的密切合作既不是简单的政府干预,也不是简单的市场调节,而是政府与市场之间交互作用的'第三领域',与黄宗智所强调的国家与社会之间的'第三领域'相映成趣,促成政治精英与经济精英的合作效应,为经济发展和对外开放打造了中国式解决方案。"^②尤为重要的是二者具体研究中所显示的学术理念一致性恰如黄所提倡的那样,"将西方理论置于其历史情境中辨析、与其对话和将其重构,来建立扎根于中国实际的新理论概括"^③。虽然如此,周的研究基本未考虑非正规经济和社会不公问题,而这实际显示二者关系的多重复杂性。

四、"实践社会科学"与中国发展经验研究

因此,黄宗智对政府与市场关系问题的具体回应,主要从中国大规模非正规经济实践切入,既不同于主流理论的认知,又深刻揭示社会不平等的历史根源。其研究揭示了在主流话语中被忽略的

---

① 周黎安:《"官场+市场"与中国增长故事》,载《社会》2018年第2期,第1页。
② 周黎安:《如何认识中国? ——对话黄宗智先生》,收录于本书。
③ 黄宗智:《重新思考"第三领域":中国古今国家与社会的二元合一》,第32页。

中国发展经验中的关键恰在于政府与市场的连接,实践层面二者彼此共存,而非如新古典主义经济学理论所认为的非此即彼,因此需要正视的恰是实践层面二者并存及其实质性多重复杂关系,如此才能深入真正揭示中国发展的关键动力并反思社会贫富分化的根源。因此其研究进路主要处理的是经验与理论如何紧密连接,强调从最基本的经验事实出发,通过与重要理论对话构建解释理论,然后再回至实践中检验。经验与理论的连接既不是以理论比附经验事实,也不是以经验事实证实(或证伪)既有理论,而是关注最基本事实与重要理论间的"悖论"关系,依据经验事实决定对不同理论流派的取舍,在二者的紧密连接中构建更加符合实际的解释概念。以此角度审视中国发展经验,黄认为政府与市场的结合既是中国奇迹的关键动力,也引发了诸多问题,彼此共存且来自同一根源。黄在分析中国发展经验时,具有三个紧密相连的特征:悖论现象分析基础上的理论构建、现实问题分析背后宽阔的历史视野,以及贯穿研究始终的对弱势群体的道德关怀。所以黄的研究的重要意义不仅在于其从实践层面揭示政府与市场间多重复杂关系及其影响,更在于其研究实际具有双重批判性,即一方面以中国发展反思主流解释理论,另一方面以社会贫富分化反思政府作为,二者紧密相连,尝试"超越左右"。

首先,政府行为介入经济并非必然导致经济低效率,主流解释理论单一强调市场协调的重要性,不会考虑到政府行为在经济发展中的重要作用。黄指出对中国经济改革的理解主要来自"新制度经济学",特别强调市场化的私有公司以及相关法律所起的作用;魏昂德和钱颖一等则指出地方政府,尤其是其乡村企业扮演了关键的角色。但两种分析都不能解释 20 世纪 90 年代中期以来的经验,那就是中国经济发展的主要动力变为地方政府在"招商引资"的竞争下为外来企业所提供的大力支持。① 与此相关的是主流理论坚持政府与市场二元对立,不会正视国营公司在经济发展中的位置。黄以扎实的经验证据证明了 2000 年以来,计划经济时代的国有企业改制为盈利性国营公司,在中国快速的 GDP 发展中起到了积极作用。②

可以看到,"实践社会科学"分析的关键在于以实践中二者并存及其实质性多重复杂关系作为理论构建基本依据,通过对中国发展中悖论现象的分析以构建具有主体性的解释理论。在新古典主义的理论话语中,政府与市场二元对立,政府应从市场中全面退出,如此才能促进经济发展,更进一步将"私有化"或"市场化"等同于"发展"而构建出普适化线性因果联系,这几乎成为不言自明的前提,而中国发展过程中政府和市场的紧密结合所取得的经济成就,与西方主流理论形成了明显的悖论关系。新古典主义理论认为对经济现象的分析应该如自然科学那样,以精密化的数学公式和数量模型研究市场和生产力,排除对政府权力以及生产关系的分析,当然也一并排除道德关怀,如此才能保护市场交易主体权利和促进发展。在其理论话语中,实际上将对生产关系的分析视为意识形态构建而非学术研究。若从此角度而言,"实践社会科学"的重要意义在于启发我们以实践作为理论构建依据,正视政府与

① 黄宗智:《中国发展经验的理论与实用含义——非正规经济实践》,第 135 页。
② 黄宗智:《国营公司与中国发展经验:"国家资本主义"还是"社会主义市场经济"?》,第 8 页。

市场存在多重复杂关系,而非从既定主流理论预设出发,以此构建真正具有主体性的理论解释。

因此从分析起点上,黄的研究恰是从实践中二者并存出发,而不是新古典主义理论单一强调市场,二者结合的主要表现就是中国大规模非正规经济实践。这被主流话语忽略,然而在中国发展中则起到重要作用,同时又是社会贫富分化的根源。这里形成同样的悖论关系,即中国发展关键与中国发展问题紧密连接,而新古典主义理论否定二者间存在多重复杂关系,无法有效回应这样的悖论关系,对社会公正实现于事无补。而黄的研究从中国非正规经济实践切入,在总结中国发展经验的同时,亦蕴含对中国底层民众境遇的道德关怀。

所以这种批判性的另一重要表现,就是其同时指出正是行政参与一定程度上造成了社会不公,而非经典左派所批判的市场,其关键原因是其在庞大的"非正规经济"中有意无意地绕过关于劳动的法规。这里非正规经济所指包括农民工、下岗工人等总数达到6.64亿的从业人员,占全国7.8亿从业人员总数的足足85%,而法律往往只保护那些正规经济从业人员,而对这些真正占据绝大多数的非正规经济从业人员,却少有甚至没有劳动法规保护。[①] 通过对劳动法规演变的梳理,黄指出当前中国真正的劳动人民既不是经典左派设想的城镇工业"无产阶级",也非经典新自由主义所想象的已被整合纳入统一国内劳动力市场的劳动人民,恰是那些占据人口大多数的非正规经济就业人员,这部分群体亟需劳动法规

---

① 黄宗智:《国营公司与中国发展经验:"国家资本主义"还是"社会主义市场经济"?》,第8页。

重视和保护。[①] 他还依据扎实的诉讼档案证明,当前这部分群体多是通过迅速扩展的"劳务派遣"方式在城市中工作,而法律通过区别"劳动关系"与"劳务关系""用人单位"与"用工单位",新型的劳务派遣关系中两者是分开的,即与工人签订合同的是中介性的劳务派遣公司,而实际上管理工人的则是企业本身,其管理实施结果是在法理和司法实践中留下了一个不受法律约束的"黑洞"。[②] 黄颇具启发性地指出国家统计机构尚未真正正视非正规经济就业人员统计,其部分原因是当前的主流经济(以及社会)理论的误导。[③]从其研究可以看到,地方政府权力与形式主义法律亦有可能紧密连接在一起,加剧问题复杂性。

总之,我们从其研究中可以看到中国经济发展并非如西方形式主义理论所预设的那样,由单一因素推动并沿着既定线性模式发展,政府与市场存在多重实质性复杂关系而非简单二元对立,中国发展是诸多因素的交汇而非单一依赖市场,占据劳动者多数的非正规经济群体缺少相应的法律保护,加之政府权力与土地财政之间的复杂关系,地方政府招商引资过程中可以使企业生产成本被压低,这构成了中国的出口产品在国际市场上的优势,而政府和法律的区别对待则造成社会不平等。在他看来,社会贫富分化既是一个社会问题也是一个经济问题:它严重遏制内需,迫使中国经

[①] 黄宗智:《重新认识中国劳动人民——劳动法规的历史演变与当前的非正规经济》,载《开放时代》2013 年第 5 期,第 56 页。

[②] 黄宗智:《中国的劳务派遣:从诉讼档案出发的研究(之一)》,载《开放时代》2017 年第 3 期,第 128 页。

[③] 黄宗智:《中国被忽视的非正规经济:现实与理论》,载《开放时代》2009 年第 2 期,第 56—58 页。

济继续依赖不可持续的出口来推动发展。①

　　因此"实践社会科学"与形式主义理论的重要差异,在于是否真正从实践出发并正视社会变迁的复杂性和多元性,正视政府与市场间多重实质性复杂关系而非简单将其二元对立。新古典主义理论以线性式思维来看待中国实际,其不会注意到中国变迁过程中的复杂实际和社会不公,因其认为市场化和私有化能够解决一切问题,未来社会趋于一元化。此种思维方式具有明显的普适化取向,否定历史多元性,形成一种泛市场化解释,忽略制约经济变迁的最基本社会事实。而在黄的研究中,我们可以看到中国的土地—人口关系与市场等会形成复杂互动关系,为经济发展设置界限并最终影响经济变迁。② 新古典主义理论不会注意到中国庞大的非正规经济从业人员,不会思考中国非正规经济的历史根源,所以这就体现出黄在分析非正规经济与中国发展关系时贯穿着厚重的历史理性精神,其从实践层面深刻揭示中国发展中政府和市场间形成如此复杂关系的历史根源,而这与形式主义理论研究进路明显不同。

　　黄对二者结合实践表现的中国非正规经济的根源的分析,紧密围绕着中国历史的基本实际,即土地—人口关系及其所展示的糊口农业经济下基本行为逻辑即生存逻辑而进行,从实践层面深刻揭示出政府和市场得以形成如此复杂关系的历史根源,而恰是

---

① 黄宗智:《国营公司与中国发展经验:"国家资本主义"还是"社会主义市场经济"?》,第9页。

② 黄宗智:《明清以来乡村社会经济变迁:历史、理论与现实》,载黄宗智:《实践与理论:中国社会、经济与法律的历史与现实研究》,北京:法律出版社,2015年,第349页。

此种区别于西方历史实际和基于实际的行为逻辑的多元性,为构建具有主体性的解释理论提供了坚实基础。在对华北地区农业经济演变的经典研究中,黄区别"家庭式农场"与"经营式农场"后发现两种农场组织在劳动组织方面不同,但在亩产量层面则基本一致,比较两者的生产率,发现其间差别主要是对人口压力反应不同。前者主要依赖家庭劳动力,无法根据需要解雇自家多余劳动力,在生存压力之下,对剩余劳动力的存在不能充分使用无能为力,单位面积的劳动投入远大于经营式农场,此种劳动力集约化的程度可以达到远超过边际报酬递减的地步。系统检视和比较两种农场的历史演变后,发现华北地区近三个世纪的商品化和人口增长的两大趋势下,占总数绝对比例的家庭式农场所依赖的是农业+手工业和打短工。① 其背后的逻辑实质上是糊口农业下生存逻辑的长期延续。纵然是传统中国最富裕的长三角地区,农民经济行为依然显示出同样的逻辑。长三角地区的过密型增长并未采取在水稻栽培中进一步劳动密集化的选择,因为它已经达到高产台阶,不能无限制提高,面对日益增长的土地—人口压力而不得不寻求不同的出路,而日益转向劳动更为密集的经济作物,尤其是棉花和桑蚕,家庭经济必须同时依赖种植业+商品化的家庭手工业,否则难以维系生存。即使是中国先进地区长江三角洲在近代仍然是长期徘徊于糊口水平,小农经济可在高度商品化的条件下持续,并支

---

① 黄宗智:《华北的小农经济与社会变迁》,北京:中华书局,2000 年,第 14—15、65—66、301—303 页。

撑非常高水平的市场扩张。① 而大规模非正规经济群体的经济行为所显示的仍然是糊口农业下的生存逻辑。实际上无论是"农业+手工业和打短工""种植业+商品化的家庭手工业"还是当代"半工半耕",皆说明了生存压力下单一依靠农业生产无法维持正常生活,当今中国乡村基本事实之一的劳动力大量外流即是其主要例证,这些外流的劳动力构成了中国非正规经济群体的主体。② 总之,正是此种糊口农业才是中国非正规经济的历史根源,生存逻辑下的半工半农身份的长期延续与斯密(Adam Smith)以及马克思(Karl Marx)所描述的西方经济变迁及其展示的行为逻辑皆明显不同。由此可见,黄所追求的并非普适化理论构建,而是在对中国社会实际最基本事实进行分析的基础上,与各派理论的对话,形成新的分析概念,以此推进对经验事实和理论的认知,而正是中国历史实际以及基于实际的行为逻辑的多元性,为构建具有主体性解释理论提供了基础。

所以黄的研究乃是建立在深厚的历史分析基础上,这也是其与布迪厄(Pierre Bourdieu)的"实践理论"学术特征上的关键不同。这里要简要提及布的基本观点,布迪厄根据观察者与被观察者的距离而区分认识论中的客观主义和主观主义,前者不依赖于主体意志的客观规则(结构、法则、关系系统等)处于绝对优先地位,布认为这实际上肯定了观察者的认知特权,因其并不考虑与作为客

---

① 黄宗智:《长江三角洲的小农家庭与乡村发展》,北京:中华书局,2000 年,第 13—14、78—80、85—86、305—308 页。

② 黄宗智:《制度化了的"半工半耕"过密型农业(上)》,载《读书》2006 年第 2 期,第 30—31 页。

观化活动的条件和结果的原初经验相关的距离和外在性问题；后者则完全将本土经验和其本土表象决裂而纯粹关注规则和表象，将观察者与观察对象之间的距离绝对化，实际上仍是一种二元对立的思维。在对主体行为进行解释的角度上，布迪厄既批判意志主义以目的论视角完全用意志（如预期利益、意向行动目标等）解释行为决定而拒绝考虑条件限制的做法，因为意志主义理论以理性决定为唯一依据来解释"理性行动者"的行为，特别是其偏好在时间中的恒定性和连贯性，布迪厄也反对结构主义将历史与社会简化为"没有主体的过程"的做法，这等于用一个受制于某种自然史的过时法则机器人来代替意志主义的"有创造力的主体"，其实是使意志完全机械式服从外在结构。因此他指出以最严密方式对尽可能多的事实做出解释的逻辑模型虽具有价值，然而若将逻辑模型当作实践活动的真正原理也就意味着放弃真正原理，逻辑模型就会变得虚假和危险。① 在布迪厄看来，正确途径是探索实践的逻辑，因为实践逻辑更具有复杂性、多样性、包容性等特征，它既不完全合乎逻辑又不完全不合逻辑，既不完全受到控制又不完全是无意识的象征体系方面的本土经验。② 以布迪厄为代表的实践理论对反思社会科学中形式主义理论提供了诸多启发，这里的关键正如秦亚青教授所指出的那样："实践理论实际上是将知识分为表象性知识和背景性知识两类，前者导向理性行动，后者导向自发行动。由于行动在大部分时候和大部分情境中受到背景性知识引

---

① （法）皮埃尔·布迪厄：《实践感》，蒋梓骅译，南京：译林出版社，2003 年，第 17—18、22—23、29、37—40 页。

② （法）皮埃尔·布迪厄：《实践感》，第 133—136 页。

导,背景性知识才是行动的主要驱动和基本逻辑。因此,促成行动的基本要素不是理性,而是行动者的历史、经历、文化和实践。"①秦正确地指出此种转向的意义不仅在于挑战了西方主流理论的理性主义假定,更重要的是为"他文化"语境中的社会理论创新开拓了合法性空间,因为背景知识强调行动者的实践经验,实践经验的多元本质决定了文化的多样性,而文化多样性又指向了多元理论构建。② 然而令人遗憾的是,布迪厄在自己的具体研究中并未能真正做到他所追求的理论主张,其研究仍然是横切面式的,缺乏对历史变迁的关注。

与布迪厄明显不同,黄的研究具有深厚的历史感,其以宽阔的历史视野分析中国社会变迁,对当代中国发展经验的研究贯穿着历史理性精神。此种历史视野首先是中国社会的复杂性所决定的,因为近代中国的基本实际即是中西纠葛、彼此交杂,中西之间早已是"你中有我,我中有你"的状态,单纯对社会的横切面进行观察,实际上无法深入认识到中国社会的复杂性,当代社会的复杂状态实际上是近代以来中国大规模社会结构变迁的反复累积的结果。另外黄的研究特别关注表达层面与实践层面的复杂关系,这同样与布迪厄不同,这对认识中国社会同样非常重要。此外,黄的研究具有明显的历史主体性意识,中国历史和文化传统等与西方存在诸多不同,这样的实际具有深刻的韧性,面对这样的基本事实,中国的未来并不必然如西方,中国问题的解决也应根植于中国

---

① 秦亚青:《行动的逻辑:西方国际关系理论"知识转向"的意义》,载《中国社会科学》2013 年第 12 期,第 188 页。
② 秦亚青:《行动的逻辑:西方国际关系理论"知识转向"的意义》,第 189—190 页。

的社会实际,而不是简单学习西方。此种关键差异所显示的其实是背后学术理念的不同,布迪厄仍是一个具有将理论普适化倾向的理论家,而黄特别强调基于实践基础上的符合真实的理论概括,无意于普适化理论构建,因为这往往是违背真实的。

最后需要强调的是,尽管"实践社会科学"强调依据实践对主流形式理论进行反思,然而这并非意味着其认为实践皆是合理的,实际上黄对中国发展经验的研究贯穿着明显的道德理念,这就使得"实践社会科学"研究不仅是回顾性的,同时具有明显前瞻性。与所谓韦伯(Max Weber)意义上的"价值中立"和形式主义逻辑基本将"去道德化"等同于"理性化"的理念明显不同,这里的关键不在于学术研究中是否需要道德理念和价值,而是如何将道德理念与求真结合在一起,并将其作为探寻学术真理的重要动力。① 其实可以看到,黄的研究贯穿着对社会底层民众命运和希望其得到公正待遇的道德关怀,这实际上也是黄对这一问题持续探索的重要动力之一,同时也是他荣休之后回到国内教学并直接参与中国学术主体性建设的重要动力。黄在研究中特别强调儒家准则"己所不欲,勿施于人"和康德(Immanuel Kant)"实践理性"来反思实践,由于其已有诸多具体阐释②,此不赘述,但其实质上所显示的则是以此连接实践与前瞻性分析以及对中国发展中社会公正问题的深刻关怀。其实说到底,黄在对中国发展经验的研究过程中,所表明

---

① 黄宗智:《问题意识与学术研究:五十年的回顾》,载《开放时代》2015 年第 6 期,第 123 页。

② 黄宗智:《道德与法律:中国的过去和现在》,载《开放时代》2015 年第 1 期,第 87—89 页。

的正是我们应该正视和直面人类经济世界与自然世界的本质不同,正如他所指出的那样:人间世界充满主观性、多元性和偶然性,需要通过主观与客观、多元与单元、偶然与规律间的互动来理解。社会科学应拒绝形式主义的方法,从立足于经验证据之上的归纳出发,然后应用演绎逻辑从中导出可靠的推断与假说,然后再返回到经验世界中检验,这是一个永不停息的过程,其目的是形成在特定的经验条件下和限定范围内适用的理论与洞见,而非去试图构建普适与绝对的真理。① 实际上唯有如此,才能超越二元对立思维和价值立场分歧,真正建立起符合中国实际的具有主体性的解释理论。

五、结语

二元对立思维显然并不会随着冷战结束而终结,然而在学术研究层面我们需要超越二元对立思维,从实践中提炼更加符合现实的理论。科尔奈关于社会主义体制综合性的研究发表于 20 世纪 90 年代初,当时伴随着东欧剧变和苏联解体,西方流行理论思潮则是单一强调西方价值,并将此种西方式线性理论扩展成为"普遍历史"意义的解释,科氏理论中二元对立思维与其既往研究相比则更加明晰和突出。与此类似的还有如"公共领域"社会理论在西

---

① 黄宗智:《社会科学和法学应该模仿自然科学吗?》,载《开放时代》2015 年第 2 期,第 158 页。

方的流行,其所带有的既定价值预设则是以"市民社会"对抗"政治国家"。① 几乎与此同时,黄宗智从方法论层面强有力反思了二元对立思维对学术的影响,其指出从西方理论来看中国,实际存在着多种"悖论现象",而正是这种各方并存的确实性对现有理论的因果观念形成强烈冲击力。② 中国发展经验对构建具有主体性的解释理论提供了深厚的实践基础和多重启发。

这种启发首先是提醒我们实践对于理论构建的关键意义。这里的"实践"主要是相对于"理论"以及"制度"等而言的具体实践和制度具体运作。首先,实践具有开放性,而理论由于强调逻辑自洽因而往往是封闭的,我们可以依据新的重要实践提出新的重要解释,逐渐会形成新的理论体系,如此循环往复;实践又是确定的,我们在此种确定的事实基础上提出解释,可以减少价值立场层面的分歧,在相对共识的层面提出理论主张,能够促进知识的实质增长;此外实践也是复杂的,对立的范畴在实践层面可以彼此共存,我们依据复杂的实践提出理论解释可以对既有理论形成一种反思。恰如黄所说的那样,当代中国政治经济体制是多重悖论的综合体:既包括过密化的糊口小农经济,也有计划经济体系下庞大的国营工业体系,以及市场化转型下私营企业的兴起,当然还包括国有企业抓大放小的私有化以及大型国企的盈利化等,面对如此复

---

① Symposium:"Public Sphere"/"Civil Society" in China? Paradigmatic Issues in Chinese Studies, III, *Modern China*, Vol. 19, No. 2(Apr.,1993),p. 183-198.

② 黄宗智:《中国研究的规范认识危机——社会经济史的悖论现象》,载黄宗智《实践与理论:中国社会、经济与法律的历史与现实研究》,第55—57页。

杂的多重悖论综合体,显然不是任何一种理论所能完全阐明的。①
而这也恰是我们可能实现理论创新的重要基础,对既有主流理论
形成强有力的反思。

其次,理论的作用主要在于提出问题,而不在于给出答案。
"实践社会科学"强调依据实践对理论进行取舍,由于实践是复杂
的,而理论则往往是单一突出事物的某种特征和某个层面,这就容
易出现实践的复杂性与理论的高度简化之间的矛盾,我们需要依
据实践对不同的理论进行检验和取舍,由此才能概括出更加符合
实践的理论解释;另外其强调在既有多种理论体系之间的争论和
共同信念中帮助我们认识悖论现象,这样的认识可以对既有的理
论认知和因果联系进行反思,有助于我们构建更加符合实际的重
要理论解释。② 因此启发我们在主流形式主义理论之外,应同时关
注其他理论流派,这需要以更加宽阔的学术视野和更具包容的学
术心态研究中国发展经验。

最后,经验与理论的连接不在于将理论进行普适化,而在于符
合真实的抽象概括。西方启蒙运动以来人们在关于如何认识客观
世界的问题上形成了明显的"主体—客体"二分的观念,并认为主
体依据科学方法能够认识客观世界中的所有事物,与此紧密相连
的是,认为研究人类社会而获得的知识应和自然科学一样具有普
适性,所以更多学者往往更容易致力于普适化理论的构建工作,仿
佛如此,学术工作才有意义。"实践社会科学"的重要启示在于,应

---

① 黄宗智:《实践与理论:中国社会、经济与法律的历史与现实研究(导论)》,第
　　24 页。
② 黄宗智:《中国研究的规范认识危机——社会经济史的悖论现象》,第 62—63 页。

该正视人类社会与自然世界的差别,正视经验世界的复杂性以及人类经验的特殊性。其实历史和实践表明任何国家的发展经验皆不具有"普遍历史"意义,违背真实的普适化则会带来诸多问题,而不同国家的发展经验皆可以为人类发展道路贡献重要智慧。同样,理论构建的关键在于依据实践作出符合真实的理论概括,而不在于违背真实的普适化,这样才能超越二元对立思维和意识形态分歧,那样的学术由于是追求真实且是符合实际的理论概括,唯有如此,才会真正具有长久的生命力。

问题意识与学术研究：五十年的回顾[①]

黄宗智

（中国人民大学法学院、加利福尼亚大学洛杉矶校区历史系）

今天回顾，我清楚地认识到学术研究也是一个自我认识和理解的过程，其中的关键也许是个人心底里最关心的问题。对我来说，主要是在中西思想和文化的并存和矛盾之中，怎样来对待其间的张力、拉锯、磨合，甚或融合和超越。这既是一个认识的过程，也是，甚至更是感情层面上的过程。这样的矛盾可能成为迷茫和颓废的陷阱，但也可以是独立思考和求真的动力；它可以使自己沮丧，但也可以成为深层的建设性动力。

我自己的启蒙训练是侧重经验证据的历史学，不太关注理论。之后，正是中西之间的张力促使我在写完博士论文并将其修改补充成为第一本专著之后，开始系统地研读理论，尤其是马克思主义和新自由主义理论。之所以同时关心两者，除了作为学术问题之外，还有更深层的感情因素：在我的心目中，父亲——作为一位早期(1911年)庚子赔款留学生、哥伦比亚大学1918年的经济学博士——代表的是美国，也是资本主义和科学主义，而母亲——作为一位耕读世家的闺秀，不懂英文——代表的则是传统中国文化和

[①] 感谢张家炎、高原、景风华、蒋正阳、程瑶瑶、赵刘洋的仔细阅读、反馈和建议。

农村。同时,毛泽东时代的中国代表的是和父亲所接受的西方教育截然不同的理论和意识形态①。

我的博士论文《儒家的自由主义者:梁启超与现代中国》(Huang,1966,以下简称"《自由主义》")是在导师萧公权(和父亲)的影响下所写的,除了尽可能精确地梳理梁启超的思想之外,更试图认同于萧老师和父亲都十分推崇的西方古典自由主义,包括其经济和政治思想,想在梁启超的思想和西方的古典自由主义之间划上等号,更在其中发现人生和学术的最终价值。同时,也试图尽可能模仿萧老师所做的,根据他自己深厚的旧学问根底(十三经中他能够背诵十二),从中国传统思想中挖掘倾向西方古典自由主义的因素,因此在台湾搜集博士论文材料那年,师从康有为(最后)的"天游"辈弟子爱新觉罗(刘)·毓鋆②学习今文经学。

但是,对我来说,无论在认识上还是在感情上,该篇博士论文的研究和写作都远远没有解决自己心底里最关心的矛盾和问题。那篇博士论文和之后在其基础上写成的专著(Huang,1972),在自己内心所引发的其实是对学术的一种负面反应:缺乏兴奋感,一度甚至陷入不十分在乎的心态,把博士论文的修改工程一直拖到为了保留自己在美国加利福尼亚大学(以下简称"加大")洛杉矶校区(UCLA)的教学职位(终身权考核),方才迫不得已地"完成"了这本书。同时,在完成此作之前,由于相反的感情驱动,便已经开始越来越认同于当时(毛泽东时代)的中国及其所提倡的思想/意识形态。而且,由于一种几乎是天生的,也是由于对母亲的感情驱

---

① 我对"意识形态"的理解是:背后有政治权力在推动的理论。
② 爱新觉罗氏奕、溥、毓、恒辈中"毓"字辈的"王爷",俗姓"刘"。

动,要求自己更多地关心普通老百姓,尤其是农村人民。那些感情因素都没有在那本研究梁启超的书中得到表达,之后也就逐步脱离了集中于精英的思想史研究。

那样的转向的一个关键动力是因为自己在价值观上,一直把"老百姓"的福祉认作人生和学术的最高目的和价值。记得早在八岁那年(1948年),由于在报纸上看到上海在一夜之间居然冻死了三千人,而自己的家庭则处于近乎"朱门酒肉臭"的状况,我感到非常震撼,觉得世界上绝对不应该有这样的现象,觉得中国的贫穷老百姓实在经历了太多的苦难。出乎意料的是,这种感情和认识居然会牢牢地在自己心底里扎下了根,成为自己对这个世界的一个基本认识。其后,从自己儿童时期特别喜爱的《水浒传》《三国演义》和武侠小说中,这种有点类似于侠义和抱不平的精神和价值观得到了更多的营养。

没想到的是,这些感情因素居然会在自己三十来岁之后推动了我对中国革命的认同和思想上的左倾。但那样的倾向是和之前的古典自由主义倾向并存的,因此形成了比较矛盾的思想和心态。

事后回顾,我才认识到那两种倾向的并存以及其间的张力才是真正决定自己学术研究的基本问题意识的关键。在1972年获得了加大终身权以及伴之而来的事业上的安全感之后,我便有强烈的冲动要凭借自己的专业训练(扎实的经验研究),试图通过学术来为内心的矛盾追求答案。我所设想的是,要找到最翔实的历史资料,通过研究来解答古典(以及新)自由主义和马克思主义理论到底孰是孰非的问题:哪一方更契合中国实际,对理解中国的实际更有帮助? 为此,我花了足足两年时间浏览各种各样的历史材料,最终发现"满铁"(南满洲铁道株式会社)的大量中国农村调查资料乃是自己所看到的最翔实的材料,由此决定完全投入其中,想通过严谨的经验研究来解决内心的深层问题。当然,选择这样的题目和材料,其实已经脱离了从父亲和导师那里承继的对西方古典自由主义的偏重。

当时没能看到的是,自己在那个阶段想要解决的问题才是自己心底里真正最关心的问题,其后成为决定我一生学术生涯的主导问题。而且,正因为其来自内心深处,给予了我的学术研究强烈的动力。投入其中之后,我发现自己比对之前关于梁启超自由主义思想的研究兴奋得多,觉得学术研究具有无穷的趣味。

后来回顾,我才清楚地认识到,自身的一个给定实际乃是中西方在理智和感情两个层面上同时并存的实际,并理解到这也是中国近现代历史的给定基本实际,无论简单拒绝哪一方都不可能达到内心的平衡和稳定。自己真正需要的是用学术来探索两者分别的对错,从其对比中得出对两者的新的认识、磨合与融合乃至超越。而同时也由于那样的追求,促使自己在两者之外,发现了更具洞察力、更符合中国农村实际的实体主义"第三"理论传统——那是我第一次接触到西方的非主流"另类"理论,对自己之后的学术研究起到了较大的影响。

同样关键的是内容丰富翔实的"满铁"调查资料。它使我清楚地看到了中国农村的一系列基本实际,包括华北和江南两地农村的社会结构和农业生产的基本面貌,并允许我凭此来对三大理论传统做出有经验证据依据的抉择和取舍。譬如,看到大多数农民的贫穷,看到大多数村庄是由土地耕种不充分的小农场所组成的,看到农村社会的半分化(而不是简单的阶级分化和对立)状态等。而为了理解那些实际情况,需要同时借助三大理论传统的不同部分。后来,我有幸获得了在华北调查顺义县(今北京市顺义区)沙井村的机会,以及在江南深入调查松江县(今上海市松江区)华阳桥村的机会,模仿"满铁"材料所展示的调查方法,每节与两三位农民进行"座谈",每次集中于几个题目,并随时灵活跟踪询问,每节半天,在1983、1984、1985和1988年共积累了101节的访问调查的详细笔记。其中关键在于具体询问,虚心吸纳。

其结果就是拙作《华北的小农经济与社会变迁》(以下简称"《华北》")(Huang,1985;黄宗智,[1986,2000,2006]2014a)和《长江三角洲小农家庭与乡村发展》(以下简称"《长江》")(Huang,1990;黄宗智,[1992,2000,2006]2014b)。这两本书在美国的中国研究学术界得到了较高的评价,获得本领域的两大奖(美国历史学会费正清最佳著作奖和美国亚洲研究协会列文森最佳著作奖),也奠定了我的"学术地位"。但是,就我内心来说,更重要的是之后两本书的中文版在国内所获得的认可,一再重版,不仅被许多学者和研究生,也被许多本科生所认真阅读(而在美国的学术环境中,因为它们是相对高度专业化的著作,根本就没有可能在本科生课程中被选读)。对我个人来说,最重要的也许是,后来获知我所调查的两个主要村庄的村民认为拙作乃是"比较客观"的研究。

这两本书基本上是在我进入"不惑之年"之后才作出的专著(惭愧得很)。它们基本确定了我之后一贯的学术研究方法,即要求在最翔实可靠的经验证据的基础上来决定对不同理论及其不同部分的取舍,采用的是结合多种理论传统中的洞见的方法。由此得出的一个特别关键的认识是,中国的经验实际相对于西方理论来说多是"悖论"的,①从而试图探寻、建构更符合中国实际的新概念(Huang,1991;黄宗智,[1993,2006]2014d)。在后一过程中,特别借助于非主流的"另类"理论传统。整个过程中的关键是不墨守任何一种理论,而是针对实际而"活学活用"现有理论资源,并且随时按需要而建构新的概念——只要其有助于理解自己所看到的经验实际。

经历了以上学术阶段之后,中国与西方、马克思主义与古典(以及新)自由主义之间的张力和矛盾在我的思想和研究中进入了比较稳定共存的状态(虽然仍然惯常地相互拉锯),但是,在我的学术思想中,仍然有一个比较基本(虽然也许并不同样尖锐)的矛盾尚待处理,即自己原先所选择的侧重主观主义的思想史,以及后来转入的比较倾向客观主义的社会经济史两者之间的张力。与以上所述的中西矛盾"问题意识"不同,这是个比较纯学术性的问题,不多涉及深层的感情因素。同时,也受到西方新兴的后现代主义思想潮流的冲击——它所侧重的是主观层面以及"话语",也可以说是马克思主义所谓的"上层建筑",而不是客观层面、决定性的"下层建筑"。再则是中国改革时期的转向,同样包含对唯物主义的反作用,以及对主观文化和话语的侧重。

在那样的思想转向中,自己一旦接触到新开放的(类似于"满铁"那样翔实和未被充分利用的)诉讼案件档案,便很自然地被法

---

① 这是我对英语"paradoxical"一词的翻译,特别是指一对(从西方理论看来乃是)不可并存的矛盾现象,但在中国历史经验中是并存和真实的,例如:没有发展的商品化、没有发展的增长、没有城镇化的工业化等。

律史研究所吸引,觉得这个课题既包含主观也包含客观维度,可以借此来把主观维度纳入自己的研究。虽然如此,自己在法律史领域中所选择的问题——主要关乎农村人民生活的法律问题——仍然体现了跟之前同样的对普通民众的认同与关怀。在研究方法上,则一仍其旧地要求自己通过翔实的经验证据来决定对不同理论的取舍。除了档案材料之外,再次有幸获得了深入松江县华阳桥村(后改名为甘露村)做实地调查的机会,在三次回访中通过同样的方法来了解村镇级纠纷处理制度(尤其是调解)的实际运作,为后来关于当代民事法律实践的《过去和现在:中国民事法律实践的探索》打下了基础。

与后现代主义理论不同,我从丰富的材料中看到的不仅是话语/表达的关键性/决定性,更是其与实践的并存和拉锯。在《清代的法律、社会与文化:民法的表达与实践》(以下简称"《表达与实践》")(Huang,1996;黄宗智,[2001,2007]2014e)研究过程的前半段,自己特别关注的是两者间的"背离"("说的是一回事,做的是另一回事"),但在后半段则更看到两者之间的并存和抱合,既是矛盾和充满张力的抱合,也是相互作用和融合的抱合("合起来又是另一回事")。固然,这样的矛盾抱合认识与我以上总结的思想和感情中对立的二元长期并存也有一定的关联。同时,我也认识到,自己本身最深层的矛盾其实也就是近现代中国长期以来的深层矛盾的一种体现。而作为一个特别关心近现代中国以及在感情上向其认同的知识分子,我所经历的思想和感情斗争其实也是这个庞大的历史过程中的一个小小的体现。

对我来说,这样的体会所带来的是更深的责任感,觉得自己

"求真"的意图似乎因此更为重要,更需要坚持。其结果是两本法律史的拙作《表达与实践》和《法典、习俗与司法实践:清代与民国的比较》(Huang,2001;黄宗智,[2003,2007]2014f)。前者关注的主要是清代法律体系中表达与实践的既背离又抱合;后者则更具体地探讨了清代和民国法律体系中的法律条文、民间习俗与司法实践三个维度的相互作用,论析司法实践乃是协调条文和习俗的关键。而且,通过长期的积累,司法实践本身也会成为法典和习俗变迁的重要动力。当时,由于这个新开辟的领域的吸引力以及自己在加大所创办的中国研究中心,吸引了一群特别优秀的青年学者,包括我的妻子白凯教授,一起来探讨这个新领域(见黄宗智、尤陈俊[编],2009),那也是自己当时学术研究的一个重要动力。

再其后,在自己从加大退休之后的最近十年,从主要为英语读者写作到主要为中国读者写作,从主要教美国学生到主要教中国学生的转变之中,我发现自己在问题意识上也有一定的改变。之前在美国,一定程度上受到美国学术环境的影响(虽然也同时一直在与其斗争)。在最近的十年之中,则在之前的问题意识之上,更明确地添加了两个问题:自己之前的历史研究对理解中国当前的现实有什么帮助?面对今天的现实,中国的未来该是什么样的图景,该怎样从这里走到那里?①

两个新问题的形成使我认识到身处美国的中国研究环境之中和身处中国的学术研究环境之中的问题意识的不同。美国的中国研究最关心的不会是探寻中国未来最佳途径的问题,而是关乎美

---

① 这绝对不等于是什么执政者的政策研究,而更多的是对其的反思,以及关乎大方向的研究和思考。

国流行的理论/意识形态的某些问题,或者是美国对中国的政策问题。固然,我过去并没有让自己被完全纳入美国的中国研究的主流问题意识,更关心的是自己由于不同的背景而形成的心底里的问题。即使如此,在一定程度上无疑仍然受到其影响。但在最近的十年之中,一旦加上了上述的和中国现实与未来直接相关的问题,才真正认识到中国和美国的中国研究基本问题意识的不同。

以上的变化促使我在近十年中完成了连接《华北》《长江》两部著作,同时关注当代中国农村现实以及发展出路问题的《明清以来的乡村社会经济变迁》第 3 卷(超越左右:从实践历史探寻中国农村发展出路)(黄宗智,2014c,此书没有英文版);以及连接自己关注清代的《表达与实践》和关注清代到民国的《法典、习俗与司法实践》两部著作,同时关注当代法律和中国立法途径的《清代以来民事法律的表达与实践》第 3 卷(过去和现在:中国民事法律实践的探索)(黄宗智,[2009]2014g;Huang,2010)。此外,也写了一系列关于农民工和中国的"非正规经济"以及中国改革时期发展经验的文章(例见黄宗智,2009a,2009b,2010,2011a,2011b,2012,2013,2014a,2014b,2014c,2015b),试图通过那样的研究和视角来理解中国社会、经济和政治体制的整体。

这里应该附带说明,无论是农村和农业的研究还是法律及其实践的研究,自己一直都觉得其关键在于核心问题本身,而不在于人为的学科或历史时期/朝代划分。为了求真,为了解决自己关心的问题,学科和时期的划分都没有太大的意义——重要的是解决问题,而问题本身绝对不可能被任何学科或时期所限定。下面转入比较细致的叙述,重点在于个人所处情境与自己的问题意识和学术研究抉择之间的关联。

一、从《自由主义》到《华北》与《长江》

在我(19到25岁)读研究生时候的20世纪60年代的美国,中国研究学界的主要划分是我所就读的"右派"的华盛顿大学(以下简称"华大")"远东及苏俄研究所"(Far Eastern and Russian Institute,以下简称"远东所")和哈佛大学的比较"自由"(liberal)的中间和中靠左政治立场的中心。① 华大所代表的是美国国内针对"共产中国"(Communist China)的政治立场,与美国政界右派(anti-communism)势力有紧密关系的所谓"反对联合国纳入共产中国的百万委员会"(Committee of One Million against the Admission of Communist China to the United Nations)的立场基本一致。

但是,这并不排除优秀的学术研究,包括当时远东所规模较大的"太平(天国)叛乱"(Taiping Rebellion)研究项目,由多位教员分别承担其某一方面的研究,而我(在华大所跟从)的导师萧公权便是其中最突出的一位,其所承担的是《中国乡村:十九世纪的帝国管制》(Rural China: Imperial Control in the Nineteenth Century)(Hsiao, 1960)研究。今天回顾,我仍然清晰地记得当时我们两三名博士生受邀旁听每周一次的"近代中国"教授学术讨论,特别崇拜萧老师

---

① 英语"liberal"一词在美国近半个世纪中经历了比较显著的变化,并由此延伸到中间和中靠左政治立场的意义,描述的主要是民主党而不是共和党的政治立场。后来,在新保守主义兴起的美国政治环境中,"liberal"被共和党成功地描绘为几乎等于是"左倾"的含义,将其从原先的褒义词转化为贬义词(the "L" word)。这是中文"自由"一词无法捕获的含义和演变。

所展示的极其明晰的思维和非常渊博的学问。

在时事的工作上,远东所则主要由正副两位主任乔治·泰勒(George Taylor)和佛兰斯·麦克尔(Franz Michael)所代表。他们的基本论点是,中国的共产主义运动、毛泽东的地位确立以及中国革命的成功都是"国际共产主义的阴谋"所制造和促成的。这个观点主要体现于泰勒和麦克尔所合写的教科书《现代世界中的远东》(Michael and Taylor,[1956]1964:例见第412、413、430、432页)。我当过该课程的助教。正是在那样的环境之下,我在萧老师的建议下写了《自由主义》这篇博士论文。

华大的主要对手是哈佛大学由费正清领导的中心,当时代表的是更接近民主党的中间和中靠左政治立场的观点。与华大不同,他们的研究多侧重于中国共产党运动的中国特色和历史根源,认为即便是其意识形态,也和原来的马列主义有一定的不同。其代表性著作是哈佛大学在这方面研究的主要学者史华慈(Benjamin Schwartz)的《中国的共产主义和毛泽东的兴起》(Schwartz,1951),论证了毛泽东思想含有一定的民族主义和来自中国传统和农村社会的因素,与斯大林和苏联的共产主义十分不同。在中国是否该被纳入联合国的关键问题上,他们的立场和"百万委员会"截然不同,提倡的是对国共斗争比较中立的观点,倾向于需要与新中国建交的观点。

到了20世纪60年代后期和70年代,美国学界和舆论逐步抛弃了之前的极端反共意识形态,费正清等人的观点成为主流。我自己当时正在勉强完成自己的《自由主义》专著,但是同时,由于认同中国的感情的推动,也由于对古典自由主义思想的不满(觉得它无力解决中国普通人民的困境),逐步走向了更关心民众的马克思主义思想。当时,在越南战争和美国全国的反越战运动大环境之下,许多优秀的中国研究青年学者显示了对革命运动的同情,逐步质疑其老师们的政治立场和观点,认识到越南革命的民族解放内容,把美国在越南的大规模武装干涉认定为源自帝国主义的侵略战争,从而对西方帝国主义的历史和现实提出了根本性的质疑和批评。在学术界,是从聚焦于统治者/当权者的(费正清代表的那种)政治史和外交史,转向民众史/社会史。在理论界,则是"左派"理论的兴起,主要从马克思主义和实体主义的观点来质疑之前的主流(自由主义)理论。其中,尤其是历史社会学家查尔斯·蒂利(Charles Tilly)的理论(Tilly,1964,1975a,1975b),影响了一整代人的中国研究。到20世纪70年代后期和80年代,社会史研究和左派理论已经成为近乎主流的学术,在各大院校开始具有一定的实力,甚至掌权。

在那样的环境之下,我全力投入了根据特别丰富的"满铁"材料而展开的中国农村研究。当时大部分材料是我从斯坦福大学东亚图书馆丰富的民国时期史料中复制得来的。而当时该图书馆管理人不知是有意还是无意,略去了关键的《中国农村惯行调查》(1952—1958)六卷本的索引。没想到,这正好逼迫我要特别详尽地逐句阅读和梳理这些材料,根据其经验证据(除了关于每户的基本经济情况之外,主要是围绕一个个题目的具体询问访谈记录),一个一个地用大量的卡片来整理和重建被深入调查的六个村庄,而不是像一般使用这些材料的学者那样,仅凭从索引查出与研究课题直接相关的片断来使用。由此,我得出了对马克思主义和自由主义理论各部分取舍的依据。最终除了用上两大敌对理论传统中符合经验证据的部分之外，我发现实体主义理论洞见能够更好地协助我们理解农民的大多数的经济行为，由此得出了两书的基本分析框架，并构建了一些新的概念。

以上的工作——做民众的社会经济史研究，从主流古典自由主义理论之外吸取别的理论资源——显然受到当时的美国学术环境中进步思想的影响。虽然如此，我个人和美国（中国研究）学术界的总体转向也有一定的不同，尤其是与其"领军"的比较高度理论化的学者有比较显著的不同。今天回顾，那些差别主要来源于自己的经验研究积累（和比较强烈的经验主义倾向），譬如，看到华北平原的农村只有较低比例的耕地是被租佃的，并且只有较低比例的村庄是存在在村地主的，所以，我不可能接受简单的意识形态化的革命建构，即认为中国农村革命主要是一场反"封建"，即反地主反租佃（生产）关系（即地主通过地租对佃农的"剥削"）的阶级革命。同时，看到无论在华北还是在江南，大多数的农民仍然主要在为生存需要而进行其经济决策，所以，我不可能接受简单的、像新古典经济学理论家舒尔茨（Schultz, 1964）的建构，认为农民在市场机制下，个个都处于劳动力和其他资源的最佳配置状况下；也不可能接受农民都是所谓的"理性经济人"和潜在（追求利润最大化的）企业家的建构。我从经验研究中看到，许多农民被迫做出了违反利润最大化的抉择，譬如，为了消费需要，许多贫农被迫过分偏重高风险（但带有较高的短期收入可能）的经济作物，失去的是长期的更加稳定的（和更高的平均）收入。有的更被迫在关键的农忙季节暂时不顾自己的"农场"而外出佣工（大多是打农业短工），这直接影响到自家土地的产出。此外，我还看到当时能够按需要而适当雇佣劳动力来种植100亩以上的"经营式农场"和大多数的小家庭农场之间的关键差别：前者代表的是在当时的技术条件下最优的劳动力（相对土地）的资源配置（一个劳动力种植20—25亩）；而后者则由于耕地（相对给定的家庭劳动力的）不足，而不可能达到同样的（相对土地而言的）劳动力要素配置，每个劳动力平均才种植约10亩。所以我认识到，新自由主义和马克思主义理论虽然各自有其部分洞见，但实体主义理论才是能更贴切地理解上述现象的理论。

在积累了那样的经验研究之后，我不可能仅凭理论逻辑、理论潮流或意识形态而接纳违反实际的建构。同时，我自己确实具有一定的知识和自信根据经验证据来对不同理论进行取舍。为此，我不会简单地从之前的主流意识（自由主义）完全走到新的主流（马克思主义）革命理论。与此相反，我更倾向于综合不同理论中符合中国实际的部分来理解实际。这几点比较充分地体现于我的《华北》和《长江》两书，也是其与当时美国的主流理论/意识形态转向的关键不同之处。

二、从社会经济史到法律史

20世纪80年代和90年代，西方（美国和西欧）的理论/意识形态又进入了新的转向。一方面是"新保守主义"的兴起，它既是20世纪30年代之前的古典自由主义的复兴（新自由主义），也是对之前左倾的马克思主义的反作用。另一方面，则是后现代主义的兴起,其根源在于对西方现代主义和帝国主义历史的深层反思,也是对科学主义和实证主义的反思,同时又是对之前的马克思主义的唯物主义的反作用。其领军理论家们强调的是主观层面的关键性,尤其是"话语"的关键性,并且呼吁要从(现代主义的、科学主义的)普适主义走向(地方性的、多元的、主观的、特殊的)相对主义(Geertz[吉尔茨],1983;Said[萨义德],1978)。由此促使了许多之前被忽视课题的研究的兴起,尤其是弱势群体,包括妇女、少数民族、底层社会等。这些是后现代主义的重要贡献。

　　但是,出乎意料的是,在高等院校的实际运作中,新保守主义者和后现代主义者发现双方具有一定的共同点。首先是对主观的偏重。前者要求返回到一些基本(尤其是基督教的)价值观或形式化的真理/"公理"(如"理性经济人"和"纯竞争性市场"以及其所必然导致的"资源最佳配置"),拒绝缺乏基本价值观或公理的实证研究;后者则在认识论上强烈反对科学主义中的实证主义,并因此拒绝任何"客观事实"的存在,认为那只不过个话语建构。在这一点上,双方的基本共同点在于对经验证据的轻视。同时,双方也同样反对、拒绝马克思主义。前者依据的是新自由主义经济学理论,后者依据的则是其对唯物主义和实证主义的批评。结果,双方居然在高等院校中相当普遍地联盟抵制乃至压制旧左派的社会史和政治经济学。在美国学术界的换代过程中(四十多岁的学者多急不可待地要推开、取代五十多岁以上的掌权者——这是美国高等院校运作的一个基本规律),逐渐把之前的"左派"学者推向一旁。

　　在这个大环境中,我个人的学术动向再次既是上述演变的一个反映,同时也与其十分不同。首先,是对唯物主义、客观主义有了一定程度的反思,促使自己的研究转向既包含表达也包含实践的法律研究,并且明显在自己的论作中纳入了话语分析。但是同时,再次呈现为一个由经验证据来决定不同理论的取舍的研究。在系统检阅、统计了相当数量的诉讼案例之后,我看到的是,司法实践既有符合法律条文的一面,也有与其背离的一面。也就是说,法律既不简单地是后现代主义理论(如吉尔茨和萨义德的理论)所偏重的表达/话语/文本,也不简单地是过去马克思主义所偏重的法律行为和实践效果,而是由两者既背离又抱合所组成的一个体系。

这样的理解,既受到布迪厄实践理论(Bourdieu,1977)的影响,也与其很不一样。对我来说,法律实践并不是一种源自紧迫性、半逻辑性和临时性的日常生活行为抉择,而是协调法典文本(条文)和社会实际的司法实践。而且,长期下来,法律表达和实践两方面都会形成一定的趋势(高度道德化的表达和比较实用性的实践,即我所谓的"实用道德主义")。更有进者,法律体系变迁的一个关键动力是两者之间的相互作用、磨合、协调、融合。在拙作《表达与实践》《法典、习俗与司法实践》中,便论证了不少如此的实例。

同时,我在《中国革命中的农村阶级斗争——从土改到"文革"时期的表达性现实与客观性现实》(Huang,1995;黄宗智,2003)一文中,论析了阶级话语和社会经济实际之间越来越鲜明的背离,以及其最终所引发的"实事求是"思潮。至此,自己对"实践"的理解与使用已经和布迪厄有一定的距离,而之所以如此,其基本动力再次是自己根据经验证据所得出的理论概括。当然,这也是我的历时性的历史学视角和布迪厄的(基本是)共时性的人类学视角之间的不同之处。

　　以上所叙述的是我个人学术演变的主要内容,也是我之所以呼吁学术研究需要从经验证据出发,与现有理论对话,从而形成更符合中国实际的新概念的原因。至此,自己的研究方法可以说已经确定了要从中国的悖论实际出发,形成符合中国实际的理论概念,再返回到中国的实际/实践中去检验,由此来创建新的分析/理论概念。这也是我近年来提倡的"从实践出发的社会科学""实践历史学""实践法学""实践经济学""实践社会科学"的背景。(黄宗智,2005;黄宗智,2015a)

三、关于中国现实及未来出路的探索

　　其后,由于诸多偶然的因素,自己提前在63岁那年便从加大退休(当前的美国制度允许不退休,而我自己原来也一直以为会教到不能教为止)。其原因要追溯到自己在1986年受聘于普林斯顿大学(当时全美国排名第一的历史系)之后,加大(在美国学术界的市场竞争机制下)为此全力挽留,并给予我充分的人事编制和物质条件来创建全美国最好的中国研究中心之一。为此,我投入了十年的心血,并且确实成功地把中心建成为全美国前几名的中心之一。但是我最终发现,这一切完全可以因为偶然的因素而几乎在隔日被销毁。我认识到的是,追求"最优秀"说到底其实不过是一种狭隘的身外名利追求——它虽然曾经是我学术生涯中的一个重要动力,但其实并不具有真正崇高和长远的价值,不足以作为学术的终极目标。

出乎意料的是,可能是"坏事"的提早退休,竟促使自己进入这一辈子学术生涯最有意义和最愉快的阶段。这主要是因为从美国的教学和研究环境转入了中国,从主要用英文写作转变成了用中文写作,从主要为西方读者写作转为为中国读者写作,从主要为美国学生开课转为为中国学生开课。出乎自己的意料,在这个转变过程中,我感到自己的学术研究比之前更有意义。在美国,"中国研究"到底只是一个比较边缘的专业,对美国社会、人民以及政治经济的意义都比较有限,而在中国研究中国农村经济和法律体系则是关乎全民的课题,其作用和意义十分不同。为此,我发现自己对学术研究居然比过去几十年还要兴奋、热情。正因为如此,在退休之后的十年之中,我的学术"生产率"达到之前的不止一倍。当然,其中部分原因是不再有学术之外的干扰——退休之后作为一个外来者在中国的大学执教,不用介入任何复杂的人事关系或利益争夺。

从问题意识和学术研究的角度来考虑,一个关键的转变是对中国的现实关怀,从之前的消极关怀(想而不写)转化为积极关怀。因此,这促使自己研究的问题也发生了一些根本性的变化,从过去比较纯粹的学术关怀(对中国清代以来的社会经济史和法律史的求真探索)转入对现实的更积极的关怀。因此,我下定决心要把之前的研究和当前的现实连接起来,为学生们说明,这样的研究对理解现实有什么帮助。同时,我也不可避免地从自己多年的学术积累来看待不仅是现实的问题,同时也是怎样改善现实的问题,而这意味着参与对中国未来的走向问题的探讨。也就是说,将之前的主要问题意识——如何对待中西并存中的张力、矛盾、拉锯——更明确地纳入了当前如何融合两者并超越其间对立的问题。同时，由于自己一贯强调经验/实践，更进一步而问：中国该选择什么样的途径来从这里走到那里？在学术层面上，则更具体化为怎样创建中国自己的、比一般西方理论更符合中国实际的理论和学术？幸运的是，我再一次接触到一群优秀的青年学者，与他们共同探讨中国法律的过去和未来(见黄宗智、尤陈俊[编]，2013)。

至此，我发现自己的学术研究最终和自己在美国的同行学友及学生们有一定的不同。中国研究作为美国/西方理论的测验场域对我来说并没有特别重要的意义。由于自己一贯强调的是要贴近经验证据的学术方法，绝对不会简单地试图在中国经验中对某种(新)自由主义或后现代主义、马克思主义或实体主义理论模式进行验证，而是要面对中国实际，由此来建构更符合中国实际的理论概念并探寻其发展路径。仅仅为了跟随学术/理论的时髦潮流而做的学术则更不是自己所向往的途径。至于许多美国学者所关心的中国对美国的"挑战"，或美国对中国的政策等问题，也不是自己所特别关心的问题。虽然如此，我对那些主要为了求真而(多是默默地在)做扎实学术的美国同行们，仍然感到深深的认同。正因为如此，我自己不会像萨义德那样把西方学术简单地概括为仅仅是一套"东方主义"话语。

在探寻中国人民最佳出路的问题意识上，当然我和一般美国的中国研究者颇不一样。但同时，因为今天美国的中国研究学界的成员已经越来越多是来自中国的留学美国学者，自己和部分留学美国的中国学者可以说肯定有一定的共同之处。这里之所以要总结自己关于问题意识和学术研究间的关系的经历,也是因为觉得阐明这种基本问题意识的不同对学术研究的意义和影响,说不定会对他们有点帮助。同时,当然也希望会对国内的青年学者起作用。此文是我在2015年刚结束,由一群来自全国各地的特别优秀的学生所组成的研讨班之后,看到他们的疑惑和矛盾,有所感而写(学生们的课后感想见"学员总结",2005—2015)。

四、结语

回顾自己过去五十多年的学术生涯,我自己都感到比较惊讶的是,感情,作为自己学术研究的问题意识的来源和动力,其实比理性的认识起到更根本的作用。我们习惯认为"问题意识"主要来自一个学者的学术或理论修养,而在我的人生经历之中,它其实更来自感情。而且,感情的驱动,区别于纯粹的思考,也许更强有力、更可能成为个人长期的激励。当然,其中的关键是要从矛盾的感情获得建设性的动力而不是陷入颓丧。同时,需要把感情上的矛盾配合理性的求真才能从其中找到建设性的学术路径。当然,这一切都和个人的背景、性格、遭遇等有一定的关联,具有较大的偶然性。

同时,我个人的经历也是一种把自己置于历史情境之中,认同于人民和国家的历程。这固然可以提高自己的问题意识和学术研究的意义,而适当配合来自不同理论的问题意识,更能够形成建设性的动力。我一再强调要从不同理论的交锋点来形成自己学术研究的问题意识,其实最终也是源自上述经历的一种方法性见解。

我之所以要说明这样的经历是希望我个人的经历能对处于同样情境和心态的人起到一点积极的作用。

最后,我之所以在学术研究中一再强调要拒绝西方形式主义理论逻辑中惯用的二元对立、非此即彼的思维习惯(见黄宗智,2015a:"导论"),显然也源于自己的经历,以及自己对中国近现代历史的认识和认同。全盘西化和全盘中化都是不可持续的途径,因为那样的抉择只可能把自己和中国置于"失衡"的状态之中。在两者之间探寻建设性的动力,根据关乎中国实际的经验证据去追求融合与超越,才是我们和中国所应做出的选择。矛盾,包括深层的情感矛盾,可以成为建设性问题意识和独立思考的动力。

参考文献:

黄宗智,2015a,《实践与理论:中国社会、经济与法律的历史与现实研究》,北京:法律出版社。

黄宗智,2015b,《中国经济是怎样如此快速发展的?——五种巧合的交汇》,载《开放时代》第 3 期,第 100—124 页。

黄宗智,2014a,《明清以来的乡村社会经济变迁:历史、理论与现实(增订本)》第 1 卷(华北的小农经济与社会变迁),北京:法律出版社。

黄宗智,2014b,《明清以来的乡村社会经济变迁:历史、理论与现实(增订本)》第 2 卷(长江三角洲的小农家庭与乡村发展),北京:法律出版社。

黄宗智,2014c,《明清以来的乡村社会经济变迁:历史、理论与现实(增订本)》第 3 卷(超越左右:从实践历史探寻中国农村发展出路),北京:法律出版社。

黄宗智,2014d,《中国研究的规范认识危机——社会经济史中的悖论现象》,载黄宗智:《明清以来的乡村社会经济变迁:历史、理论与现实》第 2 卷(长江三角洲小农家庭与乡村发展),"后记",北京:法律出版社。

黄宗智,2014e,《清代以来民事法律的表达与实践:历史、理论与现实(增订本)》第 1 卷(清代的法律、社会与文化:民法的表达与实践),北京:法律出版社。

黄宗智,2014f,《清代以来民事法律的表达与实践:历史、理论与现实(增订本)》第 2 卷(法典、习俗与司法实践:清代与民国的比较),北京:法律出版社。

黄宗智,2014g,《清代以来民事法律的表达与实践:历史、理论与现实(增订本)》第 3 卷(过去和现在:中国民事法律实践的探索),北京:法律出版社。

黄宗智,2013,《重新认识中国劳动人民——劳动法规的历史演变与当前的非正规经济》,载《开放时代》第 5 期,第 56—73 页。

黄宗智,2012,《国营公司与中国发展经验:"国家资本主义"还是"社会主义市场经济"?》,载《开放时代》第 9 期,第 8—33 页。

黄宗智,2011a,《重庆:"第三只手"推动的公平发展?》,载《开放时代》第 9 期,第 6—32 页。

黄宗智,2011b,《中国的现代家庭:来自经济史和法律史的视角》,载《开放时代》第 5 期,第 82—105 页。

黄宗智,2010,《中国发展经验的理论与实用含义——非正规经济实践》,载《开放时代》第 10 期,第 134—158 页。

黄宗智,2009a,《改革中的国家体制:经济奇迹和社会危机的同一根源》,载《开放时代》第 4 期,第 75—82 页。黄宗智,2009b,《中国被忽视的非正规经济:现实与理论》,载《开放时代》第 2 期,第 51—73 页。

黄宗智,2005,《认识中国——走向从实践出发的社会科学》,载《中国社会科学》第 1 期,第 85—95 页。

黄宗智,2003,《中国革命中的农村阶级斗争——从土改到文革时期的表达性现实与客观性现实》,载黄宗智(编)《中国乡村研究》第 2 辑,北京:商务印书馆,第 66—95 页。

黄宗智、尤陈俊(编),2013,《历史社会法学:中国的法史与法理》,北京:法律出版社。

黄宗智、尤陈俊(编),2009,《从诉讼档案出发:中国的法律、社会与文化》,北京:法律出版社。

"学员总结",2005—2015, http://www. lishiyushehui. cn/modules/course/index.php? ac＝article2&course_id＝3

Bourdieu, Pierre, 1977, *Outline of a Theory of Practice*, trans. by Richard Nice, Cambridge University Press.

Geertz, Clifford, 1983, "Local Knowledge: Fact and Law in Comparative Perspective," in Clifford Geertz, *Local Knowledge: Further Essays in Interpretive Anthropology*, New York: Basic Books, p. 167－234.

Hsiao, Kung-ch'uan(萧公权), 1960, *Rural China: Imperial Control in the Nineteenth Century*, Seattle: University of Washington Press.

Huang, Philip C. C., 2010, *Chinese Civil Justice, Past and Present*, Lanham, Maryland: Roman and Littlefield Publihers.

Huang, Philip C. C., 2001, *Code, Custom, and Legal Practice in China: The Qing and the Republic Compared*, Stanford University Press.

Huang, Philip C. C., 1996, *Civil Justice in China: Representation and Practice in the Qing*, Stanford University Press.

Huang, Philip C. C., 1995, "Rural Class Struggle in the Chinese

Revolution: Representational and Objective Realities from the Land Reform to the Cultural Revolution," *Modern China*, Vol. 21, No. 1(January), p. 105—143.

Huang, Philip C. C., 1991, "The Paradigmatic Crisis in Chinese Studies: Paradoxes in Social and Economic History," *Modern China*, Vol. 17, No. 3 (July), p. 299—341. Huang, Philip C. C., 1990, *The Peasant Family and Rural Development in the Yangzi Delta, 1350—1988*, Stanford University Press.

Huang, Philip C. C., 1985, *The Peasant Economy and Social Change in North China*, Stanford University Press. Huang, Philip C. C., 1972, *Liang Ch'i-ch'ao and Modern Chinese Liberalism*, Seattle: University of Washington Press.

Huang, Philip C. C., 1966, *A Confucian Liberal: Liang Ch'i-ch'ao and Modern Chinese Liberalism*, Ph. D. dissertation, University of Washington.

Michael, Franz H. and George E. Taylor, (1956) 1964, *The Far East in the Modern World*, New York: Henry Holt and Company.

Said, Edward, 1978, *Orientalism*, New York: Pantheon. Schultz, Theodore, 1964, *Transforming Traditional Agriculture*, New Haven, Conn.: Yale University Press.

Schwartz, Benjamin I., 1951, *Chinese Communism and the Rise of Mao*, Cambridge, Mass.: Harvard University Press.

Tilly, Charles, 1975a, "Revolutions and Collective Violence," in Fred I. Greenstein and Nelson W. Polsby(eds.), *Handbook of Political Science*, Vol. 3: Macropolitical Theory, Redding, Mass.: Addison-Wesley, p. 483—555.

Tilly, Charles, 1975b, "Western State-Making and Theories of Political Transformation," in Charles Tilly (ed.), *The Formation of National States in Western Europe*, Princeton University Press, p.601—638.

Tilly, Charles, 1964, *The Vendée*, Cambridge, Mass.: Harvard University Press.

学术研究的"问题意识"与"非问题意识"

"问题意识"及因"问题意识"而产生的成果早已有之。两千多年前秦始皇君臣关于"封建"与"郡县"的讨论，贾谊《过秦论》对于秦朝二世而亡的分析，都可以说是由"问题意识"催生的作品。当然，如果要归类，这些作品大抵应该归于"社会"或"人文"学科，更确切地说，是"历史学"或者是"政治学"的范畴。随着学术的发展，学科的分类越来越细，"隔行如隔山"并非虚言。尽管各学科之间客观、求真的科学精神是一致的，但不同学科的不同特点则决定研究方法和表述方式的不同。本文拟以历史研究为关照，就学术研究中的"问题意识"略抒己见，希望能够引起共鸣，更希望能够得到批评。

一、"问题意识"的是与非

学术界对"问题意识"的认识，从来没有像最近 20 年特别是进入 21 世纪以来这样强烈，强烈到成为学术研究乃至公共话语的重要甚至"核心"理念。① 硕士、博士研究生的开题报告、论文答辩，往往必须回答"你的问题意识是什么"、"你准备解决或者已经解决了什么问题"等。弄得一些博士、硕士也忘乎所以地宣称："这个问题已经被我解决。"更有不少学者现身说法，指明自己的成功经验，乃是持续不断的"问题意识"的结果，因而倡导青年学者增强"问题意识"。② 从某种意义上说，"问题意识"之所以被特别提出并且能够成为学术研究的"核心"理念，又是与"国际"接轨的结果。③ 而在当今中国，任何事情一旦贴上和"国际"接轨的标签，遂成时髦。"问题意识"也是如此。④

毫无疑问，"问题意识"是基本的科学精神，是人们不断探求未知、不断破解难题的强大动力。可以说，无问题意识便无科学技术的进步，无问题意识便无学术研究的推进，无问题意识便进不了学

---

① 姚亮教授在《学术研究中的问题意识》一文中，开明宗义提出："问题意识是学术研究的核心要义。"（《学习时报》2013 年 12 月 2 日）黄寿高、吴兴二位学者的《到底什么是问题意识》（《上海教育科研》2006 年第 1 期）一文，根据"中国期刊网镜像站"的资料，统计出从 1995 年到 2004 年，国内学者发表的与"问题意识"有关的论文数量，十年中依次是：1、7、9、13、17、21、53、80、110、112 篇。最近十余年应该更多。

② 参见黄宗智《问题意识与学术研究：五十年的回顾》，载《开放时代》2015 年第 6 期。

③ 俞吾金教授的《问题意识：创新的内在动力》（《浙江日报》2007 年 6 月 18 日，第 11 版）列举了德国哲学家克罗纳、英国哲学家波普、美国哲学家杜威等人关于"问题意识"的主张或者通过"问题意识"所取得的成果。

④ 本文的一位评审专家指出："问题意识本是西方社会科学借鉴自然科学的方法，即提出问题假说，指出问题现象，然后找数据和材料进行解释，完成问题模式，然后经过验证。如在使用者那里得到证明，新理论就产生了。"这种由西方社会科学借鉴自然科学的"新理论"产出的方法固然可以借鉴，但如果要运用于文史哲等人文学科并成为"核心"或"基本"方法，则存在诸多问题。

术之门。"问题意识"的强化，对中国大陆的学术研究已经产生并将持续产生重大影响，不仅各类学术著作和论文的数量以几何级数增长，而且有大量高品质的作品问世。

但是，毋庸讳言的是，被社会诟病的"硕士不硕""博士不博"的现象，以及"著作等身"、思想贫乏、学者成堆、大师稀缺的状况，却也不能不说与"问题意识"过于强烈有一定关系。① 因为过于强烈的"问题意识"违背了人类思维的一般规律，容易导致忽略过程直奔结果、关注细节忽略大局，特别是容易助长急功近利的浮躁心理和追求立竿见影的实用主义。

所以，在对一些尚未步入学术门槛或者虽然已经步入门槛却仍在徘徊的学者，建立或强化"问题意识"，是完全必要的。但是，在"问题意识"已经成为时髦、成为标签的今日，给"问题意识"降降温，应该说也有必要。少一些"问题意识"，多一些"非问题意识"，学者的生产欲望可能会少一些，科学精神或许会多一些；科研成果可能会少一些，传世之作或许会多一些；著作等身的学者可能会少一些，博学通达的学者可能会多一些。这或许也是"文武之道，一张一弛"：当缺乏问题意识的时候，我们倡导多一些问题意识；当问题意识过于强烈的时候，我们倡导多一些"非问题意识"。

这里所说的"非问题意识"，并非不要"问题意识"，而是在一定程度上淡化问题意识，关注"问题"之外的事物，关注看似并非"问题"却是问题所由发生的事物。具体地说，是在欣赏过程中发现问

---

① 当然，"硕士不硕""博士不博"的现象，以及"著作等身"、思想贫乏、学者成堆、大师稀缺的状况，有更深层的社会原因，"问题意识"的过于强化只是这些深层原因在学术要求上的表现而已。

题,在培育情怀中超越问题。如果说"问题意识"是务实,"非问题意识"便是务虚。这样,当我们回过头来重新看"问题"的时候,或许可以更加深刻地认识问题。也就是说,当急功近利的"务实"冲动使我们"只顾拉车"而"无暇看路"的时候,"务虚"的客观冷静可能会使我们适时放缓脚步并调整前进的方向。

问题、意识、问题意识是三个相互关联又相互独立的概念。"问题"是人们在认知自然、认知社会、认知自我的过程中自然而然生成的,"问题意识"则是人们在认知自然、认知社会、认知自我过程中积极寻找问题并试图解释或者解决这些问题所产生的意图或动机。

人类认知自然、认知社会、认知自我有其自身的规律,有个从"无意识"到"有意识"、从"有意识"到意识到"问题"、再到产生"问题意识"的过程。在这个过程中,无意识是有意识的前提与基础,有意识则是问题意识的前提与基础。弗洛伊德将其归纳为人类思维活动的潜意识、前意识、意识三个层次的递进。在弗洛伊德看来,潜意识恰恰是人类更深层、更隐秘、更原始、更根本的"心理能量",是人类一切行为的"内驱力"。正是这些心理能量、这些内驱力,从深层支配着人的心理和行为,成为人的一切动机和意图的源泉。但是,人们首先感觉到的,却是最表层的意识,然后才是前意识,而最容易被忽略的,恰恰是最为重要的潜意识。① 所以,弗洛伊

---

① 弗洛伊德在《梦的解析》(孙名之等译,北京:国际文化出版公司,2007 年)中提出关于"潜意识"(有学者译为"无意识")的概念,后来又在《精神分析引论》(高觉敷译,北京:商务印书馆,1984 年)、《精神分析新论》(郭本禹译,南京:译林出版社,2011 年)中不断完善和丰富了关于潜意识、前意识、意识这一人类思维方式的理论。

德在展示他的研究时,是从最容易感觉到的意识开始,向不易感觉到的前意识、潜意识逆向推进。而且,即使在"意识"这个层面,也有从"意识"到"问题意识"的递进;而在"潜意识"发生的过程中,还应该经历过"无意识"。从这个角度说,"问题意识"恰恰是思维的表层现象,而"非问题意识"才是思维的深层现象。

可以说,从无意识到有意识,从非问题意识到问题意识,从客观存在的问题到人们认识到问题,从人们认识到问题到产生解释或解决问题的愿望和动机,是人类的认知过程或者说是人类思维的一般规律。与此同时,新一轮的潜意识、前意识、意识,新一轮的无意识、有意识、问题意识,以及问题意识、意识、无意识的思维循环,也早在人们的不自觉中开始。在这个过程或循环中发现问题和带着目的寻找问题,是两个不同层级的不同意识。人们发现的问题,有些可能随着人们生活阅历的丰富、知识积累的充实以及社会文明的进步而自然化解,有些则如影随形、挥之不去,甚至随着人们认知水平的提高、生活阅历的加深、社会文明的进步反复出现。正是这些如影随形、挥之不去的问题,才有可能导致人们产生"问题意识",导致人们产生解释或解决问题的意图和动机,或者说,只有这些问题,才是真正需要启动"问题意识"进行破解的问题。

所以,从认识到问题到产生解释或解决问题的意图和动机,同样有一个过程。在这个过程中,人们对"问题"是要进行"筛选"的,而这种"筛选"也多是自然而然的结果。如果跳过过程直接寻找问题、跳过筛选直接解决问题,寻找到的问题固然多、解决的问题固然多,但未必是真正需要解决的问题。而省略过程直奔结论,往往是欲速而不达。犹如前些年在学术研究中同样时髦的"填补空白"。当"填补空白"说刚刚兴起的时候,"填补空白"是对学者研究成果的最高褒扬;而当"填补空白"成为时髦、成为标签时,对成果鉴定不说"填补空白"就等于说这项成果没有价值。但是,难道所有的"空白"都必须"填补"吗?或者说,难道所有的所谓"问题"都需要去花大力气解决吗?①

过于强烈的"问题意识",容易在认知的两个阶段发生"问题"。第一,在学习阶段或积累阶段,它跃过了欣赏材料、感知材料的过程,而这恰恰是在学习和积累阶段必须经历的过程。第二,在研究阶段或突破阶段,它妨碍了直接从材料出发,而是将已有研究作为起点或作为"靶子"。从学术史的角度看,许多"问题"其实是学者在研究过程中的"预设"或者"失误",其中不少属于"伪问题"。如果不是从"预设"或"失误"出发,而是从原始材料出发,完全有可能直接"论从史出"。这其实是学术研究的两个途径,是从"问题"出发还是从"材料"出发,是"论从史出"还是"论从论出"的区别。②

有学者将"问题意识"概括为"发现问题,界定问题,综合问题,解决问题,验证问题"五个环节,认为这五个环节构成一个完整的

---

① 邱振中教授和我讨论这一问题时戏称:上衣的背后有那么多的空白处,裁缝为何不填补空白多做一些口袋,以便小偷关顾?虽是戏言,但也可说明许多的所谓"空白"、许多的所谓"问题",是毋需花大力气去填补、去解决的。等到人们发现上衣背后的那些空白确有价值的时候,再填补不迟。但那个时候的填补,成本会降低许多,而且功能也不是我们现在的智慧所能想到的。

② 这段论述是在和王小盾教授的学术通信中得到的启示,可以说主要是陈述或阐释他的观点。

问题意识。① 这种概括是有道理的，但是，这种概括严格地说也只是对自然科学更为适合，对社会科学，特别是对人文学科则未必如此拘泥。如上文所说，发现问题其实有两种情况，一种是在过程中的"自然而然"，另一种则是带有某种目的的"刻意寻找"。后者可以归为"问题意识"，前者却属"非问题意识"。在自然科学中，"验证问题"是必不可少的，如果无法验证，结论就说不上是科学的、客观的。但在社会科学特别是人文学科中，强调"验证"却过于苛求。而且，越是涉及"人"，越是涉及个体的思想和行为，就越是难以验证乃至无法验证。

　　以史为鉴，从历史中吸取经验和教训，可以说是中国历代统治者乃至大众都十分重视的事情。前文提及的秦始皇君臣正是从周朝灭亡的历史经验和教训中讨论秦朝的制度建设。讨论的结果，是西周分封子弟，数代之后关系疏远，遂至诸侯纷争、天下大乱。这个结论无疑是有一定道理的，而且此后还部分地被西汉分封、完全地被西晋分封所"验证"。但是，由于这场讨论的主角秦始皇过于直奔主题，"问题意识"过于强烈，过于"功利"，致使完全不屑于不同的意见，完全无视西周分封的意义和价值所在，特别是忽略秦统一中国后"封建"理念的惯性影响及对"分封"进行改造的可能性和必要性。所以，尽管废分封而行郡县，秦朝却是二世而亡，比西周的瓦解迅速得多。但是，秦废分封行郡县的大趋势却是对的。继秦而起的西汉顺其自然、因势利导，秦朝进两步，西汉退一步，在

---

① 参见劳凯声《人文社会科学的问题意识、学理意识和方法意识》，载《北京师范大学学报》2009 年第 1 期。

中央势力能够达到的地区行郡县制,中央势力一时难以达到的地区在郡县之上同时建立王国加以控制(始为异姓王国,后为同姓王国),是为郡国并行。这个措施看似无为而治,却符合当时的客观形势;看似制度倒退,却成就了两汉的大一统。但是,当西晋刻意效法时,却同样是二世而亡。贾谊《过秦论》是对秦朝二世而亡的反思,固然也是带着"问题意识",但这时的"问题意识"已经升华为一种人文情怀,是在更高的层次上讨论王朝的兴亡过程。而且,这个问题也并非只是贾谊在关注,而是"自然而然"地摆在人们面前,全社会都在"自然而然"地讨论、"自然而然"地进行总结。此后,柳宗元、苏轼等人也加入到"封建"与"郡县"的讨论之中,顾炎武则在分析"封建"与"郡县"的利弊中,提出"寓封建于郡县之中"的折中方案。①

"竹林七贤"之一的阮籍在考察了当年楚汉相争的战场后发表评论:"时无英雄,使竖子成名。"②被阮籍称为"竖子"的,自然是汉高祖刘邦,以及被他打败的对手项羽。暂且不论阮籍是否不知天高地厚,但他的说法却在不经意间重复了陈胜的理念:"王侯将相,宁有种乎!"帝王的出身和个性是没有固定版本的,虽然我们可以寻找到其间的共同点,但作为个体的汉高祖刘邦却是前无古人后鲜来者,既难以复制也无法验证。一个底层亭长,一个不务正业的

① 《过秦论》,《汉书》卷三一《陈胜项籍传》,北京:中华书局,1962 年,第 1821—1825 页;《柳河东集》卷三《论·封建论》,上海:上海人民出版社,1994 年,第 43—48 页;《苏轼文集》卷五《论封建》,孔凡礼点校,北京:中华书局,1986 年,第 157—158 页;《顾亭林诗文集·亭林文集》卷一《郡县论一》,北京:中华书局,1974 年,第 12 页。
② 《晋书》卷四九《阮籍传》,北京:中华书局,1974 年,第 1361 页。

混混,一个动辄称儒生为"腐儒"的半文盲,一个几乎被所有的读书人看不起的人,在年过半百的时候,竟然借着秦末农民战争之势,夺取天下,做了皇帝。而父亲为他树立的榜样、种田能手哥哥刘仲,却在这个乱世之中受其奚落。但是,两百多年之后,也是两兄弟——刘縯、刘秀,哥哥刘縯有刘邦的气象,弟弟刘秀却有刘仲的爱好,但最后"复兴汉室"的,却不是酷似刘邦英雄气象的刘縯,而是颇类刘仲的种田能手和经营高手刘秀。

　　人文学科可以探求也必须探求人类社会发展的大趋势、总规律,但在具体问题上如果强行要"验证问题",其结果经常让人大跌眼镜,这和自然科学可能恰恰相反。这也导致"历史教训"人人都想吸取、"历史经验"人人都想借鉴,但真正能够顺利吸取、成功借鉴的,却又十分罕见。历史问题,人的问题,从来就不是一加一可以等于二的。

二、欣赏过程中发现问题

　　坦率地说,在撰写本文之前,笔者没有任何"问题意识",完全是从欣赏过程中产生的兴趣、生成的潜意识。回想起来,大概和曾经读过的几种文献以及自己的学术经历有关。

　　第一部文献是老子的《道德经》(暂且从众说,视老子为《道德经》的作者)。

　　《道德经》中有两段流传甚广的话。第一段:

　　　　道可道,非常道;名可名,非常名。无名天地之始,有名万

物之母。故常无欲以观其妙,常有欲以观其徼(窍)。(卷上
《体道第一》)①

这一段话是《道德经》的开篇,不但为喜好者津津乐道,也为学术研
究、历史研究揭示了一些有趣的"常理"和"人情"。而在我看来,
"人文"学科的研究态度,最好是"循常理、顺人情"。

《道德经》这段话对我的启示是:其一,"可道"之道,即通过人
们观察、领悟并描述出来的"道",其实已非客观存在的"道",因为
客观存在的道是不可"道"或难以"道"的。虽然我们不断地想探讨
历史的真相乃至试图"复原"历史,但历史的真相是不可能被穷极
的,历史的原貌也是不可能被复原的;尽管我们不断地想揭示人类
历史发展的"规律",但我们所描述的仍然只是已经发生的事实,很
难相信人类以后的发展真会像现在人们所预测的那样行进。其
二,虽然如此,我们仍然要通过各种的努力,尽可能地揭示接近于
历史真相的历史,尽可能在局部和细节上复原可能符合历史真实
的历史,尽可能地在大趋势上预测人类历史发展的方向,并且随着
时代的行进,不断修正这些预测。这正是历史研究的基本动力和
终极价值。也就是说,虽然这些被描述的"道"并非完全是客观存
在的"道",但仍然得继续去探求"道"、描述"道"。其三,如何尽可
能地揭示接近真相的历史、如何尽可能地在局部和细节上复原可
能符合历史真实的历史、如何尽可能地在大趋势上预测人类历史

---

① 按:注《道德经》者甚多,见仁见智,歧义百出。就笔者看来,由于"语境"的接近,越
早的注本应该越接近原意,所以主张读《道德经》以"河上公"及王弼的注本为主。
本文所引《道德经》及注,皆依"河上公"本。

发展的方向,如何使"可道"之"道"接近"常道"之"道"？那就应该是既"无欲"而又"有欲",无欲和有欲在这个过程中应该是相辅相成、不可偏废的。

《道德经》所谓的"无欲",我喻之为"非问题意识"。只有不带任何的成见、任何的企盼、任何的预设,才可能客观地欣赏历史发展的过程、真切地感受历史发展的脉搏、欣喜地发现历史发展的无穷妙趣,或许能够从中领悟到历史的某些规律。所谓的"有欲",我喻之为"问题意识"。我们在欣赏历史发展的过程中,发现其间的关节和问题,并且产生出解释或解决这些关节和问题的动机和愿望,同时将这些关节和问题置于历史发展的过程之中,做出我们的判断、推进我们的研究。如果没有"无欲"地欣赏过程,也就难以真正"有欲"地解释或解决问题。

《道德经》的另一段话是:

> 人法地,地法天,天法道,道法自然。(卷上《象元第二十五》)

这段话简洁而富有节奏,熟悉的人更多。有朋友提示,这段话的要害,就是"人法自然"。可以说是一句中的、直奔主题。

但是,明明一句话可以说完的事情,老子为何要分四句,读起来甚至有些"玄之又玄"？这就是我们对老子的不理解了,说到底,老子是在强调事物的"过程"。

《史记·老子韩非列传》中关于孔子见老子的一段文字,有利于我们理解老子为何一句话分四句说。《史记》说,孔子适周,将问礼于老子。老子对孔子有一番告诫：

> 子所言者,其人与骨皆已朽矣,独其言在耳。且君子得其
> 时则驾,不得其时则蓬累而行。吾闻之,良贾深藏若虚,君子
> 盛德容貌若愚。去子之骄气与多欲,态色与淫志,是皆无益于
> 子之身。吾所以告子,若是而已。①

老子让孔子把自己的诸多欲望、诸多想法,以及时时以文武周公代
言人自居的傲气,统统放下,这样才能平心静气地讨论"礼"。"圣
人"孔子尚且多欲,尚且多骄气、多态色、多淫志,何况我等凡夫
俗子。

所以,"人法自然"要有一个过程。首先是"法地"。地的特点
是:"安静柔和,种之得五谷,掘之得甘泉,劳而不怨也,有功而不制
也。"只有放下种种欲望,像地那样安静平和、奉献不争,然后才可
能"法天"。天的特点是:"湛泊不动,施而不求报,生长万物,无所
收取。"只有像天那样光明无私、包容万物,然后才可能"法道"。只
有像"道"那样清净、那样无声无息、那样一切自成,然后才可能"法
自然",才可能像"自然"那样,没有羁绊、没有崖岸,生生不息、永不
停顿。说到底,人法自然,是要一切因势利导、顺乎自然。但即使
是这样,也只能是"法自然"而不可能就"成自然"。

这也可以说是一种研究的境界,这个境界并非刻意为之,而是
"顺乎自然",才能接近于"道法自然"、水到渠成的结果,研究的结

---

① 《史记》卷六三《老子韩非列传》,北京:中华书局,1959 年,第 2140 页。

论才可能更加循乎常理而顺乎人情。

第二部文献是王阳明弟子所录的《传习录》。《传习录》收集了王阳明与朋友及弟子有关学术的通信，以及和弟子们讨论学术的对话。其中王阳明和弟子薛侃之间关于"花"与"草"的对话，在某种程度上启发了我对"问题意识"与"非问题意识"的认识，特别是在"欣赏过程"中"发现问题"的感受。节选如下：

> （薛）侃去花间草，因曰："天地间何善难培、恶难去？"
>
> 先生曰："天地生意，花草一般，何曾有善恶之分？子欲观花，则以花为善，以草为恶；如欲用草时，复以草为善矣。此等善恶，皆由汝心好恶所生，故知是错。"
>
> 曰："然则无善无恶乎？"
>
> 曰："无善无恶者理之静，有善有恶者气之动。不动于气，即无善无恶，是谓至善。"曰："草既非恶，即草不宜去矣。"
>
> 曰："如此却是佛、老意见。草若有碍，何妨汝去？"曰："如此又是作好作恶？"
>
> 曰："不作好恶，非是全无好恶，却是无知觉的人。谓之不作者，只是好恶一循于理，不去又着一分意思。如此，即是不曾好恶一般。"①

薛侃关于花善草恶的认识，可以说是"问题意识"，也可以说是"有欲"；王阳明的"天地生意，花草一般"，可以说是"非问题意识"，也

---

① 《王阳明全书》卷3《语录一·传习录上》，上海：上海人民出版社，1992年，第29页。

可以说是"无欲"。只有持"无善无恶"的"非问题意识",才可能发现:在我们的认识中,当"以花为善"时,往往"以草为恶";当我们"欲用草时,复以草为善"。假如"问题意识"过于强烈,站在"今日"或"现时"的立场上,立即判断花为善而草为恶,必欲除之而后快。而在另一个时空设定下,发现曾经认为"恶"的草,对于人类甚至比一直被认为"善"的花更为可贵时,草已经在当时的"善恶""意识"下被铲除殆尽了。

所以,后来王阳明给弟子不断宣讲他的"四句教":"无善无恶是心之体,有善有恶是意之动,知善知恶是良知,为善去恶是格物。"①由"无善无恶"到"有善有恶",由"知善知恶"到"为善去恶"也是一个过程。没有这个过程,直接为善而去恶,所去之恶未必是真恶,而所为之善也许并非真善。

学术研究其实也是这样,以明史研究为例。明太祖曾经杀功臣、杀贪官、剥夺富人、打击持不合作态度的文人。此是"善"还是"恶"? 对当时和之后的明朝有何"善"果、有何"恶"果? 明神宗二十年不上朝,除了和皇室利益有关之事,大抵不过问,明朝官场及明代社会在"惯性"中运行。此是"善"还是"恶"? 对于明代社会的开放和明朝的灭亡有何"善"果、有何"恶"果? 我们只有站在当时人、后世人的双重立场上,在欣赏过程的客观中,用陈寅恪先生的话,在"理解之同情"的立场上,才可能做出更加合理的解释。

如果我们把目光从花与草、从明朝的存与亡,延伸到中国传统文化,何为善、何为恶? 何为精华、何为糟粕? 道家是善、是精华?

---

① 《王阳明全书》卷3《语录三·传习录下》,第117页。

但老子的"鸡犬之声相闻、老死不相往来"不是被批判为小国寡民、与世隔绝？儒家是善、是精华？但儒家的"中庸""仁义道德"不也曾经被批判为"伪善"？那么佛家是善、是精华？如果用我们通常所说的概念，"存其精华、去其糟粕"，那么，道家、儒家、佛家中哪些是精华、哪些是糟粕？去后、留后还叫道家、儒家、佛家吗？

虽然王阳明不断教诲弟子，遇事不要"着相"、心中要少一些"芥蒂"，要"儒佛老庄皆为我用"，但王学末流的"空疏"仍然为世所讥。虽然更多是因为时代所赐，但也不能不说和王阳明自己的急迫有关。《传习录》中收录了王阳明自撰的《朱子晚年定论序》：

> 守仁早岁业举，溺志词章之习，既乃稍知从事正学，而苦于众说之纷挠疲迩，茫无可入。因求诸老释，欣然有会于心，以为圣人之学在此矣。然于孔子之教，间相出入，而措之日用，往往缺漏无归；依违往返，且信且疑。其后谪官龙场，居夷处困，动心忍性之余，恍若有悟。体验探求，再更寒暑，证诸五经四子，沛然若决江河而放诸海也。然后叹圣人之道，坦如大路，而世之儒者，妄开窦，蹈荆棘、堕坑堑，究其为说，反出二氏之下。宜乎世之高明之士，厌此而趋彼也，此岂二氏之罪哉！①

王阳明自己经历过"溺志词章""从事正学""求诸老释"的长期探

---

① 《王阳明全书》卷三《语录三·传习录下》，第127—128页。标点略有改动。

索过程，又有"居夷三年"的感悟，①并经历了剿灭南赣汀漳民变、平定南昌宁王宸濠兵变，以及应对各种复杂局势的经历后，才提出"良知"的心得，因此他自称这一心得是从"百死千难"中所得。但是，王阳明一方面担心学生"得之容易，把作一种光景玩弄，不实落用功"；另一方面又唯恐学生走了弯路，故而"不得已与人一口说尽"。② 于是往往忽略过程，直接讲求"尽性至命"，直接将学生带入"良知"。犹如时下所谓的"心灵鸡汤"，在修心养性上或许立竿见影，但在修习学术上，如果不是本来学有根基，那就只能是"空疏无物"。

第三部文献是徐复观的《我的读书生活》。

徐复观先生在《我的读书生活》中，说到自己拜熊十力先生为师的一段轶事：

> 第一次我穿军服到北碚金刚碑勉仁书院看他（熊十力）时，请教应该读什么书。他老先生教我读王船山的《读通鉴论》，我说那早年已经读过了；他以不高兴的神气说："你并没

---

① 按：王阳明每每称自己"居夷三年"，其实他真正在贵州的时间，应该是一年零九个月左右。据《王阳明全书》卷三三《年谱一》，阳明于正德二年（1507）春离京南下，三年春末到贵州龙场驿；五年（1510）三月，抵达江西庐陵县任知县。（参见《王阳明全书》卷三三《年谱一》，第1227、1228、1230页）这个经历从王阳明的诗文中也可以得到证实。又《明史》卷一九五《王守仁传》说："（刘）瑾诛，（守仁）量移庐陵知县。"（北京：中华书局，1974年，第5160页）今人研究"王学"者多从此说。但刘瑾"诛"在正德五年八月，而王阳明在正德四年底得到调任庐陵知县的文书后，即离开龙场驿，这年的除夕是在往庐陵的舟中度过的。（参见《王阳明全书》卷一九《外集一·舟中除夕二首》，第51页）

② 《王阳明全书》卷三四《年谱二》，第1279页。

有读懂,应当再读。"过了些时候再去见他,说《读通鉴论》已经读完了。他问:"有点什么心得?"于是我接二连三的说出我的许多不同意的地方。他老先生未听完便怒声斥骂说:"你这个东西,怎么会读得进书! 任何书的内容,都是有好的地方,也有坏的地方。你为什么不先看出他的好的地方,却专门去挑坏的;这样读书,就是读了百部千部,你会受到书的什么益处? 读书是要先看出他的好处,再批评他的坏处,这才像吃东西一样,经过消化而摄取了营养。譬如《读通鉴论》,某一段该是多么有意义;又如某一段,理解是如何深刻。你记得吗? 你懂得吗?"①

徐复观当时刚刚三十岁,已经是国民党陆军少将,可谓春风得意。熊十力的一番骂,骂得这位"陆军少将"目瞪口呆。但徐复观认为,正是这一骂,骂得他在学术上"起死回生"。按时下的说法,徐复观在"国学大师"熊十力的要求下重读《读通鉴论》,是带着批评的眼光、带着"问题意识"去读的,却被骂得狗血淋头。在熊十力看来,读书首先应该是"欣赏",特别是对于《读通鉴论》这样的名著,应该先看到书中的好处,吸取书中的营养。在欣赏中发现问题,并且进行超越。

这个故事不少人都知道,它向我们揭示了一个读书的方法、研究的方法。读书本来应该是一个愉悦的过程,可以充分享受作者给我们提供的各种信息、感受作者传递给我们的各种情感。与此

---

① 徐复观:《我的读书生活》,载《徐复观集》,北京:群言出版社,1993年,第51页。

同时，也可以发现作者的一些问题。前者是强大自我、提出创见的基础，后者是超越前人的关节和契机，二者相辅相成。没有过程的欣赏，很难发现"原生"的问题。问题从哪里来？当然可以从他人的研究成果中来。但是，如果忽略了欣赏的过程，没有发现"原生"问题，可能一开始就陷入和已有研究的"预设"对话，而不是和古人、和历史直接对话。

曾经的关于中国资本主义萌芽问题的讨论，激发出诸多的优秀作品。但是，这些真正优秀作品的特点，恰恰不是因为它们解决了最核心的"问题"，如有无萌芽、何时发生萌芽以及这些萌芽是否能够发展到资本主义的生产关系等，而是在这个过程中，淡化"萌芽"的"问题意识"，老老实实地阅读史料，在阅读中欣赏中国古代社会的发展状态，发现具体的经济与社会问题，然后解读或解决问题。而过于强烈的问题意识，导致学者把中国前资本主义社会的"雇佣劳动"和西方的"资本主义生产关系"牵强附会地联系在一起，从而有清代萌芽说、明中后期萌芽说、元末明初萌芽说，以及元代、南宋、北宋、唐代、南北朝、东汉、西汉、战国等"萌芽"说。之所以产生这样的问题，是因为尽管我们宣称是在用马克思主义唯物论的方法研究问题，但在这场长达数十年的学术讨论中，最被忽略的恰恰是恩格斯早就指出的一个原则："如果不把唯物主义方法当作研究历史的指南，而把它当作现成的公式，按照它来剪裁各种历史事实，那它就会转变为自己的对立物。"①资本主义的发生是一场运动，是一个过程，是一场各种因素发生作用的"偶然"。由于这个

①《马克思恩格斯选集》第 4 卷，北京：人民出版社，2012 年，第 595 页。

偶然在后来成为席卷全球的潮流,于是我们就认为它是人类发展的"必然"。而这个特定的问题假设,促使几代学者苦苦寻找我们自身的这种"必然"的蛛丝马迹。

　　或许是受业师欧阳琛教授的影响,也得益于20世纪70年代末80年代初"读书"气氛的浓烈,笔者在步入史学门槛的一段时间里,得以安心读书,而且是不带任何功利色彩、不带任何"问题意识"的读书。读什么书? 读最为常见的书。读通史的顺序是《春秋左传正义》《史记》《资治通鉴》,读明史的顺序是《明通鉴》《明史》《明史纪事本末》《明会典》。同时读明朝人的笔记。读哪些? 学校图书馆和历史系资料室有的《纪录汇编》《万有文库》《丛书集成初编》等收录的明人笔记,有什么读什么、见什么读什么。一年多下来,笔记和卡片做了许多,文章一篇也没写。当时有关心我的老师觉得奇怪,说有几十张卡片就可以写论文了,你抄了几千张吧,怎么不写论文? 我说我老师不让写,自己也没有想到要写,还有许多书没有读。为何会是这样,我当时也不明白。后来逐渐明白,先师是让我在阅读中"走进"历史、"感受"历史,"走进"明朝、"感受"明朝。如果不是要写毕业论文,我估计先师还会让我再读下去。写毕业论文怎么办? 还是读书,读《明实录》和相关文集、笔记,而不是读已有的研究成果。毕业以后的若干年,仍然是不带任何目的读书,读先师早年为中正大学(江西师大前身)购置的南京图书馆藏钞本《明实录》(当时黄彰健先生主持校勘的台湾"中研院"校勘本尚未在大陆流行),许多"问题"正是在这个"过程"中发现的。当一些朋友将《明实录》《明史》视为"常见史料"而弃之不顾时,我却感觉从中受益巨大。

大概是因为这个过程，我的研究习惯或"路数"和很多学者不太一样，第一步不是从"学术史"中寻找问题，与研究者对话，而是在"阅读文献"即"欣赏过程"中发现问题，与古人对话。开始写"内阁""巡抚""镇守中官""御马监"，后来写"江右商""传奉官""山人""冠带荣身"，①都是在写完初稿之后再去关注"学术史"。十分幸运的是，竟然少有"撞车"；即使"撞车"，由于资料比较详实、视野比较舒展、角度比较独特，所以"闯关"也比较顺利。这大概是因为认识直接从史料中来，较少被后人的研究"先入为主"，较少"成见"与"崖岸"，所以可能更为接近当时的"实况"。

只有欣赏过程，才可能使学者站在更加客观的立场上，尊重历史发展的基本规律，得出更为科学的结论。如明朝的灭亡，是李自成推翻、多尔衮终结的。但是，如果站在更加客观的立场上，我们可以发现，明朝"灭亡"其实也是一个过程，其间的契机不止一个，当时种种看似偶然的因素聚集在一起，已经到了不得不亡的时候了。万事万物，有生就有灭，从来没有真正"传之万世"的朝代。范仲淹《岳阳楼记》"不以物喜，不以己悲"的文学语言，其实也是以平和的心态看待事物过程的研究境界。

----

① 参见方志远《论明代内阁制度的形成》，载《文史》第 33 辑，北京：中华书局，1990 年；《明代的巡抚制度》，载《中国史研究》1988 年第 3 期；《明代的镇守中官》，载《文史》第 40 辑，北京：中华书局，1994 年；《明代的御马监》，载《中国史研究》1997 年第 2 期；《明清江右商帮》，香港：中华书局，台湾：万象书局，1995 年；《"传奉官"与明成化时代》，载《历史研究》2007 年第 1 期；《"山人"与晚明政局》，载《中国社会科学》2010 年第 1 期；《"冠带荣身"与明代国家动员——以正统至天顺年间赈灾助饷为中心》，载《中国社会科学》2013 年第 12 期。

三、培育情怀超越问题

我在《马克思主义历史学与海外中国学》一文中曾发过这样的
感慨：

> 如果有宽松的研究环境、良好的研究条件、平和的研究心
> 态，中国历史研究的最好成果应该是由中国学者贡献。因为
> 只有体内流淌着中国血液，才有可能真正用心去感受中国的
> 事情、才可能有与生俱来的对中国问题的感悟。历史学家应
> 该有"纵览天下"的视野，应该有"究天人之际、通古今之变"的
> 追求，却不必也不可能揽起"包打天下"的责任。除去浮躁、卸
> 下不该背上的包袱，好的作品或者更容易出来。①

重读这段感慨，发现其实是在说两个概念：一个是"情怀"，一个是
"问题"。我一直认为，自然科学需要不断地"发现"问题、"解决"
问题，所以"问题意识"应该更为强烈；人文学科更多的是在"解释"
或"解读"问题，所以需要多一些"非问题意识"以培育人文情怀、超
越具体问题。即使是"自然"科学家，当研究达到一定境界时，也必
然会注入更多的人文情怀，这才是他们不断有所发明、有所创造的
终极动力。我们熟知的许多华人科学家，如华罗庚、李政道等，恰
恰是因为拥有博大的人文情怀，才促使他们走上研究科学的道路。

---

① 该文发表于《江西社会科学》2010年第6期，这段引文本是文章的结束语，刊出时
限于篇幅被删去，特识。

　　作为历史学者,我们能够通过"问题意识"解决的是什么问题?主要是具体的考证问题。如前见顾诚教授考证沈万三的活动时间是在元朝还是明朝,以及为何明明是元朝人却被误认为是明初人的问题;[1]再如近见南炳文教授考证之"沈周"何时到南京,以及为何有关于沈周 11 岁或 15 岁到南京的记载的问题;[2]再如我在《"传奉官"与明成化时代》考证诸多"传奉官"真实身份,以及他们的公开职务与真实身份关系的问题;等等。以历史学科为例,人文学科能够解决的,主要是"有形"的问题,即具体的人物、具体的时间、具体的地点、具体的事项等。

　　对于"无形"的问题,如谷霁光教授关于王安石被称为"拗相公"之"拗"的解释[3]、吴晗先生关于明太祖朱元璋定国号为"大明"的解释[4],以及《"传奉官"与明成化时代》中关于传奉官现象与明代中期多元化社会的关系的解释,等等,都只能是解释而很难说是已经解决,更不用说明朝为何亡而清朝为何兴、中国走出中世纪为何如此艰难等"巨大"而且"无形"的问题。其实,许多人文与社会问题,是无法真正有定论的。我一直为忘记一则史料的出处而耿耿于怀。这则史料是一位晚明官员的笔记,说是在崇祯十三、十四年间(1640—1641),西北有张献忠、李自成,东北有皇太极、多尔衮,官场中文官爱财、武将怕死,皇帝又是没有经过实践历练的青

---

① 顾诚:《沈万三及其家族事迹考》,载《历史研究》1999 年第 1 期。
② 南炳文:《沈周首次游南京十一岁、十五岁两说皆误辨》,载《文史》2015 年第 4 辑。
③ 谷霁光:《王安石变法与商品经济》,载《中华文史论丛》复刊号第 1 辑(总第 7 辑),上海:上海古籍出版社,1978 年。
④ 吴晗:《明教与大明帝国》,载氏著《读史札记》,北京:生活·读书·新知三联书店,1956 年,第 235—270 页。

年,明朝眼看无法收拾,于是人们竟然怀念起魏忠贤来:觉得如果这个时候"魏珰"还在,以"魏珰"的铁腕,国家恐怕不至于落到这个地步。而就在十年前,魏忠贤还是人人必欲杀之而后快的。

当然,即使是看似"有形"的问题,我们常常也未必能够"解决"而只能"解读"。比如陈寅恪先生关于"牛李党争"中牛党多寒门而李党多世族的著名论断,①再如田余庆先生《蜀史四题》中关于刘备集团中的中原、荆州、蜀中三大势力关系的分析,②等等,都是言之有据且鞭辟入里,但历史的"真实"未必完全如此。再如我在《阳明史事三题》中提出的王阳明没有生育能力的推测,自以为理由充分。③ 但《阳明年谱》明明记载,在原配诸氏去世之后,续弦的张氏生了一个儿子,这就是后来继承王阳明"新建伯"爵位的"嗣子"王正億。真相到底怎样?恐怕只有动用"DNA"了。

周一良先生曾经用六个"W"概括学习历史、研究历史的诸要素:Who(何人)、When(何时)、Where(何地)、What(何事)、How(如何)、Why(为何)。④ 我们能够解决的,充其量只有两个半"W",即时间、地点,以及人物或事件的部分内容,其他的只能是解释。那么,用什么理念进行解释,当然要有"问题意识",但我认为,更需要的是"人文情怀",比较流行的说法是"人文关怀",也可以说是"非问题意识"。

---

① 陈寅恪:《唐代政治史述论稿》,北京:中华书局,1957 年。
② 田余庆:《蜀史四题:蜀国新旧纠葛的历史追溯》,载《文史》第 35 辑,北京:中华书局,1992 年。
③ 方志远:《阳明史事三题》,载《江西师范大学学报》2003 年第 4 期。
④ 赵和平:《周一良先生的治学精神与方法》,载《文史知识》1996 年第 3 期。

前些年读刘大椿教授的《问题意识与超越情怀》①，感到有知音；近日读黄宗智教授的《问题意识与学术研究：五十年的回顾》，更感到振奋。在当代知名学者中，黄宗智教授是十分强调"问题意识"的，但就在《问题意识与学术研究：五十年的回顾》这样讨论"问题意识"的文章中，他开篇就说：

> 今天回顾，我清楚地认识到学术研究也是一个自我认识和理解的过程，其中的关键也许是个人心底里最关心的问题。对我来说，主要是在中西思想和文化的并存和矛盾之中，怎样来对待其间的张力、拉锯、磨合，甚或融合和超越。这既是一个认识的过程，也是，甚至更是感情层面上的过程。这样的矛盾可能成为迷茫和颓废的陷阱，但也可以是独立思考和求真的动力；它可以使自己沮丧，但也可以成为深层的建设性动力。②

黄宗智说自己的学术研究是一个自我认识和理解的过程，虽然用了"也许"两个字，但真切地呼唤出"心底里最关心的问题"。而这个"心底里最关心的问题"，显然并非我们所理解的"问题意识"所说的"问题"，而是深切的人文情怀。所以，他说自己 50 年的学术历程，既是一个"自我认识和理解的过程"，更是"感情层面上的过程"。那么，是什么样的"感情"推动作者做出学术的转变并向学界

---

① 刘大椿：《问题意识与超越情怀》，载《中国人民大学学报》2004 年第 4 期。
② 黄宗智：《问题意识与学术研究：五十年的回顾》，载《开放时代》2015 年第 6 期。

和社会贡献出一部又一部高品质的作品？黄宗智并没有把答案放在这篇文章的标题上，而是放在"把'老百姓'的福祉认作人生和学术的最高目的和价值"。正是这种把"老百姓"的"福祉"当作人生和学术的"最高目的和价值"的感情和情怀，成为黄宗智价值观上的"关键动力"。而黄宗智所说的这个"关键动力"，正是弗洛伊德所说的意识之前的"潜意识"。如果黄宗智自己不揭示出来，谁也不会把他后来的研究，特别是将《华北的小农经济与社会变迁》《长江三角洲小农家庭与乡村发展》和1948年的一场使上海一夜之间冻死三千人的事件联系在一起，自然更不会把这些著作与《水浒传》《三国演义》等"闲书"的影响，和"侠义"的精神、"抱不平"的价值观联系在一起。

虽然黄宗智为这篇"回顾五十年"的文章取名为"问题意识与学术研究"，但自始至终都在阐述自己的人文情怀，并且在文章的结尾再次强调：

> 回顾自己过去五十多年的学术生涯，我自己都感到比较惊讶的是，感情，作为自己学术研究的问题意识的来源和动力，其实比理性的认识起到更根本的作用。我们习惯认为"问题意识"主要来自一个学者的学术或理论修养，而在我的人生经历之中，它其实更来自感情。而且，感情的驱动，区别于纯粹的思考，也许更强有力、更可能成为个人长期的激励。

这种情怀开始的时候往往不易被察觉到，往往是一种"潜意识"。但在弗洛伊德看来，潜意识恰恰是人类更深层、更隐秘、更原始、更根本的"心理能量",是人类一切行为的"内驱力"。正是这些心理能量、这些内驱力,从深层支配着人的心理和行为,成为人的一切动机和意图的源泉。

黄宗智的这种人文情怀,在某种意义上正是"非问题意识",正是老子所说的"无欲以观其妙"的境界。当然,在具体的研究过程中,自然是由无数的问题组成的"问题意识"在推动,这也是老子所说的"有欲以观其窍"的过程。

不仅仅是黄宗智,黄宗智的老师萧公权、和萧公权同辈的钱穆,同样是具有深切人文情怀的学者。萧公权先生"人如秋水淡,诗与夕阳红"①的境界,绝非一般的"问题意识"可以企及。钱穆先生的巨制《国史大纲》,首揭中华文化的三大特征:历史的"悠久"、发展的"不间断"、记载的"详密"。② 可以说,"中华文化"这一大情怀,是钱穆所有著作的"原动力",是超越和驾驭研究过程中所有"问题"的大视野。

岂止黄宗智、萧公权、钱穆,中国历史上几乎所有产生过重大影响的伟大学者,皆有大情怀。司马迁的情怀是"究天人之际,通古今之变",司马光的则是"关国家兴衰,系生民休戚"。我们常常说"无欲则刚",既然"无欲",为何要"刚"?"刚"的目的又是什么?"刚"说明有欲,但非一般的欲、非世俗意义上的具体的"欲",而是有大"欲",有大的抱负和大的情怀。

这里又牵涉到另外一个命题:"为学术而学术。"就我看来,"为

① 萧公权:《七十退休长句二章》,转引自周策纵《周策纵自选集》之二十三《忘年诗友:悼念萧公权先生》,济南:山东教育出版社,2005 年,第 452 页。
② 钱穆:《国史大纲》,北京:商务印书馆,2011 年,"引论",第 1 页。

学术而学术"也应该有两层境界。第一层境界是心无旁骛地关注正在学习或研究的对象,把学习或研究做到就专业要求而言可能达到的极致。在这个过程中,"问题意识"应该是基本的动力。没有这个层面的"为学术而学术",没有"问题意识",就根本进入不了学术。但是,当学术做到一定的层面,得进入第二层境界也是更高的境界。那么,一个学者所追求的"为学术而学术"的更高境界是什么?不同的学科可能各有不同,就历史学而言,我认为应该是两千多年前司马迁所说的:"究天人之际,通古今之变。"尽管我们无法真正做到"究天人之际",我们最终也许只是自以为"通古今之变",但是,我们却需要带着这样深切的人文情怀朝着这个方向努力。这才是历史学"为学术而学术"的更高境界。

文、史、哲等"人文"学科,和数、理、化等"自然"科学之间,有着巨大的差异。对于"人文",与其称之为"科学",倒不如称之为"学科",除非我们建立起划分"自然科学""社会科学""人文科学"的不同的界定标准。否则,按自然科学的要求,人文是无法进入"科学"范畴的。而包括历史学在内的人文学科,完全没有必要硬挤进以"自然科学"为标准的"科学"行列,也没有必要用自然科学般的"问题意识"来考察其科学性。否则,或许成为"科学"了,但"人文"也就剥离了。近几十年人文学科在发展的过程中所遭遇的各种问题、各种困境,与用"自然科学"的理念进行要求、用"自然科学"的办法进行管理不无关系。这对于人文学科来说,并非福祉,而是灾难。当然,出现这种状况的原因,不完全在管理者,也在一些人文研究者自身,研究活生生的"人"的学问,为何硬要往公式化的"科学"行列中挤?

今日的人文学科论著不可谓不多,问题意识不可谓不强,但为何难以出"大制作"?恐怕在于"非问题意识"不够,急功近利,人文情怀缺乏。似乎可以说:没有"问题意识",不可能有好的作品;没有"非问题意识",不可能有大的制作。而缺乏人文情怀的作品,则不可能奢望得到社会的人文认同。

相比许多勤奋的学者,我比较懒散;相比许多高产的朋友,我属于低产。人与人之间,性情、阅历、师从和环境不一样,学习、研究的路数可能也不一样。这篇文章只是根据自己的感受,不主张过于"刻意寻求"问题,而是建议多在"欣赏过程"中"发现问题";主张在倡导"问题意识"的过程中,多一些"非问题意识",多注入一些人文情怀。如果这样,学者的胸怀可能更加博大、视野可能更加宽广、境界可能更加升华,作品的穿透力也可能会更加强大。

关于制约当代民族研究的若干问题的反思：迈向实践社会科学的视野[①]

谭同学

（云南大学西南边疆少数民族研究中心）

近年,若干涉及民族因素的重要社会事实给我国民族研究提出了一系列值得反思的问题。知识界就此展开的讨论表明,维护国家统一、民族团结无疑是基本共识,但在诸多重大议题上则仍纷扰不清。民族问题"何谓""何在""何治","中国特色的民族发展以及研究范式的转换"成了现实的关切[②]。麻国庆认为,这是由于"相当多的研究者在讨论中国民族的时候……忽视了民族之间的互动性、有机联系性和共生性"[③]。张小军表示,它与"民族单义性""民族问题化"有关[④]。范可尝试论证,这是因为"边疆范式"难

① 本文系云南大学"民族学一流学科建设"项目"新时代边疆汉族社会转型与治理研究"（编号 2019SY046）的阶段性成果。初稿曾提请诸多师友和第十七届开放时代论坛讨论,感谢麻国庆、何明、吴重庆、高朋、黄志辉、张亮等人的指点,文责自负。
② 周明甫:《"民族问题"何谓？何在？何治?》,载《清华大学学报（哲学社会科学版)》2016 年第 1 期。考虑到作者曾较长时间担任国家民族事务委员会副主任,该文所提问题之现实性、迫切性,可谓不言而喻。
③ 麻国庆:《中国人类学的学术自觉与全球意识》,载《思想战线》2010 年第 5 期。
④ 张小军:《"民族"研究的范式危机》,载《清华大学学报（哲学社会科学版)》2016年第 1 期。

以契合当代族群互动的事实①。何明则指出,它与 20 世纪 90 年代以来的学科认同危机和学术体制问题有关②。

本文将尝试指出,姑且不论当代民族研究是否已陷入"范式危机"③,它受到了若干重要的制约,应是无疑义的事实。并且,它并非第一次受到较严重的制约,在 20 世纪 80 年代也曾有一次。两次受制约的问题有显著差别,但也有密切关联。若要更细致地考虑改进当前的民族研究,似乎有必要将这些问题共同置放在更长时段的历史视野下,进行对照分析,从而清晰地呈现学术脉络走向,以及有现实可能性的当代研究视野转向。

一、国家转型、民族主义与阶级分析

不少研究者谈到当前民族问题,会溯及上世纪中叶的民族识别工作,以及围绕它形成的一套研究视角、方法。这样追溯,当然有其道理。毕竟,当代民族问题和民族研究不能说与此段历史无关。不过,民族识别本身也有其历史背景。只有被放置在更长时段的历史脉络中加以审视时,它的前因后果才能得到比较清晰的呈现、公正的评价,才能为当下朝前摸索找到更准确的路标。

在世界史进入"现代"之前,"民"以"族"分的现象并非不存

---

① 范可:《族群范式与边疆范式》,载《清华大学学报(哲学社会科学版)》2016 年第 1 期。

② 何明:《民族研究的危机及其破解》,载《清华大学学报(哲学社会科学版)》2016 年第 1 期。

③ 赵旭东:《中国民族研究的困境及其范式转换》,载《探索与争鸣》2014 年第 4 期。

在,但至少不比宗教、文野、贵贱等界限更重要。"民族"作为一个现代概念与现代主权国家联系在一起,观念上源于中世纪晚期,实践上的标志性事件则是《威斯特伐利亚条约》的缔结。此前欧洲大大小小的封建主拥有世俗政权,宗教的区别显得非常重要,即便是战争,首要因素也不是民族,而是宗教。① 但是,随着欧洲争霸和殖民地争夺战日益激烈,民族和世俗国家观念的重要性开始上升。② 1618—1648 年间欧洲异常惨烈的"三十年战争",将这种趋势推向高潮。"三十年战争"由信奉新教的波希米亚人反抗控制天主教的奥地利哈布斯堡王朝开始,德意志地区的各个公国,以及法国、丹麦、瑞典、荷兰、英国、俄罗斯、西班牙、波兰等国纷纷卷入。连年战争使得愈来愈多的人认识到,基于民族的国家利益比宗教派别更为重要(如信奉天主教的法国就支持波希米亚)。战争结果之一体现在《威斯特伐利亚条约》中,就是"人民""主权"等观念得到了各国承认③。此后,欧洲各国之间依然战争不断,但战争阵营主要不再是宗教派别,而是基于民族的主权国家,从而坐实了这种国家观念。与传统帝国认为领土、臣民均属于君主不同,在主权国家观念

---

① 参见里亚·格林菲尔德《民族主义:走向现代的五条道路》,王春华等译,上海:上海三联书店,2010 年,第 104 页;尤金·赖斯、安东尼·格拉夫顿《现代欧洲史》(卷一),安妮、陈曦译,北京:中信出版社,2016 年,第 299 页。

② 详细过程可参考迈克尔·曼、蒂利等人的论述[迈克尔·曼:《社会权力的来源》(第一卷),刘北成等译,上海:上海人民出版社,2002 年,第 622 页;查尔斯·蒂利:《强制、资本和欧洲国家(公元 990—1992 年)》,魏洪钟译,上海:上海人民出版社,2007 年,第 25 页]。

③ 有关"三十年战争"的详细过程,可看理查德·邓恩《现代欧洲史》(卷二),康睿超译,北京:中信出版社,2016 年,第 116—131 页。

下,国家属于人民,国与国有清晰"边界"而非传统意义上的"边陲"。[①] 后世西方学者常称这种现代国家为"民族—国家"(nation-state)[②],但笔者认为,此概念容易引发"一族一国"的误解(而事实上,即使在西欧也并非一族一国),倒不如"主权国家"概念清晰且有国际法依据。不过,不管用哪个概念,有两个事实是清楚的。其一,民族跟国家紧密联系起来,变成人群分别日益重要的标识,是伴随欧洲资本主义兴起而出现的现代事件;其二,欧洲因相互残杀而形成现代国家之间的游戏规则,以民族主义为基础,并不断强化了民族主义。

欧洲的也是现代世界的灾难之一,是《威斯特伐利亚条约》确立了与民族主义紧密缠绕的主权原则,却并没有任何一个强国试图去尊重这一条约,尤其是在尊重他国主权这一原则上。强国如英、法、德、意、奥等,从未停止过在全世界范围内确立和维持霸权,瓜分其他国家的努力。它们建立起殖民秩序,给亚非拉国家带来深重灾难。亚非拉国家在尝试团结本国各族人民反抗西方侵略、争取主权独立的过程中,同时也主动或在某种程度上不得不接受了现代民族主义。

以中国为例,19世纪末清王朝统治在内忧外患中摇摇欲坠。以孙中山为代表的革命者最开始采用的政治动员口号,仍是较狭窄地反满。1894年成立兴中会,宗旨为"驱除鞑虏,恢复中华"。

---

① 安东尼·吉登斯:《民族—国家与暴力》,胡宗泽等译,北京:生活·读书·新知三联书店,1998年,第111—112页。

② 塞缪尔·E.芬纳:《统治史》(卷三),王震等译,上海:华东师范大学出版社,2014年,第455页。

1905 年成立同盟会,其宣言表述依然是"驱除鞑虏……满政府穷凶极恶,今已贯盈。义师所指,覆彼政府,还我主权。"①在不断斗争中,革命者才逐步认识到,仅靠反满并不能破解中国面临的危局。1911 年武昌起义成功,孙中山在《中华民国临时大总统宣言书》中写道:"国家之本,在于人民。合汉、满、蒙、回、藏诸地为一国,即合汉、满、蒙、回、藏为一人。是曰民族之统一。"②1922 年,中国共产党在《对于时局的主张》中更是一针见血指出中国革命的任务应为"反帝""反封建"③。此后,孙中山也主张"中国境内各民族一律平等"④。

　　孙中山为代表的革命者是中国现代意义上民族主义的先行者。中国共产党是这一思想最忠实的践行者,它领导各族人民经数十年艰苦卓绝奋斗,终于实现了中华民族独立自强的目标。从这个角度看,中国共产党提出并长期践行中华各民族平等、团结一致对外的目标,最深刻的根据便是中华各民族反抗外来侵略的现实,而不仅仅是因它所奉的马克思主义在理论上强调民族平等。尽管后一个原因并非不重要,但若仅有此原因,就不能说明孙中山为何也强调这种民族主义。

　　中国共产党领导各族人民"反帝""反封建"最重要的成果,首

---

① 广东省社会科学院历史研究所等编:《孙中山全集》(第 1 卷),北京:中华书局,1981 年,第 296 页。
② 广东省社会科学院历史研究所等编:《孙中山全集》(第 2 卷),北京:中华书局,1982 年,第 2 页。
③ 中央档案馆编:《中共中央文件选集》(第 1 册),北京:中共中央党校出版社,1989 年,第 37 页。
④ 广东省社会科学院历史研究所等编:《孙中山全集》(第 9 卷),北京:中华书局,1986 年,第 118 页。

先当数建立中华人民共和国。而建国的重要纲领性文件,则是1949年各族、各党派形成的《中国人民政治协商会议共同纲领》。在这个具有实质的建国宪法意义的文件中,明确写下了"各民族一律平等"和"民族的区域自治"等一系列规定。这些原则性的条款当然不是直接用于操作的具体民族政策,但却比具体民族政策具有更根本、更实质性的意义。用于操作的具体民族政策依赖于诸多具体的行政条件,不仅可以而且必须因地、因时制宜,但根本原则却不宜随意改变。

由此,建国后就有制定各种用于操作的具体民族政策,来保证落实民族平等、团结的根本原则,以及民族区域自治等基本民族政策的必要。而若平等、团结不只是停留在形式层面,在实质上当然就有必要对因自然、历史等原因而发展相对落后的少数民族,给予倾斜性的优惠。进而,既然给予少数民族优惠政策,首先当然必须识别谁是少数民族。可如何判定一个人的族属呢? 一方面是群众自我认同、自报为何民族的主观标准,另一方面则有识别专家依据的历史、语言等客观标准。[1] 在研究视野上,这造成的结果之一,是直至20世纪80年代,民族研究队伍中以历史、语言研究者居多。从研究方法上讲,主观、客观标准叠加起来(再加上不少具体从事民族调查、识别的专家还未必能准确把握历史、语言标准),能否真正准确识别一个人的族属,当然是一个可以再争论的问题。但必须注意,这只是一个技术性的问题,即使有粗糙乃至识别不准的现象,也不能证明没必要进行民族识别。

---

[1] 费孝通:《费孝通文集》(第十四卷),北京:群言出版社,1999年,第92—93页。

民族识别是为了落实针对少数民族实施的优惠政策,以确保各民族在政治平等的基础上,逐步实现经济、社会、文化上的事实平等。但在实践中,却并非所有少数民族成员的利益都与此目标一致。对于那些长期以来在少数民族社会当中居于上层、拥有特权、靠剥削群众为生的人来说,利益将受到损害。在这种格局下,不管是要推行民族优惠政策,还是维持少数民族地区起码的社会秩序,对国家而言就绕不开依靠谁、打击谁的问题。由此,围绕这一目标而展开民族研究,阶级分析的方法就不仅仅是马克思主义的理论需要,而更是活生生的现实需要。

在微观层面上,阶级分析未必对每个人的阶级地位判断都精确无误。但宏观上看,它的确有效帮助刚刚诞生的新中国,在每个民族中都找到了坚实的依靠力量,团结了绝大多数的群众。从国家历史形态比较看,将国家权力渗透到每个民族的基层社会,正是现代主权国家的重要特征之一[①]。对于新中国而言,尤其是在少数民族地区,正是阶级分析为此奠定了扎实的基础。在这个意义上,可以说,若无阶级分析法,不仅新中国建国纲领中关于民族平等的设置会变成空中楼阁,甚至根本就不会有一个现代中国,而只能得到一个由各个民族特权集团控制其属民的封建政治体拼凑而成、形式上统一的国家。

这样说,当然并非指阶级分析法在民族研究中是万能的。事

---

① 贾恩弗朗哥·波齐:《国家:本质、发展与前景》,陈尧译,上海:上海人民出版社,2007 年,第 89 页。另可参看舒绣文关于现代中国国家权力触角向基层社会延伸过程的专门分析(Shue Vivienne, *The Reach of the State: Sketches of Chinese Body Politic*, California: Stanford University Press, 1988, p. 70−71)。

实上,阶级分析教条化、泛滥化,会给民族研究带来严重失误。当民族研究将阶级分析扩展成政治斗争工具,或粗俗化为简单进化论时,不仅无助于解决现实中的民族问题,甚至还会人为制造出新的民族问题。例如,当农耕被简单地认为比游牧在生产方式上更"先进"时,不顾生态、生产技术条件毁草开荒也就有了充足的"专业理由"。① 而那些在日常生产和社会管理中爱提意见或站出来为群众利益说实话的群众、干部、专家,则很容易被粗暴地定性为"阶级敌人"。② 甚至于,身有残疾、曾克服惊人困难深入武陵山区调查的潘光旦,竟因参与识别了土家族而被污为分裂民族的"右派"。③ 凡此种种都表明,教条化滥用阶级分析与社会实践严重脱节,会成为制约民族研究的主要问题。由此,其后调整研究视野,让研究重新贴近社会实践,也就成了历史的必然要求。

不过,这里有必要强调的是:虽然此类民族研究在后期出现了严重教条化倾向,必须被调整,但在更广阔的历史脉络中来看,不可否定它曾取得巨大成就,更不可以历史虚无主义的态度看待民族区域自治、民族识别。其实,即使与其同时代国际横向比较看,在研究视野上,它虽受到了苏联民族学体系影响,但却并不真正与之相同,它们形成的民族政策和后果亦不同。与其他接受了起源于西方的民族主义思想的发展中国家相比较,它更是在根本制度

---

① 麻国庆:《开发、国家政策与狩猎采集民社会的生态与生计——以中国东北大小兴安岭地区的鄂伦春族为例》,载《学海》2007 年第 1 期。

② Mueggler Erik, *The Age of Wild Ghosts: Memory, Violence, and Place in Southwest China*, Berkeley, Los Angeles and London: University of California Press, 2001, p. 259.

③ 黄柏权:《潘光旦先生与土家族研究》,载《中南民族大学学报》(人文社会科学版) 2000 年第 1 期。

上找准了中国历史与现实的"脉搏",为中国成为唯一成功从传统国家转型为现代主权国家却未解体、从未侵略其他国家并迅速崛起的大国,提供了理论依据。

二、社会转型、民族问题与文化解释

当代中国正在经历一场深刻的转型。进入本世纪以来,市场在国民经济要素配置中的基础性地位已经确立,社会变得更加开放,其他改革也在逐步深化。这一重大社会转型过程既有"不充分",也有"不平衡"的问题。[①] 不充分、不平衡的重大社会转型过程,也对与民族相关的经济、社会、文化和政治现象带来了深刻的影响。进而,一部分由社会转型带来的经济、社会、文化和政治问题也常混杂着民族因素。

第一,它让经济平等变得更复杂。

市场对于每个民族来说都不陌生,历史上中国各民族都有不同层次的市场交换。但就以市场作为配置经济资源的基础性手段的"市场经济"而言,却又是另一回事。从 20 世纪 80 年代以来,我国人民对市场经济的认识经历了一个从无到有,从知之不多到逐步深入的过程。一开始,人们假设市场经济在中国会"起点"平等,"终点"相对平等。但从不同区域、民族、社会层级与领域看,各自进入市场经济的"起点",如自然禀赋、产业结构、教育水平、营生能力等,客观上却并不平等。

---

① 习近平:《决胜全面建成小康社会　夺取新时代中国特色社会主义伟大胜利》,《人民日报》2017 年 10 月 28 日第 1 版。

由于历史和自然原因的影响,大部分少数民族人口居住在自然禀赋相对较差的西部农村地区,其产业结构以农牧为主,附加值较低,教育水平也相对较低。此外,除了回族本来就有较大比例人口从事工商业、从而对市场交换较为熟悉之外,绝大多数少数民族人口在市场交换方面经验不足。这些因素使得相当一部分少数民族群众,在市场经济当中营生能力相对较弱。在计划经济时代,中央政府统一调配经济要素流动和经济效益分配,能较大限度地控制不同区域间经济发展和居民收入差距。通俗言之,那时在不同区域、民族,"大家都穷"。而在市场经济条件下,由于政府手中直接控制资源的比例下降,抑制不平衡的难度随即增加。

邓小平同志在论述允许一部分人先富起来、先富带动后富、最后实现共同富裕时,也着重强调了要避免贫富过于悬殊,否则贫富矛盾使得"民族矛盾、区域间矛盾、阶级矛盾都会发展,相应地中央和地方的矛盾也会发展"①。由此,国家对西部地区(尤其是少数民族地区)从税收、财政、教育和医疗卫生等方面,持续给予了倾斜性的扶持政策。2000 年,国家更是专门制定了西部大开发战略。此后,西部地区的经济状况快速改善,群众生活水平也显著提高,进入前所未有的大发展时期。无奈历史积贫太重,自然条件和人力资源等方面客观限制仍难瞬时改变,与东中部地区发展差距仍不小。②

第二,它加剧了社会整合的复杂性。

---

① 邓小平:《邓小平文选》(第三卷),北京:人民出版社,1993 年,第 364 页。
② 详见胡联合、胡鞍钢《民族问题影响社会稳定的机理分析》,载《人文杂志》2008 年第 2 期。

从社会层面看,当代中国社会转型总体上出现了两个大趋势。其一,由人口高度不流动的社会,变成有着巨大规模(并在继续扩展)流动人口的社会;其二,由相对比较平均的社会,变成快速和显著社会分化的社会。它们给社会整合提出了新的挑战。其中,有些方面也涉及民族因素。

传统上,我国少数民族人口和熟悉民族工作的干部大多数集中在少数民族聚居的地区。而在当代,随着市场经济快速发展,少数民族人口流动也日益频繁(且主要是基于市场机制流动经商、务工而来的"体制外"人员)。以改革开放先行地区珠三角为例,1982年少数民族人口不足 5 万,很少有"体制外"人员,而今仅"体制外"少数民族人口就超过 250 万,约与宁夏全区的少数民族人口相当。[1] 这一群体并未迅即变为都市人、当地人,而是在语言、生活习惯、社会组织方式乃至宗教等方面,与珠三角原有主体民族相比,都有不同程度的差异。在人群互动中,这些因素难免会造成一些隔阂、误会甚至冲突。其中某些误会与冲突,则可能被不恰当地认为是民族冲突。另一方面,由于珠三角的社会事业单位和管理部门,尤其是基层社会管理人员,并未积累起足够的民族宗教工作经验,结果在社会治理中往往捉襟见肘。

与人口流动相比,社会分化带来的问题更艰巨。自 20 世纪 80年代以来,随着生计方式多样化,以及不同人群所属区域资源禀赋差异甚大,再加上市场经济本就具有让强者获得更多机会的"马太效应",我国居民收入水平迅速拉开了差距。从宏观上看,马戎依

---

[1]　温世贤:《流动促城市民族互嵌社会结构生成》,《中国社会科学报》2017 年 5 月 23日,第 3 版。

据居民行业结构、职业结构,马忠才根据收入水平、职业地位等指标分析,认为不同民族间出现了社会层级意义上的结构性差异。[①]当然,民族内部的社会分层同样也十分显著,而且其阶层间的差距远甚于民族间的差距。如陈怀川、李静与王丽娟等人调查发现,各民族成员在分层中呈散点而非集层分布,属于"民族内部分层"而非"民族分层"。[②] 吴晓刚与宋曦的研究则表明,民族分层主要发生在"体制外","体制内"不同民族工作人员收入则并无区别。[③]不管如何,社会分层至少已经成为影响民族问题的一个重要因素。

第三,它增加了政治治理的复杂性。

历史经验表明,在经济与社会复杂程度较低的情况下,政治上较易施行"简约治理"。[④] 而不充分、不平衡的社会转型,在急剧增加经济社会多样化、复杂化程度的同时,也会给政治治理带来挑战。受种种因素影响,无论是改革还是开放,在各民族、各领域都并非同时、同质展开,其社会效应也复杂多样。从政治治理角度看,部分与民族因素相关的问题也就变得更为复杂。

在国际政治层面,与以往简单军事压制、经济封锁和意识形态指责不同,西方某些国家针对日益开放的中国,总体上采取了面上有合作、底下更防范的战略。种种事实表明,它们从未放弃过利用

---

① 马戎:《中国各族群之间的结构性差异》,载《社会科学战线》2003 年第 4 期;马忠才:《民族问题的社会根源》,载《北方民族大学学报》(哲学社会科学版)2015 年第 2 期。

② 李静、王丽娟:《新疆各民族间的结构性差异现状分析》,载《新疆社会科学》2007 年第 6 期。

③ 吴晓刚、宋曦:《劳动力市场中的民族分层》,载《开放时代》2014 年第 4 期。

④ 黄宗智:《集权的简约治理》,载《开放时代》2008 年第 2 期。

民族因素,或炮制所谓"民族问题",削弱乃至分裂中国的企图,但手法变得比数十年前复杂了很多。与此相对,我国对外策略和对内治理方针亦需从多个方面入手,加以改进,实现治理转型。而且,我国经济腾飞后,经贸合作网络和国民足迹也日益融入世界体系更深远之处。此外,体现中国主动寻求国际合作,同时也推动中国经济、文化"走"出去的"一带一路"倡议,更为我们在国际层面处理好与民族因素有关的政治问题,提出了全新的要求。

在国内政治层面,不充分、不平衡的转型一方面增强了不同党政部门、层级的利益特征,另一方面还加大了基层政治参与的压力。尤其是在分税制实施之后,基层财政一直面临着比省、市级财政大得多的压力。① 相当一部分民族地区在财政上可以得到优惠政策的照顾,财税征缴压力相对较小,但其财政依然紧张。基于"分灶吃饭"的逻辑,相比于计划经济时代,转型时期各级地方政府和不同部门在某些情况下更看重其自身的局部利益。在"压力型体制"下②,地方(尤其是基层)受到的压力更大。具体到民族地区的基层政治也一样,中央的优惠政策和涉及民族因素的其他政策在各地基层未必都能同样不折不扣地得到执行。相反,它们常是不平衡的。此外,民众政治参与意识高于参与渠道顺畅程度,常会

---

① 此方面的详细分析,可参看田毅、谭同学等人的论述(田毅、赵旭:《他乡之税》,北京:中信出版社,2008 年,第 17 页;谭同学:《双面人:转型乡村中的人生、欲望与社会心态》,北京:社会科学文献出版社,2016 年,第 202 页)。

② 荣敬本等:《从压力型体制向民主合作体制的转变》,北京:中央编译出版社,1998年,第 27 页。

给政治本身带来压力①。在国家引导、培育和社会自身转型影响下，我国民族地区群众的政治参与意识正快速提高，但在离其最近的基层，村民和社区居民民主选举、决策、管理和监督的水平却仍亟需提高。②

面对深刻且不充分、不平衡的经济、社会与政治转型，民族研究的知识界显得有些后知后觉。据笔者不太精确的统计，以民族研究领域相当重要的《民族研究》杂志为例，1980—1992 年间四分之三以上的论文或田野调查报告，所用理论框架仍是阶级分析或简单进化论。1988 年，童恩正曾极为简略地在介绍英文学界已有学者用人类学资料纠正摩尔根的部分观点的基础上，援引恩格斯的原话做依据，极为谨慎、委婉地表示不应"将唯物史观绝对化、公式化、简单化、标签化"③。据笔者访谈几位经历过此时期的学者所述，此文在民族研究领域竟曾引起轩然大波。

可以说，从总体上看，此时期民族研究仍在延续教条化的阶级分析和简单进化论，与社会实践脱节。以至于后人带着新的学术眼光去挑选"优秀论文"时，竟然发现这一时期没有多少论文值得辑录。在潘蛟主编的《中国社会文化人类学、民族学百年文选》中，收录此阶段的论文极少④。在良警宇等人所编《中国人类学民族学

---

① 塞缪尔·P. 亨廷顿:《变化社会中的政治秩序》，王冠华等译，北京:生活·读书·新知三联书店，1989 年，第 82 页。

② 孙秋云:《社区历史与乡政村治》，北京:民族出版社，2001 年，第 176 页。

③ 童恩正:《摩尔根模式与中国的原始社会史研究》，载《中国社会科学》1988 年第 3 期。

④ 潘蛟主编:《中国社会文化人类学/民族学百年文选》，北京:知识产权出版社，2009 年。

百年文献索引》中，除去谈人类学学科重建的文章之外，此时期的索引也明显单薄①。

当然，当代民族研究视野调整，虽然比社会实践变化慢了半拍，但终究还是发生了。至少从 20 世纪 90 年代中期开始，教条化阶级分析已开始弱化。甚至于，"民族"这一概念本身也被认为过于"苏联化"，应由更具弹性的"族群"概念替代。② 除了集中研究马克思主义"民族理论"的方向之外，从总体上看，民族研究的基础理论资源转向了人类学，尤其是美国学界所偏重的文化人类学。仍以《民族研究》杂志为例，1995—2018 年，有近半数实证研究论文或田野调查报告聚焦于文化议题。"文化解释"③的方法，被广泛用来解释我国民族问题。

作为摆脱教条化阶级分析制约的方法，"文化解释"式的民族研究在专业化程度和理论水平上，实现了质的飞跃。可是，"文化解释法"并非"万能药"。一方面由于不充分、不平衡的社会转型快于、复杂于研究视野转向，另一方面由于文化只是民族的一个维度而远非它的全部，"文化解释法"的确还"不够好"。由此，"文化解释"式的民族研究就摆脱教条化阶级分析制约而言，是一次面向社会实践的转向，但却远不够彻底，不够贴近实践的多维、多层问题域。它摆脱了一种对民族研究的制约，却也正由此生成了一种新的制约。

---

① 良警宇等编：《中国人类学民族学百年文献索引》，北京：知识产权出版社，2009 年。

② 纳日碧力戈：《族群形式与族群内容返观》，载《广西民族学院学报（哲学社会科学版）》2000 年第 2 期。

③ 克利福德·格尔茨：《文化的解释》，韩莉译，南京：译林出版社，1999 年，第27 页。

三、视野转向、民族研究与实践透视

既然制约当前民族研究的,在某种程度上本就是因为过于偏重"文化解释",而漠视不充分、不平衡的经济、社会和政治转型对民族问题影响的倾向,那么,摆脱制约的方向显然不应是再进一步"文化化"。相反,强调实践社会科学视角,似乎才是对症之药。

当然,言及此处,有两点亟需重点强调:其一,强调经济、社会和政治变量在民族问题中的重要性,不是也不能回到用"阶级"解释一切民族现象的老路;其二,强调"实践社会科学"视角,不是代替、取消"文化解释",而是必须在承认和直面实践的多维、多层特征,在拓展、综合多种视角上下功夫(只是在目前"文化解释"视角"一家独大"的情况下,"实践社会科学"视角更紧迫)。

以下不妨从实践社会科学视角,对当前民族研究视野转向,略作细分指向的探讨。

第一,民族历史领域。

总体上看,当代民族史的研究早已摆脱了教条化阶级分析法的痕迹。不过,在民族识别工作基础上形成的单一民族历史书写惯性,却仍有一定程度的影响。费孝通曾有感于民族"历史研究不宜从一个个民族为单位入手",而倡议从"多元一体"视角重梳民族史。[1] 谷苞、王钟翰等人还率先以西北和宏观民族史书写为例,形

---

[1] 费孝通:《费孝通文集》(第十四卷),第100页。

成了典范性的作品。① 但具体到一些民族(支系)、区域历史书写时,践行此种视角的研究还是偏少。相反,民族或区域中心主义影响历史书写的情况,倒非鲜见。不少研究者在缺乏可靠证据情况下,宣称某民族(支系)、区域历史如何古老。依笔者愚见,若要将某民族(支系)、区域历史上溯,至少得要有扎实史料作证据。要不然,倒不如抽出一部分研究力量将历史往下延伸,研究近代(尤其是中华人民共和国成立)以后的、还在"活生生"影响着民族社会实践的历史。

此外,当代民族史研究仍较多聚焦在政治史(且以中央王朝更迭作为少数民族史的时间框架)、杰出人物史、编年体。而从史学方法论上说,这三点在20世纪30年代兴起的"新史学"运动中,就被批评为传统"兰克史学"的"三大偶像"②。为丰富民族历史书写视角,当代民族史研究似乎有必要、也有可能发展一些新的取向(不乏学者尝试并已有非常好的成果面世,但从总体上看仍太少),如加强政治史、杰出人物史之外的历史书写,以区域史为突破口,将经济史、社会史、生态史、科技史、文化史乃至心态史等内容纳入研究视野。同时,在研究方法上,"新史学"综合运用交叉学科方法的倡导③,也尤其值得借鉴。

第二,民族社会领域。

---

① 其基本编纂理念参见谷苞《序》,载刘光华主编《西北通史》(第一卷),兰州:兰州大学出版社,2004年,第1—9页;王钟翰主编:《中国民族史》,武汉:武汉大学出版社,2015年。

② 彼得·伯克:《法国史学革命:年鉴学派,1929—1989》,刘永华译,北京:北京大学出版社,2006年,第2—5页。

③ J. 勒高夫等编:《新史学》,姚蒙译,上海:上海译文出版社,1989年,第30—31页。

与以往民族研究将任何问题看成"阶级问题"相比,当前民族研究不乏矫枉过正之嫌,连社会分层也少有研究者再关注。但不管哪个民族社会,在不同历史时期(尤其是当代快速转型过程中),不同阶层对社会治理的影响必定不同,不宜"整体"对待。同时,当前不少研究仍执着于从经济基础、上层建筑等方面静态描述民族社区(尽管有不少泛泛的"社会变迁"描述),但对于民族人口流动,尤其是城镇化过程中少数民族融入城市之类的新问题,缺乏足够的敏感度。

由此,关于民族社会领域的研究,似乎需从三个方向加大研究力度。其一,关注民族亲属结构、社区结构(尤其是社区权威)的当代变化,及其对社会治理的影响。例如,由于传统道德舆论束缚弱化,不少地区社会精英、地方干部,在社会治理中扮演消极角色,就是值得注意的社会实践(泛泛的"社会变迁"描述完成不了此任务)。其二,注重研究民族人口结构变化、人口流动情况,及其对社会治理的影响。试想,若在特定区域,产业结构不升级,(因生育或流入)人口却增长五成,人口、资源及人群之间焉能避免矛盾? 其三,加强对民族社会分层与社会流动的研究,尤其是精英阶层的形成机制、社会角色与政治倾向,以及贫富矛盾与干群矛盾、民族矛盾相互转化的过程。若精英阶层(也包括地方干部)的地位主要靠不正当乃至非法方式获得,势必会伤害到包括不同民族在内的社会和谐,干群、贫富矛盾就有转化成民族矛盾的危险。

第三,民族经济领域。

因教条化政治经济学和当代西方经济学冲击影响,当前我国民族经济领域的研究,套用移植的现象仍比较严重。前者如:其一,对产业结构持机械进化论观点,工业优于农业,农业优于牧业,牧业优于渔猎,盲目追求渔、牧转为农、工,以及定居化比例;其二,对生计方式转型、产业形态变化、经济增长机制所具有的社会、政治意义不太关注,盲目认为收入提高与民族社会和谐成正比例。后者如:其一,极度关注经济增长,而不相应地关注"改革红利"分配,且忽视少数民族地区生态环境的特殊性;其二,在维持社会公正和扶贫开发问题上,要么只强调政府的责任和能力,要么反过来只强调 NGO 的责任和能力,缺乏对社区、官民合作的重视;其三,要么偏重宏观统计,要么偏重农户收入问题,对微观农户生计方式转变与其社会关系网络、政治认同之间关系的研究非常少。

由此,若从实践社会科学视角看,民族经济领域的研究有几个取向值得提倡和重视。其一,关注经济增长与关注"改革红利"分配并重;其二,关注经济增长、生计方式转型与生态环境、社会结构、农户选择变化的关系;其三,重视研究社区在扶贫开发中的作用,以及官民合作机制,避免扶贫开发变成"垒大户"或"无政府主义"。

第四,民族政治领域。

在当代现实民族问题刺激下,以及为回击国外势力干扰,在所有民族问题研究中,当前民族政治领域研究是最大程度直面实践的。在现实对策研究和理论思考上,这一领域都有不少学者做出重要探索。总体上看,此领域的研究成果开始高度重视围绕国家和国家边界的民族政治研究。毋庸置疑,这是符合当代世界形势和我国民族政治发展现实需要的。

不过,在民族政治研究中,似乎还有一个受关注相对较少、亟待补充的重要领域,那就是城乡基层政治研究。从社会治理的角度来看,只有基层政治建设中的"民主选举、民主决策、民主管理、民主监督"落实到位,才能真正缓解干群矛盾(因此也有利于防止干群矛盾转化为民族矛盾)。若一个地方的基层干部脱离群众,国家与群众的关系也就会疏远,不利于善治。更何况,不少政治上的"两面人"对群众利益危害也十分严重。对此类民族问题,显非仅靠宏观政治、国际政治研究即可涵盖。

第五,民族宗教领域。

当前民族宗教研究的学科路径主要包括民族学、文化人类学和宗教学三种视角。三者有不少交叉之处,但前者聚焦宗教与民族的关系较多,次者主要把宗教当作文化现象研究,后者聚焦宗教史和教义较多。因有三种学科路径交叉聚焦,该领域的研究从量上看较为丰厚。再加上,20世纪90年代以来民族研究视野转向,其基础理论资源相当程度上依赖文化人类学,关于某民族(支系)、区域宗教(信仰)仪式的文化象征或结构性分析,在相关高校硕士、博士学位论文以及学术期刊中,占据了相当高的比例(以至有学者调侃人类学就是"找庙"[①])。

该领域研究也有不尽如人意之处。如仍有相当一部分研究简单将民族宗教当作社会和文化"落后"的标志,或将基督教、伊斯兰教、佛教、道教视作宗教,而将其他民间信仰视作迷信。同时,受关注较多的是作为文化现象的宗教或宗教组织。作为社会乃至政治组织的宗教,严重缺乏研究,对宗教经济运营实况的研究也极其缺

---

① 杨念群:《"地方性知识"、"地方感"与"跨区域研究"的前景》,载《天津社会科学》2004年第6期。

乏。可是,如果以民族社会和谐为计,无论从哪个角度看,围绕宗教而形成的社会网络、政治动向,以及与之相对应的经济收入和开支方向,无疑都是极其重要的事情。

有鉴于此,民族宗教领域的研究似乎有两个方向性的工作值得重视(尽管已有部分研究者做了杰出工作,但总体上看与社会实践的数量、紧迫性需求相比,仍严重不够)。其一,从简单意识形态分析宗教,转向作为民族社会现象的宗教研究,科学、客观地看待宗教信仰在民族社会中的正、反功能。其二,从以宗教教义和宗教文化为核心,适度增加关注宗教社会组织、政治组织,及其经济运营实况的民族宗教研究。以上两方面,在研究中存在深度交叉。只有切实分析后者,方能更科学、客观地透视前者。端正前者,也有利于更深入地了解后者。

第六,方法与理论问题。

将民族研究划分为以上几个领域,仅仅是为了表述方便。而实际上,民族问题往往是民族史观、民族认同、民族社会结构、民族政治建设、民族经济发展、民族宗教治理等因素综合作用的结果。

与社会实践中民族问题综合性、复杂性特征相比,目前的民族研究不乏"画地为牢"的现象。无论从研究者之间的互动,还是从研究方法、理论资源相互借鉴的状况看,在民族历史与现实、社会与文化、少数民族与汉族研究之间,都存在严重区隔。这样的做法,显然十分不利于相互整合促进。以少数民族与汉族研究关系为例,少数民族地区在"三农"问题上与汉族地区本质上有诸多共通之处,只是由于少数民族所处地理区位、文化和社会结构差别,而又有不同的表现形式。若在研究少数民族时将之当成纯粹的

"民族"问题,在研究方法、视角和理论上均不参考汉族地区"三农"研究成果,势必在学术研究上不利于理论积累、推进,在现实上则易造成偏见。

然而,此类严重区隔的现象不仅较普遍地存在,甚至还被冠以"专业化",显得理所当然。笔者通过检索中国期刊网博士论文库,粗略梳理过某著名综合性大学 100 余篇以少数民族为研究对象的博士学位论文,发现近七成论文的参考文献主要是与其研究同一个民族的作品,外加少部分诸如马凌诺夫斯基、格尔茨等著名人类学家的名著作点缀,而极少甚至完全不参考汉族研究文献。甚至于,在"现代性"与"社会结构变迁"等如此具有普遍性的社会现象讨论中,也有约两成的论文,连聚焦同一主题、同一区域内其他少数民族研究的文献也未见参考。笔者还曾粗略梳理过某民族院校的部分博士学位论文,发现此风更盛。

至于在具体民族问题研究与民族理论研究之间,在某种程度上同样有此类区隔的痕迹。无论从学术会议、著述还是人员看,这两大研究群体间的互动明显少于各自内部。而从社会实践的角度看,不管理论资源发源、传播渠道如何,亦不论话语形式能否与国际完全接轨,理论提升都必须立足于和服务中国实际,都必须在中国的实践中被检验。若撇开国家主权,无论抽象地套用社会阶段论还是文化相对论,来谈民族认同、民族权利,在客观上都无疑与民族分离主义相差无几。从这个角度看,具体民族问题研究与民族理论研究不仅有必要,而且必须密切互动。

总之,方法也罢,理论也罢,总归是用来透视社会实践的。唯有将透视实践作为根本目标,打通上述种种壁垒,将民族研究作为一个整体的问题域,方有利于构建和支撑起一个具有中国特色的民族理论体系。

四、结语

如果撇开学术体制等外在因素,主要从研究本身的内在理路看,当代民族研究明显受到了若干重要问题的制约。长期教条化阶级分析的制约,促使民族研究自 20 世纪 80 年代开始探索视野转向,并自 90 年代中期开始逐步将理论重心放在了"文化解释"上。就纠正此前的教条而言,这次视野转向无疑有其合理性且十分有效,其话语形式也更易与国际(文化)人类学对接。但是,它并不能涵盖民族问题的全部,尤其难以涵盖 80 年代以来我国不充分、不平衡的经济、社会与政治转型实践。面对多维、多层、快速而不平衡的社会转型,它在相当程度上已成为对民族研究新的制约。当代民族研究要摆脱这种制约,必须直面不充分、不平衡的经济、社会与政治转型实践。

中国是一个有着悠久历史和多样民族经验形态的国家。自近代起,中国跟许多亚非拉国家一样,援引发端于西方的民族主义,动员国民反抗外来侵略,建立现代主权国家。但与它们不同的地方在于,中国在摆脱半殖民地的境地后走向了社会主义。而且,与苏联、东欧不同,中国还在社会主义制度下成功转向了市场经济。这一切使得中国的民族问题既有世界普遍性的一面,又有十分特殊的一面。由此,在民族研究和政策设置上,我们也就必须对现代世界趋势和中国国情加以综合考虑。在革命年代,反对"本本主义"①,成为这种思路应用于中国实践的成功典范。时代更迭,其理相通,无论将高度形式化的阶级分析教条,还是当代西方流行理论教条,当成包治百病的"本本",必定都会脱离实践。

在不充分、不平衡的经济、社会与政治转型背景下,民族研究如何走出教条化阶级分析,同时又避免过度泛化的"文化解释"?如上所述,实践社会科学视角或许是一个值得探索的方向。当然,实践社会科学视角作为一种解决当前民族研究受制约问题的方法论,并不能单从方法论本身形成闭合、完满的解决方案。相反,它是一系列开放式的、方向性的方法论思考,必须结合具体议题、在具体研究中去进一步实践和探索。

① 毛泽东:《毛泽东选集》(第一卷),北京:人民出版社,1991年,第111—112页。

我们的问题意识：对美国的中国研究的反思[①]

黄宗智

(中国人民大学法学院、加利福尼亚大学洛杉矶校区历史系)

我们的问题意识——在研究中所提出的中心问题——可以说是学术工作中至为重要和决定性的组成部分。它设定了我们想知道什么，以及我们所想问和没有问的问题。它把我们的探照灯照向某一个方向，由此而在相当程度上决定了我们会找到什么。

在美国的学术研究中尤其如此，因为它几乎在所有的学术刊物中都设定了一个固定的格式：要求研究者先说明其所要解答的问题，一般多涉及某某理论，而后围绕一个中心论点来提出其经验证据。这样的格式和其他西方国家的学术有一定的不同(譬如，英国比较强调经验主义的学术)，也和最近几年才开始模仿美国规范的当代中国学术有一定的不同。当然，问题的实质内容要远比格式重要，因为它常是学者们代际或国际间的主要不同所在。

本文先是根据笔者自己五十多年来参与其中的经验而写的关于美国战后三代学者所处理的主要问题的简略叙述。目的不在争论所有美国学术都可以被纳入这些问题，而是要说明这些是每一

---

① 感谢佩里·安德森(Perry Anderson)、白凯(Kathryn Bernhardt)、白德瑞(Bardly Reed)、马克·塞尔登(Mark Selden)和张家炎的仔细阅读及建议。

代最具影响力的学者们所试图处理的问题。此部分意图不在详尽的文献综述，而在借助笔者最熟悉的领域和研究来阐明本文的论点。其意图也不在否认偏重经验或求真研究的学者多不会参与讨论那些理论—意识形态问题（他们常是这方面的"沉默的大多数"），但我们仍然需要批判性地剖析那些最具影响力的著作，这是因为其影响力多源自某种理论或意识形态潮流。我们需要清醒地认识自己工作的思想环境，这样才能更好地区别自己的研究和可能是被误导的"主流"。

这里需要连带说明，根据每一代最具影响力的著作的不同程度的意识形态化，有的可能有意或无意地违反现有经验证据来论证自己所想得出的某种答案。与此不同，真正求真的学术，即便是在某种问题意识框架之内所作，仍然可能具有重要的学术价值。但如果主要是被意识形态所推动的研究，其学术价值会伴随某种时尚意识形态或理论潮流的没落而消失。

在梳理了关于过去的研究的问题意识之后，笔者将把其置于现代西方关于中国的思考这一历史中来论析。在我看来，它们体现的是一个特别顽强的二元对立思维方式，乃至于一直都要么是特别突出西方的优越性，而中国只不过是其对立的"他者"，要么是像最近一代那样强调中国和西方是相等的、一样的，甚或更优越的——使用的其实仍然是原来西方的标准和非此即彼的二元框架。两种论点基本都来自西方的理论和问题意识，都严重违反了现代中国的基本实际，即不可避免的古今、中西混合。

这个不仅是美国（和不少其他西方）的中国研究的问题，也是当代中国本身的中国研究的问题，后者也许更加如此。现代中国的学术大多受到西方的建构和问题意识的影响。譬如,之前中国的马克思主义研究便试图用一个来自西方的分析框架来理解中国。其后在近三十多年中,则试图用新自由主义的框架来理解中国。同时,两者都触发了一定的反动,即坚持必须用本土的概念来理解中国,拒绝西方的理论和框架。

本文论证,我们需要把这个二元对立的框架置于一旁,而从现代中国不可避免地是由中西相互渗透所组成的实际出发。对这个基本实际的认识,是摆脱过去从过分简单化的源自西方的问题意识和理论出发的第一步,避免其所导致的对中国的严重误解,避免其甚至把想象中的或夸大了的实际投射于中国。这样,方才能够走向建立中国研究在理论层面上的主体性,正如不少优秀的中国研究学者早已提倡的那样。如此方能促使中国研究,不仅在西方也在中国更符合中国实际,并把其置于一个真正的全球视野中来理解。

更有进者,非此即彼二元对立的思维方式也可以见于一系列其他相关的二元建构,诸如现代 VS.传统、工业 VS.农业、城市 VS.乡村、市场 VS.人口、市场 VS.国家、形式理性法律 VS.实体非理性法律、普适 VS.特殊等。历史的视野要求我们把这些二元视作相互关联和相互作用而不是相互排除、非此即彼的。本文将提出一些具体的例子来阐明笔者所提倡的研究进路。

一、"共产主义中国" VS. "中国"

笔者在华盛顿大学(位于西雅图,以下简称"华大")读研的时候(1960 年—1966 年),中国研究的大问题是怎样理解"共产主义中国"。许多汉学家进入中国研究领域是因为他们对中国文化的爱好和认同,尤其是对(精英阶层的)"大传统",但中华人民共和国则明显拒绝了那个传统而拥抱了马列(共产)主义,并且是在"冷战"的大环境中作出了那样的选择。研究中国的学者该怎样来应对两者间的巨大分歧? 一个是"可爱的",另一个是"可恨的";一个是对美国友好的(蒋介石的)台湾当局(虽然是软弱的),另一个是与美国敌对的共产主义中国。那些深层的矛盾在当时的具体体现是美国是否该承认共产主义的中国并支持其进入联合国(拒绝蒋介石的台湾当局),还是像美国的右翼政见(被朝鲜战争进一步激化和扩大)主张的那样,仍然支持其盟友国民党和蒋介石及其在联合国的位置?

在华大,当时的主要"右翼"中国研究中心,答案主要来自该研究所的正所长泰勒(GeorgeTaylor)和副所长麦克尔(Franz Michael),他们坚持"共产主义"是外在于中国文化的,是外部环境影响、"强加"于中国的。泰勒和麦克尔主要在他们的教科书《现代世界中的远东》中宣扬这个意见。(Michael and Taylor, 1964 [1956]:412,423,430,432)笔者对当时为他们的课程当助教的经历记忆犹新。

当然,华大的"远东和俄国研究所"(Far Eastern and Russian Institute)的所作所为并不仅止于此。它同时还集合了当时的一些优秀的中国研究学者(包括来自中国的华裔学者)来从事有实质性内容和价值的研究,而其中的一位主要学者便是(笔者的导师)萧公权(Kung-ch'uan Hsiao)老师,一位无论在什么样的标准下都是世界级的学者。研究所的学术成果包括张仲礼关于中国"士绅"阶层的两卷本(Chang,1955,1962)、萧公权关于19世纪国家对农村的控制的大部头研究(其实是一项奠基性研究,更像一本参考书而不是意识形态化的著作)(Hsiao,1960),以及麦格尔和张仲礼的《太平天国叛乱:历史与文件》两卷本(Michael and Chang,1966,1971)。它们都是重要的学术贡献。

　　华大中国研究的另一维度是魏特夫(Karl August Wittfogel)。他当时每年从哥伦比亚大学来华大工作一个学期和从事其"东方专制主义"研究。与华大的其他教员不同,他不是一位中国文化的爱好者,其学术动力主要来自对心目中的所谓"极权"的憎恨。(Wittfogel,1957)华大的敌对方是费正清在哈佛的比较开明和没有华大那么"右"的中心。他们的主要著作是史华慈(Benjamin Schwartz)的《中国的共产主义和毛泽东的兴起》,它与华大的观点对立,论证了"毛主义"的中国特征。对史华慈来说,"中国的共产主义"主要把原来的目的是在工业世界的无产阶级的马列主义,重新理解并适用于中国的农民社会和农民革命。中国的共产主义革命因此并不是一个由莫斯科控制的运动,而是在毛泽东的领导下逐步独立于莫斯科的革命运动(Schwartz,1951)。他的论点被表述为共产主义的"中国化"而被引用于哈佛的教科书《东亚:现代的大转型》(Fairbank,Reischauer,and Craig,1965[1960]:851,855)和《美国与中国》之中(Fairbank,1972[1948])。

　　对这个(美国的)"中国问题"的关心无疑是20世纪50年代和60年代中国研究的问题意识的核心。虽然如此,仍然有不少比较纯粹的学术著作,而且双方都致力于提高其学术水平、扩大和深化其图书馆藏书,以及培养新一代受过更好语言训练(中文和日文)的青年学者,而又同时相互竞争试图获取更多的"国防教育法"(National Defense Education Act)以及基金会等的研究机构资助和研究生的外语学习和实地研究奖学金资助。

上述的"中国问题"不仅比较明显地影响了以上的那些中国研究,也不那么明显地影响了其他的研究。譬如,在中国的"士绅"阶层方面,华大的主要论点是,其基础主要寓于其所承担的处于国家和社会之间的中介功能,而不是像马克思主义理论所设定的那样,是基于"生产资料"(土地)的占有的"统治阶级"。那是一个和魏特夫的"东方专制主义"主要源自治水功能相契合的论点,也是一个认同于中国士大夫阶层、"学者官员"和大传统的汉学家们所欢迎的论点。而且,它是一个具有一定实质性经验证据的论点,虽然它并没有能够证实土地占有并不重要。

"中国问题"在思想史领域也具有不那么明显的影响。在史华慈的第二本主要专著《探寻富强:严复与西方》中,我们可以看到其先前的研究方法的延续,即探究中国是怎样重新理解和阐释西方思想的:此作证实,严复对西方的一些经典自由主义著作的翻译和阐释并没有集中关注个人相对国家的自由(那是西方古典自由主义的核心),而是特别关注自由怎样释放了个人能量并把其凝聚为促进国家富强的群体力量。史华慈并更进一步论说,在严复对西方的重新理解中,我们可以看到某种类似于托克维尔(对美国的观察)的那种现象,即一位外来者更能够洞见本土人所看不到的,即西方的一种基本的"浮士德式性质"(Faustian character,即为知识和权力而把灵魂卖给了魔鬼)。(Schwartz, 1964)它是一本罕见的著作,既受到当时的问题意识的影响,也展示了如今半个世纪之后仍然具有洞察力的研究进路。

与此不同,当时中国研究领域的明星式人物列文森(Joseph Levenson,任职于加利福尼亚大学伯克利校区),虽然也同样关注到中西文明关系的问题,但采用的却是中西二元截然对立的概念框架。在他关于梁启超的第一本研究中,其基本论点是这样一个公式:梁在思想上已经脱离了中国传统,但在感情上则仍然与其纠结(intellectually alienated from his tradition,but still emotionally tied to it),而其思想的主线是要试图"埋没历史与价值间的冲突"(smother the conflict between history and value)(Levenson,1959 [1953]:1-2,34-51)。在其后来的《儒家思想与其现代命运》三部曲中,他试图把这个公式从思想 VS.感情,改为主观意义 VS.客观意义(subjective significance VS. objective significance),即由于其价值观和制度的解体,儒家思想已经不再具有客观意义,只具有主观意义。(Levenson,1972[1958,1964,1965]:x—xii)

列文森不是扎根于经验证据研究的高度概念化和理论化所反映的其实是,西方长期以来把西方和非西方截然划分为二元对立的思维框架——这是一个贯穿西方启蒙时代以来关于中国的思考的基本框架(下面还要讨论)。他认为,马列主义在中国的兴起反映了儒家思想之从历史舞台完全退出:从此"价值"将隶属于西方而不是中国传统。如果史华慈关于严复的研究展示的是试图超越简单的中西,以及共产主义和西式民主的二元对立,列文森的研究显示的则是这个非此即彼的二元框架对美国的中国研究的强大和深层的影响。这种影响在第二代和第三代的研究中将更为明显。

当时,列文森的研究似乎比史华慈的影响要大,也更为广泛地被阅读,但实际上则远远没有后者那样持久的学术价值。

这些著作也说明,高度政治化的"中国问题"已在逐步淡出。1971年,中华人民共和国恢复在联合国的合法席位,终结了之前西方对中国革命胜利的历史实际的意识形态化否认。继之而来的是1972年的中美《联合公报》以及1979年的正式建交。那些历史事件标记着美国战后第一代中国研究的主导问题的没落和消失。深一层的,伴随是否该承认中国共产党胜利这一实际的问题的退出,关于怎样去思考中国的过去和现在的问题将会浮出水面。

二、革命 VS.现代化

即便是在承认中国与否的问题消失之前,美国的中国研究已经显示了对"现代化"范式的深层认同。它主要被理解为资本主义+自由民主的发展,是冷战时期赖以与苏联和中国所倡导的社会主义抗衡的理论/意识形态。两者之间的斗争行将成为主导美国中国研究的问题。

现代化范式早已可见于一系列不同的研究。首先,在外交史领域,被费正清设定为一双二元对立的建构,即现代民族国家之间的平等关系理念(虽然是在帝国主义凭借侵略和战争而攫取"不平等条约"的历史实际之上的建构)VS.中华帝国的"民族优越感"(ethnocentrism)、"中国优越感"(Sinocentrism)和"朝贡关系"(tributary relations)。这个框架也被运用于费正清指导下的一系列专著,包括张馨保关于鸦片战争的研究——争论该战争的导因主要是"文化冲突"而不是鸦片（Chang, 1964），徐中约的总理衙门研究——特别突出"中国之进入民族国家的大家庭"（Hsü, 1960）等著作。和费正清一样，张馨保和徐中约把"朝贡关系"设定为现代主义的国际关系的对立面。

现代化主义也可见于其他重要著作的问题意识，如莱特（Mary C. Wright）关于"同治中兴"以及费维恺（Feuerwerker, 1958）关于盛宣怀和"官督商办"的研究，其焦点都在"中国为什么没有能够现代化"（why China failed to modernize）。莱特写道："是因为现代化的必需条件和儒家追求稳定的要求直接冲突。"（Wright, 1966 [1957]:9）虽然如此，莱特的研究是如此地扎实和详尽，即便是在其问题意识的局限之下，也不失为一本具有长远价值的学术著作。

20世纪60年代后期和70年代的新趋势是对现代化范式的挑战。它是伴随反越战运动而来的：美国真的是像官方表达的那样为了现代化和民主而介入越南内战的吗？还是，是代表帝国主义而与革命和民族解放（有的人把其表达为美国威尔逊主义下的"自我决定"[Wilsonian Self-determination]）斗争而战？对年轻的一代（包括费正清在哈佛的一些学生）来说，这当然也包括对中国革命的理解：它不仅是一个中国化了（由上而下）的马列主义，更是一个人民的反帝国主义解放战争。这些新的视野是伴随西方的马克思主义和受其影响的理论而来的。在之后的二十年中，具有影响力的著作几乎都必须考虑到马克思主义对现代化范式的挑战。

在现代化主义的一方，早期的理论概括主要依据关于西方发展经验的如下设定和概括：认为其是，或者应该是一条普适的从"传统"到"现代"的演化道路，它的主要特征包括（资本主义的）工业化、自由民主、城市化、专业化、理性化、高效化、蓬勃动力化等。①
正是那样的范式指导或影响了上述第一代的学术。它是第二代的
"主流"学术的基本范式。

　　与中国有特别关联的是两位经济学理论家,他们后来于1979
年同时获得诺贝尔经济学奖。首先是舒尔茨(Theodore Schultz),
他具体讨论的虽然主要是印度而不是中国,但他可以被视作20世
纪60年代和70年代的"绿色革命"的理论家,倡导的是个人创业
和技术更新的农业发展模式,针对的是苏联和中国的集体化农业。
(Schultz,1964)他还特别强调,劳动力过剩(他把其定义为一个稻
草人,即零价值的劳动,而不是人地的相对压力和劳动力的隐性失
业)其实并不存在。刘易斯(W. Arthur Lewis)则聚焦于发展中国
家所谓的"二元经济",其"传统"部门是"劳动力无限供应"的一元
(相对于充分就业的现代部门)。但即便如此,伴随个人创业、技术
更新以及市场机制的运作,如此的经济必定会进入一个"拐点",之
后其二元经济将会被整合为单一的现代经济,其劳动力资源(以及
其他资源都)会得到最佳配置。(Lewis,1954,1955)舒尔茨凭借理
论而排除了中国相对人多地少的问题,而刘易斯则一开始便直面
该问题,但即便如此,刘易斯认为,这是一个现代化必定会克服的
问题。这样,他最终也接受、参与了普适主义的现代化理论的建
构。两人等于是共同凭借理论而排除了中国自身称作其"基本国
情"的现实,而且完全无视20世纪30年代以来三代美国优秀学者
卜凯(John Lossing Buck)、何炳棣(Ping-ti Ho)与珀金斯(Dwight

---

① 一个不错的总结是 Eisenstadt(1974)。

Perkins)等所积累的研究成果。当然,这里不是要争论人口是决定性因素,而是要说明市场机制并不能排除人地压力因素;两者是互动的而不是非此即彼的——此点将在后面进一步澄清。

以上的理论组合被伴随反越战运动而兴起的左派学术所挑战。在马克思和列宁的原作之外,还有一系列的,大多是来自中国研究领域以外的左翼的理论家和史学家。经济学家弗兰克(Andre Gunder Frank)提出了"依附理论"(Dependency Theory),争论在拉丁美洲,资本主义的介入和美国的援助并没有导致现代化的发展,反而促使其长期陷入"依附"关系和"欠发展"(underdevelopment)状况。(Frank,1967)他的著作之所以具有较大的影响力不仅是因为其所指出的显然是真相的一个方面,也是因为其简单化了的夸大使其论点变得更为直白明了。

另外,还有学术方面的重要贡献,如英国的汤普森(E. P. Thompson)关于英国劳工和其阶级形成中的文化维度的研究,深深影响了其后的劳工研究(Thompson,1991[1963,1968]),以及法国年鉴学派的勒华拉杜里(Emmanuel Le Roy Ladurie)等,其著作代表了从精英人物的政治史和思想史转入新的底层"小人物"的社会史研究(Le Roy Ladurie,1974)。

在中国研究中,历史社会学家蒂利(Charles Tilly)可能是影响最大的一位理论家,这是因为其同时使用马克思主义和实体主义的理论(下面还要讨论)资源来批评现代化主义,其对马克思主义理论的创新性使用(如"阶级联盟"[class coalition]和"集体行动"[collective action])以及其关于现代国家机器的(起源和)建造(modern state making)理论。(Tilly,1975a,1975b,1975c)此期间的一个对中国研究意义特别重要的论争是新自由主义政治学"理性选择"理论家波普金（Popkin, 1979）对实体主义理论家斯科特（Scott, 1976）的批评：农民集体行动的动力到底是来自个人的"理性利益"的追求还是农民社区为了"生存权利"而对资本主义和现代国家的入侵的抵制？斯科特所代表的是在现代化主义和马克思主义之外的"第三"选择：即实体主义理论传统（如恰亚诺夫［A. V. Chayanov］和波兰尼［Karl Polanyi］）。双方分别代表日益众多关乎中国革命和民众运动的研究中的两个重要的理论传统。它们是从政治史和思想史转向社会史的大潮流的一个组成部分，也是中国研究之进入社会科学——包括社会学、人类学、政治学和经济学——的大倾向的一部分，促使各大中心都吸纳了各个不同学科中的中国专家。这些新的趋势进一步丰富了美国的中国研究。

当时最紧迫的问题当然是美国在越南所扮演的角色。20 世纪 60 年代后期和 70 年代的反战运动引发了一整代的学者的政治化，导致美国学术总体和其中国研究明显的左倾转向。在那个理论—意识形态的变迁之中，以及社会科学中的区域研究和史学中的社会史的兴起之中，最主要的大问题无疑是现代化 VS. 革命。如此的问题意识主导了一整代学术领导者的研究，如塞尔登（Mark Selden）和他关于"延安道路"的历史社会的研究——一定程度上捕获了延安时期中国共产主义运动是怎样在一个边远的贫穷地区成功地动员了农民并创建了一个士气高昂、相当高度平等的新社会和政府，一个能够高效地执行人民战争和革命的实体（Selden, 1971），和周锡瑞类似地将年鉴学派"总体历史"（total history）的方法使用于地方层面（湖南与湖北）的（晚清的）改革与（辛亥）革命历史的研究,说明其社会基础主要是城市中追求西方化的精英,与广大的农村人民几乎完全无关。(Esherick,1976)它们预示了一整代的"新社会史"研究的来临,代表的是一个有意识地从外交史、思想史和大人物研究转向民众研究的趋势。它们大大丰富了美国的中国研究。

该代的学者中有不少既是学者也是政治行动者。他们聚合起来组织了"关心亚洲(问题)学者委员会"(Committee of Concerned Asian Scholars,CCAS),其宗旨是反对越南战争和批评美国在亚洲的帝国主义行为。会员包括几乎所有20世纪60年代和70年代在美国兴起的各大中心的研究生的领导者。他们出版了《关心亚洲(问题)学者通报》学刊,提供了许多关于亚洲、美国政策以及中国和越南革命的相关研究,多是比较激进的,并常是马克思主义的研究。

当时的现代化VS.革命这个主要问题,曾被具体化为一个围绕美国中央情报局在亚洲研究中所扮演的角色的论战。其事实背景是,在哈佛的亚洲研究机构中,有中情局的人员参与,有的作为研究人员在那里工作,有的作为学生在那里学习和攻读学位,偶尔还有人员在那里为中情局征募新人员。① 作为一个在冷战中成长起来并且原先是因为"国防"需要而建立的研究机构,这其实是一个不足为奇的现象。论战始于研究生佩克(Jim Peck)写给中心(社会学)教授傅高义(Ezra Vogel,后来是继费正清之后的中心第二任主

---

① 论战中有关乎用词的分歧,学生方面用的是近乎"特务"意义的词"operatives",费正清用的则是比较学术化的"研究者"(analysts),笔者这里采用的是比较中性的"人员"(personnel)一词。

任)的一封公开信,质问哈佛和中情局的关系以及其可能与美国越南战争政策同谋的关系。费正清的回复是,学术研究必须具有"包容性和公开性",对中情局人员的包容,其性质无异于当时哈佛对作为共产党员的某些欧洲学者的邀请(来哈佛做学术报告——所指的应该是研究中国工人运动的法国名学者谢诺[Jean Chesneaux]),但是,据他所知,中情局人员并没有在哈佛进行征募新人员的活动。继之而来的是研究生利文斯顿(Jon Livingston)致费正清的公开信,具体说明在他认识交往的学生中,便有数位有过被征募的经历。由此,利文斯顿尖锐地提出,学者们对一个"灭绝(越南)民族的战争"(genocidal war)以及"卫护蒋介石的独裁"的政策应该肩负一定的道德责任。利文斯顿还提到美国政府当时的兵役规定对学生的切身影响的问题。傅高义对此的回复是,"感情不能替代理智","在政府之内工作"来"试图改变政策"是比"纯洁的道德"更好的选择。①

当时双方都曾一度提到把论争导向建设性活动的可能,特别是建立一个定期讨论的平台并组织关于各个研究中心和政府间的关系的系统研究,但是,结果并没有付诸实际行动。论争基本结束于和其肇始时同样对立的状态。在那样的背景下,现代化 VS. 革命的非此即彼二元对立几乎是必然的,而且不仅是理论上的对立,更是政治立场和行动上的对立。有的学生运动的领导后来完全脱离了学术界,有的则继续做研究,其中有的是以马克思主义者的名义

---

① 傅高义本人后来确实在 1993 年至 1995 年出任国家东亚情报官员。原来的信件见 Committee of Concerned Asian Scholars, *Newsletter*, No. 2(Nov.), 1968, 重版于 Peck et al.(2009)。

而进行研究的(其马克思主义多是在野的批判性学术理论而不是由政权推动的意识形态),有的则主要从事进步的/批判性的学术研究。其中有不少人后来作出了重要的学术贡献。但人人都几乎不可避免地多少受到对立的现代化主义 VS.革命问题的影响。

《批判性亚洲研究》(*Critical Asian Studies*)是 CCAS"通报"后来采用的名称,是一份重要的、一直维持至今的学刊,但它已经不多涉及中国,主要关注的是其他的亚洲国家。至于当代中国,主流的刊物一直是早年由中情局资助(通过其所谓的"文化自由代表会议"[Congress for Cultural Freedom]和"法弗德基金会"[Farfield Foundation]傀儡组织)的《中国季刊》(*China Quarterly*)。(MacFarquhar,1995:692,696)①

在那样的制度和意识形态环境下,非此即彼的二元对立几乎不可避免。而"革命"范式不仅在美国也在中国,与其敌手——现代化主义一样,是一个全面化和普世化的建构。两者不可避免地不仅是学术—理论的,也是政治—意识形态的立场和观点。在美国的两者对立中,它们占据了中心地位,掩盖了(我们回顾起来可以看到的)与中国实际更为紧密相关的问题,譬如,日益显著的城乡差别问题——从 1952 年到 1979 年,城市工业产出一直相当快速地以平均每年 11% 的速度增长,而乡村农业的年均增长率则只是 2.3%(相对于 2.0% 的人口增长率)。又譬如,在二十多年的革命运动之后,人民生活水平并没有显著提高的问题。也就是说,问题是中国要怎样才能做到不仅是"革命"的目标,也是"现代化"(特别

---

① 笔者 1975 年创办的(和如今仍然在主编的)《近(现)代中国》(*Modern China*)则是处于两者之间的学刊。

是提高人民生活水平）的目标，而不只是其中之一。

三、西方中心主义 VS.中国中心主义

（一）新保守主义

20 世纪 80 年代以来在美国呈现了新的意识形态和学术研究的转向，主要是新保守主义的兴起。它是之前的现代化主义的重组和更新，并在倡议资本主义和自由民主的意识形态内容上，比之前更加原教旨化。它是伴随全球化资本+国外廉价劳动力的跨国公司模式，扩张到主宰全球经济的地位而来的，并导致了美国的阿富汗和伊拉克战争。到 20 世纪 90 年代，它已不再受到前社会主义国家的挑战的约束，在苏联和东欧体制的崩溃下，成为一个带有得意洋洋的凯旋意识的意识形态大潮流。

在学术界，首先是古典自由主义经济学的复兴。其主要代表是哈耶克（Friedrich August Hayek, 1899—1992），他成为美国 1981 年到 1989 年的总统里根（Ronald Reagan）和英国 1979 年到 1990 年的首相撒切尔（Margaret Hilda Thatcher）所最推崇的经济学家。早在 1948 年，哈耶克在其《个人主义与经济体系》中，便从对新古典的课本经济学的有力批评出发，论证其分析是多从掌有完全信息的完全理性个人以及纯竞争性的市场的设定出发的，但实际是，人们和市场绝对不像其所设定的那么完美。因此，它代表的只是一种"伪个人主义"。同时，新古典课本经济学过分依赖数学模型、（供需）平衡分析、建构的理论以及对自然科学的模仿。他争论，正

是那些倾向最终导致了极端的科学主义,特别可见于共产主义国家的计划经济。经济学需要的是"真正的自由主义",即直面个人和市场的非完美实际,但仍然据此认识到即便如此,依靠个人的选择和市场的价格信号的经济体系乃是人类迄今所看到的最好的体系。(Hayek,1948)

哈耶克在 1974 年被授予诺贝尔经济学奖(当时是和瑞典的"左派"经济学家缪达尔[Gunnar Myrdal]分享的),但其影响要到 20 世纪 80 年代在新保守主义大潮流和里根、撒切尔的特别推崇下才达到顶峰。据说,撒切尔在 1975 年保守党的一次讨论是否该采纳一条经济上的"中间的道路"中,从其手提包里拿出了哈耶克的《自由的宪法》一书,拍在桌上,宣称:"我们相信的是这个!"(Ranelagh,1991:ix)至于里根,他曾宣称哈耶克是对其影响最大的两三人之一。(Anderson,1988:164)哈耶克的古典自由主义的原教旨自由市场经济学正是其与颇具影响力的政府干预性的凯恩斯主义的关键不同。在市场 VS.国家的二元对立中,哈耶克是坚持听由市场机制运作、反对国家干预的论者。正因为如此,他对里根和撒切尔具有特殊的吸引力。

哈耶克的反科学主义论述的实际效果是,协助把新古典的课本经济学从对其的"实证主义"/科学主义猛烈攻击中挽救过来,把那样的攻击转向了共产主义计划经济。哈耶克本人则公开明确地认同于把个人和国家对立起来的古典自由主义——那也是为什么像里根和撒切尔那样的原教旨保守主义人士特别欣赏他的原因。他给予了所谓的"里根经济学"(Reaganomics)哲学内容,使其成为新保守主义的核心。哈耶克对里根和撒切尔的影响甚至超越了他芝加哥大学的同事弗里德曼（Milton Friedman）。与哈耶克不同，弗里德曼坚持经济学是一门跟任何自然科学领域相等的科学（例见其诺贝尔奖讲演［Friedman, 1976］）。他在 1976 年获得诺贝尔奖，后被邀请参加里根总统的经济政策咨询委员会，并在 1988 年被里根授予（至高荣誉的）"总统自由勋章"。在哈耶克和弗里德曼两人的联结下，古典和新古典课本经济学（亦可统称新自由主义经济学）如今实际上成为一门鱼与熊掌兼得的学科，既批评了科学主义和实证主义，又一仍其旧地普遍依赖高度科学主义化的数学模式和统计数据。

在那样的混和物之上，课本中新自由主义还添加了所谓的"新制度经济学"，哈耶克早已在芝加哥大学教经济与法律课程时便已启示了其内容。它继承了古典和新古典经济学的前置公理——市场经济是最佳的资源配置机制，而后添加了私有产权是经济发展的至为关键条件的论点。科斯（Ronald Coase，和哈耶克同样在芝大教经济与法律）和诺思（Douglass North）两人都和哈耶克同样从（貌似）对新古典经济学的批评出发，前者特别批评其忽视了公司交易成本的关键经济因素，后者特别指出其忽视了国家和法律的关键角色（Coase, 1990［1988］; North, 1981），共同强调的是稳定私有产权的不可或缺。科斯在 1991 年获得诺贝尔经济奖，诺思于 1993 年获奖，由此巩固了两人在新保守主义时代的经济学理论界的显赫地位。综合起来，以上的复合理论成为跨国公司全球化利润追求意识形态的核心。私有企业+市场交易被视作一切经济发展的关键。在中国研究领域，这个理论潮流导致了几乎完全由市场主义主导的经济史研究，迥异于上两代以人口问题为主的研究——特别是何炳棣(Ho, 1959)和珀金斯(Perkins, 1969)的重要学术贡献。新保守主义的市场主义理论的意图是完全抹掉人口因素,就像舒尔茨所争论的那样。

(二)后现代主义

具有讽刺意味的是,这股新保守主义的学术—政治—意识形态大潮流是和另一股"激进的"后现代主义理论潮流共同兴起和并行的。后现代主义首先是一个对实证主义(科学主义)在知识论层面上的挑战,质疑其对"客观"和"科学"知识及研究的深信不疑。新的批判性转向归根到底来自西方所面临的"认识论危机":之前,人们一度信仰的是"上帝"所揭示的真理,而后在启蒙时代,神被理性和科学所取代,如今则是对科学和理性的质疑,所提出的问题是知识的根据到底是什么的基本性问题。在其最清晰和强有力的论析中,后现代主义坚持所谓的"客观真实"其实不过是一种话语建构,历史其实也不过只是一种需要解构的文本,不是什么"客观真实"。话语建构才是历史和知识中真正基本的元素。后现代主义中最突出的理论家,如德里达(Jacques Derrida, 1930—2004)和其对一系列主辅对立的二元建构的批判,以及福柯(Michel Foucault, 1926—1984)和其所突出的话语的独立性和关键性,是对"启蒙现代主义"及其所导致的现代化主义的强劲有力的质疑和批判。

后现代主义的第二主题是其"去西方中心"论。其中,对关于非西方世界的学术影响最大的是萨义德(Edward Said)和吉尔茨(Clifford Geertz)。萨义德争论,学术最主要的工作是对现代主义话语的批判和解构,特别是西方关乎"东方"的(帝国主义)"东方主义"话语(Said,1978)。吉尔茨则论述,学术该做的工作是要阐释非西方文化的主观的、特殊的"意义网络"(而不是像现代化范式那样地追求"客观"和"普适"的"真实"和"真理")。(Geertz,1983)二人志趣相近,写作中相互推崇和引用。两人都认为,现代化主义的普世主义应该被后现代主义所强调的特殊主义所取代,普适性的实证主义研究应被话语主义/意义网络主义研究所取代。也就是说,他们的特殊主义是普世性的,是源自普世与特殊非此即彼的二元对立框架而来的,其用意和其现代主义对手同样是普世的。

但在我看来,求真、求实的学术,其关键在于普世和特殊两者间的关联和互动,不在其非此即彼。实际无疑既包含普适也包含特殊,既包含话语也包含实践双维。学术研究的核心正在于根据经验证据来质疑、界定或重构普适理论所带有的可能正确性;同时,也是要根据特殊的经验事实,通过连接恰当限定的理论洞见来探寻其更宽阔的含义。学术的目的既不简单是普适主义化,也不简单是特殊主义化,而是两者间的相互关联。(黄宗智、高原,2015)

但极端的后现代主义理论,虽然在一般民众中影响有限,在学术界却取得了巨大的影响。"反思自身性"(reflexive)的"批判性"(critical)学术成为时尚,而且不仅是在年轻一代的学者之中,也在不少曾经是唯物主义/科学主义的年长一代的左派学者中。至于比较传统的思想史学者们,他们以为这些对客观主义的攻击是自身的主观主义思想史研究获得更大影响的好机会;同时,他们也被"话语"和文本"解构"分析概念所吸引。这股潮流由此成为强大的潮汐。在中国研究领域,其影响虽然稍滞后到20世纪80年代及其后,但通过新近信仰或改信仰后现代主义的学者们,扩延到一整代的青年学者——乃至于美国亚洲研究协会年会上提交文章的目录越来越像是一个后现代主义范畴和题目的罗列。

新保守主义和后现代主义的并行兴起把两者都置于和之前的左翼学者冲突的位置。后者,即便是长期批判斯大林主义的人,不可避免地被与苏联、东欧共产主义政权体制的崩溃相联系。对有的后现代主义者来说,哈耶克那样的经济学也许显得没有共产主义计划经济那么令人反感。更重要的是,新保守主义和后现代主义在学术领域同样处于新兴的在野地位,而左翼的和进步的(如社会史)学者,在 20 世纪 80 年代大多已人到中年并在多个学术领域和高校院系占据领导地位,新保守主义者和后现代主义者才是后来者、未曾掌权者。而且,新保守主义者与后现代主义者相互之间似乎并没有明显的冲突,因为它们主要分别针对两个似乎截然分开的领域:一个是经济学科,另一个是人文学科,不像马克思主义那么"包揽"一切。在那样的三分天下局势下,新保守主义者和后现代主义者常常成为敌对左翼学者的同一方。

在中国研究领域,代表性的后现代主义著作首先是柯文(Paul Cohen)的《在中国发现的历史》,把费正清对中国近代史的西方中心的"冲击和反应"分析模式颠倒过来,争论需要从以中国为中心的内生动力来理解其过去和近期的历史。(Cohen,1984)这是一个与后现代主义无关但受认同于中国文化和传统的美国学者们所欢迎的论点,也是不少中国的学者们所乐意接受的中国中心论点。在那样的感情性动力上,中国近现代的历史其实不可能只是任何单一方的结果,只可能是两者互动的结果这样一个简单实际,变得似乎无关要紧。柯文的论点显然是夸大了,但其简单化的夸大,却给予其论点更清晰易懂的威力。

(三)后现代市场主义

从学术潮流的角度来考虑,更重要的是另一种,由新保守主义和后现代主义的一些不同部分结合而组成的观点。其所声称的目的是"去西方中心"化(de-center the West),所采用的不仅是后现代主义对现代主义的批判,也是新保守主义的全球化原教旨自由市场主义。

弗兰克(Andre Gunder Frank)之前(在 20 世纪 60 年代后期)曾经因其把现代化主义颠倒过来而声誉显赫一时。而在 20 世纪 90 年代,凭借其对学术潮流异常的敏感性,想重演过去,这回把西方中心主义的全球经济观颠倒过来,争论中国在全球经济体系中的中心地位。他借用的在根本上是自由市场主义和货币主义,但给予其以去西方中心化的激进包装,由此组合了其新的模式。(Frank,1998)他的《重新看待东方:全球经济的亚洲时代》居然在1998 年到 2002 年间被加利福尼亚大学出版社重印了四次。① 与其之前的著作同样,此著作也比较意识形态化和简单化。

其经验证据核心是世界的白银从 1400 年到 1800 年间一直从西方流向中国这个历史事实。弗兰克本人,因其散射似的写作风格,并没有集中有序地在单一处解释清楚这个现象,但其实质是相当显而易见的:从 1400 年前后开始,欧洲(尤其是西班牙)白银相

---

① 根据弗兰克本人的网页 http://www.rrojasdatabank.info/agfrank/pubs_new.html。

对丰富,其后则由于 16 世纪在新大陆(尤其是在秘鲁和墨西哥)发现白银,白银价格在西方要比在中国低廉,在 16 世纪欧洲白银和黄金的比价约为 12：1,在中国则是 6：1,其后在 17 世纪(中国)上升到先是 7—8：1,而后是 10：1,但一直要到 1750 年前后,其与西方间的差值方才消失(见陈昆,2012:第 7—9 页的表)。这就意味着白银不仅作为交易货币,也作为商品,从西方(新大陆经过欧洲或马尼拉)流向中国是有利可图的。加上当时中国的丝织产品,以及棉、麻、茶、瓷等产品比起西方既价廉(丝织品价格才是欧洲和墨西哥的三分之一——见陈昆,2012:第 3 页)又物美(由于中国在这方面的早发展),西方的买商既可以获利于商品的廉价也可以获利于其用以支付的白银的更高值。两者相互提高了其分别的盈利。结果是白银在这期间相当大量地流向中国。根据弗兰克提供的数字,在 1550 年到 1800 年的 250 年间,从西方流向中国的白银总量达到六万吨,也就是平均每年 240 吨。(Frank,1998:149)对弗兰克来说,这就是证明当时中国是全球最富裕和最高度发达的经济体,是其处于"全球经济／体系"(world economy／system)中心位置的经验证据。

正是从这个经验核心出发,弗兰克建构了其中国中心的 1400 年到 1800 年全球体系"理论"。由此出发,他更建构了一个长达五千(乃至七千)年的"世界经济／体系"理论,该体系不仅是一个整合的体系,而更是具有可以辨析的一系列的"长周期"(long cycles)的体系。其中,从 1400 年到 1800 年是一个以中国为中心的长周期,之后被西方中心的长周期所取代,但行将再次被以中国和亚洲为中心的长周期所取代。如此这般,他批评了所有此前的论著,包括

沃勒斯坦(Immanuel Wallerstein)的"世界资本主义体系"理论,认
为他也是西方中心的,因为他仅仅关注了西方1500年以来的兴起,
而弗兰克本人才是真正具有"全球视野"的论者,论证了西方的兴
起只不过是全球视野下数千年中众多长周期中的一个周期而已。

弗兰克没有解释为什么中国的商品(不仅因为白银的差价)会
比西方的便宜,但这其实也是一个很好理解的现象。笔者过去已
经详细论证:人地关系的压力促使许多农民必须依赖副业生产(使
用家庭的较廉价的辅助劳动力,即妇女、老人、儿童),尤其是蚕桑
(和缫丝)以及棉纺织来协助维持生计,由此形成了远比欧洲强韧
的农耕和手工业的紧密结合。英格兰和西北欧在其"原始工业化"
(手工业发展)的过程中,很快就呈现了农耕和手工业的分离,一个
成为农村的生产活动,另一个成为城镇的生产活动,两者都能够分
别满足其生产者的生存需要。那就和中国十分不同,因为在中国两
者都不能单独支撑其生产者的生计。因此,它们一直紧密缠结,一直到
1949年之后的当代中国仍然如此。(黄宗智,2011,2002,2014a:第3卷,
第13章;亦见黄宗智,2014a:第1卷,2014a:第2卷,2014c)

正是西方白银在中国的相对高值、中国丝织和棉布等优势产
品的相对低廉的劳动成本,以及中国人口和国家的规模,促使中国
出口比进口的产品要多,因此导致白银随着西方购买这些产品而
流入中国。这个现象所揭示的不是中国当时是最富裕和最先进的
经济体,而其实是其相对较低的人均收入。麦迪森(Angus
Maddison)合理地估算了18世纪英格兰人均收入和中国的差距:
1700年英格兰的人均收入是1405美元,中国是600美元;1820年
英格兰和中国的人均收入分别是2121美元和600美元(根据1990

年"国际美元"估算［Maddison，2001：90，表2-22a］）。

这个现象其实有点类似于近三十多年来美元之流入中国。廉价和守秩序的中国劳动力制造了相对廉价的中国产品，而美元(作为如今国际贸易的定值标准和储备货币)的丰足促使其价值在西方要低于中国，在美国财政部可以随意印刷更多美元的现实之下尤其如此。两大因素的结合推动了美元大量流入中国，如今已经达到四万亿美元之巨。但这并不意味着中国积聚了全球的财富，而这真正反映的是美国的跨国公司通过"外包"而借助中国的廉价劳动力而获得巨额的利润：跨国公司所掌控的是高利润的产品设计和销售两端，把低利润的中间生产环节外包。苹果公司和富士康(雇佣了一百万中国工人，主要为苹果公司代工)便是典型，其始末两端的利润率高达30%，因此使苹果成为美国利润率最高的公司之一，而中间环节的利润率则才7%。(封小郡，2015)在全国人均收入方面，根据世界银行2014年的数据，美国的是55260美元，中国的是7380美元，二者的比例是7.5∶1。(World Bank，2014，根据其"Atlas"计算方法[1])我们如果以"非正规经济"的(即没有法律保障的、没有福利或只有低额福利的)农民工(是其所雇佣的大部分的工人)来计算，差距还要大得多。(黄宗智，2014a：第3卷，第11、12章)这绝不等于弗兰克所说的(中国是)全球最富裕和最先进的经济体，以及世界经济体系的中心，而只是在总量上可能成为世界最大的经济体。

---

[1] "Atlas"计算方法是根据平均的外汇兑换率，经过通货膨胀调整来计算的，而"购买力平价"(purchasing power parity，PPP)则是根据购买力来计算的。用PPP计算，相应的数字是美国55860美元，中国13130元，即约4.25∶1之比。

但对弗兰克来说,根据其市场主义和货币主义的经济观,这种贸易和货币的流动是经济高度发展的无可置疑的证据。他的整个七千年以来的"世界经济体系"和其"长周期"是根据这样的"证据"来建构的。[1] 对他来说,它证明了中国是当时世界上最富裕和最先进的经济体,要到其后两个世纪方才被西方所取代,但如今行将再次成为世界经济体系的中心。这就是他"去西方中心"建构的整体。

如此的"理论"的问题是,它完全无视之前的贸易"体系"和如今的体系之间的截然不同的规模和性质。白银在弗兰克研究的1400 年至 1800 年间的流动总量只占当时中国经济体的一个极其微小的百分比。我们即使只考虑当时的物流条件以及中国的人口规模,此点便已十分明了。具体估计的话,根据弗兰克的年平均240 吨白银流入中国的数字,它只占到 1750 年中国粮食生产总值的 0.4%——这是根据目前最好的估量来计算的数字。[2] 这就和如

---

[1] 对此,张国刚和吴莉苇(2002)著有代表性的书评。

[2] 我们没有关于此时期的国内生产总值的可用估计,但我们有该年的比较细致可靠的粮食生产总量的估计。珀金斯的估量采用的是每年人均产出/食用 400 斤到700 斤粮食,实际估算用的是人均产出 500 斤到 600 斤。(Perkins,1969:14—15)我们如果据此而用人平均 550 斤的数字,乘以珀金斯对该年人口的估计(2.70亿),得出的粮食总产量是 1485 亿斤(也就是 7425 万吨)。再用王业健的该年 1.64 两银子一石(约 160 斤)稻谷的数字,亦即每一百斤粮食价格约为一两银子,得出的粮食产值是约 1485 万两。(稻谷价格可以粗略地代表粮食平均价格——见Perkins,1969:288)然后,用约 27 两银子等于一公斤白银来计算,得出的是 5500 万公斤银子,亦即 55000 吨白银。这样,弗兰克的平均每年 240 吨银子流入中国之数,是粮食总产值的 0.4%。麦迪森用的人年均食用粮食数字(644 斤)要比珀金斯的高,其 1750 年人口数字(2.30 亿)则比珀金斯的低,但所得出的粮食总产量是7400 万吨,和珀金斯基本一致。(Maddison,2001:表 1.6)

今的中国十分不同,其进出口总量达到国内生产总值(GDP)的
60%以上(黄宗智,2014a:第 3 卷,第 12 章;亦见 Naughton,2007:
377)。一个是微不足道之量,另一个是极其重要之量(虽然并不是
单一决定性的)。把两者等同起来是荒谬地把如今高度全球化的
经济投射于截然不同的前工业化历史时期,极端地夸大了世界贸
易在前现代的作用。其所真正说明的是,当时世界各地有一些贸
易接触,但绝对没有形成像如今这样高度整合了的世界经济体系,
更不是一个遵循和今天同样的逻辑和带有周期性运动的体系。

但是,在弗兰克比较荒谬的"理论"著作之后,还出现了一系列
与其观点比较接近的著作。其中,影响最大的可以说是彭慕兰
(Kenneth Pomeranz)的"大分流"。彭的著作重申了弗兰克的论点,
试图论证直到 18 世纪末,中国(和其最先进的长江下游地区)的生
活水平及劳动收入与西方(和其最先进的英格兰)基本一致。彭慕
兰争论,两个经济体在市场发展程度方面基本相似,在私有产权方
面也基本一致,在资源禀赋乃至人地压力方面也没有什么分别。
所以,其"大分流"要在之后 19 世纪的工业发展中方才呈现,而那
个变化的导因主要是英格兰(偶然的)特别丰富的煤炭资源以及其
从殖民地所获得的资源。(Pomeranz,2000;黄宗智,2002)

这里,我们需要进一步说明彭慕兰所采用的理论逻辑,即在前
工业化时期,两个经济体的市场发展程度如果基本一致,就必定会
导致类似的资源配置效率和发展水平。所以,如果中国在(自由)
市场发展(包括私有产权的确立)方面和欧洲基本相等的话,其经
济的其他各方面也会基本相等,劳动力资源的配置会大致相
等——如舒尔茨所争论的那样,在一个市场化的经济体中,根本就

没有"劳动力过剩"或"人口压力"可言。同理,双方的人均收入和消费也必定会基本相似。这样,要促使农业现代化,只需要现代技术的投入,无论是西方还是中国都如此。正是由于这个原因,西方和中国的分流要到 18 世纪之后方才出现。西方和中国的"大分流"要到 19 世纪的工业化革命方才实现。(Pomeranz,2000;尤见"导论")

未经明言的是,中国后来的革命把其经济从正确的市场经济轨道挪移了出来,因此,要到之后在其改革时期的市场化下,方才走上快速发展的正轨,而且可能行将超过美国。[①] 这正是弗兰克所打出的论点,而他是以被认作彭慕兰等所谓"加州学派"的成员之一而引以为荣的。(Frank,2001)

这样,哈耶克的新保守主义、古典自由主义、原教旨市场主义,把市场贸易设定为经济体系的决定性核心因素,并排除了人口和国家等其他因素,被与后现代主义的激进去西方中心主义结合成为一个统一论点。这样,新保守主义对市场主义的普世化信仰(包括诺斯和科斯的私有产权主义)被全球化并纳入了中国经济,由此一举抹掉了中国(过去和现在)与西方的巨大不同。在这样的建构下,人地关系的不同、社会关系(如主佃关系、商农关系,乃至于城市中产阶级的形成)的不同、城乡关系的不同、殖民国和被殖民国、资本投资国和劳动力供应国之间的关系和不同等,都变得无关紧

[①] 这里,有的读者也许需要注意,正如珀金斯等学者已早证实,中国的工业在毛泽东时代的计划经济下,是以 11% 的年增长率发展的(而农业的年增长率则只达到2.3%)。(Perkins and Yusuf,1984;第 2 章)那个早期的工业化成果为后来改革时期的经济发展奠定了工业基础。

要。彭慕兰论点的错误在于,除了其理论—意识形态依据之外,和
弗兰克一样忽视了中国经济的一些基本实际。18 世纪中国家庭农
场的耕地面积只是当时英格兰的百分之一,在人地关系资源禀赋
上中国面临的是严重得多而不是相似的人口压力。正是那样的压
力迫使耕作主业和手工副业紧密结合,副业的低收入则由家庭的
辅助劳动力来吸纳,两者共同组成的是维持农家生计的两根拐杖。
这迥异于英格兰当时已经呈现的城镇"原始工业化"的发展,以及
其从农村种植业的分离。沉重得多的人地压力是把副业劳动报酬
压低到不可单独维持生计的主要原因,也是阻止为节省劳动力的
技术和资本投入于农耕和手工业的主要原因。

彭慕兰完全忽视了中国和英格兰之间的这个差别,并无稽地
试图论证当时江南地区农民每人每年的生产和消费(他简单地把
两者等同了起来,无视长江三角洲农民多通过地租向城镇和全国
其他地区输送大量棉丝),不止十套棉布和将近两套丝绸衣着
(14.5 磅棉纱[1]和 2 磅生丝——Pomeranz,2000:138,140—141)。他
似乎不知道只有城镇的上层社会才会穿着丝绸,而农民则一般每
人只有两套布衣。(黄宗智,2002:166;Huang,2002:522—523;亦
见黄宗智,2014a:第 1 卷,2014a:第 2 卷)在前工业时期,这是非常
悬殊的不同,是贫穷和相对富裕之间的差别,也是生存边缘与相对
高收入的差别。这是关于中国经济史的基本常识。彭慕兰的著作
因为完全没有一手研究,所依赖的完全是根据二手资料的推论,才
会出现如此脱离实际的错误。(黄宗智,2002)

---

[1]　一套棉布衣着需要用上 1.3 斤棉纱,亦即 1.43 磅棉纱。

彭慕兰对长江三角洲的错误认识也可以见于他关于棉纺织手工业的论述:他争论,当时棉纺织手工业的回报其实已经超过种植业。他所以得出这样的论点是因为他错以为较高回报的织布程序乃是棉布生产程序的全部或大部分。(Pomeranz,2000:102,322—323)但实际上,在生产一匹布所需的七天之中,织布只占一天,而低报酬的纺纱(只有种植业的 1/3 到 1/2 的回报),则需要足足四天(剩余的两天用来弹花和上浆)。(黄宗智,2002:158)正是那样的错误认识使他完全忽视了关于中国农村生产的常识,也就是人们广泛使用(耕作)"主业"和(手工)"副业"两词来表达的区别,①前者主要由家庭主劳动力来做,后者则主要由"辅助"劳动力(女人、老人、儿童、少年)来做。这是研究中国经济史不可或缺的基本知识。

至于英国,数十年的关于 18 世纪英格兰的社会经济史和人口史研究已经证实,该地的"原始工业化"更导致了早婚和更普遍的结婚,因为其青年男女可以凭借城镇的手工业来维持生计,不必再等待继承其家庭农场才能够独立谋生(Levine,1977;Schofield,1994)。这些现象完全没有在中国出现。伴随英格兰原始工业化而来的城镇发展更导致了消费上的演变(以及其所包含的城乡贸易发展的含义)——亦即德弗里斯(Jan de Vries)称作"早期城镇化"(early urbanization,即小城镇而不是大城市的发展)的变化(De Vries,1984),以及辛勤的劳动者所促成的(所谓的)"勤勉的革命"

---

① 当然,20 世纪 80 年代之后,由于农村的一系列变迁,这两个词语已经比较少用。

（industrious revolution）①（De Vries, 1993, 1994；参见 Weatherhill, 1993）。中国则不同,城乡贸易主要限于强大人地压力下的贫穷乡村向城市的输出,而不是双向的贸易。小农户为城镇居民提供细粮、肉—禽—鱼、优质棉花、生丝等;他们不具有购买城镇产品的能力——他们的市场交易主要是生存物品,以棉布换粮食或反之。（黄宗智,2014a:第2卷,第5、6章）18世纪的英格兰—西北欧洲和中国的市场经济其实十分不同。但这些差别都完全被彭慕兰忽视了,因为他关注的只是要论证中国和英格兰的同等,其目的是时髦的所谓"去西方中心"。（黄宗智,2002）

诸如此类在经验和研究层面上的基本错误,在我们这个认为所有经验"事实"不过是某种话语建构的后现代主义时代,以及认为原教旨市场主义乃是不需验证的给定公理的新保守主义时代,似乎无关紧要。在这个信息无穷无尽的时代,越来越少的人关注

---

① 可惜的是,"勤勉的革命"一词的含义已经越来越含糊不清。最先使用此词的是日本学者速水融（Akira Hayami）,所指的是日本德川时代小农户之结合农耕与手工业生产（Hayami, 2015）。后来,德弗里斯借用该词来表达英格兰和西北欧在近代早期发生的消费上升是伴随更多家庭成员工作更长时间的（原始工业）生产而来的上升。后者的性质其实很不一样,因为它较快成为农业和手工业、农村与城镇分离的生产。再其后,又被日本学者杉原薰（Sugihara, 2003）用来表述他所谓的劳动密集的"东亚"农业与工业（区别于西方,尤其是美国的资源和资本密集型农业和工业）,没有考虑到日本和中国间的重要不同:在日本,在20世纪初期机械和化肥等现代投入来临的时期,农业人口基本没有增加,从而导致快速的农业现代化、农业收入的上升,以及农业和手工业的分离;而在中国则迟至20世纪60年代和70年代,现代投入是伴随大幅度的人口扩增而来的,其所带来的产出上的增长基本被快速增加的人口所蚕食掉。农业和手工业仍然（在集体化的村庄中）紧密结合,要到20世纪80年代（伴随农村工业化）方才分离。这是一个需要分别讨论的议题——简短的论析见黄宗智（2014a,第3卷:6, 113—116）。

经验证据、依据经验证据而作出判断,而大多倾向依赖简单笼统的概念,没有认识到它们多是来自没有经验依据的理论——意识形态,只是不久即将成为过时的短暂时尚倾向。

彭慕兰的论点的另一重要组成部分是李中清及其协作者们的著作。他们试图在人口史领域作出同样去西方中心化的论述,坚持中国也具有类似于西方的相对晚婚的"预防性"生育控制行为。在李中清那里,其关键概念是其"产后堕胎"建构,匪夷所思地把溺杀女婴说成是"理性的""预防性"生育控制,把其等同于西北欧的晚婚。具体来说,这个建构使得他能对其相当严谨地得来的数据——中国的生育率和死亡率要远高于西方(寿命预期则远低于西方)——进行调整:一旦把被溺杀的女婴(根据他们自己的数据,高达 25%)理解为"产后堕胎"便可以把其排除于生育率之外,也排除于死亡率之外,这样,便把中国的生育率和死亡率都压低到和西方比较接近的数位(Lee and Campbell, 1997:70; Lee and Wang, 1999:61)。这也是彭慕兰所重述的论点。(Pomeranz, 2000:38)正是这样的逻辑使李中清和彭慕兰都能得出中国和西方在生育率、死亡率和寿命预期上相差无几的结论。他们并不在乎,实际上溺杀女婴大多是贫穷的人们由于生存压力迫不得已而做出的选择,而此事实本身便说明中国所面对的极其沉重的人地关系压力,达到西方所不可想象的地步。正是那样的压力导致了中国 18 世纪中叶之后的两个多世纪的严重社会危机,即便今天仍然是中国乡村面对的一个严重问题。(黄宗智, 2002:167—174;亦见 Huang, 2002:524—531)他们的论点其实等于是抹掉了(人们至今仍然称作)中国的"基本国情"。

　　常被彭慕兰和李中清所依赖和引用的中国学者李伯重,则进一步试图论证中国江南地区在宋元明清时期的生育控制技术要远远超前于其同时期的西方,争论当时堕胎已经广泛被人们使用。(李伯重,2000)这个论点被李中清所引用和重述。(Lee and Wang,1999:88,90—91,92)最近,所有这些著作所采用的"经验证据"被苏成捷一一系统检视,证明其实他们三人并没有提供任何具体的堕胎案例为证,连一个都没有,而不过是根据一些医学著作的选择性推测来作为其论证依据的——是根据书本的想象而不是实在的案例。而苏成捷,根据其所搜集的诉讼案件档案,挖掘了共 24 个实际堕胎案例——其中,17 名妇女因堕胎而死亡,其余的要么事后严重患病,要么没有记录。(Sommer,2010:130;亦见苏成捷, 2012:28—29)更有进者,根据民国时期和 20 世纪 50 年代的较翔实的资料得出,传统的堕胎方式明显是具有死亡危险的应急性措施而绝对不是人们所广泛采用的措施。苏成捷已经无可辩驳地证明李伯重、李中清和彭慕兰等人是把自己的想象,实际上并不存在的想象投射于清代中国。但是,在我们这个后现代主义时代,苏成捷的此篇著作并没有获得其应有的注意,起码在中国以外的经济史研究领域里如此,也没有被热衷于认为中国比西方优越的史学家们所接受。在近年来兴起的、重要的世界历史著作潮流中,有不少盲目接纳了上述的彭慕兰、李中清的论点,这是其中一个比较严重的弱点。

　　我们看到,新保守主义、后现代主义,以及结合两者的后现代市场主义("后现代新保守主义"),仍然主要是源自西方的理论—意识形态观点,与中国的实际和实用需要的关联十分有限。如果从中国的实际问题出发,我们会更多地关心不同的问题:譬如,近三十多年来中国社会经济的发展所导致的一定程度的社会不公问题;2.7亿的农民工已经成为中国工人中的绝大多数,但他们仍然是在没有或少有法律保护和没有或只有低等的福利下工作(而且,他们中的大多数没有能力长期在城市居留,而其家乡与社区的环境也发生了较大改变);在经历了三十多年的严厉生育控制之后,人地压力有所缓解,但随之而来的是每对独生子女夫妇必需协助赡养四位父母的困境。[①] 对上述的这些问题,李中清、彭慕兰等学者眼中的中国没有人口压力的论点显然不会起到任何正面作用,只可能妨碍对这些问题的认识。还有,我们要问:如今中国已经成为一个结合市场经济和中国的革命性社会主义(以及中国共产党统治的)国家,今后将如何维持两者的结合?对这个问题来说,后现代市场主义(后现代新保守主义)的去西方中心化和中国/东亚/亚洲中心化论点,显然完全无济于事,同样只可能导致对实际的误解。

四、迈向不同的问题意识

但是,凭借理论—意识形态潮流来推动的论点是不能仅凭经验证据来推翻的,起码在我们这个后现代主义和新保守主义的时代如此。我们需要的是对这些仍然影响很大的论点的思想和"理论"依据做出更为深入的分析。下面我们从问题意识的角度对后

---

① 2015 年 10 月 29 日,中共十八届五中全会宣布将全面实施一对夫妇可生育两个孩子政策。

现代主义和新保守主义,以及结合两者的"后现代新保守主义"作
进一步的检视。

(一)西方 VS.中国的二元对立

在启蒙时代之前,西方对中国的知识主要来自耶稣会士,其所
关心的主要是使中国人和平皈依基督教,其研究因此多集中于儒
家思想与基督教的相通之处。从 18 世纪的启蒙时代开始,由于西
方自身进入了所谓的"理性时代",逐渐形成了西方与其他文明不
同的意识,而伴随"理性"和科学的进展,以及工业化的来临,接踵
而来的是强烈的西方优越感,乃至于认为其文明是典范的和普适
的。在那样的大背景下,一个"没有成功现代化"的中国只可能成
为一个"他者",成为突出西方优越性的陪衬,并说明其必须现代
化/西方化的例证。

下面只以两位影响较大的思想家为例。首先是黑格尔(Georg
Wilhelm Friedrich Hegel, 1770—1831),其晚年(1825 年)开始定期
开办关于中国的讲座。那些讲演表达了一些至今仍然有一定影响
的对中国和中国文明的批评意见,都是从西、中二元对立的框架出
发的论点。黑格尔认为,哲学是一切知识中至高、至重要的领域,
但中国则根本就没有哲学可言,只有一些初级的抽象概括,没有像
西方哲学那样的持续的推论。中国的主要思想家,尤其是孔子,没
有能够做出持续的思辨;只有西方文明才具有真正的哲学。这个
意见迄今仍然可见于众多哲学学者:在美国的顶尖高等院校哲学
系中,一般只开设西方哲学的课程,而中国、印度、伊斯兰等其他文

明的"思想"则只能在各个"语文系"（东亚、南亚、近东等系）开设
（之前被统称为"东方学"，也就是萨义德所集中批判的"东方主
义"范畴所指）。更有进者，黑格尔声称中国根本没有法律可言，只
有"实质的"（特殊的）道德价值和规则——这是如今仍然有人坚持
的论点——因为它的根据不是理性、自由、意志和自觉（self
consciousness）。（古代）中国的政体极其专制，其人民没有自由意
志、自觉"精神"（spirit）和"主体性"（subjectivity）。中国甚至并没有
真正的宗教——儒学只是一些习惯和行为规则。（Hegel, N. d.,
"Hegel's Philosophy of History, Part I, The Orient, section 1. China";
Hegel, N. d., "Hegel's Lectures on the History of Philosophy, Oriental
Philosophy"; Kim, 1978; 张国刚, 2006）

　　黑格尔的现代主义意见在其后得到不少更为系统的表达和推
进，其中影响最大的是韦伯（Max Weber, 1864—1920）。对韦伯来
说，现代法律必须是由"形式理性"所整合的，其从（演绎）逻辑得出
的所有抽象和理性原则都可以一贯被适用于所有的具体事实情
况。中国没有那样的法律，因此，其法律体系只可能是"实体主义"
的，即具体而非抽象、道德化而非理性化、特殊而非普适的。它随
时可能受到统治者的干预，要么是随意性的要么是特殊道德性的
干预，因此，它只可能是"非理性的"。西方的法律历史所展示的则
是一个长时段的形式理性化演变过程，其起源可见于罗马法，亦可
见于天主教教会法规（canon law），最终形成了现代（大陆法系的）
德国法。相比之下，即便是英美的普通法系，因为其依赖普通人民
（而不是精通法律逻辑的法学家）的陪审团制度，也有非理性的缺
点。（Weber, 1978: 尤见 654—658, 845, 889—891; 黄宗智, 2015a;

黄宗智,2014b:第1卷,第9章)对韦伯来说,宗教也十分关键,而他认为只有在西方才能看到加尔文主义的精神,而它正是促使资本主义经济发展的关键。(Weber,1930[1905])无论是其关于法律还是关于宗教的研究和论述,其主要目的是探索西方现代文明和资本主义的核心,中国只是作为陪衬的他者。

韦伯的论点至今仍然具有强大的影响,无论是在比较法研究领域,还是在中国法律研究领域。这不仅是由于其理想类型理论的洞察力和其极其宽阔的视野,更是因为资本主义和工业化在现代西方得到显赫的发展,其军事和经济势力具有压倒性的优势。同时,这也由于其普适性的科学和技术方面的发展。

在更深的一个层面上,虽然是人们不多讨论和明言的层面,是这样的一种意识:西方早期的演绎逻辑的发展(欧几里德几何学是其典型)使其文明特别适合于发展普适的现代科学与法学,使其在这些方面特别突出于世界各种文明之中。兰德尔(Christopher Columbus Langdell,1826—1906),哈佛法学院院长(1870—1895)和美国法学“古典正统”的创始人,便一贯特别强调这一方面。(Grey,2014:Chapter 3;Langdell,1880;黄宗智,2015b)他坚持法律和法学要从有数几个(被认为是不言自明的)公理出发,凭演绎推理得出一系列的定理,由此来整合整个体系。正是那样的思维促使人们似乎别无选择地得出西方与其他文明的非此即彼的对立结论。如果西方的法律在逻辑上是前后一贯的整体的话,它只可能被当作一个整体而被全面接纳,而不同文明的不同法律则只可能被视作非理性的“他者”。如果只有演绎逻辑能够带领我们进入理性和普适的真理,欠缺如此的逻辑的文明只可能是非理性的和与西方完全相反的。所以,现代化只可能是全盘引进西方法律,全盘接受现代西方文明。

我们可以在过去三代美国的中国研究中看到这些思想元素。首先是第一代的"中国问题"中设定的非资本主义、非自由民主和非理性的共产主义,在那个"他者"和西方之间,西方现代化的优越性被认为是无可置疑的。在那个层面上,中国的共产主义到底是像华大一方所坚持的非中国性的,还是像哈佛一方所论证的是经过中国化的,其实最终无关要紧,因为无论哪一方都不是真正的西式现代化,而后者则是双方都同意的观点。从这样的角度来看,两大学派之间的争执只不过是对中华人民共和国不同程度的拒绝。其深一层的现代化主义/西化主义并没有任何一方所认真质疑。现代化主义的方方面面是否真的全都适合非西方世界,是一个没有被问的问题。现代西方的普适性被认为是不言自明的。

现代化主义要到第二代才遭到挑战,但只是遭到仍然是来自西方的马克思主义的挑战。西方的现代化主义没有从其并不适合非西方世界的角度被质疑,也没有被因非西方的后发展国家思想家的启发而被质疑,更没有被不同的非西方的"现代性"的图像质疑,而是主要从一个西方的革命性社会主义的角度来挑战的,它设定一个更高度发展的社会主义的西方来取代资本主义的西方,一个没有阶级的社会主义民主制度以及一个国家(机器)逐渐消失的共产主义社会,来取代阶级化资本主义下的民主制度和法律。其中心思想从来不是西方文明会因与非西方文明相互作用而改变和进展,而是西方资本主义+自由民主的今天将进一步发展成为没有阶级矛盾的社会主义的未来,而那样的道路被认作是普世性的。

那样的想法并不仅限于西方对中国的思考，更是来自"毛主义"下对其自身的过去和现在用舶来的西方马克思主义理论的思考。普世主义的现代化主义被同样是普世主义的马克思主义所取代。

美国左倾的反越战运动的思想源泉主要是西方的马克思主义理论家们，他们的影响远比毛泽东或其他非西方国家对马克思主义的重新理解来得深。在实际的学术研究中，他们主要是中国研究领域之外的马克思主义理论家和其他进步的历史社会学家/理论家们，如穆尔（Barrington Moore）、蒂利（Charles Tilly）、佩奇（Jeffery Paige）和斯考切波（Theda Skocpol），和其他非中国和非中国研究的理论家们，如恰亚诺夫、波兰尼、斯科特等。在美国的语境中，"毛泽东思想"只是极其边缘的思想，费正清便写道："他的创新只在于实践，不在理论。"（Fairbank, Reischauer, and Craig, 1965:855）具有讽刺意味的是，那样的判断和华大的迈克尔和泰勒的几乎是一样的。

与此主流不同的极其少量的著作之一是舒尔曼（Franz Schurmann）关于毛泽东时代中国的"意识形态与组织"的敏锐分析，他强有力地区别了"纯理论"（pure ideology，即马列主义）和"实用理论"（practical ideology，即毛泽东思想）（Schurmann, 1970[1966]）。他的分析可以被理解为与康德（Immanuel Kant）关于"实用理性"是怎样作为"纯理论"和实际行动之间的媒介的论析比较相近的论点。（黄宗智，2015a）但那样的思路对反对费正清的关心亚洲学者委员会成员们的思想来说并没有什么影响，对大多数关于当代中国的研究也没有多大影响。

有的青年美国学者无疑也受到"文化大革命"（以及毛泽东思想）的影响，但当时美国的中国研究对其实际运作所知十分有限，主要只是受到该"群众运动"(但是被"最高领导"所倡导的)一些修辞的影响。而那些修辞(如消除"三大差别")之所以引起那些挑战现代化主义的论者的共鸣,主要是由于他们自身在美国的反战运动中的经历和理解。说到底,中国和越南的实际情况对美国的中国研究学者们来说,只是一些自己所知无几的、比较遥远的经验。对"文化大革命"的脱离实际的、从美国本身的未来来理解的想象,将会导致其中不少人对中国革命和当代中国整体的"失望",而在中国自身官方话语对其的攻击之下,变得更加如此。

转向后现代主义的第三代与前两代既十分不同也在较深的层面上基本相似。首先,我们要承认,后现代主义是对西方近三个世纪以来的启蒙现代主义的全面的挑战,包括对知识的依据的根本性质疑,以及对"科学"——对没有从事过实际的科学研究、经历过其中的困难和不确定性的外行学者们来说,它是那么容易成为科学主义——的根本性质疑。而新的话语概念工具以及话语分析又似乎是那么地强有力和吸引人。加上十分令人忧虑的极端的新保守主义,直接导致了在阿富汗和伊拉克的战争,我们可以理解为什么许多之前的左派学者也投入了后现代主义的大潮流来表达他们对(似乎是越来越)保守的、帝国主义化的美国现实的不满。

但在后现代主义和之前的左派之间也有深层的分歧。对"反思自身"的后现代主义者来说,马克思主义,尤其是官方化了的共产主义,似乎要比现代化主义和(哈耶克型的)新保守主义犯了更严重的实证主义和科学主义错误。同时,对有的马克思主义者来说,后现代主义和新保守主义显得同样地主观,前者因为其对"客观真实"的拒绝,后者则因为其对原教旨基督教、古典自由主义/个人主义和自由市场主义的信仰。① 也许更重要的是,即便是对激进的后现代主义者来说,斯大林的压迫性的一面,以及共产主义体制在苏联和东欧的崩溃,似乎是无可置疑的事实。左派的学者,即便是一直都批判斯大林主义的,也不可避免地受其牵连。

以上的这些因素也许可以部分解释新保守主义和后现代主义对前左派的(带有一定偶然性的)共同的敌视,但在更深的层面上,还有西方长期以来对中国的一贯的基本思维:上面已经讨论了西方是如何一直把西方和中国设定于一个二元对立的框架之中来理解,这可以清晰地见于黑格尔和韦伯的思想。在那样的思维框架下,逻辑似乎迫使我们,如果要对西方中心主义提出商榷,唯一的做法是争论其对立面,即中国和西方是多么地相似,或比西方更优越。我们看到,柯文、弗兰克、彭慕兰、李中清和李伯重都是从那样的框架和思维出发的:要去西方中心化的话,必须论证中国在同样的标准下的同等性或更加优越性。因此,像柯文那样,如果要坚持推翻把西方当作原动力、中国当作消极的回应的论点,我们必须把其颠倒过来而争论中国的历史其实是由其内部的动力所推动的。或像弗兰克那样,争论中国经济在1800之前的世界经济体系中,根据市场主义的(在世界经济中的市场发展程度)普适标准,其实比西方先进,而且今后将会再度如此。或像彭慕兰那样,坚持18世纪中国的人均收入和生活水平是和英格兰一样的。或像李中清(和彭慕兰)那样,坚持论证中国也有像西方那样的"预防性"生育控制,并没有承受比西方更沉重的人口压力。或像李伯重那样,坚

---

① 正是那种轻视客观经验证据的态度,导致了对"大规模杀伤性武器"是否有真实凭据的无视,而促使美国政府一步步几乎无可阻挡地进入了第二次伊拉克战争。

持中国的生育控制方法其实比同时期的西方要先进。正是二元对立的基本框架推动着这些论点。要反对西方中心主义,我们除了论证中国在同样的标准下也同样先进之外,似乎别无选择。正是在那样的支配性框架之下,促使他们无视,甚或违反经验证据;同时,也忽视了中国实际的、实用性的问题。

(二)超越二元对立的思维

已有不少的学术研究探索了怎样超越过去这个二元对立框架的道路,不仅是对新保守(新自由)主义的(关于西方资本主义+自由民主+科学/理性的)主导性叙述的批判,也不仅是与其对立的中国中心论的批判,而是试图在更宽阔的视野下既纳入这两种视角也超越之,试图勾画出不同的关于现代性、经济发展、社会前景、政治体制、哲学、文学、学术、艺术,乃至于科学的图像。笔者将不试图转述自己只具有局部认识的那些其他领域的学者的贡献,只集中说明自己所最熟悉的一些领域。目的绝对不是想要占据某些"地盘"或宣示自己的独特贡献,而是要举出一些比较具体的、能够说明不同于二元对立的研究进路和思维的例子。在自己已经做了初步的探索的领域,将注明那些著作,为的是对有意进一步了解那样的思路的读者指出可能有用的材料。

首先,中国与西方的诸多不同是无可置疑的实际,例如在其主流儒家思想(以及一定程度上"中国的共产主义"思想)中持续不断的道德主义倾向、其相对缺乏演绎逻辑、其相对不那么重视形式化和程序化的正义体系、其对西方的资本主义+自由民主道路比较难以全盘接受等。笔者自己,在社会经济领域,特别强调了中国十分不同的人地关系和特别强韧的小农经济的基本国情,而在法律和法学领域,则特别强调了其从汉代中期以来便偏重基于道德价值观念的非正式正义体系多于正式化的法律体系,虽然并不排除后者。(黄宗智,2016,2015a;亦见黄宗智,2014b:第1、2、3卷)

当代中国的一个基本现实是这些特征的顽强持续,即便是大规模引进了市场经济、"形式理性"法律、英语学习、欧几里德几何学、西方法学和社会科学,更不用说规范化了的自然科学等,仍然如此。现代和当代中国的一个基本现实是中国过去的一些方面与从西方引进的一些方面的必然混合和相互渗透。即便是当前的汉语,在引进了众多西方(和日本)的单词、概念、专业术语以及话语之后,已经与之前十分不同,但仍然维持了其众多的基本特征。

中国的经验实际其实多是"悖论的"——两种被西方二元对立框架视作是矛盾的、不可并存的,但实际上是共存的并都是真实的面向。譬如,在前现代中国乃至当代中国,高度发展的城市和落后的乡村的共存(即城市发展与乡村内卷的并行)、高度市场化的经济和农民的糊口经济的共存(黄宗智,2014a:第1、2、3卷);在古代,高度道德化的儒家正义体系和高度理性化的法家法律体系的共存;在现代,舶来的西方法律与强韧的中国社会实际的共存(黄宗智,2014b:第1、2、3卷);民主制度和现代国家的形式与旧官僚体系运作特征的共存;改革时期,市场经济与计划经济的共存、私有企业与国有企业的共存;以及社会主义的共产党领导的市场化和经济发展的共存等。(黄宗智,2015b,1993〔2000〕)

从当前的中国的视角来看,中国实际上根本就没有可能像有的西方和中国学者想象的那样,做出完全中国化或完全西方化的选择。两者间的碰撞、矛盾和拉锯,以及重新理解、混合和调和,都是给定的实际,排除了非此即彼选择的可能。无论设想全盘西化还是全盘中化,都是违反实际的思路;给定的实际是中西、古今的混合和相互作用。这正是为什么西方现代主义和后(反)现代主义都是违反中国基本实际的建构。非此即彼的二元对立只有在西方关于中国的理论建构上才是可能的和可以想象的。它是唯有置于西方对中国的思考的历史中才可以理解的问题意识,不是一个与实际相符的、中国真正面对的问题的意识。

由于西方理论对当代的中国(以及民国时期的中国)的强大影响,许多中国学者也采纳了西方的非此即彼二元对立思维。在经济和经济学领域,曾经一度完全拒绝(西方的)资本主义—现代化模式而采纳了社会主义—马克思主义理论,而后在改革时期则倒过来采纳了(西方的)新自由主义理论,而两者又都激发了对其的本土主义反动。这些反复和非此即彼的设定都是违反中国实际的,真正需要的是怎样去重新阐释西方理论以适应于中国的追求(例如史华慈对严复的研究),怎样将西方的理论导向中国的实用(例如舒尔曼对毛泽东思想的阐释),怎样由此建构中国自身的、符合中国实际的理论,以及怎样调和中西——不仅要直面两者间的张力和矛盾,更要使其相互适应、结合与调和,乃至于超越。

这样的反复可以最清楚地见于现代中国的立法和法学,先是拒绝了传统法律而采纳了西方法律,而后是拒绝了西方的法律而主要采用了民间的调解惯习和非正式(和半正式)的正义体系,加上一些从苏联引进的法律,而后又再次采纳全盘引进西方法律。

如今到了应该采用一个更符合实际需要以及可持续运作的中西、古今协调与结合的方案的时候了,应该有意识地从两者中选择不同的方面,对其进行重新理解,乃至超越(黄宗智,2016,2014b:第3卷),就像在中国文明史上对待儒家和法家、儒学和佛学、固定的农业经济文化和流动的游牧经济文化等二元的调和那样的进路。

　　笔者认为,那样的问题意识才能让我们将长期以来不仅一直困扰着美国也困扰着中国自身的非此即彼的概念死结置于一旁。如果从中国和西方必定相互渗透的基本问题意识出发而为之探索出路,我们将会探寻调和两者的方案,而不是从一个(西方中心的)极端摆到另一个(中国中心的)极端,从西方优越论摆到中国同等/优越论的极端。如此的问题意识才会使我们有可能像过去的一些最优秀的中国研究学者早已提倡的那样,建立中国研究自身的理论主体性。这当然不是要完全拒绝(西方的)现有理论,而是要有选择、有批判地使用现有理论,通过与之对话来建构新的理论。在那样的研究进路上,西方的中国研究学者方才能够真正借助其双重文化特长来作出对理解中国以及我们这个多种文明的世界的特殊学术贡献。(黄宗智,2005)

五、对中国研究的含义

　　上面我们看到,美国最具影响力的中国研究的问题意识是怎样受到美国自身的影响多于中国的实际的,是怎样被美国的政治—思想大环境所塑造多于中国本身的问题的。它们反映的其实更多是关于美国的政治、意识形态和理论,而不是关于中国主题的本身。在如今的一代中,新保守主义和后现代主义的中国研究是同样被其西、中二元对立的思维框架所主导的。正是那样的框架导致了一些对中国经验实际的严重夸大和误导。近几十年来,美国的中国研究学者们确实在语言能力方面有了一定的提高,其人员和研究中心数量也有一定的扩增,与中国的第一手接触也越来越频繁,理论知识的水平也在不断提高,但是,即便如此,美国的中国研究在一定程度上仍然是被其主题的中国以外的、违反中国实际的政治—意识形态和理论潮流所主导的。

西方 VS.中国的二元对立是个贯穿于三个世纪以来西方关于中国的思考的基本框架,它深深塑造了不仅是过去西方看待中国的西方中心主义,也同样塑造了最近对其作出深层反思的中国中心主义。当影响较大的一些学者们对西方中心主义进行反思时,他们所做的是简单地争论其对立面,从现代化主义到革命主义,从西方中心到中国中心。西、中二元对立的基本思维结构的影响是如此的强大,以至于那些学者们完全忽视了中国的基本实际,即现代中国必定是其过去和现在并存、中国和西方相互渗透的结果,而不可能是非此即彼的。在最近的这一代中,有的学者深深沉溺于后现代主义的一些理论建构,因此看不到中国自身不仅企望其现实和未来是中国式的,也企望其是西方—现代式的这样一个基本实际。"现代中国"实际上只可能是双重文化的,如今更不简单的是计划经济或市场经济的,而是既是市场经济的也是社会主义的。要真正将西方去中心化、真正把中国中心化,我们的问题意识需要从中国的实际问题出发,而不是从西方的理论建构出发。

上面我们已经看到,西方 VS.中国的非此即彼的二元对立思维更被扩延到一系列其他的二元：如现代 VS.传统、工业 VS.农业、城市 VS.乡村、市场 VS.人口、市场 VS.国家、形式理性法律 VS.实体主义法律等。一贯的是，在理论和意识形态中追求逻辑上的统一，和非此即彼地在二元之中完全偏重单一元，常常无视经验证据和实用实际。

笔者已经比较详细论证的一个具体例子是，我们不该简单排除中国的小农经济而采纳现代西方的资本主义化和产业化农业的道路，而是要探寻一条发展小规模家庭农场的道路。东亚国家和地区（特别是日本、韩国和中国台湾）之前的农业合作化经验——为"小农户"提供"纵向一体化"（加工和销售）服务来应付"大市场"的经验是值得借鉴的。它来自一个历史上的偶然巧合，先是明治时代晚期的地方政府把发展现代农业设定为其主要任务，而后在战后的美国占领下（单指在日本，在韩国和中国台湾则是受美国的决定性影响），进行了扶持小自耕农的土地改革，又把地方政府所掌控的部分农业发展资源转让给民主化的农民合作社，借此来推动合作社的组建，由此成功地（在 20 世纪 60 年代和 70 年代的日本以及稍后的中国台湾和韩国）确保了持续的农业发展以及普通农民有尊严的生活水平。它们的经验展示了中国大陆今天能够走的一条道路，而不是像当前那样，由于既来自新自由主义也来自马克思主义的认识误区，只给予合作社十分有限的扶持，完全偏重规模化的大农业（企业）。（黄宗智，2015c，2014c，2014a：第 3 卷，第 10 章）建立实质性的合作社，才有可能改进如今的一定程度上的社会不公问题以及农村社区面临的危机问题。

这里要提倡的不是要偏重人口因素而排除市场因素（或相

反），而是必须同时考虑两者。人地压力是中国小农经济顽强持续的主要原因，即便是在相当高度的市场化经济下，无论是过去（帝国时期和中华民国时期）还是近几十年的改革时期都如此。而处于人地压力下的小农经济的顽强持续则决定了农产品市场的性质——把贫穷的小农户完全置于大型商业资本的摆布之下。正因为如此，"小农户"特别需要联合起来组织（加工和销售的）合作社来应对"大市场"，借此来为小农户保留其市场利润。市场机制运作本身并不会像新保守主义理论设定的那样消除人地压力问题；两者是相互塑造的。我们在上面已经看到，清代的市场交易主要是单向的，由贫穷的小农为城镇提供优质农产品，但他们无力购买反向的产品，和亚当·斯密所概括的城乡双向贸易十分不同，也和德弗雷斯所谓的勤勉革命中的消费转型十分不同。无视人地压力基本资源禀赋便不可能理解其市场；相反亦然。在中国的实际之中，两者不可能是非此即彼的，只有在新自由主义理论中才如此。（黄宗智，2014a：第3卷，尤见"导论"和第10章）

如今中国巨大的由2.7亿农民工组成的非正规经济同样如此。与舒尔茨的理论截然相反，其所展示的农村劳动力（相对）过剩和就业不足是无可置疑的，无论是在过去还是今天的市场经济下都如此。同样，与刘易斯的理论也截然不同，现代经济部门的兴起并没有导致传统部门被整合入现代部门，而是导致了处于农村和城市、传统和现代两者之间的庞大非正规经济的爆发性突现。事实是，脱离了人口和市场之间的互动，便不可能理解如今的劳动力要素市场。（黄宗智，2014a：第3卷，第11、12章；亦见黄宗智：2009，2010a）

新保守主义的市场 VS.国家的二元对立也同样。市场主义理论认为,中国近 35 年的发展要完全归功于市场化和私有化,其不足则是由于市场化和私有化程度还不够透彻。但事实上,中国共产党的领导在这段经济发展历史中起到至为关键的作用,包括其利用国家拥有的一切土地资源产权来融资(即地方政府的所谓土地财政)、其利用农村廉价劳动力(和其他由国家提供的激励)来吸引资本、其积极推动贸易和扶持国有企业等。对中国的快速发展经验来说,把国家和市场设定为非此即彼的对立二元,可以说是完全不得要领。(黄宗智,2015b)

至于正义体系的组建方面,我们不应该简单排除中国过去的正义体系——特别是扎根于社会的非正式正义体系——而全盘采纳高度正式化的西方法律体系,而是要探寻如何把两者结合为一个必然既是中国的也是现代的体系。优先由民间调解而不是法庭判决来处理民事纠纷是汉代中期以来经过“(法家)法律的儒家化”而确立的“中华法系”的核心。它处理了民间大部分的民事纠纷。正因为如此,历代法典才能够是“以刑为主”的。那个儒家化的正义体系也深深地塑造了其他东亚文明国家(特别是日本和韩国)的正义体系。如今在中国,“民间调解”仍然起到解决每两起基层社会的(有记录的)民事纠纷中的一起的作用,而“法庭调解”则解决了每三起民事诉讼案件中的一起。在韩国和日本,调解同样起到重要作用。这正是今天“东亚文明”国家的正义体系和一般西方国家的正义体系的关键不同。此点尚未被近年来的一些试图评估全球各国“法治指数”的机构所理解,因为它们多是从现代西方的标准出发的。(黄宗智,2016)在这点上,“中华法系”和“东亚文明”

仍然具有一定的现实含义。

实际上,当代中国的经验,不管是其成功的经验还是其失败的经验,都需要从中西两者的结合和互动来理解,而不是从非此即彼的单一元来理解。中国的成功经验,如中国共产党在近三十五年改革中所领导的高度市场化的经济发展,便是由两者的结合而来的。(黄宗智,2015b)而其严重的问题,如利用中国的廉价农民工劳动力来吸引(国内外)资本的投资,因此而导致了一定程度的社会不公——也是源自两者的结合而来的。(黄宗智,2015b)在法律领域,其非正式正义体系仍然起到了通过调解来解决纠纷以及借此减少诉讼频率的重大成效,乃是其如今的正义体系中的一个亮点;而在建造了一个模仿西方的法庭体系的同时,以实用性和提高施法效率为借口,导致仍部分存在的"刑讯逼供"现象,则是其比较恶劣的一面。(黄宗智,2016;亦见黄宗智,2010b)这些成功的和失败的经验都是来自中国过去(帝国时代或革命时代)和西化的今天的结合下的结果。

在农业领域,中国不同于其他的东亚国家,由于当时的快速人口增长而没有能够通过"绿色革命"来实现农业和农民生计的现代化。结果是,农民生活的改善要等待后来的、另一种性质不同的农业革命,即资本和劳动力双密集化的"小而精"的"新农业"(即生产高附加值农产品的农业,如蔬菜、水果、肉食、鱼)的快速发展,在1980年到2010年的三十年间,农业总产值(可比价格)因此上升了590%,达到6%的年增长率,远高于之前历史上其他农业革命的经验。(黄宗智,2014a:第3卷,第6章)笔者把这称作"隐性的农业革命"("隐性"是因为其性质与之前历史上的农业革命——多是由于某些作物的单位面积产出的提高带来的——很不一样,容易被忽视),是一个来自三大历史性变迁趋势的交汇而形成的农业革命:一是源自国民经济整体收入上升所导致的中国人食物消费结构的基本演变,粮食:蔬菜:肉食的消费比例从 8:1:1 向 4:3:3(即城市中上等收入人群以及中国台湾的比例)演变;二是源自 20世纪 80 年代启动的计划生育政策所导致的世纪之交以来新就业人口数量的下降;三是大量农民工的非农就业。后两者导致劳均耕地面积一定程度的扩增(达到劳均约十亩的幅度),虽然仍然是以小规模农业为主。(黄宗智,2014a:第 3 卷,第 5 章)上文也已经提到,由于对有关理论的认识误区,政府依然主要采取了扶持规模化农业(企业)发展的政策。学者们也由于同样的理由而较多忽视了这个划时代的变化。(黄宗智,2014c,2015c)

回顾过去三代的美国的中国研究,我们可以径直把第一代高度意识形态化的简单问题意识置于一旁,而第二代的革命 VS.现代化则对理解近现代中国仍然具有一定的意义,但需要从不是非此即彼的二元对立角度来思考。学者们已经浪费了太多时间从革命的视角来全面谴责现代化,以及从现代化的视角来完全排斥革命,如今需要了解到现代中国是多么地期望两者兼具,多么努力地在探寻一条革命性的现代化道路。近三十多年来借助全球市场和资本来推动中国经济发展,是不可厚非的政策,当中呈现出来的问题,需要通过不断的改革来解决,而绝不是通过暴力革命的方式。对待第三代的西方中心主义 VS.中国中心主义也一样:中国今天真正的问题不是用中国中心主义来取代西方中心主义,不是非此即彼地在全盘西化和全盘中化之间选择其一,而是探寻中西的最佳结合。我们需要避免的是再次陷入非此即彼的二元对立,要探寻的是对两者的符合实际的和可持续的重新理解,由此来组合一个新型的现代性中国。

我们不要盲目地援用时髦的西方理论和其所关注的问题,譬如来自后现代主义理论的如下的问题:话语是否是最终或最主要的实际/真实?我们应该看到,现实中话语和实践都扮演着重要的角色,而真正重要的问题是两者之间的关系和互动。一个透过话语表层而深入中国实际的做法不是要坚持争论话语或实践哪一方更加重要,而是要探索两者间相符和相背离之处,理解实际是同时包含这两方面的。过去和今天的法律实践实际上多斡旋于条文和社会实际及其变迁之间。笔者曾经建议,一个可用的研究进路是挖掘实践之中呈现的超越简单二元对立的创新,由此来建构新的理论,而不是像有的美国和中国学者那样,在后现代主义认识论的影响下,只关注单一元或坚持某一元更加重要。(黄宗智,2016,2014b:第1、2、3卷)

把非此即彼的二元对立思维框架置于一旁而采用两者必然相互关联、相互渗透的问题框架,当然并不等于决定我们要研究哪些历史和现实领域,或强调哪一种论点。我们肯定会继续看到近乎纯粹的经验研究,而且是具有长久价值乃至极其重要贡献的研究;也会看到学者们由于其个人特长或志趣而进入各种各样不同题目的研究;也会看到由于个人的价值观而主要关注或认同于精英或民众、思想和大传统或社会经济和民众文化的研究等。在过去的三代之中,主要的学术贡献可以说不是来自那些在理论或意识形态层面上最具影响力的学术"领导者",而是来自那些严谨求真求实、埋头做研究的学者。我们需要的是,结合严谨求真的学术和理论意识与概念创新。

所有研究中国的学者,无论是在美国还是在中国,应该把源自西方的,由西方投射于中国的,脱离或违背中国实际的研究问题置于一旁。我们选择的问题、题目和论点不该局限于来自西方的时髦理论和问题。如果那样的话,中国研究将永远只是一个西方政治和思想的附属品,并且不可避免地会出现论点与经验证据之间的脱节和背离。我们需要破除过去对中国研究影响深远的非此即彼西方 VS.中国二元对立框架。我们应该返回我们研究的主题——中国——而由它的实际来塑造我们的问题意识。

参考文献:

陈昆,2012,《明代中后期世界白银为何大量流入中国》,中国经济史论坛网站,http://economy.guoxue.com/? p=7414。

封小郡,2015,《制造紧张:富士康生产过程的基本矛盾》,北京大学硕士学位论文。

黄宗智,2016,《中国古今的民、刑事正义体系:全球视野下的中华法系》,载《法学家》第 1 期。

黄宗智,2015a,《道德与法律:中国的过去和现在》,载《开放时代》第 1 期,第 75—94 页。

黄宗智,2015b,《中国经济是怎样如此快速发展的? ——五种巧合的交汇》,载《开放时代》第 3 期,第 100—124 页。

黄宗智,2015c,《农业合作化路径选择的两大盲点:东亚农业合作化历史经验的启示》,载《开放时代》第 5 期,第 18—35 页。

黄宗智,2014a,《明清以来的乡村社会经济变迁:历史、理论与现实》,三卷本增订版(第 1 卷:《华北的小农经济与社会变迁》,1986[2000, 2004,2009],北京:中华书局;第 2 卷:《长江三角洲的小农家庭与乡村发展》,1992[2000,2007],北京:中华书局;第 3 卷:《超越左右:从实践历史探寻中国农村发展出路》,2014,北京:法律出版社),北京:法律出版社。

黄宗智,2014b,《清代以来民事法律的表达与实践:历史、理论与现实》,三卷本增订版(第 1 卷:《清代的法律、社会与文化:民法的表达与实践》,2001[2007],上海书店出版社;第 2 卷:《法典、习俗与司法实践:清代与民国的比较》,2003[2007],上海书店出版社;第 3 卷:《过去和现在:中国民事法律实践的探索》,2009,北京:法律出版社),北京:法律出版社。

黄宗智,2014c,《"家庭农场"是中国农业的发展出路吗?》,载《开放时代》第 2 期,第 176—194 页。

黄宗智,2011,《中国的现代家庭:来自经济史和法律史的视角》,载《开放时代》第 5 期,第 82—105 页。

黄宗智,2010a,《中国发展经验的理论与实用含义》,载《开放时代》第 10 期,第 134—158 页。

黄宗智,2010b,《中西法律如何融合? 道德、权利与实用》,载《中外法学》第 5 期,第 721—736 页。

黄宗智,2009,《中国被忽视的非正规经济:现实与理论》,载《开放时代》第 2 期,第 52—73 页。

黄宗智,2005,《近现代中国和中国研究中的文化双重性》,载《开放时代》第 4 期,第 43—62 页。

黄宗智,2002,《发展还是内卷? 十八世纪英国与中国——评彭慕兰〈大分岔:欧洲、中国及现代世界经济的发展〉》,载《历史研究》第 4 期,第 149—176 页。

黄宗智,1993(2000),《中国研究的规范认识危机——社会经济史中的悖论现象》,作为后记纳入黄宗智《长江三角洲小农家庭与乡村发展》,北京:中华书局,2000,2006(英文版1991)。此文的前半部分(删去了当代部分),以《中国经济史中的悖论现象与当前的规范认识危机》为标题首发于《史学理论研究》1993年第1期,第42—60页。

黄宗智、高原,2015,《社会科学与法学应该模仿自然科学吗?》,载《开放时代》第2期,第131—167页。

李伯重,2000,《堕胎、避孕与绝育:宋元明清时期江浙地区的节育方法及其运用与传播》,载李中清、郭松义、定宜庄(编):《婚姻、家庭与人口行为》,北京大学出版社,第172—196页。

苏成捷,2012,《堕胎在明清时期的中国——日常避孕抑或应急性措施?》,载《中国乡村研究》第9辑,福州:福建教育出版社,第1—53页。

张国刚,2006,《欧洲的中国观:一个历史的巡礼与反思》,载《文史哲》第1期,第108—118页。

张国刚、吴莉苇,2002,《西方理论与中国研究——从〈白银资本〉谈几点看待西方理论架构的意见》,载《史学月刊》第1期,第98—106页。

Anderson, Martin, 1988, *Revolution: The Reagan Legacy*, San Diego: Harcourt Brace Jovanovich Publishers.

Chang, Chung-li (Zhang Zhongli, 张仲礼), 1962, *The Income of the Chinese Gentry*, Seattle: University of Washington Press.

Chang, Chung-li, 1955, *The Chinese Gentry: Studies on Their Role in Nineteenth-Century Chinese Society*, Seattle: University of Washington Press.

Chang, Hsin-pao, 1964, *Commissioner Lin and the Opium War*, Cambridge, Mass.: Harvard University Press.

Coase, R. H., 1990(1988), *The Firm, the Market and the Law*, Chicago:

University of Chicago Press.

Cohen, Paul A., 1984, *Discovering History in China: American Historical Writing on the Recent Chinese Past*, New York: Columbia University Press.

Committee of Concerned Asian Scholars, Newsletter (renamed Bulletin after the first three issues), http://criticalasianstudies. org/assets/files/bcas/v01n02.pdf.

De Vries, Jan, 1994, " The Industrial Revolution and the Industrious Revolution, "*Journal of Economic History*, Vol. 54, No. 2, pp. 249-270.

De Vries, Jan, 1993, " Between Purchasing Power and the World of Goods: Understanding the Household Economy in Early Modern Europe, "in John Brewer and Roy Porter(eds.) , *Consumption and the World of Goods*, London and New York: Routledge.

De Vries, Jan, 1984, *European Urbanization, 1500 - 1800*, Cambridge, Mass. : Harvard University Press.

Eisenstadt, S. N., 1974, " Studies of Modernization and Sociological Theory, "*History and Theory*, Vol. 13, No. 3(October) , pp. 225-252.

Esherick, Joseph, 1976, *Reform and Revolution in China: The 1911 Revolution in Hunan and Hubei*, Berkeley and Los Angeles: University of California Press.

Fairbank, John King, 1972 (1948) , *The United States and China*, Cambridge, Mass. : Harvard University Press.

Fairbank, John K., Edwin O. Reischauer, and Albert M. Craig, 1965 (1960) , *East Asia: The Modern Transforma-tion*, Boston: Houghton Mifflin Co.

Feuerwerker, Albert C., 1958, *China's Early Industrialization: Sheng Hsuan-huai*(1844 - 1916) *and Mandarin Enterprise*, Cambridge, Mass. : Harvard

University Press.

Frank, Andre Gunder, 2001, "Review of 'The Great Divergence: Europe, China, and the Making of the Modern World Economy'," *Journal of Asian Studies*, Vol. 60, No. 1(February), pp. 180−182.

Frank, Andre Gunder, 1998, *ReORIENT: Global Economy in the Asian Age*, Berkeley and Los Angeles: University of California Press.

Frank, Andre Gunder, 1967, *Capitalism and Underdevelopment in Latin America*, New York: Monthly Review Press.

Friedman, Milton, 1976, "Freedom and Employment," Nobel memorial lecture, http://www. nobelprize. org/nobel _ prizes/economic-sciences/ laureates/1976/friedman-lecture.pdf.

Geertz, Clifford, 1983, "Local Knowledge: Fact and Law in Comparative Perspective," in Clifford Geertz, *LocalKnowledge: Further Essays in Interpretive Anthropology*, New York: Basic Books, pp. 167−234.

Grey, Thomas C., 2014, *Formalism and Pragmatism inAmerican Law*, Leiden: Brill.

Hayami, Akira(速水融), 2015, *Japan's Industrious Revolution: Economic and Social Transformations in the Early Modern Period*, Springer Japan, e-publication.

Hayek, Friedrich A., 1948 (1980), *Individualism andEconomic Order*, Chicago: University of Chicago Press.

Hegel, Georg Wilhelm, N. d., "Hegel's Philosophy of History, Part I, The Orient, Section 1, China," Marxist Internet Encyclopedia, https://www. marxists.org/reference/archive/hegel/works/hi/lectures1.htm.

Hegel, Georg Wilhelm, N. d., "Hegel's Lectures on the History of Philosophy, Oriental Philosophy," Marxist Internet Encyclopedia, https://

www.marxists.org/reference/archive/hegel/works/hp/hporiental.htm.

Ho, Ping- ti, 1959, *Studies in the Population of China, 1368–1953*, Cambridge, Mass.: Harvard University Press.

Hsiao, Kung- ch'uan (萧公权), 1960, *Rural China: Imperial Control in the Nineteenth Century*, Seattle: University of Washington Press.

Hsu, Immanuel, 1960, *China's Entrance into the Family of Nations: The Diplomatic Phase, 1858–1880*, Cambridge, Mass.: Harvard University Press.

Huang, Philip C. C., 2002, "Development or Involution in Eighteenth-Century Britain and China? A Review ofKenneth Pomeranz's The Great Divergence: China, Europe, and the Making of the Modern World Economy," *Journal of Asian Studies*, Vol. 61, No. 2 (May), pp. 501–538.

Kim, Young Kun, 1978, "Hegel's Criticism of Chinese Philosophy," *Philosophy East and West*, Vol. 28, No. 2 (April), pp. 173–180.

Langdell, Christopher Columbus, 1880, *A Summary of the Law of Contracts*, Boston: Little, Brown.

Lee, James Z. and Cameron Campbell, 1997, *Fate and Fortune in Rural China: Social Organization and Population Behavior in Liaoning, 1774–1873*, Cambridge University Press.

Lee, James Z. and Wang Feng, 1999, *One Quarter of Humanity: Malthusian Mythology and Chinese Realities*, Cambridge, Mass.: Harvard University Press.

Le Roy Ladurie, Emmanuel, 1974, *The Peasants of Languedoc*, translated by John Day, Urbana: University of Illinois Press.

Levenson, Joseph R., 1972 (1958, 1964, 1965), *Confucian China and Its Modern Fate: A Trilogy*, Berkeley: University of California Press.

Levenson, Joseph R., 1959 (1953), *Liang Ch'i–ch'ao and the Mind of*

Modern China, Cambridge, Mass. : Harvard University Press.

Levine, David, 1977, *Family Formation in an Age of Nascent Capitalism*, New York : Academic Press.

Lewis, W. Arthur, 1955, *The Theory of Economic Growth*, London : George Allen & Unwin Ltd.

Lewis, W. Arthur, 1954, "Economic Development with Unlimited Supplies of Labor," *The Manchester School of Economic and Social Studies*, Vol. 22, No. 2(May), pp. 139-191.

Maddison, Angus, 2001, *The World Economy: A Millenial Perspective*, Organization for Economic Cooperation and Development(OECD).

MacFarquhar, Roderick, 1995, "The Founding of the China Quarterly," *The China Quarterly*, No. 143 (September), pp. 692-696.

Michael, Franz and Chung-li Chang, 1966(1971), *The Taiping Rebellion: History and Documents*, 2 Vol., Seattle : University of Washington Press.

Michael, Franz H. and George E. Taylor, 1964(1956), *The Far East in the Modern World*, New York : Henry Holt and Company.

Naughton, Barry, 2007, *The Chinese Economy: Transitions and Growth*, Cambridge, Mass. : The MIT Press.

North, Douglass C., 1981, *Structure and Change in Economic History*, New York : W. W. Norton.

Peck, Jim et al., 2009, "Knowledge to Serve What Ends? An Exchange from 1968," *Critical Asian Studies*, Vol. 41, No. 3, pp. 469-490.

Perkins, Dwight H., 1969, *Agricultural Development in China, 1368-1968*, Chicago : Aldine.

Perkins, Dwight H. and Shahid Yusuf, 1984, *Rural Development in China*,

Baltimore, M. D.: The Johns Hopkins University Press (for the World Bank).

Pomeranz, Kenneth, 2000, *The Great Divergence: China, Europe, and the Making of the Modern World Economy*, Princeton, N. J.: Princeton University Press.

Popkin, Samuel, 1979, *The Rational Peasant: The Political Economy of Rural Society in Vietnam*, Berkeley and Los Angeles: University of California Press.

Ranelagh, John, 1991, *Thatcher's People: An Insider's Account of the Politics, the Power, and the Personalities*, London: Harper Collins.

Said, Edward, 1978, *Orientalism*, New York: Pantheon.

Schofield, Roger, 1994, "British Population Change, 1700-1871," in Roderick Floud and Donald McCloskey (eds.), *The Economic History of Britain since 1700*, 2nd ed., Vol. 1, *1700-1860*, Cambridge, England: Cambridge University Press, pp. 60-95.

Schultz, Theodore, 1964, *Transforming Traditional Agriculture*, New Haven, Conn.: Yale University Press.

Schurmann, Franz, 1970 (1966), *Ideology and Organization in Communist China*, Berkeley and Los Angeles: University of California Press.

Schwartz, Benjamin I., 1964, *In Search of Wealth and Power: Yen Fu and the West*, Cambridge, Mass.: Harvard University Press.

Schwartz, Benjamin I., 1951, *Chinese Communism and the Rise of Mao*, Cambridge, Mass.: Harvard University Press.

Scott, James C., 1976, *The Moral Economy of the Peasant: Rebellion and Subsistence in Southeast Asia*, New Haven, Conn.: Yale University Press.

Selden, Mark, 1971, *The Yenan Way in Revolutionary China*, Cambridge, Mass.: Harvard University Press.

Sommer, Matthew H., 2010, "Abortion in Late Imperial China: Routine Birth Control or Crisis Intervention," *Late Imperial China*, Vol. 31, No. 2 (December), pp. 97-165.

Sugihara, Kaoru (杉原薫), 2003, "The East Asian Path of Economic Development: A Long Term Perspective," in Giovanni Arrighi, Takeshi Hamashita and Mark Selden (eds.), *The Resurgence of East Asia, 500, 150 and 50 Year Perspectives*, London and New York: Routledge, pp. 78-123.

Thompson, E. P., 1991 (1963, 1968), *The Making of the English Working Class*, Toronto: Penguin Books.

Tilly, Charles, 1975a, "Revolutions and Collective Violence," in Fred I. Greenstein and Nelson W. Polsby (eds.), *Handbook of Political Science, Volume 3: Macropolitical Theory*, Redding, Mass.: Addison- Wesley, pp. 483-555.

Tilly, Charles, 1975b, "Food Supply and Public Order in Modern Europe," in Charles Tilly (ed.), *The Formation of National States in Western Europe*, Princeton, N. J.: Princeton University Press, pp. 380-455.

Tilly, Charles, 1975c, "Western State-Making and Theo- ries of Political Transformation," in Charles Tilly (ed.), *The Formation of National States in Western Europe*, Princeton, N. J.: Princeton University Press, pp. 601- 638.

Wang, Yeh-chien, 1992, "Secular Trends of Rice Prices in the Yangzi Delta, 1638-1935," in Thomas G. Rawski and Lillian M. Li (eds.), *Chinese History in Economic Perspective*, Berkeley: University of California Press, pp. 35 -69.

Weatherill, Lorna, 1993, "The Meaning of Consumer Behavior in Late Seventeenth- and Early Eighteenth-Century England," in John Brewer and Roy Porter (eds.), *Consumption and the World of Goods*, New York and

London：Routledge.

Weber, Max, 1978, *Economy and Society*： *An Outline of Interpretive Sociology*, 2 Volumes, Berkeley and Los Angeles：University of California Press.

Weber, Max. 1930 (1905), *Protestantism and the Spirit of Capitalism*, translated by Talcott Parsons and Anthony Giddens, London：Unwin Hyman.

Wittfogel, Karl A, 1957, *Oriental Despotism*： *A Comparative Study of Total Power*, New Haven, Conn.：Yale University Press.

World Bank, 2014, "Gross national income per capita, 2014, Atlas method and PPP," http：//databank.worldbank. org/data/download/GNIPC.pdf.

Wright, Mary C., 1966(1957), *The Last Stand of Chi-nese Conservatism*： *The T' ung-Chih Restoration*, *1862 – 1974*, Stanford University Press, reprinted by Atheneum.

下编

黄宗智对话周黎安

重新思考"第三领域":
中国古今国家与社会的二元合一①

黄宗智

(中国人民大学法学院、加利福尼亚大学洛杉矶校区历史系)

历史演变中,中国的"国家"和"社会"无疑是紧密缠结、互动、相互塑造的既"二元"又"合一"的体系。这里首先要说明,"国家"政权——从皇帝和中央的六部到省、县等层级的官僚体系,无疑是个实体,而"社会"——包括村庄和城镇社区,无疑也是个实体。我们不该因为其两者互动合一而拒绝将那样的实体概括为"国家"和"社会",但我们同时要明确,在中国的思维中,"国家"和"社会"从来就不是一个像现代西方主要理论所设定的那样的二元对立、非此即彼的实体。在西方,譬如古典和新古典自由主义经济学,它要求的是国家"干预"最小化,让市场经济的"看不见的手"自然运作,毫无疑问的是将国家和社会—经济二元对立起来。马克思主义则把国家视作仅仅是"下层建筑"中的阶级关系的"上层建筑",明显偏向将生产关系视作基本实际,在概念上基本将国家吸纳入社会结构。但是,它又强烈倾向在社会主义革命之后,将国家政权扩大

---

① 感谢佩里·安德森(Perry Anderson)、高原、白德瑞(Bardly Reed)和白凯(Kathryn Bernhardt)的批评与修改建议。

到近乎笼罩社会的地步,却同时对未来的远景提出了国家消亡的终极性理念。① 总体来说,其隐含的逻辑也是国家和社会的二元对立,非此即彼。我们要质疑的是那样的思维,论证的是需要关注到两者间的互动合一,而不是拒绝国家机器或民间社会存在的历史实际。

我们需要认识到国家与社会间的并存、拉锯、矛盾、互动、相互渗透、相互塑造。对中国来说,由于其具有悠久的二元互动合一思维传统,实际上比西方现代主流社科理论更能理解国家—社会间的关系,更能掌握其全面,而不是像西方两大理论那样,偏向其单一维度的"理想类型"理论建构。后者的初衷虽然可能是要突出其单一面以便更清晰地聚焦于一方,但后续的思考则多将那样的片面化进一步依赖演绎逻辑来建构为一个整体模式,继而将其理想化,甚或等同于实际。

譬如,我们可以在韦伯的理论中看到,作为历史学家的他虽然偶尔超越了自己作为理论家构建的单一面的"形式理性""理想类型",将中国的法律体系认定为一个(可以被理解为)"悖论统一"的"实质理性"体,但是在他对全球各大类型的法律体系的历史叙述中,最终还是简单地将西方和非西方概括为二元对立的"形式理性"和"实质非理性"两大"理想类型"。(Weber,1978:第8章)正因为如此,他的理论思想不仅显示了强烈的主观主义倾向,也显示

---

① 这样的逻辑固然可以凭借命题、对偶和综合的辩证理论来理解,但即便如此,其基本出发点仍然是先设定了国家和社会的二元对立、非此即彼,与中国的既对立又合一的阴阳、乾坤宇宙观很不一样。前者的具体实例是从资本主义到无产阶级革命再到社会主义新生产方式的演变,后者则是延续不断的二元互动关系,虽然可能此消彼长,但谈不上什么辩证对立与综合。

了深层的西方中心主义。（黄宗智,2014b,第 1 卷:总序,亦见第9 章）

在思考传统中国的政治体系上,韦伯展示了同样的倾向。作为历史学家的他,曾经提出可以被理解为悖论统一的"世袭君主科层制"（patrimonial bureaucracy）来概括中国的政治体系。但是,最终他同样简单地将现代西方的行政体系概括为"科层制",而将传统中国概括为"世袭君主主义"（patrimonialism）,再次展示了深层的偏向二元的单一方,以及偏向西方的倾向。（黄宗智,2014b,第 1卷:第 9 章,亦见总序）古典和新古典经济学理论在对待"国家 VS.社会/经济"二元上,也类似于韦伯将现代西方建构为真正的"理想类型",将中国（和其他非西方国家）建构为其对立面。那样的倾向在近几十年中,更被"新保守主义"政权意识形态化。

如此的倾向应该被视作如今我们建构关于实际,尤其是关于中国实际的理论概括的主要障碍之一。本文从这样的基本思路来梳理中国国家与社会关系的实际,以及其对中国实际的恰当和不恰当的概括,由此来试图建构一个比西方主流理论更符合中国实际/实践的理论概括,重点在国家和社会之间的互动,目的是要更精准地认识中国古代、现代和当代的国家—社会关系。

首先,我们要澄清一些关于国家和社会的实际——多是被西方主要理论和研究所混淆的实际,进而梳理关于国家和社会之间的关系的误解,目的是要更好、更精确、更强有力地对之进行理论概括。这里论析的重点是国家和社会互动中所产生的政法和政经体系,包括其治理体系,成文法律中道德化的"律"和实用性的"例",国家正式法律体系和社会非正式民间调解体系两者间的互动和相互塑造,以及国家和经济体系之间的二元合一。

　　正是在正式和非正式正义体系的长期互动之中,形成了作为本文主题的"第三领域"。它既非简单的国家正式体系,也非简单的社会/民间非正式体系,而是在两者互动合一的过程中所形成的中间领域,具有其特殊的逻辑和型式。文章将论证,由国家和社会互动所组成的第三领域之所以在中国特别庞大,是由于中国比较独特的"集权的简约治理"传统———一个高度集权的中央帝国政权和一个庞大的小农经济的长期结合,既避免了分割(封建)的政权,又维护了低成本的简约治理。本文将借此来突出一些中国社会—经济—法律中容易被忽视的实际和逻辑。同时,文章将指向一个对理解西方本身也带有一定意义的"另类"认识和研究进路。

一、中国历史中的第三领域

　　晚清和民国时期的历史资料与其之前的有很大的不同:譬如,在法律方面,之前的史料多局限于"表达"("话语"和条文)层面,偶尔有一些关乎(可以称作)"典型"的案例,但缺乏"法庭"实际操作中的记录(诉讼案件档案)。更有进者,还可以将那些关乎实际运作的史料和20世纪兴起的现代社会学、人类学、经济学的实地调查资料和研究来对比和认识。借此,能够比其之前任何历史时期都更精准地掌握真实的实际运作。此中,除了诉讼档案之外,最好的资料乃是日本"满铁"("南满洲铁道株式会社")研究部门在20世纪30年代后期和40年代初期的"经济与社会人类学"调查,它们包括使用系统的马克思主义生产力(土地资源、农具、牲畜、肥料、技术、人口等)和生产关系(自耕以及租佃和雇佣关系)的框架仔细调查当时诸多村庄一家一户的生产情况,列入 16 个系统大表。据此,我们可以看到比一般历史资料要翔实得多的基层社会实际生活状态。它们也含有细致的关于当时的商品交换(市场)的调查资料。此外,还有比较详尽的关于村庄治理、纠纷解决以及各种各样的社会组织的翔实材料。我们可以根据这些资料来形成对基层社会比较全面和可靠的认识。笔者几十年来的研究所特别关注的,先是关乎农业经济的方方面面以及村庄的治理体系,之后逐渐纳入了关乎国家法律的司法实践和村庄处理纠纷的民间调解。

1983 年笔者(通过美中学术交流委员会)获批准到农村基层做第一手研究,十多年中一直坚持在村庄(松江县华阳桥大队)做实地调查——1983 年、1984 年、1985 年、1988 年、1990 年、1991 年、1993 年、1995 年总共八次,每次两到三周,采用的主要是("满铁"最好的调查资料所用的)聚焦于单个课题(但随时追踪出于意料之外的发现)与几位最了解情况的村民座谈的方法,每天两节,上午从 8 点到 11 点半,下午从 2 点到 5 点,总共不止 200 节,借之与晚清和民国时期的历史资料对接、核实,并探究其演变。这是笔者进入不惑之年后的两本主要专著《华北的小农经济与社会变迁》(黄宗智,2014a[1986],第 1 卷)和《长江三角洲小农家庭与乡村发展》(黄宗智,2014a[1992],第 2 卷),以及其后关乎正义体系的三卷本《清代的法律、社会与文化:民法的表达与实践》(黄宗智,2014b[2001],第 1 卷)、《法典、习俗与司法实践:清代与民国的比较》(黄宗智,2014b[2003],第 2 卷)、《过去和现在:中国民事法律实践的探索》(黄宗智,2014b[2009],第 3 卷)的主要研究资料和方法。

下面总结的首先是五本专著中所论证的关乎本文主题的基本认识。

(一)村庄自治情况以及纠纷处理

在村庄的治理和纠纷解决机制的实际运作方面,笔者认识到,在华北平原,基本所有的村庄都有一定程度的村庄自治制度。几乎每个村庄都具有被同村村民所公认的数位有威望的人士,多称"会首"或"首事",由他们来主持村庄一般的公共事务,包括社区服务和治安、季节活动、宗教仪式(如果有的话,包括村庄的"庙会",有的拥有寺庙和"庙地"),有的时候还涉及纳税和自卫(在盗匪众多的民国时期,有的被调查的村庄甚至设有自卫的"红枪会")。遇到村民间的纠纷,也由这些首事中的一位或多位(遇到重大纠纷或案情时)来主持村庄的调解。(黄宗智,2014a[1986],第 1 卷:203—213)江南的小村落(如松江地区的"埭"),更多是以宗族为主的聚居,以及在其上跨越一个个小"埭"的较大的自然村或行政村,不具有与华北同样的首事制度,而是由宗族自生或特别受尊重的个别村民来主持村务,包括社区内部纠纷的调解。总体来说,华北和江南两地的相当高度自治的村社,都包含具有一定"中国特色"的民间调解组织和机制。

在此之上,还有基层社会和国家政权互动间所产生的"半正式"治理和正义体系。譬如,19 世纪在华北平原普遍存在的"乡保"制度。所谓的乡保,是由地方显要向县衙推荐的、不带薪但经县衙批准的半正式准官员。譬如,在具有详细涉及乡保委任或乡保执行任务而兴起纠纷的档案资料的 19 世纪的直隶宝坻县,平均每 20 个自然村有一名乡保,他们是县衙与村庄社区的关键连接人物,协助(县衙户房)征税、传达官府谕令和处理纠纷等事务。他们是官府原先设计的三维制度蓝图——治安的“保甲”、征税的“里甲”以及说教的“乡约”三个体系(Hsiao,1960)——在实际运作中逐步合并而形成的单一简约体系的主要人员,是处于村庄社区自生的治理体系之上的协调社区和政府的关键人物。(黄宗智,2014a[1986],第 1 卷:193—199)以上的基本情况组成了笔者所说的“集权的简约治理”体系,即在高度集中的中央政权和官僚体系之下,实行了非常简约的基层治理(下面还要讨论)。

在 1990 年之后,由于中国地方政府档案材料的开放,笔者转入了以清代(主要是被保留下来的 1800 年之后的档案)县衙门诉讼档案为主的研究,并结合实地调查,试图进一步了解中国基层社会及其治理和正义体系的基本情况。在之后的 20 年中,完成了上述的另外三本以法律和司法实践为主的专著。

其中一个重要的相关发现是,清代有相当高比例(不少于三分之一)的诉讼案件是由县衙门和村庄社区的互动来解决的。当事人一旦告上法庭,社区的民间调解体系便会(因为纠纷激化了而)重新或加劲调解;而在那样的过程中,县官对案件的初步反应和后续的批词(当事人和调解人经过榜示、衙役传达或其他途径获知)会直接影响社区调解的过程,包括促使当事人某一方或双方退让,从而达成协议。然后,要么由当事人或村首事具呈撤诉(双方已经“见面赔礼”“俱愿息讼”),要么不再配合诉讼进展或提交“催呈”。在那样的情况下,县衙几乎没有例外地会允许销案或任其自然终结。在司法层面上,清代法律体系的基本原则是民间的"细事"(清政府对民间"民事"纠纷的总称谓)应该优先由社区自身来处理。因此,面对当事人(或调解人)具呈要求销案的情况时,县衙几乎没有例外地(除非涉及官府认作犯法的严重"刑事"案情)都会批准。在笔者研究的来自三个县的 1800 年之后的 628 件诉讼案件档案中,有不止三分之一的案件是这样终结的。正是根据那样的经验证据,笔者提出了正式和非正式正义体系之间的"第三领域"概括,借以描述通过国家机构和社会调解之间的互动来解决纠纷的机制。(黄宗智,2014b[2001],第 1 卷:第 5 章)

此外,根据 19 世纪宝坻县的 99 起涉及乡保的案件档案,我们看到,在基层治理的实际运作中,县衙一般要在乡保由于执行任务而产生了纠纷时,或需要更替乡保人员时方才介入,不然基本任凭半正式的乡保来适当执行其任务。这也是通过第三领域来进行非常简约的基层治理的经验证据。(黄宗智,2014a[1986],第 1 卷:193—199;亦见黄宗智,2007:11—13)

(二)"集权的简约治理"

基于以上总结的实际,笔者建构了"集权的简约治理"的理论概括(黄宗智,2007)。所表达的关乎治理实际的是:一方面是中央高度集权,另一方面是基层极其"简约"的治理。国家将村社的大部分事务,包括纠纷,认定为"细事"。县政府除了征收一定的税额之外,尽可能避免介入村庄事务。而且,其所征收的税额比较低,19 世纪后期和 20 世纪初期才相当于农业产值的 2%—4%,区别于西方和日本封建制度下的 10% 或更多(Wang,1973a,1973b) 。这是中国进入"现代国家政权建设"之前的基本制度。它与迈克尔·曼所概括的关于西方现代政府的"低度中央集权,高度基层渗透"特征正好相反,是个"高度中央集权,低度基层渗透"的体系(Mann,1984,1986) ;当然,它也和韦伯建构的现代带薪专业官僚制度、高度规则化和程序化的"科层制"(bureaucracy) 治理体系很不一样(下面还要讨论) 。

　　"集权"和"简约"的帝国治理体系自始便与中国小农社会经济特早兴起,特早成熟,特早支撑高密度人口,特别强韧持续至今紧密相关。两者的结合稳定了中央集权(区别于封建分权) ,包括基于由民众步兵组成的庞大的军队(区别于封建主义制度下的由贵族组成的骑士军队) 。高密度人口也导致了紧密聚居的村庄以及其自治和纠纷解决机制的形成。两者相辅相成,形成与西方的封建分权(和后来的中央低度集权) 但更具基层渗透力的政经体系十分不同。中国在汉代便已形成的"帝国儒家主义",所表达的正是如此的集权的简约治理意识形态。

　　集权的简约治理正是第三领域半正式治理广泛兴起的基本制度框架:依赖的不简单是正规的带薪人员(韦伯型官僚体系) ,因为他们对国家来说既负担过重也威胁到中央集权,而是不带薪的、低成本的来自社会的半正式人员。

二、20 世纪的演变

(一)村庄治理

进入民国时期,我们可以看到国家权力向基层农村的延伸:首先是在县行政级以下设立了"区"政府(有正式官员和武装——直隶顺义县被划分为 8 个区,每个区公所管辖 40 个村;1928 年每个区平均有 14 名保卫团员和 13 名警察)(黄宗智,2014a[1986],第 1 卷:234—237)。同时,建立了半正式村长制:不带薪酬但具有半正式身份(县政府认可)的村长(有的村庄还有村副)。与此并行的是,添加了新的征收,特别是新设的"摊款"(包括"村摊警款""村摊学款"等新型征收),20 世纪 30 年代华北平原总税额从之前占农业产值的 2%—4% 上升到农户总收入的 3%—6%(黄宗智,2014a[1986],第 1 卷:238—243)。这些是类似于"西方的(现代民族)国家建设"(Western state-making)(Tilly,1975)的变化,由此将基本分为 3 个层级的正式政府组织(中央、省、县)改为 4 个层级(中央、省、县、区)。同时,把之前非常简约的、最基层的半正式乡保(平均负责 20 个村庄)改为在每个行政村设立半正式村长的制度,加强了国家对村庄的渗透力。虽然如此,后者的性质仍然是一种国家权力机构和乡村民间组织结合的第三领域体系——依赖的是由村庄推荐、县政府批准的不带薪的半正式人员。(黄宗智,2014a[1986],第 1 卷:203—211)

同时,我们还看到,伴随"现代国家建设"和更多的征收而来的还有不少变质和"腐化"的现象,主要是民国时期基层社会中"土豪劣绅"和"恶霸"的兴起。由于国家征税力度的加大,有的社区原有的有威望的人士拒绝承担吃力不讨好的新型征收任务,拒绝出任那样高压下的村长。在有的村庄,"土豪劣绅"和流氓型的"恶霸"趁机出来掌握村务——在"满铁"调查的村庄中便有关乎此类现象的基于对村民访谈的详细记录。有的恶霸成功获得官府的认可,成为鱼肉村民的"半正式"势力。(黄宗智,2014a[1986],第1卷:229,245—247)这是"现代国家政权建设"的另一面,是伴随战乱(军阀战争和日本侵略)而呈现的现象,更是由于国家政策和村庄社区利益冲突所导致的现象。这应该被视作第三领域的一种反面类型。他们后来成为中国农村土地革命重点打击的对象之一。

(二)商会

中国自明代以来便有会馆组织,但主要是基于地域关系的组织。(何炳棣,1966)伴随20世纪的工商业而来的是更多、更大规模的(主要是在大城市,如苏州、天津、上海、厦门、北平、汉口等)新型"商会"组织。它们不是纯粹非正式的民间组织("市民社会"),而是得到官府认可和支持的,甚至于由其协助组建的半正式机构。在处理商务纠纷时,它们起到重要的作用,要么通过说理和传统的和谐道德理念对纠纷进行妥协性的调解,要么根据新法规或正义的"公断"("理断")来处理商业领域中的纠纷。必要的时候,商会还会借助官府的强制权力,甚或由商会转交政府正式机构(警察署或法院等)来处理。它们是20世纪上半期伴随新的社会经济情况和新型政府商业政策而兴起的新型第三领域组织。它们也起到协助政府推行新商务法规的作用。（章开沅、马敏、朱英［主编］，2000；马敏、朱英，1993；赵珊，2018，2019）

它们与之前的乡村组织的相似之处在于，仍然具有基于人际关系（一般是一种同业半熟人社会而不是熟人社会）的调解功能；不同之处在于具有更多政权的直接或间接参与——商会在对纠纷提出"理断"之后，若不被遵从，可以要求政府权力机关直接介入。它们是国家与社会二元合一的比较突出的正面实例。

如今，晚清和民国时期的商会已经积累了较大量的研究。其中，一个主要倾向是借助哈贝马斯（Jürgen Habermas）的"公共领域"概括以及20世纪90年代以后极其流行的"市民社会"概念来认识中国的商会。（马敏、付海晏，2010）此点将于本文第五节的第二部分再讨论。

（三）其他第三领域组织

在民国时期我们还可以看到另外几种国家与社会互动而形成的第三领域治理模式。首先是清末和民国时期由官府和民间协同创建和管理的新型学校。一方面，国家借助基层半正式"劝学所"——由政府认可和民间领导的不带薪半正式人员组成，由其来推动并监督基层社区所设立的新型学校。另一方面，村庄社区自身筹款建立新校舍（或利用原有的庙宇）和聘雇新老师来取代之前的私塾。辽宁省海城县（今海城市）有这方面的比较详细的档案资料，足以说明晚清"新政"时期开启的这样的第三领域中国家和社会协同办学的显著成绩。截至 1908 年,仅海城县便建立了 333 所新型学校。它是国家和社会协同追求推广新型教育的成功实例,由国家制定目标,社会积极参与。(Vanderven,2003,2005,2013;亦见樊德雯,2006)

白德瑞(Bradly Reed)根据巴县档案(他在四川省档案馆"蹲"了一年半)的细致研究证明,清代县政府的大部分人员是半正式的"吏役"——他们多不是"在册"的正式人员,收入多源自一种"惯例"性(而不是正式官定)的服务报酬。其中,县衙各房中刑房收入最多,主要是诉讼费用方面的收入,包括诉讼"挂号费"、传票费("出票费""唤案费")、勘察土地费("踏勘费")、"结案费"、"和息费"等。(Reed,2000:附录 D;Ch'ü,1962:47—48)(户房人员数量最多,刑房次之。)正因为如此,各房当领导的"典吏"在就职之前要交纳比较昂贵的"参费"(100 银两到 1000 银两)。之后,每位进入该房的常在书吏要交一定的参费给这位典吏。这样,每位典吏等于是"承包"了该房的职务。遇到房内的纠纷,县令会要求该房自身解决(一如其对待村庄纠纷那样),不能解决,方才介入。这些是巴县档案中涉及各房纠纷的诉讼档案所展示的县衙实际运作模式,其简约运作原理和上述的乡保体系基本一样。总体来说,各房吏役存在于官府和社会的中间灰色地带,其大部分实际人员并非在册的正规人员,但仍然工作于衙门之内。他们绝对不是正规体系中的"官僚",其社会身份毋庸说也迥异于县官。(Reed,2000,尤见第 2 章)白德瑞借此推进了瞿同祖之前关于地方政府的研究。瞿同祖早已证明,县令不是简单的科层制官员,因为他上任之初便会带有非正式的、从属于他私人的"幕友"和"长随",而且他从官职所得的收入,大多远高于在册的薪俸(Ch'ü,1962)。因此,即便是县官本人,也带有起码部分"半正式"第三领域的性质,不简单是现代"科层制"类型的人员(下面还要讨论)。

三、当代中国计划经济时期下的演变

以上这一切都随着共产党领导下的集体化和计划经济体系的建立而改变。首先,国家在县以下设立正式的乡镇政府,对社会基层的渗透力要远高于帝国时期。然后,通过新型革命政党的组织,在村级设立党支部,更加强了政党—国家渗透基层的权力。19世纪帝国时期的中央、省、县三级正式机构加半正式的乡保制度,以及民国时期的中央、省、县、区四级加半正式村长的制度,被改为中央、省(直辖市)、地区(市)、县、公社(乡、镇)加大队(行政村)的制度。后者由于计划经济的建立和土地产权的集体化,对基层村庄实施了前所未见的近乎"全能"的管理。虽然如此,村级的大队长和支部书记并不是国家正式的领薪官员("吃国家饭"的"国家干部"),而是"吃集体饭"的"集体干部",几乎全都来自社区本身并代表社区利益,一定程度上也延续了传统的国家—社会在最基层的第三领域的互动关系。

其次,这一时期国家还通过计划经济体系,基本把民国时期第三领域的商业部分(商会)吸纳进国家治理体系,完全由国家的工商部门来管理,对最基本的产品(粮、棉等)实施"统购统销",既终止了之前的市场经济的绝大部分(农村集市除外)功能,也终止了其前的半正式商会治理和纠纷解决体系。

在以上的政治体制之下,虽然出现了部分问题,特别是国家对社会—经济的过分管控,但必须承认这一时期也取得了一些成就。譬如,在工业发展上,1952—1980年间,取得了年均增长11%的成绩(这是根据美国比较敌视共产主义的珀金斯教授的权威性计量研究得出的结论,见Perkins and Yusuf,1984),为后米改革时期的经济发展奠定了重工业的基础。同时,在美国"遏制和孤立"(containment and isolation)中国的外交政策下,中国短期内"两弹一星"事业取得了辉煌的成绩,确立了共和国的安全。此外,在公共卫生和民众教育方面,通过群众动员,包括"文革"时期在每村设立一名"赤脚医生",基本控制了流行性传染病,人均预期寿命接近发达国家水平。在"民办官助"的"小学不出队,中学不出社"的国家和社会第三领域协作下(详细论证见Pepper,1996,它是美国的中国研究中经验证据至为翔实的专著之一),识字率也接近发达国家的水平。以上两点正是诺贝尔经济学奖得主阿玛蒂亚·森和其合作者在关于印度和中国经济之比较的专著中特别突出的结论。(Drèze and Sen,1995:第4章)

四、改革时期的演变

今天回顾,那个时期的计划经济乃是相对短暂的现象。首先,由于改革中农业返回到由一家一户为主体的"承包制"取代过去土地由集体所有和管理(小额的自留地除外)的体系,将土地使用和管理权划归一家一户,基本取消了农业中的计划经济。其次,大规模压缩"统购统销"农产品所占比例,除了一定程度的粮棉收购之外,国家基本放开了占比愈来愈高的经济作物,任由市场机制来运作。因此,国家相对农村基层经济的权力大规模收缩,逐步转向占比越来越大的市场经济。再次,国家虽然从 1980 年开始实行计划生育,一段时期也坚持从农村提取税费,但在 2006 年废除了之前的税费,并在 2015 年之后,放松了原先的"计划生育政策"。如今,基层农村治理已经从"全能"转化为"放任"多于"管控"的局面。(黄宗智,2017a)

在治理体制层面上,改革时期最关键的变化也许是,中央在追求经济发展目标(被数字化为 GDP 增长)中实施了发挥中央和地方"两个积极性"的战略(毛泽东在 1956 年便已提出,2018 年的十九届三中全会上又特别突出——《人民网评:更好发挥中央和地方两个积极性》,2018):一方面是中央统一策划、定方针、定指标、定人员,并牢牢控制人事权力(地方官员的选拔,以及"目标责任制"的考核)和财政权;另一方面则是地方政府权力在既定指标之外具有较大的自主权,在财政收入的支配上也如此(无论是在 1980 年之后的"包干"制下,还是在 1994 年之后比较偏重中央的"分税"制下),并允许招商引资灵活决策,以及在 GDP 增长考核中的对企业宽免或减轻税收,放松环境保护,允许企业雇员的"非正规"或"半正规"行为。(黄宗智,2010)

(一)关于今天的"行政发包制"

笔者最近偶然拜读了周黎安教授关于"行政发包制"的几篇关键文章以及他 2017 年出版的著作《转型中的地方政府:官员激励

与治理》，深感他对笔者以上论述的"集权的简约治理"和其所引发的"第三领域"的一些关键部分做了贴切而又深具洞察力的论析。周黎安的"行政发包制"是对"集权的简约治理"国家所采用的一个重要机制的很好的论析；他对"内包"和"外包"的鉴别很好地区别了行政体系内部的发包关系以及其和外部社会间的发包关系；他的"官场+市场"论析很好地纳入了国家和社会经济间的互动、互补、互塑关系。

　　"行政发包制"包括"内包"和"外包"，既突出了改革期间治理体系的最基本实际，即同时依赖中央和地方、国家和社会来推进经济发展，又重构了极具影响力的委托—代理理论来协助阐明中央—地方、国家—社会经济两双行为主体间的关系和运作逻辑（周黎安，2018）。周黎安的理论既照顾到中国的特殊实践，又考虑到两双主体间的信息不对称、利益不同、激励机制不同等委托代理理论所特别关注的问题。近年来委托代理理论更被用于政府治理的分析，虽然大多仍然局限于借用市场经济的合同理论，但周黎安率先将政府和社会—经济视作一个二元合一的互动互塑体，真正超越了新古典经济学长期以来所设定的国家与市场之间壁垒森严的非此即彼、二元对立的思维。

　　根据周黎安的论析，一方面是在中国特有的"行政发包制"下，中央政府一层层地委托/发包给地方政府来推动经济发展（地方政府具有比中央更完全的地方信息乃是这对委托—代理关系的一个重要成因），又以地方官员仕途的晋升竞争为激励机制，来推动以GDP 增长挂帅的地方官员间的"锦标赛"。地方政府及其官员积极争取的是，向新兴且占比越来越大的民营企业伸出"帮助的手"

(区别于有的政经体系中的"无为的手"或"掠夺的手"),提供基础设施、资源(特别是土地)和税收优惠等,有的还出台具有战略性远见的各种关键措施,借此来推进辖区内工商企业的发展。[①] 另一方面则是社会/经济体中的民营企业家们在市场竞争环境中创业和发展,借助官方的扶持和优惠政策,取得了比在一般市场经济中更显著的成绩。

双方行为主体是相互依赖的,也是相互塑造的,共同推动了改革期间中国举世瞩目的 GDP 增长。这个见解精准贴切地捕获了改革时期经济发展中一个至为基本的事实,也是一个关于"集权的简约治理"和第三领域的强有力的理论概括。它既突破了一般委托—代理理论主要聚焦于市场中个体/公司间横向契约关系的局限而聚焦于垂直的"行政发包制",又借助了其重要的问题意识——委托—代理二元双方间的互动和不同信息、不同利益、不同激励机制等问题——来拧出中国实际的特点和机制,可以说是个重要的学术理论贡献。

与周黎安之前提出的"锦标赛"论析相比(周黎安,2007;亦见周飞舟,2009),其新"政场"(行政体系中的官员们的竞争类似于市场经济中的竞争机制)+"市场"理论明确加上了国家与经济/社会间的互动,与其之前主要关注行政体系的论析颇不一样。新的理论的视野更加宽阔,聚焦点不仅在行政体系内部的层级关系和激励机制,而且在行政体系与社会—经济体系间的关系,强调两者间的相互激励,由此形成强有力的论析。譬如,民营企业高度依赖国

---

① 一个具体实例是重庆市,见黄宗智(2011)。

家的扶持,国家的行为则受到市场经济的检验和约束。

这样的论析不同于新古典教科书经济学的论析。正如周黎安指出,一种理论(Lin,Cai,and Li,2003)争论改革时期的中国政府选择了适合中国(劳动力特别丰富的)"比较优势"的资源禀赋的政策,从重工业转向了轻工业,从资本密集型产业转向了劳动密集型产业,通过市场机制进行了更优的资源配置,由此推进了中国经济发展。那是一个完全接受市场机制决定一切的西方(古典和新古典)自由主义经济学的理论,同时也是单一地突出"政策"的观点,乃是对中国政经体系的特殊运作缺乏了解的论点。笔者这里还要补充指出,中国的"官场+市场"机制的形成有一定的历史背景和偶然性,不简单是某种经济决策的结果(黄宗智,2015a)(下面还要讨论)。

周黎安又指出,另一种理论(张维迎等)则将中国的发展完全归功于政府的退出以及市场"看不见的手"的资源配置和营利机制所起的作用(即古典自由主义经济学的核心观点,也是英美"新保守主义"的核心观点),进而争论中国今天的发展中所存在的不足是由于政府"干预"市场过多。它同样完全没有照顾到中国转型和改革中通过政府和民企、国家和市场的协作来推动经济发展的实际,更不用说关乎其政经体系的实际运作的特殊形式和逻辑了。另外,在我看来,它(和上述林毅夫等理论同样)也没有考虑到计划经济时代的贡献,尤其是重工业基础的建立以及超乎一般发展中国家的教育和卫生水平,为后来的发展做了重要铺垫(Drèze and Sen,1995)。

周黎安的"行政发包制"理论也不同于魏昂德(Andrew

Walder)和戴慕珍(Jean C. Oi)等的"公司型国家"(corporatist state)理论。后者根据改革早期的乡镇企业而把基层政府定位为一个类似于企业的单位,受制于"硬预算约束"(不挣钱便要倒闭)的机制,同时又具有资产所有权和管理权力合一的类似于私企的灵活性和激励机制。也就是说,地方政府成了一个类似于市场经济中的公司的实体。魏昂德等人固然是要拓宽新古典经济学关于市场机制和私营企业乃是经济发展关键动力的理论,但他们一定程度上也协助维护了主流市场主义观点,只不过再次申明了新古典经济学关于市场的核心信条。(Oi,1992;Walder,1995)

实际上,20世纪90年代以来,中国经济发展的主要内容不再是魏昂德等人的理论所依据的80年代乡镇政府主导的乡村工业化,而是以省(直辖市)、市和县政府为主的招商引资;动力不再来自地方政府兴办和拥有的类似于私企的乡镇企业,而是来自地方政府招引和推动的国内外企业资本。新经济局面的运作机制和之前有一定的不同,因为它的关键在于周黎安所说明的政府与企业协同组成的逻辑,不简单是市场经济竞争的逻辑。笔者还会加上地方政府采用诸如低于成本的地价、税收优惠,以及"非正规工人"的使用,放松环境保护等行为——促使中国成为全球资本回报率最高的去处,借此吸引资本和推动GDP增长。(黄宗智,2010)周黎安的理论对后者论述不多,可能也正视不足。

和魏昂德、戴慕珍相似,钱颖一等也聚焦于解释为何改革期间的中国没有像计划经济时代那样受困于科尔奈所突出的"软预算约束"问题,借用了"中国的联邦主义"范畴来说明,中国的地方政府由于自身的税收激励,对其属地的企业施加了"硬预算约束"。

他们的行为等于是"保护市场的联邦主义"（market protecting federalism），或称"保存市场激励"（preserving market incentives），凭此推进了中国的经济发展。（Montinola，Qian and Weingast，1995；Qian and Weingast，1997）

再则是查默斯·约翰森（Chalmers Johnson）、艾丽丝·阿姆斯登（Alice Amsden）和罗伯特·维德（Robert Wade）等论析的"发展型国家"（developmental state）理论（Johnson，1982，1999）。他们突出了行政部门在"东亚"（日本、韩国、中国台湾）的发展中国家和地区所起的关键作用，其理论敌手主要是主流古典和新古典自由主义经济学理论——要求国家"干预"市场的最小化，论证的是"东亚"国家和地区积极参与、协助市场经济和发展的成功经验。在这点上，他们和周黎安的论析有一定的交搭之处。但是，他们并没有考虑到中国在"政场"（区别于"市场"）中所采用的比较特殊和关键的"行政发包制"，也没有关注到中国社会—经济的特殊组合（在国内非农经济生产总值中，国企如今占到将近一半——黄宗智，2018：160—162）以及国家和社会相互塑造的"第三领域"的特征和机制。

同时，周黎安的理论还有助于我们理解上述机制所附带的一些不良后果。一是由于国家采用的"GDP 挂帅"目标责任制下的（地方官员们之间的）"锦标赛"，促使他们在一段时期内相对忽视社会公正和民生、公共服务、环境保护等领域；二是造成了一种相当强烈的"地方主义"倾向（周黎安称作"属地化"效果），各自只关心其管辖的地方，并且导致了各省（直辖市）、市、县间的显著差异和隔离（尤见周黎安，2017：第 10 章）。另外，我们还可以看到，由于政府和地方经济配合不良而导致的反面或变质现象,譬如,部分存在的"形象工程",不符地方实际资源禀赋条件的决策,乃至于社会经济发展中的有些地方官员私人逐利和贪污行为等。

关键在于,要看到政府和市场关系之间的协调与不协调,良好结合与不良结合。那样的话,既可以认识到其成功的秘诀,也可以认识到其采用的逐利机制的反面后果——解释一些由于官方GDP锦标赛政策所引发的无顾福利(社会保障)、劳动权利以及环境污染等诸多反面现象。至为重要的是,中央和地方("政场"),以及国家和社会—经济("市场")是较好地相互支撑,还是由于相悖或偏向而导致了反面效果。

从以上的讨论我们应该可以看到,周黎安之所谓的"行政发包制",其"内包"与"外包",以及"官场+市场"的机制也可以从"集权的简约治理"和"第三领域"来认识和理解:"行政发包制"是中国长期以来在中央集权体制下所采用的一个重要的简约治理方式,而国家与社会—经济体系间的二元合一则是中国长期以来的"第三领域"中的一个基本特色。

(二)传统中国的"行政发包制"

用于传统中国,周黎安以上的论析既有其洞见,也有其不足。周黎安并没有将中国的官员体系与韦伯的现代"科层制"简单画上等号。他没有像有的理论争论那样(周雪光,2016),简单将地方官员等同于西方和韦伯型的科层制,仅将"吏治"划归(周黎安的)"行政发包制"理论,与正式官员相对立。正如周黎安论证的那样,实际上地方的"官治"和"吏治"两者都属于他论析的"行政发包制"。需要区别的是,处于官僚体系整体之中(包括晋升激励和监督机制)的"内包"地方官员,和处于其外的"外包"地方吏役。因为前者也是"行政发包制"的人员,譬如,在行政体系职位固定的收入外,还掌控一定的"额外"资源和收入("陋规"),并享有相当的自主权,但他们仍然受到行政体系的晋升激励与较严密的监督和管控,乃是"政场"中"内包"的人员,区别于没有受到那样管控和激励的,工作于国家和社会边界中的"外包"吏役。正如周雪光和周黎安共同指出的,前者由于其在官场的晋升机会,是从地方到地方、从层级到层级流动性较高的人员,后者则一般主要是当地社会的人员,是长远任职于同一地方的基层人员,不具有官员的流动性和晋升机会。(周黎安,2016,2014)

周黎安虽然没有明确具体说明,但我们需要认识到,清代的县官不仅仅是个韦伯意义上的领薪科层制官员。一般来说,他们来自其职位的"半正式"收入要远超过其正规收入,而且他们上任之初便会带有非正式的私人"体制外"的幕友和长随,尤其关键的是"刑名"和"钱谷"两大幕友。他们实质上是县令私人的从属,不可简单从正式的(科层制)官僚体系来理解。这一切瞿同祖早已详细论证(Ch'ü,1962)。也就是说,县官虽然无疑部分属于正规的官僚体系,即像韦伯意义上的"科层制"内的"官僚"/公务员,但是我们也需要看到他们同时也属于中国式的"行政发包制",是其"内包"的人员。

至于"吏役",我们同样也不可以像周雪光(2016)那样,将其简单理解为和科层制内的官僚对立的"行政发包制"人员,而应该像周黎安论证的那样,辨别行政体系中的"内包"县官和"外包"吏役(见周雪光[2016]和周黎安[2016]之间的论争)。吏役和县官不同,他们不受同等的官僚体系内部监督和晋升激励。吏役一般是来自社会的不带薪人员,或仅带有小额"工资"(远低于其职位所能为其提供的收益),主要是(可以称作)"体制外"的、来自社会的,但处于国家和社会间的第三领域人员。

虽然如此,在其洞见之外,周黎安理论的一个可能弱点是,在比较有限的经验依据上,基本完全接纳了传统儒家意识形态所建构的关于胥吏和衙役的话语的定论(周黎安,2016:51—54;亦见周黎安,2017,第2章第3节简短得多的讨论,没有再次重复之前的论点)。笔者过去已经详细论证,在帝国儒家道德主义官方话语中,建构了高度道德化的"父母官"以及高度不道德的吏役两种对立形象,将前者理想化为仁治的代表,将后者则丑恶化为"衙蠹"(或"爪牙"),一如同一话语体系将县官建构为凭道德说教息讼的人员,将"讼棍"和"讼师"丑化为唆使民众兴讼的人员。这些古代官方所采用的话语建构并不符合实际,只是一种话语惯习和策略,将好的治理完全归功于被认定为具有崇高道德的、通过科举选拔的县官,而将治理体系中的腐败和不足,完全怪罪于与其相反的恶毒吏役和讼棍。这是笔者论证的道德主义话语和实用主义运作,"表达和实践"相悖的一个侧面。(黄宗智,2014b[2001],第1卷:112—114,123—128,151—154,171—176)

周黎安之所以接纳了官方的建构,可能部分是由于对帝国官方话语缺乏反思,部分也是由于将"逐利"型道德真空化的社会投射于传统中国,认为如果缺乏处于中央的行政体系之内设定的"内包"管控和自利激励机制,便会导致完全由逐利机制主导的"衙蠹"现象。笔者这里要指出,正如上述白德瑞的专著所详细论证的,即便是巴县的胥吏和衙役,实际上也主要将自身视作准官员,并试图向关乎正式官员的道德准则看齐。他们一般都只按照人们可以接纳的惯例来收费,和官方话语表达中那样的"衙蠹"很不一样。他们的实际行为在一定程度上受到传统仁政理念的影响,也受到传统人际/社区关系网络的约束。固然,由于官府监督比较松散,吏役自主空间较大,也难免会有一些恶劣的案例,但整体来说,正如白德瑞所概括的,吏役的实际性质主要乃是一种正式与非正式二元合一的"法外的正当性"(illicit legitimacy)或"法外的(韦伯意义上的)科层制人员"(illicit bureaucrats),当然也可以称作"半正当"(semi-legitimate)的第三领域人员,区别于韦伯建构的"科层制"理想类型中的公务员。古代吏役果真都简单像官方话语建构的"衙蠹"那样,不可能会有被多个朝代所持续援用那样强韧的生命力。(Reed,2000;亦见 Ch'ü,1962:第 3 章,第 4 章;黄宗智,2007;周保明,2009,尤见第 8 章)这也许是周黎安理论所需要修正的一点。

(三)国家与村庄的关系

至于今天的国家与社区间的关系,在 2006 年免除税费之后,国家政权一定程度上从村庄退出。税费一旦免去,便意味着村庄不再是乡镇政府税收的重要来源。因此,对乡镇政府来说,村庄的治理任务已经成为一种无酬的负担。在 GDP 增长挂帅的"行政发包制"("内包")治理体系下,农村对于官员们的"锦标赛"和政绩已经无关要紧。在既无税收也无政绩激励的实际下,乡镇政府已经成为周飞舟所谓的"悬浮型"政府,无意管理村务或提供公共服务,不再是之前的高度基层渗透力的政府(周飞舟,2006)。结果是,村级公共服务在中央政府设立的医保和教育体系之外,较普遍地出现了危机(在广大中西部地区尤其如此,苏南集体资源比较丰厚的地区以及山东省具有集体"机动地"的地区等除外,见黄宗智,2019)。

此外,还导致了其他的反面现象。一种是近年来的"富人治村"现象——唯有本村的富户(或经商致富,或由于土地征收补偿而致富)才有资源和"本事"来办理村务,其中固然有出于为家乡服务动机者,但也难免会有不少借此追逐一己私利者。另一种则是使我们联想到土地革命前的村庄"恶霸"的"混混"(陈柏峰,2011):在税费减免之前,他们源自类似于之前由于不堪"摊款"重负而引发的混混掌权现象;在免除税费之后,则是源自村庄政权真空而衍生的腐化现象。

更有进者,在第三领域的变质反面运作中,我们还应该纳入诸如"拆迁公司"兴起的实际,它们强制甚或借助其他社会势力来对付反对拆迁者或"钉子户"(耿羽,2015)。另一种实例是城乡"劳务派遣公司"的兴起。它们受国企或民企委托来代理聘用没有或少有社会保障的"劳务派遣关系"员工("临时性、辅助性或者替代性"的"劳务关系"人员,区别于带有劳动法律保护的"劳动关系"),或对原本具有劳动关系的员工进行"改制"。在那样的国家目标和劳工利益相悖的情况下,难免会呈现压制性治理和司法现象(黄宗智,2017b,2017c)。

　　周黎安概括为"政场"中的"行政发包"的"内包"和"外包"治理体系和机制,一定程度上也使人联想到农村土地制度中实施的"承包制"。固然,后者不是主要为了推进 GDP 发展,而是从计划经济到市场经济的转型中采用的一种制度,但从土地产权最终所有者的国家与集体和农户之间的关系来看,它也是一种"内包型"的"发包"制度。原先是(等于是)国家有限地"发包"给村集体,改革后则由集体再转包("外包")给小农农户,但国家实际上仍然一直保有最终所有权(村庄土地买卖必须经过国家的批准),包括其征用权。原先的承包集体便具有一些自主权,而后来的承包农户则享有相当高度的自主权,基本可以自己确定生产什么、销售什么、吃什么,结果推进了("资本和劳动投入双密集化的")高附加值"新农业"([高档]菜果、肉禽鱼等)的发展,其所得利益基本全归农户自身。那是个既像市场经济中的发包和承包,又像行政外包的安排。此点也许更进一步说明,中国的政经体系中的"第三领域"是多么强烈地倾向发包与承包的运作模式,包括不完全的产权以及不简单是韦伯型科层制的实际运作。①

　　至于中央和地方政府间的"行政发包"关系,当然也使我们联想到革命根据地时期的中央和根据地间的关系。后者具有相当大

---

① 20 世纪 80 年代以来,中央政策虽然一直没有给予"新农业"的小农主体应有的支持,而是一直偏重规模化的农业企业,但是由于小农户在市场经济环境中追求自身利益的激励机制,结果仍然导致了可观的"新农业"的快速发展,其产值在 1980 年到 2010 年间,一直以年平均 6%(可比价格)的比率快速增长(远高于历史上其他的农业革命),到 2010 年"新农业"占到农业总产值的将近 60%,远比(占地约 56% 的)旧农业的"谷物"所占的农业总产值比例 16% 高。这是个需要分别详细论析的问题,这里只点到为止。(黄宗智,2016a,2017a;黄宗智,2014a:第 3 卷)

的独立性,既是革命策略的有意抉择,也是当时历史环境(革命和抗日战争之中一再被"围剿",联络机会和通讯技术比较有限等)中无可避免的结果,同时无疑也是"两个积极性"的历史经验的重要来源,与一般委托—代理研究的西方市场经济和法律体系下的合同关系环境十分不同。如今的"行政发包制"也许也不能脱离那样的历史背景来认识。

最后,在当前的"项目制"治理的体制下,要么中央"内包"给地方政府,要么政府外包给社会的承包实体,给予项目承包者一定程度的自主和自理空间(即便没有"内包"的监控机制和晋升激励,仍然有"外包"的验收监督)。即便是学术研究人员承包的"项目",也从属于那样的"外包"逻辑。如今,构建"发包"与"承包"关系(以及其所涉及的各种各样复杂的委托—代理关系)确实已经成为中国政法和政经体系中的一个关键的运作方式。而且,它和"行政内包制"同样既具有正面也具有反面的实例,既可能导致结合国家提倡和奖励,承包者积极推进的互补,也可能导致个人弄虚作假的逐利、走形式等欺骗性行为。

其中关键的差别是,国家所发包的项目在目标设定以及激励机制层面上是否真正符合社会及个人的良性目标的实际需要和追求,而不是行政体制中可能呈现的脱离实际的意识形态化或形式化决策。后者一个突出的实例是国家"狭隘"地追求"粮食安全"而将种植双季稻(早稻+晚稻+越冬作物)"发包"强加于粮农,但粮农明确知道那样做是不划算的(由于过分密集的投入而导致的边际效应递减,其他投入的高价等),实际上两季稻谷种植的净收入还不如一季单季稻,从而导致作假和不满(黄宗智、龚为纲、高原,

2014:145—150）。另一个实例是国家推行美国模式的企业型"专业合作社"，以奖励和税收优惠为激励，但因为完全不符合中国强韧持续的"新农业"小农经济实际，从而导致部分"虚""假"合作社的兴起（黄宗智，2017a）。在学术领域中则呈现为，学术官僚们设定的形式化和数量化目标和管理／监督，导致大规模的脱离实质的走形式，赶时髦理论或赶时髦计量技术，以及"剥削"研究生劳动等非实质性学术的恶劣现象。其中的关键仍是发包的决策者所采用的目标、激励和管理机制是否和承包者所追求的良性价值和实质性学术一致。

五、第三领域司法和治理

（一）政法体系中的典型"第三领域"

在中国的政法体系整体中，正义体系部分具有至为清晰和完整的关于第三领域的统计数据，因为司法体系中有比较明确的划分和按之统计的数据，而行政体系则并不具有同等明确的划分，因此也没有相关的统计数据。我们可以通过正义体系的资料，更清楚地掌握整个非正式到半正式再到正式的连续体的图像，并比较精准地区别民间的和高度政府机构化的两端之间的各种不同处理纠纷的渠道，对中国的政法和政经体系中的第三领域的整体形成一个比较全面和附带有"量"的概念的认识。

表 1:2005—2009 年各种主要类型调解的总数(单位:万起)

	人民调解		行政调解	司法调解		
	村、居民调解委员会	基层司法服务[a]	消费者协会(工商管理部门)	公安部门	民事法院(一审结案)	总数
每年平均处理纠纷/案件数	1030	70	75	840	492	2507
调解结案数	530	63	67	247	168	1075
调解结案比例	52%	90%	89%	29%	34%	43%

数据来源:朱景文(编):《中国法律发展报告 2011:走向多元化的法律实施》,北京:中国人民大学出版社,2011 年,第 303—304 页,表 4-2;第 334—335 页,表 4-4;第 372—373 页,表 4-13;第 374 页,表 4-15;第 376 页,表 4-16。

(a)该项没有 2006 年数据。

表 1 列出的是 2005—2009 年全国每年(平均)约 2500 万起纠纷的不同处理渠道,从左侧相对最为非正式的"村、居民调解委员会"("人民调解")处理的约 1000 万起,到至为正式化的法院体系的调解和审结的将近 500 万起。中间各渠道所处理的近 1000 万起则主要包含(乡镇级的)半正式"法律服务所"处理的 70 万起,工商管理部门指导下的半正式"消费者协会"处理的 75 万起,以及公安部门处理的 840 万起。

固然,即便是至为"非正规"的村庄"人民调解",一般也有村干部参与(但如今已不像 1978—1983 年改革初期那样是以村支书和大队长领导或亲自处理为主,而是主要依赖一般干部和本村社区的民间有威望的人士——黄宗智,2014b[2009],第3卷,尤见第2章:18—55),堪称主要是非正式和半正式第三领域的处理渠道。至为正式化的法院所处理的500万起,也还包括一定比例(34%)的(非正式的或第三领域的半正式的)由调解机制来结案而不是审结结案。我们因此需要清楚认识,整个正义体系所代表的是一个从非正式到半正式再到正式的连续体。表1左侧和中间的相对非正式和半正式渠道调解结案数,占到所有案件中的不止80%。

与西方的正义体系相比,中国的正义体系具有两大特色:一是高度依赖非正式的民间调解,而西方法庭则基本不调解,在法庭体系之外进行的真正的调解只占很低比例(美国不到2%,即便是被认作典范的荷兰也大致如此);二是庞大的中间领域——非正式和半正式渠道占到所有纠纷解决渠道的80%,在2500万起纠纷中,成功解决纠纷的妥协性、部分妥协性的调解和行政调处结案的数量则达到1000万起。在西方,由于缺乏非正式调解体系,也就根本谈不上由其与正式法庭体系互动而产生的第三领域纠纷处理。正如上文已经说明,与西方的正义体系不同,中国的正义体系长期以来一直是高度依赖非正式的民间调解机制以及由其和正式法院判案结合而形成的中间的第三领域(这也是承继"中华法系"传统的"东亚"国家和地区——尤其是日本和韩国——之与西方的主要不同,见黄宗智,2016b)。我们可以据此分析其中所包含的逻辑和机制。

从中国和西方的比较我们可以看到,第三领域形成的基本条件是儒家治理传统所长期和广泛依赖的民间调解,缺此便不会有由其与正式审判机制互动而产生的第三领域的纠纷调解和治理。

正因为中华法系具备西方所没有的庞大的社会—民间非正式"民事"纠纷处理传统,才可能形成古代的"以刑为主"的正式法律体系;正因为其庞大的非正式纠纷调解制度,才会形成由其与正式法律系统互动而产生的半正式体系。而在"现代化"(包括现代工商业、市场经济和城镇化)的客观环境下,由于原来的村庄熟人社会逐渐转化为半熟人社会,甚至类似于大城市中的陌生人社会,不可能再仅仅依赖社会在儒家道德理念的塑造下所形成的完全基于人际关系(由大家认识的有威望的人士出面主持调解,依靠和谐和互让的道德理念来调解纠纷以及通过赔礼道歉的方式来维护社区的人际关系)来解决纠纷的调解机制,而必须不同程度上依赖政府威权,遂形成了众多的半正式渠道。在"转型"的剧变过程中,社会矛盾特别尖锐,数量也特多,尤其需要那样的纠纷解决机制。

西方的经验则很不一样。从20世纪70年代以来逐步兴起的,常被等同于中国的调解体系的"非诉讼纠纷解决"(Alternative Dispute Resolution,ADR)制度的起源和逻辑完全不同。因为法庭制度的费用过高,达到了一般人无法承受的程度,而采纳了一些较低成本的制度。譬如,花费低一些的"仲裁",由退休法官使用会议室或课室而不是正式法庭来"仲裁",但实质上仍然是必分胜负的审判,败诉方必须承担(仍然是较昂贵的)仲裁诉讼费用。又譬如,由当事人及其律师,出于对胜负概率的计算而在庭审前由双方达成的"庭外协定"。两者实质上都和中国以妥协为主并由在任法官带头实施的调解性质十分不同。西方真正的调解,由于必须完全脱离法庭制度和不带任何强制性,只可能是成效很低的纠纷解决方式。(黄宗智,2016,尤见第16—21页)

长期以来,中国的非正式与半正式的治理/政法体系都源自传统的"简约治理"。一方面,它是儒家传统的一个重要治理理念——尽可能让社会本身凭借其道德价值观来处理纠纷;另一方面,它也是(韦伯所谓的)"世袭君主制"(patrimonialism)下中央集权政权组织的结构性需要;集权的中央政法体系至为担心的是回归封建制度下的领主分权分地。集权的皇帝依赖的是官员对其自身(和皇朝)的忠诚,其治理方式又是一层层地依赖同样集权的地方官员,而每多隔一层便会加大失去那种个人化忠诚的风险。因此,十分需要尽可能简化官僚层级结构,尽可能使其与皇帝的中央权力的隔离最小化。这是正式官员基本截止于县一级(在19世纪平均约25万人口)的"低基层渗透力"的肇因之一,也是"简约治理"的一个重要起源。集权和简约治理实际上乃是相互关联、相辅相成的一个二元合一体制(黄宗智,2007;亦见黄宗智,2014b[2001],第1卷:183—184,185—188)。

同时,国库的有限收入也和其直接相关。上面我们已经看到,相比西方的前现代封建主义制度,中国在"简约治理"的理念下从社会所抽取的税收一直都较低——占农业产值的2%—4%,相对于西方和日本封建制度下的10%或更多(Wang,1973a,1973b)。那样的"简约"税收正是简约治理的一个基本动机,也是其反映,两者是相辅相成的统一体。在农耕社会中,国家收入相比工业社会要少得多,促使政权趋向依赖最简约的、最低成本的非正式和半正式治理机制。

当然,这一切并不是说第三领域的司法完全是正面的。我们知道,行政和公安"调解"都很容易变质为仅仅是形式上的调解和妥协,实质上容易成为只是名义上的调解,基本由权力方说了算。在那样的实际运作情况下,所谓的"调解"可能成为剥夺当事人提出诉讼权利的借口。20 世纪 90 年代后期的(中小)国企工人"下岗"过程中,国家规定法院不受理涉及国企员工福利的争执,由企业方来处理,其目的是让中小国企"甩包袱",推进经济发展。那样的措施也许可以视作转型中迫不得已的抉择,但无疑带有一定的压制性。在未来的远景之中,我们也许应该期望国家与社会之间更为均衡的互动。

(二)国家机构的社会化与社会机构的国家化

在理论层面上,哈贝马斯(Jürgen Habermas)论述 18 世纪伴随资本主义经济而兴起的"资产阶级公共领域"(bourgeois public sphere)的著作,和我们这里的主题也有一定的关联。他的《公共领域的结构转型》(The Structural Transformation of the Public Sphere)主要内容其实并不简单是后来被广泛意识形态化的"公共领域"理念/理论(被民主和自由主义人士等同于反威权主义统治的"公民社会"[civil society]理想类型),更是关于 18 世纪之后"公共领域"由于"社会的国家化"和"国家的社会化"(state-ification of society and societalization of the state)而逐渐消失的实质性历史演变。其"公共领域"指的是 18 世纪在西方(英国和法国)伴随资产阶级兴起而来的处于旧国家政权范围之外的新公议传统,是资产阶级与国家政权对立的一个现象,而其书随后论证的则是(书题所标明的)"公共领域的结构转型",即由于国家和社会相互渗透的长时段历史趋势而导致了与国家对立的公共领域的逐步消失。哈贝马斯尤其关心的是(非理性的)"群众化社会"(mass society)与专制政府(德国的纳粹主义政府)的结合与兴起。(Habermas,1989;黄宗智,2003[1993,2015a])

20世纪90年代,伴随苏联和东欧共产党政权的崩溃,人们从哈贝马斯这本书中汲取的不是著作的实际历史内容,而是其对于18世纪古典自由主义"(资产阶级的)公共领域"的理想化设定,包括对社会和国家关系的二元对立的设定,将其理解为一种古典自由主义民主理念的追求。这在中国晚清及民国时期的商会研究文献中比较显著(马敏、付海晏,2010),相对忽视了哈贝马斯"社会的国家化"和"国家的社会化"关于19世纪和20世纪的历史演变实际的有用概括,对于西方如此,对于中国更是如此。

我们这里论述的第三领域一定程度上也可以通过"国家的社会化"来认识。譬如,如今国家机构纳入了之前主要是社会的纠纷解决调解机制,包括由第三领域中的乡镇政府下属的法律服务所进行调解,由工商部门指导下的消费者协会调解消费者与生产/销售者之间的纠纷,以及由公安部门和法院进行相当大量的调解。这主要是为了降低治理成本。同时,也可以通过"社会的国家化"来认识社会机构之转化为半正式或正式政府机构(包括民国时期的商会),如乡镇级的简约的乡保之转化为正式的乡镇政府机构,村级非正式首事自治转化为(先是半正式的村长制,而后是)半正式的大队的党支部书记和大队长,再后来是如今的半正式村"两委"的党支部书记和村委会主任。非正式的民间调解之转化为有干部参与的"调解委员会"调解也是社会的国家化的实例。此中的关键是国家和社会的二元互动合一。

我们同时也要认识到，以上所举例子在中国历史中的起点不是西方近现代之前的相对分权，但更强地渗透基层农民社会的封建领主制传统，而是中国的皇朝大国的"集权的简约治理"；不是18世纪兴起的资本主义和与国家对立的古典自由主义（和"资产阶级公共领域"），更不是19世纪后期的"资产阶级公共领域"的"结构性转型"和消失，当然也不简单是伴随现代化而来的"民族国家建设"和韦伯所提出的现代科层制，而是在传统的集权的简约治理大框架中伴随工商业的兴起而产生的一些新现象，包括清末和民国时期的商会。也就是说，我们需要将现有理论"历史化"，即将其置于历史情境和演变中来认识，这样才可能从中选出有用部分，或将其重构来认识与西方十分不同的中国古代及其现代化过程的实质内容，才可能建构扎根于中国实际的理论。

六、结语

纵览中国"第三领域"的形成和演变的历史，我们可以看到，其根源绝对不是西方的分隔的封建制度，也不是资本主义社会和现代民族国家科层制的兴起，更不是18世纪资产阶级和国家对立的"资产阶级公共领域"，或其之后的结构性转型和消失，而是集权的皇朝国家与小农社会之间的结合，以及其在近现代的演变。由此产生的具有特殊逻辑的第三领域，是一个具有一定"特色"的中国传统，是一个来自中央集权大国和基层小农社会相结合所形成的政法和政经体系传统。

伴随工商业的发展以及国家财政收入的扩增,西方形成了以"科层制"为主的专业化(领薪)、规则化、程序化的公务员体系,在上层受约束于其民主理念和三权分立,在基层则具有强大的渗透力,包括公共服务能力。中国近代—现代—当代演变则十分不同:在上层维持了高度中央集权的体制,以及一定程度的科层制化官僚体系,在基层虽然短暂地在计划经济体系下,凭借革命政党—国家治理体系形成了高渗透力的政经体系,但之后伴随改革和民营企业的兴起,国家和社会间的关系开始转向,2006 年废除农村税费之后,国家一定程度上从村庄退出,村庄内部的公共服务出现危机。国家治理重新返向相对"简约"型的基层治理状态。

同时,在民营企业快速扩展的实际上(如今已经占到非农国内生产总值的一半以上),国家相对社会—经济的控制一定程度上松弛化,两者之间出现更多的搭配、合作、互动,由此扩大了"第三领域"。伴之而来的是治理体系中更广泛地使用"行政发包制"的"内包"和"外包",激活、贯彻、推广了党内的中央和地方"两个积极性"结合的传统,借此推动了举世瞩目的 GDP 发展。同时,也推广了国家和社会—经济的现代型第三领域结合,包括在"项目制"治理下的"内包"和"外包"之被广泛用于全社会,导致了第三领域的更大规模扩展。

但是,由于国家与社会结合的主要目标是 GDP 增长,这也导致对公共服务、社会公正、劳动法规、环境保护等领域相对忽视。而且,由于其所依赖的主要是私人逐利激励机制,在行政发包体系的实际运作中,难免出现了地方政府官员的贪污腐败、商人攫取暴利等反面现象,也出现了地方本位主义("属地化")的后果,导致不同地方间的隔离和显著差异。此外,由于采用了常常是不符实际的形式化、数据化管理和监督手段,导致了形象工程、虚伪的示范区等变质现象,即便在学术界也相当突出。

在正义体系中,非正式正义(民间调解)的顽强持续,半正式调解大规模扩增,在相对低成本地解决大量纠纷方面做出了突出成绩。但是,也可以看到其中的反面运作,即所谓的妥协性调解实质上变成过度威权化的体系,仅具调解形式而不具调解实质,容易成为威权化的命令型纠纷处理,甚至以调解名义拒绝公民凭借诉讼来争取正义。

在西方,现代国家建设的一个主要内容是新型的(公务员)"科层制"体系和凭借正式法规的治理,高度渗透基层社会的权力以及公共服务。其发包关系主要见于市场经济和正式法制下的个体或公司间的横向委托—代理契约/合同关系,较少有官僚体系内部的垂直内包关系,以及国家和社会—经济之间的外包关系,亦即中国式的第三领域型的"行政发包制"下的"内包"和"外包"。

我们还需要注意到,正因为中国的治理体系很大部分是来自政府与社会的互动(而不是政府单一方采用某种政策或治理模式),两者任何一方的剧变都会直接影响其互动下所产生的第三领域。在传统社会中,社会是个具有紧密人际关系和相关(儒家)道德理念的社会,"行政发包制"的运作和今天的社会环境十分不同。如今,个人"逐利"的价值观广为盛行,很大程度上取代了传统儒家道德价值观和社区亲邻关系的约束。因此,比较容易在"行政发包制"的第三领域中,出现较多的腐败和为一己私利的行为。未来亟须重建既承继传统又是现代型的道德价值来填补目前的道德危机。

当然,在现当代中国也出现了一定程度的类似于西方科层制的国家机构。在较高度专业化的和新型的领域中,需要并形成了类似于西方现代国家建设的专业化、程序化的公务员制度和科层制机构,诸如新设的金融、环保、食物安全、疾病控制和预防、药品监管等行政机构。虽然如此,"第三领域"机构和治理仍然在快速和大规模地扩充。也就是说,中国的治理体系绝对不可简单仅从韦伯型的科层制理论来理解。

本文提倡的是,要通过变动中的社会—经济和变动中的政法—政经体系间的互动来认识中国传统和现代的治理体系。其中,由"集权的简约治理"所形成的第三领域的简约治理模式,包括"行政发包制"的"内包"和"外包",乃是一个根本性的起点和特征,十分不同于西方低度集权和高度渗透的现代科层制。我们需要的是将西方理论置于其历史情境中辨析、与其对话和将其重构,来建立扎根于中国实际的新理论概括。

中国古代的第三领域,说到底乃是一种君权相对"子民"(亦可见于父权相对子女和夫权相对妻子)之间权力悬殊的互动合一关系,今天仍然是个"大哥"和"小弟"之间的合一,容易导致强势方设定与社会需要相悖的目标、过分依赖个人逐利机制以及脱离实际的形式化监督管理等反面现象。但是,伴随社会组织的成长,也许未来的中国能够走出一条国家和社会间权力更为均衡以及更为良性互动的新道路,既能够约束国家采用脱离实际的或压制性的政策,也能够形成更大能量的现代国家—社会二元合一的治理体系。

我们可以想象由下而上的但也带有国家认可和扶持的"国家

化”社会组织,譬如,建立带有国家领导和扶持的,但是基于村庄社区由下而上的、村民积极参与的、真正服务于村民的(如为农产品提供“纵向一体化”的加工和销售物流服务的“东亚型”)合作社(“农协”)(黄宗智,2018,2015b)、城镇社区组织,以及“商会”、工会和其他社会组织,包括各种各样的专业组织,也包括社会—国家协同提供公共服务、福利、劳动保护、保险等组织。另外还有由社会高度参与的“社会化”国家机构,如纳入社会参与的乡镇法律服务所、消费者协会,以及公安部门和法院的调解组织等。在治理体系上,一方面固然应该在某些领域,特别是现代专业化程度较高的新型领域建立所必需的“科层制”和“公务员”化机构;但另一方面,也可以在多方面承继、更新中国比较特殊的国家和社会携手的低成本第三领域机构和组织。一种可能的远景是,形成一个既具有中国特色也是“现代化”的“‘中度’国家集权”+“较高度渗透社会”的第三领域(特别是农村公共服务方面)的现代中国式政法体系。因为,历史已经告诉我们,国家和社会在第三领域的良性携手,能够释放出极大的能量。

参考文献:

陈柏峰,2011,《乡村江湖:两湖平原“混混”研究》,北京:中国政法大学出版社。

樊德雯,2006,《乡村—政府之间的合作——现代公立学堂及其经费来源(奉天省海城县:1905—1931)》,载《中国乡村研究》第4辑,北京:社会科学文献出版社,第79—124页。亦见黄宗智、尤陈俊(主编)《从诉讼档案出发:中国的法律、社会与文化》,北京:法律出版社2009年版。

耿羽,2015,《当前"半正式行政"的异化与改进——以征地拆迁为例》,载《中国乡村研究》第 12 辑,第 79—95 页,福州:福建教育出版社。

何炳棣,1966,《中国会馆史论》,台北:台湾学生书局。

黄宗智,2019,《"实践社会科学:国家与社会和个人之间"专题导言》,载《开放时代》第 2 期,第 13—19 页。

黄宗智,2018,《怎样推进中国农产品纵向一体化物流的发展?——美国、中国和"东亚模式"的比较》,载《开放时代》第 1 期,第 151—165 页。

黄宗智,2017a,《中国农业发展三大模式:行政、放任与合作的利与弊》,载《开放时代》第 1 期,第 128—153 页。

黄宗智,2017b,《中国的劳务派遣:从诉讼档案出发的研究(之一)》,载《开放时代》第 3 期,第 126—147 页。

黄宗智,2017c,《中国的劳务派遣:从诉讼档案出发的研究(之二)》,载《开放时代》第 4 期,第 152—176 页。

黄宗智,2016a,《中国的隐性农业革命(1980—2010)——一个历史和比较的视野》,载《开放时代》第 2 期,第 11—35 页。

黄宗智,2016b,《中国古今的民、刑事正义体系——全球视野下的中华法系》,载《法学家》第 1 期,第 1—27 页。

黄宗智,2015a,《中国经济是怎样如此快速发展的?——五种巧合的交汇》,载《开放时代》第 3 期,第 100—124 页。

黄宗智,2015b,《农业合作化路径选择的两大盲点:东亚农业合作化历史经验的启示》,载《开放时代》第 5 期,第 18—35 页。

黄宗智,2014a,《明清以来的乡村社会经济变迁:历史、理论与现实》,三卷本增订版(第 1 卷[1986]:《华北的小农经济与社会变迁》;第 2 卷[1992]:《长江三角洲小农家庭与乡村发展》;第 3 卷[2014]:《超越左右:从实践历史探寻中国农村发展出路》),北京:法律出版社。

黄宗智,2014b,《清代以来民事法律的表达与实践:历史、理论与现实》,三卷本增订版(第 1 卷[2001]:《清代的法律、社会与文化:民法的表达与实践》;第 2 卷[2003]:《法典、习俗与司法实践:清代与民国的比较》;第 3 卷[2009]:《过去和现在:中国民事法律实践的探索》),北京:法律出版社。

黄宗智,2011,《重庆:"第三只手"推动的公平发展?》,载《开放时代》第 9 期,第 6—32 页。

黄宗智,2010,《中国发展经验的理论与实用含义——非正规经济实践》,载《开放时代》第 10 期,第 134—158 页。

黄宗智,2007,《集权的简约治理:中国以准官员和纠纷解决为主的半正式基层行政》,载《中国乡村研究》第 5 辑,第 1—23 页。亦见黄宗智《集权的简约治理——中国以准官员和纠纷解决为主的半正式基层行政》,载《开放时代》2008 年第 2 期,第 1—29 页。

黄宗智,2003,《中国的"公共领域"与"市民社会"——国家与社会间的第三领域》,载黄宗智(编)《中国研究的范式问题讨论》,北京:社会科学文献出版社,第 260—285 页(原载邓正来、J. C. 亚历山大[编]《国家与市民社会:一种社会理论的研究路径》,北京:中央编译出版社 1999 年版,第 421—443 页)。英文版见 Philip C. C. Huang, "Public Sphere / Civil Society in China? The Third Realm between State and Society," *Modern China*, 19, 2(April 1993), pp. 216-240。中文修订版见黄宗智《实践与理论:中国社会、经济与法律的历史与现实研究》,北京:法律出版社,2015 年,第 114—135 页。

黄宗智、龚为纲、高原,2014,《"项目制"的运作机制和效果是"合理化"吗?》,载《开放时代》第 5 期,第 143—159 页。

马敏、付海晏，2010，《近 20 年来的中国商会史研究（1990—2009）》，载《近代史研究》第 2 期，第 126—142 页。

马敏、朱英，1993，《传统与近代的二重变奏——晚清苏州商会个案研究》，成都：巴蜀书社。

《人民网评：更好发挥中央和地方两个积极性》，2018，人民网，http://opinion.people.com.cn/n1/2018/0301/c1003-29841981.html，2019 年 1 月访问。

章开沅、马敏、朱英（主编），2000，《中国近代史上的官绅商学》，武汉：湖北人民出版社。

赵珊，2019，《塑造与运作：天津商会解纷机制的半正式实践》，载《开放时代》第 2 期，第 53—68 页。

赵珊，2018，《清末民国天津商会商事纠纷理断型式研究》，天津商业大学硕士论文。

周保明，2009，《清代地方吏役制度研究》，上海书店出版社。

周飞舟，2009，《锦标赛体制》，载《社会学研究》第 3 期，第 54—77 页。

周飞舟，2006，《从汲取型政权到"悬浮型"政权——税费改革对国家与农民关系之影响》，载《社会学研究》第 3 期。

周黎安，2018，《"官场+市场"与中国增长故事》，载《社会》第 2 期，第 1—45 页。

周黎安，2017，《转型中的地方政府：官员激励与治理》（第二版），上海：格致出版社。

周黎安，2016，《行政发包的组织边界：兼论"官吏分途"与"层级分流"现象》，载《社会》第 1 期，第 34—64 页。

周黎安，2014，《行政发包制》，载《社会》第 6 期，第 1—38 页。

周黎安,2007,《中国地方官员的晋升锦标赛模式研究》,载《经济研究》第 7 期,第 36—50 页。

周雪光,2011,《权威体制与有效治理:当代中国国家治理的制度逻辑》,载《开放时代》第 10 期,第 67—85 页。

Ch'ü,T'ung-tsu(瞿同祖),1962,*Local Government in China under the Ch'ing*,Cambridge,Mass.:Harvard University Press.

Drèze,Jean and Amartya Sen,1995,*India:Economic Development and Social Opportunity*,New Delhi:Oxford University Press.

Habermas,Jürgen,1989,*The Structural Transformation of the Public Sphere:An Inquiry into a Category of Bourgeois Society*,trans. by Thomas Burger,Cambridge,Mass.:M.I.T. Press.

Hsiao,Kung-ch'üan(萧公权),1960,*Rural China:Imperial Control in the Nineteenth Century*,Seattle:University of Washington Press.

Johnson,Chalmers,1999,"The Developmental State:Odyssey of a Concept,"in Meredith Woo-Cumings(ed.),*The Developmental State*,Cornell University Press,pp.32−60.

Johnson,Chalmers,1982,*MITI and the Japanese Miracle:The Growth of Industrial Policy,1925−1975*,Stanford University Press.

Lin,Justin(林毅夫),Fang Cai(蔡昉),and Zhou Li(李周),2003,*The China Miracle:DevelopmentStrategy and Economic Reform*,revised edition,Hong Kong:The Chinese University Press.

Mann,Michael,1986,*The Sources of Social Power,I:A History of Power from the Beginning to A.D.760*,Cambridge,Eng. :Cambridge University Press.

Mann,Michael,1984,"The Autonomous Power of the State:Its Origins,Mechanisms and Results,"*Archives Européennes de Sociologie*,25, pp. 185-213.

Montinola, Gabriella, Yingyi Qian, and Barry R. Weingast, 1995, "Federalism, Chinese Style: The Political Basis for Economic Success in China," *World Politics*, 48(October) ,pp. 50-81.

Oi,Jean C. ,1992, "Fiscal Reform and the Economic Foundations of Local State Corporatism in China," *World Politics*,Vol. 45,No. 1(Oct.) ,pp. 99-126.

Pepper,Suzanne, 1996, *Radicalism and Education Reform in 20th Century China*,Cambridge,Eng. : Cambridge University Press.

Perkins,Dwight and Shahid Yusuf, 1984, *Rural Development in China*, Baltimore,Maryland: The Johns Hopkins University Press.

Qian,Yingyi and Barry R. Weingast,1997, "Federalism as a Commitment to Preserving Market Incentives," *Journal of Economic Perspectives*,Vol. 11,No. 4 (Fall) ,pp. 83-92.

Reed,Bradly W. ,2000, *Talons and Teeth: County Clerks and Runners in the Qing Dynasty*,Stanford: Stanford University Press.

Tilly,Charles, 1975, " Western State-Making and Theories of Political Transformation," in *The Formation of National-States in Western Europe*, Princeton,N. J. : Princeton University Press,pp. 601-638.

Vanderven,Elizabeth,2013, *A School in Every Village: Education Reform in a Northeast China County,1904-1931*,Vancouver: University of British Columbia Press.

Vanderven, Elizabeth, 2005, " Village-State Cooperation: Modern Community Schools and Their Funding,Haicheng County, Fengtian, 1905-1931," *Modern China*,31,2(April) ,pp. 204- 235.

Vanderven, Elizabeth, 2003, *Educational Reform and Village Society in Early Twentieth-Century Northeast China: Haicheng, County, 1905 – 1931*, Ph. D. dissertation, University of California, Los Angeles.

Walder, Andrew, 1995, "Local Governments as Industrial Firms: An Organizational Analysis of China's, Transitional Economy," T*he American Journal of Sociology*, Vol. 101, No. 2(Sept.), pp. 263-301.

Wang, Yeh-chien, 1973a, *Land Taxation in Imperial China, 1750-1911*, Cambridge, Mass.: Harvard University Press.

Wang, Yeh-chien, 1973b, *An Estimate of the Land Tax Collection in China, 1753 and 1908*, Cambridge, Mass.: East Asian Research Center, Harvard University.

Weber, Max, 1978, *Economy and Society*, 2 Vols., edited by Guenther Roth and Claus Wittich, Berkeley: University of California Press.

如何认识中国？

——对话黄宗智先生

周黎安

（北京大学光华管理学院）

一、引言

本文是一次极为特殊的尝试。黄宗智先生与我相约，每人从自己的视角诠释对方的理论建构，通过两个理论体系的建设性对话和碰撞，一方面寻求两者的相似点和共鸣点，另一方面提炼出进一步值得探究的理论问题，展现下一步我们应该努力的方向。

黄宗智的学术研究主要围绕两个方面展开：一是中国的农业史和乡村经济，从明清、民国、新中国成立后计划经济时期，一直延伸到当今的农村变革和经济发展；二是中国的法律史和基层治理，同样是跨越明清和当代的司法制度及基层治理。尤为可贵的是，在这两个方面的研究当中各有一条主线贯穿（后面将详述），使其整个研究不仅连接理论与经验，而且得以穿透历史与现实，揭示出中国现代化进程的独特路径和深层逻辑。这些独辟蹊径、脚踏实地的理论研究直接产生了一系列关于如何看待中国传统与现代，如何改造中国的真知灼见。

我的研究主要围绕着中国地方政府与区域经济的互动展开，

尤其关注地方官员的晋升激励、政府治理及其对中国经济的影响。我也是沿着两条线索研究中国特色的政治经济学：一是地方官员的"政治锦标赛"（也称"晋升锦标赛"），即地方官员围绕着经济发展绩效而进行晋升竞争，近年来将这个分析概念拓展为"官场+市场"理论，即地方官员的晋升竞争（"官场竞争"）与辖区企业之间的市场竞争的结合；二是从中央到地方、从国家到社会的"行政发包制"，即政府公共事务层层发包和分包的体制。这两条线索——横向晋升竞争与纵向行政发包——在历史维度上具有延伸性和连续性，结合起来可以研究地方官员激励、政府治理与中国经济运行的互动过程，进而揭示中国特色的国家治理和经济发展模式。

我们共同关注中国的国家治理与中国经济问题，但切入的分析视角、研究方法、重点领域均有所差异，最终却看到了高度相似和互补的制度特征。黄宗智先生是史学出身，我是经济学出身；他更侧重历史，而我聚焦当代；他更关注乡村经济和基层治理，我更关注城市区域与央地关系；我们之间也有交叉和重叠，他从历史的角度切入经济和司法，我从经济学的角度切入历史和国家治理。我们共同的学术追求是如何借助与西方理论的对话，揭示中国国家治理与经济现代化的深层逻辑和独特路径。

本文将聚焦于"如何认识中国"这个重大主题，从我的理论视角阐释和引申黄宗智的理论概念和学术体系，同时又结合当今学术界关于中国认知的现状与问题，提出未来中国问题研究需要进一步思考和探索的方向。

二、对话背景:西方理论基准映照下的中国研究

中国在历史上缺乏社会科学的分析传统。近现代以来国内外学术界关于中国的认识都是在借鉴和应用西方理论的过程中产生的,时至今日依旧是这个局面。西方理论与西方经验(以英美为主)成为中外学者思考和研究中国问题的起点和基准。黄宗智在其著述中详细讨论了中国问题研究如何受到西方主流理论的支配和影响,诸如马克思主义、新古典经济学、韦伯形式主义理性法学、费正清的"西方冲击—反应"论。那些与"西方中心主义"对抗的理论,如"后现代主义"理论,甚至 20 世纪 50 年代国内一度流行的"资本主义萌芽论",其实都离不开"西方中心论"所设定的"二元对立"议题,背后隐含了共同的研究范式。(黄宗智,2005;黄宗智,2007:57—89)

以我所从事的政治经济学领域研究为例,过去四十年关于中国政府的研究呈现了相同的现象。中外学者最常用的西方理论基准包括三种。第一,"有限政府"论:政府是以保护和尊重公民权利为基础,以公共服务为导向,民主选举产生政治家,政治与行政相分离,政府依法行政,政府与市场、国家与社会存在清晰的权利和职责边界,公民权利是对抗国家权威最基础的力量。第二,韦伯的科层制:现代官僚组织贯彻理性化原则,以程序和法理为基础,按照可计算、可预测的标准设定组织规则和决策程序,科层制享有足额预算,职员享有年薪制,上下级关系是非人格化的权力等级关系。第三,美国的财政联邦主义:以宪法为基础,按照公共品的覆

盖范围(如全国性还是地方性)明确联邦与州政府权力和职责分工,地方享有自治权,基于公共服务均等化的要求安排转移支付,实现事权与财力匹配,州和地方政府之间展开税收竞争。

当前关于中国政府研究的普遍倾向是以西方的理论基准为参照的比较研究,以此发现中国政府运行的重要特征及问题。众多学者对中国政府进行了各式各样的"画像"。第一,"全能政府"或"无限政府":中国政府呈现全能型政府的特征(邹谠,1994),职责无所不包,涵盖经济、社会的方方面面,政府与市场、国家与社会边界模糊;政府更多是基于绩效合法性(赵鼎新,2016)。第二,政府治理的非正式性:规则、程序约束弱,合谋、变通和政策扭曲流行(周雪光,2008;王汉生、刘世定、孙立平,1997);在集权架构之下实际上是"碎片化"权威(Lieberthal and Oksenberg,1988);部门职责分工模糊,呈现运动型治理的特征(冯仕政,2012;周雪光,2012)。第三,在多层级政府关系中,地方政府之间存在财税竞争,体现"中国特色财政联邦主义"(Qian and Weingast,1997);中央与地方、上级与下级政府之间职责交叉重叠(职责同构)(朱光磊、张志红,2005),"上级请客,下级买单",地方政府财力与事权不对称,预算外财政长期盛行。

这方面研究的一个突出特点是,通过参照西方的理论基准找出中国政府运行的各式各样的"偏差"和"悖论"。更重要的是,大部分研究将这些中国式"偏差"和"悖论"进一步诊断和界定为中国政府组织及运行中的"失序""扭曲"和"乱象"。当然,这些被揭示出来的"失序"和"乱象",大多又存在对立性的现象,或者被赋予性质截然不同的解释。例如,集权架构下"碎片化"的权威与领导小组的集中统一和"共识型"决策(王绍光、樊鹏,2013)相对照;科层制下动员型治理和集中力量办大事与"举国体制"论雌雄同体;自上而下政策传递过程中地方"选择性"执行(O'Brien and Li,1999),合谋与变通和地方多样性与灵活性共存(周黎安,2008[2017];周雪光,2008);国家与社会、政府与市场边界模糊,协商式民主和政企合作。事实上,在西方理论观照之下的中国政府运行的诸多"扭曲"和"乱象"的对立面恰好是中国强大国家能力的体现(如"运动式治理"与"集中力量办大事",地方政府的变通与合谋和地方政策的多样性、灵活性),构成中国政府治理模式的鲜明特色。我认为问题不在于不同学者发现的现象与问题相互冲突,各自可能都有合理的证据和解释,问题在于当前的学术现状是要么各执一端,各说各话,要么就让这些相互冲突的现象"悖论"式并存,回避其内在的逻辑冲突。

中国官僚政治传统以自身逻辑运行了两千年,保持了惊人的持续性,已经形成了自己独特的治理传统和经验。中国经济在技术、产业意义上不断走向现代化,然而中国的国家治理、国家与社会的关系、政府与市场的关系,不论是初始文化及制度禀赋、经济社会约束还是发展路径,均迥异于发达国家。然而,在西方理论基准和西方现代化经验的影响下,许多学者似乎无视这些巨大的文化、制度与历史进程差异,隐含地假设中国迟早会或者应该收敛于发达国家所走过的现代化道路。与这个预期相联系的是,中国过去三十年借鉴西方政府治理的经验在相关领域进行了诸多改革,但成效不一,有不少政府改革"形同神异",只是外在形式相似,内在逻辑"依然故我"。如何评价这些改革的效果呢?绝大多数人的第一反应是认为这些改革不彻底,旧体制的惯性和既得利益集团的抵抗致使其成效甚微。我们很少考虑另外一种可能性,那就是中国有其自身的体制逻辑和演化路径,套用西方模式只会导致改革南辕北辙,或者"换汤不换药"。

另一方面,中国政府尤其是地方政府在经济高速发展当中发挥了极为重要的作用,中国的国家能力在经济发展过程中的作用有目共睹,也得到了众多国际学者的认可(福山,2014),这与目前国内学术界关于地方政府的各类批判式分析形成鲜明对比。① 如何将学者所揭示的中国政府运行的各类"失序""扭曲"现象与其所发挥的重要作用内在一致地协调起来,显然是国内外学术界必须正视的挑战。

所有这些问题与困惑之所以产生,根源还是在于我们未能正确处理中国问题研究与西方理论、西方经验的关系,未能正视中国自身的传统和现代化的内在逻辑。许多研究中国问题的学者发现西方理论基准和西方经验为分析中国设置了清晰的概念、便利的技术指引而沉浸于比较研究的欣喜之中,而意识不到这些理论基准和经验所暗含的各类"陷阱"和"误导"。黄宗智(2007:1)在著作开篇就提出了极为尖锐的问题:"面对众多的现代科学和历史理论,中国历史的实际意味着什么? 西方的一些主要理论体系对于我们理解中国的历史实际能有什么样的帮助? 同时,反过来说,带

---

① 亨廷顿(1995)认为,对于发展中国家的现代化来说,治理比政体形式更为重要,政治秩序比民主化更为重要。在法治、责任制政府和国家能力三个维度上,各国在近现代的演进过程中呈现的特征千差万别,西欧同时具备这三者在历史上也是机缘巧合。(福山,2014)

有什么样的误导？中国历史实际需要什么样的不同于西方的理论和概念来理解?"这些问题是任何一位研究中国问题的现代学者无法绕开,必须严肃面对的。

黄宗智的研究本身就提供了一个杰出的范例,诠释如何在与西方理论的对话中,扎根于中国实践,基于坚实的经验证据认识中国的独特现象与深层逻辑。我认为,黄宗智提出的一系列理论深刻简约,揭示出中国经济社会长期以来的"稳态性"特征和基本问题,值得特别研究和思考。除此之外,其背后所蕴含的认识论和方法论也值得挖掘和提炼,给陷于困境和迷惑之中的中国问题研究带来诸多启示与借鉴。同时我也深感,黄宗智从中国农业史和法律史的进路所发现的一些重要现象,如"集权的简约治理"和"第三领域",与我从经济发展和国家治理的角度发现的"行政发包制""官场+市场"双向政经互动,在许多方面具有意想不到的相似性和"对偶性",不同的研究进路也使得我们之间存在明显的互补性。如果两者之间可以进行建设性对话,想必能够引发新问题,开拓新领域,探索新理论。

下面我将围绕黄宗智的两条研究主线展开对话,首先概述其主要的研究发现,然后陈述我的解读与引申,之后再进一步讨论由对话引出的新问题和新思考。

三、中国法律史和基层治理

(一)黄宗智的研究

黄宗智关于中国法律史和基层治理的研究贯穿了一条主线，那就是中国司法判决与民间调解互动、混搭的司法实践。关于清代司法实践的研究是基于四川巴县、河北宝坻县、台湾分水府和淡水县翔实的民事诉讼档案。（黄宗智，2001〔2007〕）聚焦于民事诉讼是因为在朝廷看来，婚姻、财产、家庭、债务等方面的纠纷与刑事案件相比属于无关紧要的"细事"。西方学术界（包括日本史学）倾向于认为中国的司法审判更多是一种基于道德教谕的调停过程，如果这些论断是对的，在官方认为不太重要的民事诉讼案例里应该会更强烈地体现西方和日本学者所期待的特征，因而能够更好地检验西方理论对于中国司法传统认知的适当性。黄宗智从清代翔实的民事诉讼档案中发现，当民事纠纷诉诸法庭时，县官首先是尽可能在法庭之外引导社区或宗族调解，如果调解失败，当事人将诉讼提交至法庭审理，县官则会严格按照清代的法律进行判决，而非扮演调停的角色。中国传统的司法实践贯彻的是"实用道德主义"，最集中地体现在明清法律当中"律"与"例"的区分之中。"律"是官方关于道德以及行政—刑事原则的规范性表述，而与时俱进、内涵丰富的"例"则包含了操作性和变通性的审判条例。将"律"与"例"并列于清律之中是为了让原则性表述对具体实践产生指引和约束，但有时"例"与"律"的要旨相差甚远，反映了官方法律表达与具体实践之间的背离与张力。这里没有西方司法理论所包含的国家权威与个人权利的对立关系,国家权威与个人权利被放在社会和谐的框架里加以界定和调节。(黄宗智,2001[2007]:6)

　　黄宗智关于清代司法判决与民间调解关系的进一步探究引发了"第三领域"这个重要概念的提出。(黄宗智,2001[2007]:91—111)"第三领域"是介于西方理论所强调的国家与公民社会之间,半官半民解决纠纷的一种混搭式实践。当民事纠纷发生,告到官府的时候,县官的初步反应是鼓励庭外民间调解,启动县官主导下的民间调解过程。如果和解彻底无望,则正式进入法庭审理。在具体调解过程中,县官会表达意见或做出暗示,引导社区或宗族寻求和解,而乡保作为衙门认可,同时又是村庄社区首事提名的人选发挥着上传下达、沟通官民双方意见的重要作用,当然有时也无法避免乡保作为中间人上下其手、滥用权力的情形。

　　介于官方正式判决与民间非正式调解之间的"第三领域",在清代的司法实践中占据非常重要的位置。它将正式和非正式的司法体制包含在一种谈判协商的关系中,是"具有超出国家与社会之影响的自身特性和自身逻辑的存在"(黄宗智,2007:167)。在清代三县的628件民事纠纷案例中,有三分之二是通过这种半官半民的庭外调解结案的。西方国家解决民事纠纷一般通过诉讼和司法判决,如果以此视角看待中国的司法过程,则只会关注到县官正式法庭审理的案件。按照上述分析,这其实只构成中国司法体系的冰山一角,民间的纠纷调解和半官半民的"第三领域"被置之度外,显然构成对中国司法实践的极大误解。

　　"第三领域"不仅限于司法领域,也存在于国家与社会之间,与西方社会的"公共领域"和"市民社会"相对照。(黄宗智,1999)在晚清和民国时期,处于国家与社会结合部的士绅在公共领域,如治水、修路、救济、办学、调解争端等方面发挥日益重要的作用。据罗威廉的研究,在近代城市的发展过程中,商人群体也开始介入城市的管理,新型商会与地方行政机构密切合作,在维持城市公益事业、治安、调解商业争端、反映商人群体利益诉求方面作用日益凸显。(Rowe,1984)国家与社会的交互领域也存在于集体化时期和改革开放时期,如村集体、村干部就不属于国家序列(如全民所有制、国家干部),也不是纯粹的民间组织和成员,而是介于两者之间的混合形态。

中国极具特色的正式与非正式相结合的司法传统在新中国成立后进一步发展为法庭调解制度。(黄宗智,2014b)区别于明清县官在法庭之外的调解,也区别于西方国家基于对抗性原则的诉讼制度,共产党发展了一种利用法庭调解民事纠纷的法律制度。这种以调解为中心的民事纠纷处理集中体现在离婚法的实践当中。对于有争议的单方面离婚请求案件,法官不是在法庭上直接判决,而是在庭外深入实地调查真相,与原告、被告双方谈话、沟通,甚至引入当事人的单位领导或有影响的人士做说服工作,尽可能促成双方"和解"。1980年的《婚姻法》正式将"夫妻感情"界定为婚姻关系的基础,感情破裂成为解除婚约的前提条件。这极具中国特色的离婚法实践,既承认婚姻自由的理念(同时也否定了旧式不平等婚姻,符合革命时期共产党对女性平等的诉求),又保留了法官(法院)进行调解的空间,是在新的历史条件下的创造性建构。这和延安时期陕甘宁边区兴起的"马锡五审判模式"有着相似之处。

马锡五作为陕甘宁边区的高级法官在审理民事纠纷案件的过程中,深入群众,调查研究,寻求解决纠纷的和解之道,以防止冲突的再次发生。黄宗智认为,这种民事法律制度应追溯到革命战争时期共产党的"群众路线"和重视"调查研究"的工作作风,当然和中国历史上重视调解的司法传统也有一脉相承的关系。

　　"第三领域"的概念引申出黄宗智提出的另一个分析概念:"集权的简约治理"(黄宗智,2008)。如同司法领域传统中国广泛依赖半官半民的非正式调解制度,中国的传统基层治理也是广泛利用非正式的准官员和简约治理,于是我们看到一个有趣的对照:一方面是皇帝专制权力的绝对性,所有官员均由皇帝任命,中央朝廷的权力高度集中;另一方面,不同于现代国家的官僚政府依靠正式化的公文系统、规章制度和法律条文,清代利用准官员和非正式制度治理社会,也就是说,在基层治理上高度简约。只要民间治理有序,没有重大社会冲突,县官并不干预,默认士绅的乡村治理,除了钱粮上缴和地方治安之外,更多的社会事务是委托准官员(如乡保)和士绅办理。到了民国时期,为了加强对乡村的控制,国家政权机构延伸到县以下,设立"区"一级政府。在自然村一级村长作为准官员身份管理村庄,与清代的乡保相比,民国的村长管辖范围更小了,只限于自然村,但职责扩大了,直接介入征税过程,但"简约治理"的模式仍然延续下来了:只要村民不告到政府,村长能够维持征税的指标,他就可以自行其是,政府不会加以干预。新中国成立之后,国家政权延伸到乡镇一级,通过党员和积极分子对村干部进行了强有力的动员和控制,但同样的,村干部不属于国家干部编制,村干部对村事务拥有很大的管理权。毛泽东时代以"民办公助"的方式大规模普及农村基础教育,就是"简约治理"的一种表现。所以,新中国之后我们看到了政府的"全能主义"和"科层化"(或官僚化)的扩张,但另一方面,在基层治理层面,非官僚化、非正式化仍然顽强地在起作用。

(二)我的诠释与引申

拜读黄宗智关于法律史的著述对我而言是一种震撼性的阅读体验。他基于实际发生的诉讼档案,既关注中国官方的法律表达、儒家理想,又深挖其司法实践的具体过程、特征与内涵,对照两者发现"说的是一回事,做的是另一回事,合起来则又是另一回事"(黄宗智,2007:3),真是妙味无穷。西方法律理论所重视的正式法律体系在中国只是冰山一角,非正式正义体系才是理解中国司法制度及其演化的关键。这是真正击破西方视角、看透中国法治传统的颠覆性视角。经过黄宗智的条分缕析,从明清、民国到新中国六十年,中国的司法传统源远流长,如同一条"生生不息"的暗河,被挖掘、呈现出来,它在不同历史时期呈现不同形态和内容,既有继承延续,也有创新突破。

理解中国的所有奥秘都在政府与市场、国家与社会之间。这些不被西方理论关注的"过渡地带"正是黄宗智的"第三领域"及"集权的简约治理"理论的着力点。官府主导的调停、社区主导的和解以及两者的交搭,这是西方语境里所不容纳的核心特征。我在过去相继提出了"行政发包制"(周黎安,2008[2017],2014,2016;周黎安、王娟,2012)、"官场+市场"理论(周黎安,2008

［2017］,2018），与黄宗智所揭示的"第三领域"和"集权的简约治理"理论有着共同的关切、高度的对偶性，同时又具有相当的互补性。下面我试图从自己的理论视角诠释和引伸黄宗智理论的丰富内涵。

我们从不同视角切入中国的国家治理制度。黄宗智的"集权的简约治理"更侧重在基层治理，从司法审判的实践与"第三领域"，再延伸到准官员在乡村治理中的重要作用，从中揭示出高层政府的权力集中和正式官僚化与乡村层面的"非官僚化""非正式化""简约化"治理的对照与结合，或者用黄宗智的术语，两者是一种"混搭"的关系。而我是从中央政府到地方政府的层级治理中发现了在上下级的权威关系中包含着重要的"发包"关系，如目标责任制的层层分解，下级政府作为承包方的自由裁量权，结果导向的考核机制，下级政府作为承包方"自筹经费"的重要义务。"发包关系"更接近于市场上的平等的协商谈判关系，这与正式官僚体制里的上下级等级权力关系既形成鲜明的对照，又奇妙地结合（混搭）在一起。相比上下级行政关系的正式性而言，政府内部的"发包关系"更是一种基于长期重复博弈关系的隐含合约、半正式化的制度安排，因此正式规则和程序的约束相对较弱。① 寓半正式化的发包关系于正式的行政科层制之中，从韦伯的科层制理想类型看显然属于一种"悖论性"现象，我称之为"集权—分权"悖论（周黎安，2008［2017］）。从"行政发包制"的视角看，"集权的简约治理"所强调的正式与非正式制度、科层化与非科层化的结合，不仅发生在

① 政府内部的发包契约作为隐含契约自然也不存在独立的第三方监督契约实施。

基层官僚机构与乡村的结合部,其实也发生在正式官僚体制内部,因此可以向上延伸和推广。只是在内涵上不再突出作为下级承包方的准官员身份,而是聚焦在职责任务界定、绩效考核和预算包干等方面的"简约治理"特征(如目标责任制、"河长制")。

从"集权的简约治理"所揭示的基层治理和司法实践的视角看,"行政发包制"落实在基层政府与乡村这个结合部上,就可以更进一步界定为"相机治理"(青木昌彦,2001)①:在明清时期,行政发包关系可以表现为只要不发生社会冲突或民事纠纷,基层政府一般不介入村级组织的事务,村长基本上可以自行其是;当出现民事纠纷时,县官优先启动或借助民间调解机制,让社区和宗族具体处理。只有当调解机制失效之后才采用正式的司法判决程序。到了民国时期,村长承担征税的职责,除此之外仍然延续传统的"简约治理";新中国成立后,村长承担了征税及其他的行政职责,但在具体执行过程中仍然享有"简约治理"的空间。

"相机治理"确实揭示了"行政发包制"的一个重要维度,上级发包之后不是"甩手不管",而是在正常情况下赋予下级承包方相当的自主权,这种自主权体现在只有出现重大"状况"时上级才介入和干预。"相机治理"也包含了两个看似矛盾又相互联系的方面:上级发包方对于承包方的控制权和对于后者的充分授权(或者默许其享有较大的自由裁量权)。这个"相机治理"的特征不仅发

---

① 日本大企业背后一般会有一家主银行(mainbank)监督企业的经营,采取的方式就是"相机治理"原则:如果企业经营情况正常,主银行就不介入,由企业自行决策;但如果企业经营出现严重问题(如亏损),主银行就会强行介入,直至企业经营恢复正常。(青木昌彦,2001)

生在基层政府与乡村之间,在多层级的政府之间也是存在的。

　　"集权的简约治理"所涉及的一些特征还可以借助"行政发包制"加以更清晰的界定。比如明清的乡保作为准官员在基层政府与乡村社区之间扮演中介和协调角色,民国和新中国成立后准官员系列就变成了自然村或行政村的村长。首先,我们看到了乡村事务承包方的准官员在不同历史时期是变化的,这正对应着行政发包制的组织边界的伸缩(周黎安,2016),背后涉及不同时期国家的财政资源汲取能力等因素的影响。我定义的行政发包制的边界是由承包方是否处于政府内部的晋升序列以及所受的行政约束决定的,而处于"体制之外"(非国家干部序列且不具备晋升机会)是"准官员"更精确的含义。其次,准官员在履行政府赋予的职责(如征税、征粮、缴费)时是自己负责办事经费的筹措,他们甚至没有薪酬(如明清时期),或者由村庄自筹解决(新中国成立后),这反映了"行政发包制"的核心特征之一,即承包人在接受发包人的任务安排的同时,还需要自筹经费(当然,以此作为交换,政府可能给予他们或默许他们拥有一些获取利益的空间)。

　　另外,婚姻、土地、财产等民事纠纷在明清政府统统归结为"细事",与刑事案件和行政事务相比处于地方官的"边缘"事务,地方官员也因此享有更多的审理权,这与行政发包制理论的解释也是一致的。刑事案件的处理要受到上级政府更严格的监督和控制,死刑的判决只有朝廷可以做出。司法审判依据案件所涉统治风险的差异而赋予县官(法官)不同的决策权和自由裁量权,反映了发包方在决定行政发包的范围和程度的时候既要考虑管理和监督成本的节约,也要考虑发包所可能引发的统治风险。在其他条件不变的情况下,地方事务的统治风险大小决定了中央对地方政府行政发包的程度,统治风险越大,中央越是倾向于集中控制,地方官员的权限就越小。(周黎安,2014:20—22)

对照西方形式主义法律基准,黄宗智揭示了中国"一以贯之"、特色鲜明的司法传统。首先,法官(县官)正式的司法审判与民间调解混搭,形成"第三领域",到了新中国演变成了法庭调解的独特形式。发展到了当今,就是将司法判决与经济发展、社会维稳结合在一起的"综合治理""源头治理"思路。其次,在正式的法律体系之中,与西方以权利为中心建立的法律体系相比,中国的法律规定与审判实践渗入诸多法律原则之外的社会因素。例如,在土地交易方面,明清时期法律规定的"典卖"或"活卖",即允许土地出让人在未来无限期按初始价格"赎回"的权利,以防止土地兼并和小农失去土地,这在西方(如德国法典里)是不存在的;对于"无过错"判例,无过错一方也必须对受害方支付一定的赔偿;中国的离婚判决以"夫妻感情"为主要依据;将子女"赡养老人义务"直接写入法律,且在司法判决中最大限度保证"老有所养"目标的实现。

我们需要进一步追问的是:如何理解中国司法传统的延续性?它只是一种自然的历史惯性还是具有更深层的逻辑,使之在相似的环境下不断"再生产"出来?如果是后者,深层逻辑和相似环境究竟是什么?黄宗智(2001[2007]:179—190)借助于韦伯的"实体理性"和"世袭君主官僚制"的概念对清代法律制度的性质做了很有启发意义的探讨。① 中国传统司法体系确实区别于西方形式主义的法律体系,但也并非如"卡地法"那样的"非理性",它体现了统治者的意志、儒家道德理想等"实体"特征(如清律的"律"),但也在解决实际法律问题时提供了可预期性和恒常性(这是理性的重要特征)的指导(如清律当中内容丰富的"例")。

如果从我的行政发包制理论出发,中国司法传统呈现上述特征则根植于如下基本事实:中国的地方政府(地方官员)是地方事务的"总承包方",司法只是地方行政的一个环节和部门,从古到今这个特征一直未变。中央政府考核和问责地方官员是按照"属地管理"的原则,任何事情出现在地方官所辖的属地,都是地方官的职责。(周黎安,2008[2017])县官在审理司法案件、解决民事纠纷的时候,不能仅仅满足于法理推断和"按章办事";他的身份不是一个专业法官,而是一个兼法官、县官等多重职责于一身的"父母官"。如果司法审判之后,当事人对判决不服,或者纠纷源头没有得到有效治理,纠纷迟早还会爆发,当事人还会告到官府,解决纠纷最终还是县官的职责。社会稳定和治安状况从古到今都是中央

---

① 韦伯提出的"世袭君主官僚制"是介于世袭君主制(或世袭家产制)与现代理性官僚制之间的混合形态。(Weber,1978)黄宗智(2001[2007])引入"世袭君主官僚制"的概念解释中国清代的行政与司法制度,强调皇帝的绝对权力(以及县官在属地的绝对权力)在行政系统执行过程中也必然遇到官僚规章和程序的制约,儒家的"仁政"必须在执行层面履行法家的成文规则,处理现实中纷繁复杂的"细事",由此造成了世袭君主制与官僚制之间相互依赖又相互冲突的矛盾关系。法律表达与实践的联系、背离也是如此。黄宗智从皇帝绝对权力、儒家理想与现实执行的官僚规则、成文体系之间的互动与冲突解析中国的司法和行政制度,而我的行政发包制从国家治理的视角强调中国上下级的官僚制内部如何嵌入了一个层层分包的体制,这里也有中央官僚规则与地方变通实践、集权与分权、"律"与"例"之间的抱合与背离关系。

政府考核地方官的重要绩效指标(明清州县官面临的两项硬性职责就是钱粮上缴和维持治安)。在这种情况下,社会综合治理是解决社会纠纷的最高境界和原则,而司法审判只是其中一个工具和环节而已。(周黎安,2008[2017]:317—318)古代司法判决最重要的目标是"息讼",民间调解也是寻求妥协、和谐,而不是拘泥于当事人的权利保护(哪怕是隐含的权利保护),这都是站在统治者的视角看待民事纠纷的解决之道。这个综合治理的原则既体现在中央(朝廷)制定法律之时(如律与例的并列),因为基层发生的统治风险不得到及时有效治理,最终一定会汇集到中央层面,对政权造成威胁,也体现在县官司法审判的实践当中(如情、理、法的兼顾);而且越是到了具体处理民事纠纷的县官层面,因为"属地管理"的压力,综合治理的逻辑就越突出(如优先动用民间调解)。

在西方国家,司法与行政的分离使得职业法官(法庭)可以独立判案,严格按照法条和程序审理。基于权利的形式主义法律体系及其实践,严格在司法审判中贯彻权利的形式主义逻辑,一定是建立在司法独立的基础之上。而在中国逐级的行政发包制之下,社会稳定的目标势必"倒逼"司法审判统筹兼顾法律之外的因素,地方官员全方位的承包任务和统治风险的考量使得"综合治理逻辑"高于"法律逻辑",或者说"法律逻辑"必须最大限度与"综合治理逻辑"结合在一起解决民间纠纷。前述中国特色的司法实践都可以理解为"社会综合治理"思路的具体体现,旨在最终减少民间纠纷,济贫纾困,维护社会稳定。在明清时期法官优先鼓励民间调解,利用法庭审判的威慑促成和解,因为只有这样处理的结果是"源头治理",实现"一劳永逸"的社会治理目标。

　　中国司法实践的"第三领域"对国家与社会的"二元对立"观念、"公民社会"的西方研究范式构成了有力的挑战。我在研究行政发包制的组织边界的文章中曾经指出,从行政发包序列看,中国从国家到社会是一个连续的光谱,西方意义上的国家和社会概念难以适用于中国。(周黎安,2016)从历史上看,随着明清时期的"官吏分流",胥吏从国家的官僚晋升序列排除出去,名义上在"衙门之内",其实是"体制之外";他们与州县官的关系从政府内部上下级的"行政发包"(我称之为"行政内包")变成了"行政外包"关系。在基层政府与乡村之间,官府将许多公共事务(如修路、救济、教育)外包给士绅,以此士绅可以获取一些名誉和特权(如税收豁免)。士绅承担国家公共事务本身就是"社会国家化"的体现,而官府与士绅(包括乡保)的关系作为一种"行政外包"关系其实又附加了一些国家的吸纳与控制,不管是捐官、科举还是特权,都是对"士绅"的吸纳,使之与政府发生密切联系(当今很多民营企业家等社会精英成为人大代表和政协委员)。"行政外包"关系又被赋予了"体制内"的一些色彩,我称之为"行政外包内包化"。于是我们看到了从中央到地方、从国家到社会,是一个"行政内包"逐渐向"行政外包"过渡的连续过程。但与此同时,国家与社会的"行政外包"又被纳入到国家控制的轨道上[1],因此在国家与社会之间接近于"无缝对接",根本就无法划定一个清晰边界,而只能看作国家与社

---

[1] 黄晓春、周黎安(2017)在研究近年来街道与社会组织关系的演变中发现了"行政借道社会"的现象。一些社会组织的涌现看似是"公民社会"成长的证据,但其实是街道政府为了解决体制内预算灵活性不足而"创立"的一些貌似社会组织,实为基层政府功能延伸的准行政组织。

会交搭的"第三领域",与"公共领域""公民社会"严格区分开来。半官半民的司法判决与民间调解的混搭、准官员在国家与社会之间的穿梭协调就是国家与社会"无缝对接"的具体表现。

我的另一项研究考察了中国改革开放以来形成的"官场+市场"双重竞争模式(周黎安,2008[2017],2018)。官场竞争是指不同地区的地方官员之间围绕着政治晋升而相互竞争,市场竞争是指不同地区的企业之间在市场上竞争,而"官场+市场"竞争是指,一方面,地方官员的晋升竞争在相当程度上取决于辖区经济绩效(如GDP和财税增长、招商引资)(周黎安,2004,2007;周黎安、李宏彬、陈烨,2005;Li and Zhou,2005),地方官员在官场竞争的命运取决于辖区企业在市场上竞争的结果;另一方面,地方企业参与市场竞争也得到了地方官员的强力支持与协调。在"官场+市场"双重竞争机制的作用下,辖区内部地方官员与地方企业通过正式和非正式的网络密切合作,优势互补,合力打造本地区有市场竞争力的企业和产业。辖区内政企合作的效率(包括政治企业家与市场企业家的匹配)最终决定了该地区经济增长的水平和可持续性。辖区内政企的密切合作既不是简单的政府干预,也不是简单的市场调节,而是政府与市场之间交互作用的"第三领域",与黄宗智所强调的国家与社会之间的"第三领域"相映成趣。如果说司法判决与民间调解的交互和混搭开创了民事纠纷的中国式解决机制,最大限度地发挥了政府对于民间社会的巨大影响力和社区宗族自身的协调力,那么在政府与市场之间的"第三领域",面临政治竞争和经济竞争的双重压力的地方政府(官员)与地方企业密切互动,优势互补,最大限度地撬动了政治企业家和市场企业家的创新精神,促成政治精英与经济精英的合作效应,为经济发展和对外开放打造了中国式的解决方案。

　　从西方的形式主义法律体系看,中国式的司法判决与民间调解的结合是一种"非理性"的实体性"卡迪法"(黄宗智,2001[2007]:180),其间可能夹杂着"是非观"的模糊化和对当事人权利的侵犯。然而,以权利为中心的法律体系也导致对抗性诉讼和高昂的律师成本,最终也让很多民事诉讼通过庭外和解结案。同样,中国改革开放以来,在"官场+市场"作用下的政企合作也经常被贴上"政企合谋"的标签,被认为是一种最终要通过重新划定政府与市场的边界消除的"弊端"。这种认识的一个重要理论背景就是,主流经济学范式习惯于认为政府和市场具有明确清晰的边界,"上帝的归上帝,凯撒的归凯撒",政府提供一些基本的职能之后就应该"退场",交由市场完成经济的调节功能。这是典型的"二元对立"、非此即彼思维的表现。我所揭示的"官场+市场"双重竞争机制的"混搭"已经使得政府与市场的传统分析概念在地区层面上不再清晰可见,也不再具有真正的分析意义了。在转型国家,民营企业经常面临不完善的法治环境,政府对企业的掠夺行为时有发生(Frye and Shleifer,1997),中国也不例外。我在相关论著里曾经细致分析过,在"官场+市场"的双重竞争机制之下,地方企业获得了良好的基础设施、产业集聚和营商环境,紧密的政企合作有助于克服地方政府可能扮演的"掠夺之手",使之转化为"帮助之手"。(周黎安,[2008]2017,2018)虽然不可否认政企合作当中有"政企合谋"和腐败寻租的情形发生,但是防止辖区内地方官员与地方企业的紧密合作蜕变为纯粹的政企合谋或寻租行为的关键是他们面临来自外部辖区地方官员和企业(包括全球企业)的激烈竞争。政企合作以及使之有效的双重竞争机制是中国实现高速经济增长的制度基础,对主流经济学关于政府与市场的简单化论点提出了有力的挑战和质疑。①

四、中国农业史与乡村经济

(一)黄宗智的研究

关于农业史方面,黄宗智研究的主线就是数百年来中国特有的人口压力与家庭生产的顽强联结。当中国抵达现代化和工业化入口之时,中国大陆人地关系的紧张程度远超工业革命前夕的英国,也显著高于经济起飞之初的日本、韩国和中国台湾。人口压力与小农家庭的特征(生产与消费合一,劳动力无法辞退)结合在一起,决定了华北和长江三角洲农户劳动力的密集投入和农业"内卷化"。② "内卷化"或"过密化"是指,单位土地产量的不断提高对应

---

① 不仅中国的经济飞跃见证了政企合作对于经济发展的关键性作用,事实上,紧密的政企合作同样也是东亚经济成功的奥秘。速水佑次郎、神门善久(2009)认为,东亚成功的源泉在于政企的有效合作。日本、韩国和中国台湾地区虽然形式各异,但都发展了政府与大企业的关系。这种合作关系更像合作式国家(地区)或"准内部组织"。这些国家和地区基于统一发展规划,鼓励最具管理才能的官僚精英通过正式和非正式的网络指导商业活动。维斯和霍布森(Weiss and Hobson,1995)把英美制造业的衰落归结于两国政府与企业相互敌视的文化,导致政府和企业之间缺乏合作,最终输给了政企合作成功的竞争对手(如德国和日本)。

② 关于华北小农和长江三角洲的研究,黄宗智均是建立在翔实的微观数据和调查资料之上,如日本"满铁"调查资料、地方志和作者本人的实地回访。

的是家庭劳动力边际报酬的递减,甚至低于满足一个劳动力基本生存的口粮水平。对于家庭来说,劳动力不可辞退,当不存在外部收益机会的时候,就属于"沉没成本"的范畴,此时家庭经营的"理性"就是最大化土地上的总收入,直至劳动力的边际报酬降至零为止。这确实刻画了中国传统农业所处的"高水平均衡陷阱"的主要特征:在明清时期,每亩产量就已经达到了惊人的历史高位,但是农民仍然生活在极端贫困、勉强糊口的状态之中。黄宗智将农业的"过密化增长"称之为"有增长无发展",揭示了这个问题的内在本质。(黄宗智,1986)在长江三角洲,在种植业体现的"过密化"或"内卷化"的增长逻辑进一步表现为家庭副业的发展,棉、桑、蚕三位一体,以及家庭手工业的兴盛,织布、纺纱、缫丝三位一体。家庭将辅助劳动力(妇女、儿童)或成人劳动力的农闲时间投入到劳动密集型的副业和手工业,可以带来家庭总收入的增加,但劳动力单位时间的经济报酬仍然是下降的,低于劳动力在种植业的单位时间收益。在全国性粮棉、织布和生丝市场日益发达的背景下,长江三角洲的农业"过密化"延伸为家庭集农、副、手工业于一体的乡村经济的"过密化",所以仍然是"有增长无发展"的情形。(黄宗智,1992)

在新中国成立后的集体化时期,农村的人口压力有增无减,虽然大规模的工业化和城市化吸纳了一部分农村劳动力,但在三十年内农村人口仍然经历了显著的增长。集体化时期传统的家庭生产让位于人民公社、大队决定农业生产和分配,传统农村的商品经济让位于计划经济。人民公社借助共产党的动员能力和农业科技进步,大力发展水利灌溉,加大良种、化肥等现代投入,这无疑有助于提高农业劳动生产率。然而,在人口压力之下,"过密化"的逻辑仍然清晰可见:密集化的劳动投入,包括最大限度地动员妇女参与劳动(明清时期受传统文化的影响,妇女一般不参与农业生产)。从人民公社的角度看,公社社员仍然属于不可辞退的劳动力,最大化土地总产出仍然是其生产目标,而这与国家试图最大化粮食征购量的目标高度一致。中华人民共和国成立后三十年,农业总产出扩大了3倍之多,但劳动生产率和人均收入几乎没有提高。(黄宗智,1992)

进入改革开放时期,联产承包责任制取代了集体化生产,农村又回归到家庭生产的基本形态。虽然主流文献特别强调"分田到户"对于农业增产增收的巨大贡献,黄宗智基于历史的深入考察指出,"分田到户"带来的激励效应对于改变农业"过密化"的困局、提高农民收入的作用不应夸大。也就是说,如果不改变农村农业面临的人口压力,历史上顽强延续的"过密化"问题不会奇迹般消除。从这个视角出发,改革开放时期为农业农村问题带来真正转机的是乡村工业化和新副业,这些外部高收益机会的出现吸纳了大量的农村剩余劳动力,第一次在中国历史上开启了农业"去密化"进程。

当我们以为黄宗智所揭示的"过密化"逻辑随着当今农村"去密化"进程逐渐消失的时候,"过密化"逻辑又以新的面貌出现了。中国历史上人口压力与"过密化"的联结点是家庭式生产。在传统的小农经济条件下,家庭以确保全部人口的生存为目标最大限度地在有限土地上投入所有可支配的劳动力和劳动时间,包括家庭所有的辅助劳动力和可支配的闲暇时间,"过密化"体现为农业生产的"家庭化",商品化条件下种植业、经济作物和手工业"家庭化兼业经营"。到了今天,中国经济的日益市场化、工业化和全球化并没有带来我们所期待的"二元经济"的消失,农民进城打工,相当一部分受雇于劳动法保护范围之外的民营企业,或者不缴纳社保。人口压力下的家庭化生产在中国宏观层面上演化为庞大的"非正规经济"和"非正规工人"的存在。(黄宗智,2014a)农村大量的农民"半工半农",大部分时间在乡镇企业或附近城镇打工,工作之余在家乡务农。即使进城打工的农民工,在家庭层面上也是壮年劳动力在城市务工与辅助劳动力(老人、妇女、儿童)在老家务农的结合。"公司+农户"的模式背后其实是商业资本与小农的家庭生产的结合。关键的是,这些"非正规工人"中的绝大部分处于国家法律保护范围之外,游离在灰色地带,薪酬和福利待遇皆低于城市正规工人的水平。

更有趣味的是,随着上述研究主线的不断伸展,我们看到的是中国经济现代化进程不断呈现的"悖论式事实",对西方经典理论的解释和预测提出了一系列的挑战(黄宗智,1986,1992,2014b)。亚当·斯密认为,自由贸易和市场范围的扩大会带来分工和专业化,提高劳动效率。英国的工业革命的经验确实表明,市场化的进程促进了手工业生产从农业脱离出来以及专业化市镇的兴起。明清以来中国农村的商品市场和要素市场逐步形成,也导致了粮食区和棉花区的分工生产体系,但在家庭生产层面,我们看到的却是"兼业化生产",种植业、经济作物与手工业日益牢固地结合在一起,与此相伴随的是劳动生产率的下降。马克思预言,资本主义的发展会导致雇佣劳动的资本主义大农场的兴起;国内20世纪50年代研究中国封建社会"资本主义萌芽"的学者隐含地假定,雇佣劳动关系的存在意味着在合适条件下中国将发展出资本主义生产方式。然而,长期以来中国土地市场的交易一直非常活跃,家庭式小农场却一直占据主导地位(华北以雇佣劳动为主的经营式大农场不超过10%,参见黄宗智,1986),即使局部地区的家庭农场出现了雇佣劳动(其实主要是短工),经典理论所期待的资本主义大农场作为一种主要的生产方式并未出现。家庭经营代理人成本低(基本不耗费监督成本),同时利用机会成本为零的家庭辅助劳动力成功战胜了雇佣劳动的大农场。舒尔茨认为,传统小农是理性的经济人,对外部市场信号的反应是灵敏的,在给定的技术约束条件下,对农业资源的配置也是有效率的,在农村并不存在剩余劳动力。(Schultz,1964)在这个意义上,传统小农经济是一种低水平但有效率的均衡,因此改造传统农业的关键是引入新技术(如现代性投入)和放松资源约束。中国在当今存在的大量"非正规工人"和"非正规经济",一部分农民在农村"半工半农",一部分农民工在城市"隐蔽"在不受法律保护的"非正规部门",这是刘易斯的"二元经济"理论所无法预测的结果(Lewis,1954),而"非正规工人"和"非正规经济"引发了中国特有的社会阶层分化和收入差距问题。

(二)我的解读与引申

黄宗智的研究深刻地表明,人口和土地的关系是中华文明的底层决定因素,小农经济、城市与乡村、国家治理的特征及其演变的密码均来自中国特殊的人地关系。最为奇妙的是,人口压力下的"过密化"逻辑贯穿数百年,一直绵延到新中国的集体化时期和经济转型期,每个历史时期表现形态各异("过密型商品经济",农业、副业、手工业一体的"生产家庭化",妇女广泛参与劳动,"非正规工人"与"非正规部门"),然而"万变不离其宗"。由此引申的结论就是中国"三农"问题的出路乃至于中国现代化的出路在于"去过密化"[①]。我尤其惊叹于黄宗智所深刻剖析的从明清农业和农村的"过密化增长"到当代"非正规部门/工人"的经济社会变迁背后的顽强传承。"非正规工人"和"非正规经济"的概念超越了传统上所划分的工农差异、城乡差异、白领—蓝领差异、资本家—工人差异,而是两大社会群体的收入和阶层差距。只有从这个视角看问题,我们才能真正理解"农民工"的深刻内涵:看似工人,其实是农民;看似农民,其实又是工人;农民的身份支持了工人的职业,工人的职业又支持了农民及家庭的生计,两者"水乳交融",缺一不可。他们完全构成了"另外一个中国",这是中国现代化过程中的真正具有特色的现象与问题。目前主要在"二元经济"理论架构下思考问题的国内主流经济学家基本忽略了"非正式部门"和"非正式工人"的存在,他们如"隐性人"一样,国家出台的绝大部分政策也覆盖不到,这不得不说是一个重大缺失。

一个好的理论一定是逻辑简约和内涵丰富的完美结合。黄宗智的理论跨越如此漫长的历史时期,却呈现出如此简洁深刻的内在逻辑,解释了如此丰富多样的经济社会现象(如"过密化增长""过密型商品经济"、城市繁荣与乡村贫困并存、生产家庭化、无城

[①] 黄宗智(2009)从"去过密化"的视角详细解释了中国21世纪初以来所发生的"农业隐性革命"。

镇化的工业化、非正规部门/工人、"半无产化"现象,等等)。

接下来我想重点解读和分析的是黄宗智研究的两大主线之间的潜在联系。目前这两条研究主线时有交叉和重叠,比如研究华北小农和长江三角洲的经济社会变迁也涉及乡村结构和国家政权的关系,研究乡镇企业的兴起也强调乡村干部的介入,近年来的著述更是从政治经济学的角度讨论了中国国家治理与中国特色的土地制度、非正规部门与区域经济增长的关系。我认为两者之间背后所隐含的深刻联系还有待于进一步揭示。

黄宗智深入解析的两条主线实际上是高度关联在一起的两个方面:市场化下的小农经济及其现代化转变与国家治理体制、国家能力。过去三十多年经济学和政治学的研究文献高度关注国家治理和国家能力如何促进传统经济的现代化转型和经济起飞。(Mann,1986;Migdal,1989;Evans,1995;Weiss and Hobson,1995;Besley and Persson,2011;福山,2014)我自己的研究也是聚焦于官员激励和国家治理对中国经济的影响。在这样的学术背景下,我们很自然会追问如下问题:为什么在中国历史长河中,人口压力之下传统经济"内卷化"和集权的简约治理长期并存?它们之间是怎样的关系?当西方列强用武力强迫中国打开通商大门,廉价的工业品和消费品输入中国市场,现代民族工业蹒跚起步时,农村却继续陷入"过密化"的泥潭,晚清开启的现代化和工业化(如"洋务运动")基本上以失败告终。相比之下日本在明治维新之后迅速推动工业化和现代化,为什么两国的变革命运相差如此悬殊?为什么农业和农村的"过密化"问题在集体化时期一直延续,到乡镇企业崛起后才得以缓解?为什么工业化和现代化在改革开放时期才真正得以飞速发展？这些问题非常重要，也很复杂，本文无法系统回答，但都涉及黄宗智所揭示的两条主线之间的内在联系。下面我试图从自己的理论观点连接这两条主线，限于篇幅，只做一些概要的阐述。

迈克尔·曼引入"专制权力"与"基础权力"两个维度分析国家能力的强度。（Mann，1986）维斯和霍布森将中华帝国作为"专制权力强"与"基础权力弱"相结合的一个经典案例：中央朝廷的专制权力强大，但对社会的渗透力极为有限，体现为汲取财政资源的能力不足。（Weiss and Hobson，1995）这被他们归结为中国早期现代化失败的重要制度原因。

与中华帝国治理的"强专制权力与弱基础权力"这个现象描述相比，黄宗智的"集权的简约治理"似乎更为准确和深刻。维斯和霍布森强调的"基础权力弱"更像是一个结果，而"简约治理"更接近于一种选择，即官府不想直接介入，而是借助于准官员和民间社区以更低的成本更好地实现政府的目标，如征税、治安、救灾等。更关键的是，"简约治理"是对于传统农业和乡村经济的人口压力和"过密化"的一种理性反应：虽然乡村人口庞大，但在过密化的局面下每家农户的农业剩余在缴纳地租之后所剩无几，因而支撑不起一个靠重税负运转的大政府。历朝历代皇帝的"轻徭薄赋"政策也是对农业"过密化"的必然反应。过密化农业之下极为脆弱的农业剩余为官府和胥吏施加苛捐杂税提供了一个可容忍的临界值，在这个临界值之内帝国的繁荣（如城市的繁荣）与乡村的贫困可以并存，超过这个临界值将引起农民造反。可以想象这是一个脆弱的平衡，因为协调失败，灾害、战争和官员腐败无度都有可能演变成"压死骆驼的最后一根稻草"。因此,由人口压力推动的"过密化"之上只能是"专制权力强"与"基础权力弱"的组合,或者说,"集权"与"简约治理"存在内在呼应关系,连接两者的是"过密化增长"的传统小农经济。①

明清时期的农村经济就已经高度市场化了,而19世纪中后期帝国主义入侵更进一步将中国的传统经济纳入世界经济的体系之中,市场化程度进一步加强。为什么农村经济仍然是"过密化"增长,劳动生产率的系统提高却没有发生? 正如黄宗智所揭示的"过密型商品经济"所表明的那样,这是人口压力与农村家庭生产相结合的必然产物,家庭低廉的劳动力(包括辅助劳动力)实际上阻碍了以雇佣劳动为主的大规模农场的出现,也阻碍了节约劳动力的技术创新。当然更根本的原因是城市(包括农村)工业化的有限规模,未能充分吸收农村的剩余劳动力。所以,黄宗智所揭示的如"过密化增长""过密型商品经济"的悖论性现象不仅直击西方经典理论的局限,而且还隐含了进一步发问和探索的空间。

我们进一步追问:为什么中国近代的工业化未能像明治维新之后的日本那样出现飞跃式发展? 表面上看,过密型商品经济意味着有限的农业剩余,无法支撑工业化所需的资本积累,但考虑到地主获得的地租(分成比例可占到农业产出的一半),其实可动员的农业剩余还是可观的。明治维新的日本就是课征地主的租税获得重要的资

① 韦伯强调"世袭君主制"为了防止地方分权化和封建化带来的中间层次过多而失去控制,刻意维持一个低的社会渗透力。(参见黄宗智,2001[2007]:179—190)明清时期的中华帝国"王权不下乡",受到的约束应该更多来自小农经济的"过密化"而不是防止地方失控。

金来源以推动工业化。(速水佑次郎、神门善久,2009)问题不是出在
缺乏农业剩余,而是能否从地主手中获得这部分的剩余。以当时帝
国简约治理所具备的汲取能力,这显然是无法实现的。民国时期国
家政权深入乡村,乡保、地方等准国家官员变成国家征税的"赢利经
纪人",结果只是导致国家政权的"内卷化"。(杜赞奇,1995)

　　国家的汲取能力——这是强调国家能力的政治学者极为看重
的维度——不是问题的全部。新中国的成立彻底改变了中国"基
础权力弱"的局面,国家政权高度渗透于社会的每个角落,也深入
乡村,每一个干部、工人、村民都在国家的控制和动员范围之内。
中国国家治理的"基础权力"和资源汲取能力达到了空前的高度。
首先,国家通过"统购统销"、工业品与农产品的价格"剪刀差"将农
业剩余最大限度再分配给了城市的工业化和居民消费。新中国成
立前地主获得的地租现在变成了支持工业化和城市化的农业剩余
和资本积累。其次,集体化时期国家强力推动的水利工程、化肥和
良种的普及提高了农业劳动生产率,也在一定程度上增加了农业
剩余和资本积累,支持了中国的工业化。但是,这一切没有在根本
上改变集体化时期农业的"过密化"问题,农民生活水平的改善极
为有限。这背后的原因是,计划经济时期工业化虽然取得重要的
进展,但是以资本密集型为核心的重化工业化战略,加上僵化低效
的计划经济体制和封闭经济,导致工业化对农村经济的辐射和剩
余劳动力的吸纳不足。另外,新中国成立后农村医疗条件的改善
导致了农村人口爆炸式增长,农村和农业的人口压力有增无减。

　　于是,从明清至民国,我们看到了过密型商品经济与集权的简
约治理(国家基础权力弱)并存。新中国前三十年则看到了另外一

个组合,即国家权力的社会渗透性和资源汲取能力飞跃式提高、计划经济与农业过密化并存的局面。黄宗智的分析一方面直接否定了亚当·斯密和马克思所预言的市场化(商品经济的发展)一定导致专业化分工、生产效率的提高(资本主义大规模生产方式);另一方面,如上述分析所表明的那样,也隐含地否定了国家治理与国家能力本身决定经济发展的观点。

黄宗智的分析,包括日本等东亚社会的经验,均表明解决中国农业和农村的"过密化"问题的出路是让农村大量的剩余劳动力转移到劳动生产率更高的经济活动,同时加强农业基础设施建设,通过现代投入和现代科技"反哺"农业。一切真正的突破是在中国市场化改革之后,尤其是乡镇企业和新副业的兴起、中国加入世贸以及中国制造在全球经济的崛起,这些力量综合在一起终于将两亿多剩余劳动力吸引到城乡工业领域,吸引到高附加值的新副业,而农业科技的进步、现代投入的增加(良种和化肥的投入)也直接提高了农业生产率,迎来了"有发展的增长"的新局面。

表面上看,中国的经济发展获得历史突破的决定性力量是市场化改革和融入全球化,但这不符合历史的观察。事实上,当国家治理存在结构性缺陷的时候①,市场化和全球化没有给中国带来实

① 日本自明治维新以来,国家层面通过"顶层设计"的方式完成了一系列的政治、经济、司法、军事制度的改造,大规模普及教育和发展现代工业,依靠对地主征收的租税推动现代化和工业化。与此相对照,晚清"戊戌变法"之后,清政府开启"新政",引入"新学",但资源动员能力和制度改造能力极为有限。新政实施的后果是破坏了传统的基层和乡村治理,士绅演变成"土豪劣绅"。(杜赞奇,1995;Kuhn,1970)"洋务运动"主要依靠少数地方官员(如李鸿章、张之洞)勉力推动,毕竟缺乏国家层面的系统支持和协调配合,最终成效甚微。

质性的经济发展(黄宗智分析的过密型商品经济就是最集中的表现);而当国家能力跳跃式上升,但经济"去市场化",实行计划经济体制的时候,经济发展水平仍然落后,农业和农村的"过密化"问题依旧。只有当中国补了国家能力这个短板之后,承接计划经济留下的完备的工业基础,借助政治锦标赛、经济市场化和融入全球化启动"官场+市场"双重竞争机制,中国经济发展的局面才得以彻底改变,数百年来农业和农村的"过密化"问题终于开始破局。

这些观察又引出了几个需要进一步回答的问题:第一,改革开放以来国家治理和国家能力层面相比前三十年有何继承和创新?第二,中国国家治理、国家能力的改善如何与经济的市场化和全球化兼容互补? 第三,工业化的成功为什么需要国家能力、国家治理与市场化、全球化的联合支持才能获得突破性发展?

关于第一个问题,我们需要注意到,虽然计划经济体制充满各种弊端(尤其在微观层面),但经济规划的架构与方法(如经济发展指标的编制与实施)到了改革开放时期仍然得到了一定的继承和改良,最终演变成指导性的经济社会规划,以及从中央到地方的产业政策体系。长期的计划经济实践也把各级政府改造成围绕经济发展目标运行的强大组织,塑造了层层动员能力和政策执行力。基层政府深入乡村和街道既有助于维持社会稳定,也便于政策执行和资源汲取。计划经济时期毛泽东主导的几次大规模经济分权也为中国塑造了中央集权与地方分权相结合的国家治理体制,为改革开放之后进行的大规模地方分权奠定了基础。(Qian and Xu, 1993;白惠天、周黎安,2018)更重要的是,改革开放以来经济发展变成党和政府的中心工作,各级地方官员围绕着区域经济发展进行锦标赛竞争,前三十年塑造和培育的政府组织动员和政策执行的能力被最大限度地激活,各级政府也最大限度地聚焦于经济发展,地方政府为实现经济发展目标而进行"公司化"运作。[1] 20 世纪 90 年代中期以来,借助于"分税制"等改革措施,中央的资源再分配能力显著加强,对改善中国的基础设施,减少地区差异,建立全国性的医疗、养老和失业保险制度功不可没。

第二个问题涉及强政府与市场化的兼容互补的问题。经济学的主流理论更支持一个有限政府与市场经济的兼容,而强政府因为缺乏可置信的承诺能力对产权和市场的正常运行构成威胁(North and Weingast,1989;Weingast,1995),也是就说,强政府与市场化内在难以兼容。我的"官场+市场"理论基于中国地区竞争和经济发展的实践给出了一个系统解释,说明在地区层面两者其实可以有效结合在一起。(周黎安,2017,2018[2008])这里关键的一点是,地方官员之间围绕着经济发展绩效进行官场竞争,而官场竞争又镶嵌于企业间的市场竞争和全球竞争的环境之下。在双重竞争机制互动的情况下,强有力的地方政府只能将其强大的组织能力、动员能力、资源汲取能力最大限度地用于促进辖区经济发展,而市场竞争(尤其是物质和人力资本的跨地区流动性)迫使握有"合法伤害权"的地方官员承诺有效保护辖区企业的产权。在双重竞争机制下,正是区域经济的市场化(包括全球化)约束了地方官员的"掠夺之手",催化了其"帮助之手",激活和提升了其国家治理

---

[1] 现有关于国家能力的文献更强调官僚(国家)自主性、资源汲取和政策执行能力,但缺乏对相关政治代理人(政治家和官僚)政治激励的关注。没有政治激励的"催化""聚焦"和"赋能"作用,潜在的组织动员和执行能力只能处于闲置状态。

能力;也正是与经济绩效挂钩的官场竞争推动了地区经济的市场化和全球化,促使地方官员将国有企业"改制"(如"抓大放小"的国企改革),吸引具有竞争活力的民营和外资企业,鼓励出口,扩大对外交流,采取措施增强劳动力、资金和技术的流动性,提高生产要素的配置效率。外部市场竞争越是激烈,辖区内部越需要寻求政府与市场的优势互补,政企合作也就越是紧密和有效。在这个意义上,中国的经济增长故事提供了一个区域层面上强国家与市场化、全球化相互促进的案例。

为了回答第三个问题,即成功工业化对于国家能力、国家治理与市场化、全球化的共同依赖,我首先需要提供一个重要的事实背景。罗德里克(Rodrick,2013)、麦克米兰等(McMillan,Rodrick and Verduzco-Gallo,2014)基于实证证据提炼了如下两个基本观察:第一,经济发展的本质是结构性转变——从传统、低生产率活动向现代、高生产率活动转变的过程,这两者在地理布局、组织和技术特征上存在显著差别;第二,从历史上看,工业化和制造业出口一直是经济快速、持续增长最可靠的阶梯。一国维持较高的制造业比重是保持经济增长的关键,但收入低或增长缓慢的发展中国家制造业比重通常比较低。与后一个观察相一致的事实是,经济发展成功的国家(地区)几乎都是在全球化背景下工业化成功的国家(地区),如18世纪至19世纪的西欧、美国,二战后的南欧、日本、韩国、中国台湾和中国大陆,非洲、拉美、东南亚则是制造业的失败者或相对失败者,英国的长期衰落也是源于制造业的衰落。(Weiss and Hobson,1995)

为什么制造业和出口导向对于经济发展如此关键? 相比传统

的农业和服务业,制造业的发展需要一系列较为苛刻的条件,如基础设施(运输、通信、电力设施),资本密集型投入需要大规模的融资支持,依靠研发、新技术引进改良推动技术进步和产业升级,产业需要在空间上的集聚以促进企业效率提升,还要有大量的受过教育和有技能工人的存在①。但一旦成功,制造业的产业和技术溢出效应远比农业、服务业强(如"反哺"农业、刺激为制造业提供技术和产业支撑的服务业),对一国产业结构和技术水平持续升级的带动效应也更为强大。

　　制造业的持续增长来之不易,它所需的上述条件同时考验一个国家的市场化程度和国家治理的水平,尤其是后者,基础设施、融资支持、研发投入、教育和技能培训都需要政府的关键性投入。在经济发展初期,一个传统经济和传统国家既面临政府失灵(如进入壁垒、腐败寻租、国家渗透性和基础权力弱小),也面临市场失灵,如协调失败,知识外溢性带来的教育、研发与技术培训不足,公共产品问题以及信息不对称下的融资困难。在这个意义上,制造业对国家协调能力、政企合作的要求最高,也最难满足。这解释了绝大多数国家经济发展之难,二战以来真正实现经济赶超和飞跃的国家屈指可数。中国早期工业化的失败也可以在这个背景下进行解释。

　　为什么制造业的发展还必须与出口导向和参与国际化分工联

---

① 不同的产业活动对于政企合作的要求是不一样的。例如传统贸易和服务业(餐饮、娱乐、理发、建筑)更多需要的是私人性投入(如资金、劳动力),公共性投入(如基础设施、研发、教育和技术培训)所需有限,市场协调也比较有效,即使在最贫穷的国家和地区也能看到这些行业的存在。传统服务业具有强烈的地域属性,服务效率长期停滞不前,难以出现重大技术变革。(Baumol,1967)

系起来呢？相比传统农业和大多数服务业(餐饮、贸易、房地产)，制造技术具有广泛的外溢性,跨地区可传递和学习;制造品是可贸易品(tradeable goods)，面向全国乃至于世界市场,且面临市场竞争,这与不可贸易的(non-tradeable)传统服务业相区别。以制造业为主的出口导向战略一方面可以发挥专业化分工和比较优势,赚取外汇,另一方面也可以为政治家(官僚)和出口企业提供重要的信息反馈,以便更进一步有效合作(如调整产业政策、提供信贷支持和出口补贴)，提高产品的国际竞争力。在这个意义上,制造业出口启动了更为激烈的市场竞争,与此同时也迫使政治家(官僚)以出口绩效和产业升级作为政绩合法性的一部分,参与国家(地区)间的政治竞争。(周黎安,2018:33—37)

中国经济增长的故事就是基于以制造业为中心和出口导向战略,强大的国家能力、合适的政治激励与市场化、国际化战略密切结合在一起。改革开放以来,中国借助计划经济时期进一步强化的国家能力,又以经济发展绩效考核地方官员,启动围绕经济发展的政治锦标赛,最大限度地激励地方官员动员一切可以支配和利用的经济资源和国家能力,支持本地区的制造业发展。吸引外资、扩大出口既是做大辖区 GDP 的一部分,也是官员绩效考核的一部分。许多地区在产业政策推动下聚焦于制造业,以出口和吸引外资带动国内产业竞争力提升和技术升级,在关键性制造产业持续推动技术引进、消化改良,从模仿到创新,完成产业转型和升级。

站在今天的角度看,中国在西方列强的舰炮威胁之下卷入现代化和工业化过程经历了一个崎岖艰难的过程。晚清、民国时期的市场化、全球化,西方现代工业和技术的引入为中国经济发展提供了一定的条件。然而，国家治理和国家能力尚不具备经济起飞的基础，最集中的表现就是传统农业和乡村的"过密型增长"和"过密型商品经济"，城市和工业的发展与乡村的普遍贫困并存。新中国前三十年通过国家治理和国家能力的改造与提升实现了大规模的资本积累，推动了工业化和城市化，由于计划体制本身的局限，这一切努力未能"修成正果"，农村依旧是"过密型增长"和普遍的贫困。唯有到了改革开放时期，我们具备了强大的国家能力、初步的工业基础和完整的产业体系，借助市场化改革和对外开放，塑造了"官场+市场"的双重竞争机制，聚焦于制造业和出口导向，才实现了经济发展的实质性飞跃。

五、如何认识中国：对话之后的启示与思考

我认为，西方理论在中国问题的研究当中具有三个不同的功能。一是分析基准，主要用以对比中国现象与该基准的差异，以此发现中国的特色。二是预测基准，一般是从西方现代化历程提炼和抽象出来的发展指向（如官僚组织的理性化，市场范围的扩大促进专业化分工和生产效率提高，从"二元经济"过渡到"一元经济"），根据这个指向，认为中国也将最终收敛于这个基准。注意预测基准仍然是价值中立的，只是认为这个趋势不可避免。比如，马克思认为资本主义将自动导致资本积累和生产过剩的危机，这个分析本身是基于理论逻辑和事实分析得出的结论，与个人的价值判断无关。三是价值基准，即认为西方基准状态是理想状态，或者说西方理论所带有的一个关于未来的理想图景。（黄宗智，2007：

197）按照这个基准反观中国，任何与之产生的偏离都将被认为是一个问题，必须予以纠正。西方理论的意识形态正是通过这个价值基准介入到中国问题的研究，即使是一种新的意识形态对抗这种西方意识形态，其实也是以另外一种价值基准作为基础。

区分西方理论的这三重基准意义是极为必要的，而目前国内外学术界关于中国的研究经常混淆了三者，尤其是有意无意将分析基准当作了预测基准或者价值基准。黄宗智关于中国农业史和法律史的研究充分说明，西方范式一旦变成预测基准或价值基准，将错误百出。前面论及的关于中国政府的描述和分析也普遍以西方基准（如有限政府、理性化科层制、联邦主义）为参照，且带有强烈的批判意识和价值指向，不是从中国政府运行的自身逻辑和取向出发进行双向的有效对话，而更像是单向的"训话"和"指责"。尽管缺乏任何严格的论证，目前的中国研究流行的方法论假设是，中国政府的持续改革方向和目标是最终接近其依赖的理想基准（如理性化官僚制度、形式化和自主化的法治、有限政府）。

我完全同意黄宗智反复强调的观点，应该与西方理论进行建设性对话。西方基准仍然具有重要的认识论的意义，以西方理论作为分析基准可以帮助我们认清自己的不同特点，进而研究中国政府治理及运行背后的底层逻辑，将中国的治理逻辑与西方治理逻辑进行比较。黄宗智关于华北小农的分析实际上借助了新古典经济学、马克思主义理论和恰亚诺夫的实体主义分析提供的基准，揭示了华北小农的"三副面孔"。（黄宗智，1986）基于舒尔茨的小农理论和刘易斯的"二元经济"理论界定了当今中国广泛存在的"非正规工人"和"非正规经济"，这一看似"悖论性的事实"恰好构成了中国在独特的人口压力下实现现代化的自然路径。(黄宗智, 1992,2014a)我的行政发包制理论是借助于韦伯的理性科层制概念,发现了中国政府内部各层级之间的权威关系之中广泛存在的发包关系,寓市场化的发包关系于行政权威之中,从韦伯的科层制逻辑看也是一个悖论性存在,揭示了中国政府运行的独特现象和内在逻辑。

与此同时,我也想强调——黄宗智也反复指出,这里需要摒弃西方理论所隐含的价值规范和意识形态建构,需要警惕西方理论所蕴含的预测指向可能带来的误导和"陷阱"。如果说西方经典理论给我们描述了一个黑白分明的世界,我们在中国看到的却是一个黑白混搭的灰色世界。黄宗智将这个黑白世界概括为西方理论所构建的非此即彼的二元对立,如传统与现代,家庭式农场与资本主义大农场,资本主义与社会主义,国家与社会,政府与市场,理性化的科层制与非理性化的家产制,理性的形式主义法律与非理性化的实体性法律。在这种二元对立的理论架构下关于中国的研究发现了诸多的悖论性事实或混合形态,如市场化下的家庭化兼业经营、集权的简约治理、"第三领域"、行政发包制、"官场+市场"等。进一步的问题是:中国所呈现的灰色世界是对黑白世界的"偏离"而最终将回归到黑白世界,还是灰色世界本身就是一种制度常态? 在黑白与灰色的背后是否还有一个更深层的逻辑决定色调配置? 当我们看到改革进程受阻,或者远离改革者的预期,我们一般倾向归咎于现存制度的强大惯性和既得利益集团的抗拒,归咎于改革策略设计的失当,而很少去反思我们对改革目标的设定是否一定恰当。当我们期待将灰色世界"涂改"成白色或黑色,结果越涂改色彩越杂乱,这究竟是"涂改"方式的错误还是"涂改"本身的错误,或者两者兼而有之? 我们很少质问自己:我们在"此岸"大刀阔斧地改革,满心期待去抵达的理想"彼岸",是否是我们自己制造的一个幻觉?

关键是如何能够既利用西方理论的分析价值,同时又避免其可能的"陷阱"。黄宗智(2005,2018)倡导基于实践和经验的中国社会科学理论。确实,对付西方理论所预设的价值规范、预测指向和意识形态建构最好的"解药"就是扎根于中国的实践,基于中国的历史、实践的经验研究,理论与经验互动,"双手并用"(黄宗智,2018:162),揭示中国经济社会运行的稳态化特征和内在逻辑。在结合历史、现实与内在逻辑的分析基础上再来讨论如何寻求渐进改革之路,而不是简单地向西方基准看齐。

任何好的关于中国的理论,一定是能够穿透中国的历史与现实,解释中国经济社会结构的变与不变,揭示中国与西方的现代化路径的异同。研究中国需要正视的一个极为重要的问题,是如何正视中国传统与现代化的关系。结合黄宗智和我个人的研究,中国的现代化进程融合了四个传统:一是中华帝国的国家治理传统(包括行政、司法治理);二是革命时代共产党的军事斗争、群众路线和组织动员传统;三是计划经济时期"自上而下"的目标管理的组织和技术支持、全覆盖的社会渗透力和政策执行传统;四是西方国家的市场化和全球化的影响。黄宗智关于农业史和法律史的研究均对这四个传统进行了精彩的梳理和剖析,由此奠定了其理论的深度和广度。关于当代中国的研究,经常忽视中国共产党在革命过程中基于实践发展出来的方法论、组织文化以及对当代中国的深刻影响。黄宗智(2005)翔实分析了共产党如何摒弃了理论的形式主义和教条主义,一切以夺取革命胜利为前提提炼理论认知,发展组织文化与策略(如"农村包围城市""党指挥枪"、群众路线),这一切在新中国成立之后又融入经济建设和国家治理的体制之中。关于中国婚姻法的司法实践的历史分析也展现了这四个传统依次联结和交互影响如何塑造了今天的婚姻法的表达与实践(黄宗智,2001[2007],2007,2014b)。我相信,当今中国国家治理的诸多特征不仅与中华帝国时期、计划经济时期密切相连,而且与共产党在革命时期形成的治理理念和组织实践有着深刻的联系,而学术界对于后者的研究严重不足,值得引起高度关注。

我们的共识是,认知中国需要既具备国际化视野,又扎根于中国实践的独创性的新概念、新理论,也就是基于国际化视野的"本土化"。在国际视野之下还原中国制度的自身逻辑,建立中国自身的概念范畴和理论体系。在我相对熟悉的政府研究领域,我对于新概念和新理论的第一个期待是在各类特征描述之外如何深入研究政府现象背后的深层逻辑,并将其推演为一般化的政府理论。过去几十年的研究进展积累了许多关于中国政府运行的特征事实,它们之间既高度交叉重叠,又相互隔离。比如刻画中国的央地关系,可谓"一个版本,各自表述":计划体制下的 M 型结构(Qian and Xu,1993),"中国特色"财政联邦主义(Montinola, Qian and Weingast,1995;Qian and Weingast,1997),"集权—分权"悖论(周黎安,2008[2017]),集权的简约治理(黄宗智,2008),以"一统体制"与"有效治理"的张力为特征的帝国治理逻辑(周雪光,2011),以及面向地区分权的威权体制(Xu,2011)。这些理论概括的国家治理特征如此高度重叠和相互交叉，其背后仍然缺乏一个内在一致的深层逻辑和内在机制（换句话说，"各自表述"背后的"一个版本"是什么）。

　　关于这个更具一般性的国家治理理论，我认为应该满足以下几个方面的要求：第一，它必须揭示其背后的运行机制和驱动因素，解释在不同治理领域的集权—分权的差异及其历史演变的内在逻辑。第二，新的政府理论一定要面对和化解前述关于中国政府运行的各种悖论性现象，如展现为一枚硬币的两面（成本与收益并存），或处于不同领域、不同阶段的不同表现，如举国体制的得与失，中国国家能力的强与弱，但服从一个共同的底层逻辑和运行机理。第三，新理论也必须是从一个分析逻辑出发将上述"一个版本，各自表述"的重叠与分隔予以兼顾和统一。第四，新理论应该是分析性和价值中性的，分析结论和问题诊断具有开放性。

　　关于中国研究的新概念和新理论的第二个期待，也是极具挑战性的一个任务，就是要超出已有的西方理论基准，既容纳中国的实践经验，又在一定条件下可解释西方的经验，从而更具一般性。黄宗智一直致力于与西方理论对话，同时极其锐利地指出其应用于中国场景的局限和可能的误导。我认为，即使在这个极具创造性的过程中，东西方仍然处于某种对立之中，仍然可以清晰地分出彼此。其进步之处在于，西方不再是唯一的观察视角和用来"裁剪"中国历史与现实的工具刀，对于中国的认知是基于中国的实践并提炼出了与之相适应的独特概念（如过密化的商品化、"第三领域"、有增长无发展的农业内卷化、集权的简约治理），摆脱了西方理论的主导和纠缠。但是这只是争取到了两者的对等性，中国由

"他者"变成了另一个"自我",东西方如两个独立的"自我"相互对视。能否探索一种更高层次的理论,在这个更高的理论框架之下,不仅发现东西方经验之间的对等性,而且还能将东西方之间对等的独特性统一在一个更具一般性的理论框架里。我并不主张建立普适性的理论,这是西方理论曾经试图实现而最终失败了的结局。最重要的原因是西方中心主义的狭隘与"霸权"限制了其平等对待世界其他地区的多样化经验。但在一些可能的领域,我认为这种探索仍然是有价值的。

过去我们一直习惯于从西方视角看中国,把中国的叙事嵌入西方的理论和经验体系之中加以定位和诠释。我们是否可以反过来追问:中国的经济增长与现代化过程所呈现的故事和逻辑对于我们理解西方的理论和历史有何帮助呢?事实上,中国的本土化实践也是国际化的一部分,现代化过程也伴随着与西方国家类似的工业化、城市化过程,何况中国的近代化过程正是伴随着国际化展开的。不论鸦片战争之后被迫打开国门,迎接全球化的冲击,还是新中国前三十年的计划经济时期,都是在国际关系和地缘政治的格局下演化的结果,改革开放四十年更是主动接轨国际经济,深度融入全球化。许多中国学者的学术训练和研究一直浸染于西方的理论与经验,如果又深谙中国现代化的独特历程和内在逻辑,就更有可能打通东西方之间的隔阂。中国的学者在这个意义上其实拥有比西方学者更优越的条件。一个一般性的现代化理论在适当的拓展下应该既可以解释西方的故事,也可以解释中国的故事,但是这个逻辑应该高于东西方各自的独特性。当然,所有这些一般化的努力不是建立在理论的想象之上,而是根植于经验和实践的理论抽象和提炼,黄宗智关于建立实践的社会科学的所有告诫在这里都是适用的。

关于寻求上述的一般化理论,即如何从中国研究中汲取洞见去重新理解西方世界,下面以黄宗智和我的研究各举一例加以简要说明。黄宗智(2007:387—413)探索了中国法律传统的现代性问题,试图将中国古代调解制度的"实用道德主义"、共产党时期创建的法庭调解与西方当今关于"非诉讼纠纷解决模式"以及美国实用主义的法律传统联系起来,寻求一种融合传统与现代、东方与西方的法律理念。我基于中国增长经验提炼的"官场+市场"理论所包含的政治竞争与市场竞争相结合的增长机制,其实也具有超越中国经验的一般性。比如中世纪后期西欧国家间的军事战争(政治竞争的极端形式)导致欧洲君王一方面渗透社会征税,另一方面为了吸引流动的国际资本而提供更好的产权保护,这是西方世界兴起一个重要背景。(Weiss and Hobson,1995)日本、韩国、新加坡、中国台湾的经济崛起也可以理解为在严峻的地缘政治和国际竞争环境下采取出口导向战略、政治家与企业密切合作的结果。(周黎安,2018)

作为全文的总结,我认为,一个认知中国的好理论一定能够穿透历史与现实,连接理论与经验,超越左与右,融合东西方。左与右、东方与西方之间的分隔与断裂是人为施加的意识形态的沟壑,也是脱离实际、一厢情愿的理论桎梏。我们的学术探索一定是基于实践的认知,基于实证和经验的探索,在与西方理论对话的同时,特别需要甄别西方理论所隐含的假定条件,尤其是那些与西方独特经验"绑定"的隐含假设,警觉这些理论所蕴含的价值指向和规范设定。作为一个更高的目标,我们应该寻求能够结合东西方经验的更为一般化的理论建构。

参考文献:

白惠天、周黎安,2018,《M 型结构的形成:1955—1978 年地方分权与地方工业的兴起》,载《经济学报》第 2 期,第 1—42 页。

杜赞奇,1995,《文化、权力与国家:1900—1942 年的华北农村》,王福明译,南京:江苏人民出版社。冯仕政,2012,《中国国家运动的形成与变异:基于政体的整体性解释》,载周雪光、刘世定、折晓叶(主编):《国家建设与政府行为》,北京:中国社会科学出版社,第 33—70 页。

福山,2014,《政治秩序的起源:从前人类时代到法国大革命》,毛俊杰译,桂林:广西师范大学出版社。

亨廷顿,1995,《变革社会中的政治秩序》,王冠译,北京:生活·读书·新知三联书店。

黄晓春、周黎安,2017,《政府治理机制转型与社会组织发展》,载《中国社会科学》第 11 期,第 118—138 页。

黄宗智,2018,《探寻扎根于(中国)实际的社会科学》,载《开放时代》第 6 期,第 159—177 页。

黄宗智,2014a,《明清以来的乡村社会经济变迁:历史、理论与现实》第 3 卷(《超越左右:从实践历史探寻中国农村发展出路》),北京:法律出版社。

黄宗智,2014b,《清代以来民事法律的表达与实践:历史、理论与现实》第 3 卷(《过去和现在:中国民事法律实践的探索》),北京:法律出版社。

黄宗智,2009,《中国的隐性农业革命》,北京:法律出版社。

黄宗智,2008,《集权的简约治理——中国以准官员和纠纷解决为主的半正式基层行政》,载《开放时代》第 2 期,第 10—29 页。

黄宗智,2007,《经验与理论:中国社会、经济与法律的实践历史研究》,北京:中国人民大学出版社。

黄宗智,2005,《认识中国——走向从实践出发的社会科学》,载《中国社会科学》第 1 期,第 85—95 页。

黄宗智,2001(2007),《清代的法律、社会与文化:民法的表达与实践》,上海:上海书店出版社。

黄宗智,1999,《中国的"公共领域"与"市民社会"? ——国家与社会间的第三领域》,载邓正来、J. C. 亚历山大(编)《国家与市民社会:一种社会理论的研究路径》,第 421—443 页,北京:中央编译出版社。

黄宗智,1992,《长江三角洲小农家庭与乡村发展》,北京:中华书局。

黄宗智,1986,《华北的小农经济与社会变迁》,北京:中华书局。

青木昌彦,2001,《比较制度分析》,周黎安译,上海:上海远东出版社。

速水佑次郎、神门善久,2009,《发展经济学:从贫困到富裕》,李周译,北京:社会科学文献出版社。

孙立平、王汉生、刘世定,1997,《作为制度运作和制度变迁方式的变通》,载《中国社会科学季刊》冬季号。

王绍光、樊鹏,2013,《中国式共识型决策:"开门"与"磨合"》,北京:中国人民大学出版社。

赵鼎新,2016,《国家合法性和国家社会关系》,载《学术月刊》第 8 期。

周黎安,2018,《"官场+市场"与中国增长故事》,载《社会》第 2 期,第 1—45 页。

周黎安,2016,《行政发包的组织边界　兼论"官吏分途"与"层级分流"现象》,载《社会》第 1 期,第 34—64 页。

周黎安,2014,《行政发包制》,载《社会》第 6 期,第 1—38 页。

周黎安,2008(2017),《转型中的地方政府:官员激励与治理》,上海:格致出版社、上海人民出版社。

周黎安,2007,《中国地方官员的晋升锦标赛模式研究》,载《经济研究》第 7 期,第 36—50 页。

周黎安,2004,《晋升博弈中政府官员的激励与合作——兼论我国地方保护主义和重复建设问题长期存在的原因》,载《经济研究》第 6 期,第 33—40 页。

周黎安、李宏彬、陈烨,2005,《相对绩效考核:中国地方官员晋升机制的一项经验研究》,载《经济学报》第 1 期第 1 辑,第 83—69 页。

周黎安、王娟,2012,《行政发包制与雇佣制:以清代海关治理为例》,载周雪光、刘世定、折晓叶(主编)《国家建设与政府行为》,北京:中国社会科学出版社,第 97—178 页。

周雪光,2012,《运动型治理机制:中国国家治理的制度逻辑再思考》,载《开放时代》第 9 期,第 105—125 页。

周雪光,2011,《权威体制与有效治理:当代中国国家治理的制度逻辑》,载《开放时代》第 10 期,第 67—85 页。

周雪光,2008,《基层政府间的"共谋现象"——一个政府行为的制度逻辑》,载《社会学研究》第 6 期,第 1—21 页。

朱光磊、张志红,2005,《"职责同构"批判》,载《北京大学学报(哲学社会科学版)》第 1 期,第 101—112 页。

邹谠,1994,《二十世纪中国政治》,香港:牛津大学出版社。

Baumol, William J., 1967, "Macroeconomics of Unbalanced Growth: The Anatomy of Urban Crisis," *American Economic Review* 57(3), pp. 415-426.

Besley, Timothy, and Torsten Persson, 2011, *Pillars of Prosperity: The Political Economics of Development Clusters*, Princeton: Princeton University Press.

Evans, Peter, 1995, *Embedded Autonomy: State and Industrial Transformation*, Princeton: Princeton University Press.

Frye, Timothy, and Andrei Shleifer, 1997, "The Invisible Hand and the Grabbing Hand," *American Economic Review* 87, pp. 354-358.

Kuhn, Philip A., 1970, *Rebellion and Its Enemies in Late Imperial China: Militarization and Social Structure, 1796 - 1864*, Cambridge, Mass.: Harvard University Press.

Lewis, W. A., 1954, "Economic Development with Unlimited Supplies of Labor," *The Manchester School* 22, pp. 139-191.

Li, Hongbin, and Li- An Zhou, 2005, "Political Turnover and Economic Performance: The Incentive Role of Personnel Control in China," *Journal of Public Economics* 89, pp. 1743-1762.

Lieberthal, Kenneth and Michel Oksenberg, 1988, *Policy Making in China: Leaders, Structures, and Processes*, Princeton, NJ: Princeton University Press.

Mann, Michael, 1986, *The Sources of Social Power: Volume 1, A History of Power from the Beginning to AD 1760*, Cambridge: Cambridge University Press.

McMillan, Margaret, Dani Rodrick, and Iñigo Verduzco- Gallo, 2014, "Globalization, Structural Change, and Productivity Growth, with an Update on Africa," *World Development* 63, pp. 11-32.

Migdal, Joel, 1989, *Strong Societies and Weak States: State Society Relations and State Capabilities in the Third World*, Princeton, N.J.: Princeton University Press.

Montinola, G., Yingyi Qian, and Berry Weingast, 1995, "Federalism, Chinese Style: the Political Basis for Economic Success in China," *World Politics* 48, pp. 50−81.

North, Douglass C., and Barry R. Weingast, 1989, "Constitutions and Commitment: The Evolution of Institutions Governing Public Choice in Seventeenth-Century England," *Journal of Economic History* 49(4), pp. 803−832.

O' Brien, Kevin J., and Lianjiang Li, 1999, "Selective Policy Implementation in Rural China," *Comparative Politics* 31(2), pp. 167−186.

Qian, Yingyi, and Chenggang Xu, 1993, "Why China's Economic Reform Differ: The M-form Hierarchy and Entry/Expansion of the Non-state Sector," *Economics of Transition* 1(2), June 1993, pp. 135−170.

Qian, Yingyi, and Barry R. Weingast, 1997, "Federalism as a Commitment to Market Incentives," *Journal of Economic Perspectives* 11(4), pp. 83−92.

Rodrick, Dani, 2013, "Unconditional Convergence in Manufacturing," *Quarterly Journal of Economics* 128(1), pp. 165−204.

Rowe, William T., 1984, *Hanhow: Commerce and Society in a Chinese City, 1796−1889*, Stanford: Stanford University Press.

Schultz, Theodore W., 1964, *Transforming Traditional Agriculture*, New Haven: Yale University Press.

Weber, Max, 1978(1922), *Economy and Society: An Outline of Interpretive Sociology*, Berkley, CA: University of California Press.

Weingast, Barry, 1995, "The Economic Role of Political Institutions: Market- Preserving Federalism and Economic Development," *Journal of Law, Economics, and Organization* 11, pp.1−31.

Weiss, Linda, and John M. Hobson, 1995, *States and Economic Development: A Comparative Historical Analysis*, Oxford: Polity Press.

Xu, Chenggang, 2011, "The Fundamental Institutions of China's Reforms and Development," *The Journal of Economic Literature* 49(4), pp. 1076-1151.

结　语

建立前瞻性的实践社会科学：
从实质主义理论的一个重要缺点谈起[①]

黄宗智

今天影响最大的社会科学采用的研究进路主要是从理论出发而得出某种"假设"，而后搜集经验证据来支撑其假设，最终再返回到理论。笔者多年来提倡的则是要将此进路颠倒过来，即从经验证据出发，借此来检验各种理论，据此来决定对其的取舍、汇合、重构、推进，达成更符合经验实际的概括，然后再返回到经验中去检验。

这就意味，首先，我们不会将现有理论当作给定答案，而是要将所有理论都"问题化"。这是因为，真实世界千变万化，绝非任何单一理论所能完全概括。也是因为，现有理论多源自西方经验的简单化和片面化，但中国的经验，从源自西方的理论来看，则是充满"悖论"的（譬如，充满一双双被认为"不该"并存的实际）。而

---

① 本文是作者关于学术研究方法和理论的简约总结和后续思考。文章论述个别理论的大部分内容的详细论证可见于笔者之前的《经验与理论：中国社会、经济与法律的实践历史研究》（黄宗智，2007）和《实践与理论：中国社会、经济与法律的历史与现实研究》（黄宗智，2015a）两本书，这里不再一一列出相关细节和文献。文章中的经验判断，及其理论含义，则大多来自作者关乎小农经济的三卷本和第四本（黄宗智，2020a），以及关乎正义体系的四卷本（黄宗智，2020b）。

且,即便是相对西方实际本身,由于在现代科学主义的霸权下,社会"科学"充满对普世理论建构的冲动,强烈倾向将复杂的实际建构为简单化的、片面化的、逻辑上整合的、排他的普世规律。我们需要将那样的认识过程和研究进路颠倒过来,从实际出发再返回到实际中去检验,而不是从理论出发,将实际剪裁来纳入某一理论。

如此的研究进路的优点在于它不易被任何现有理论或意识形态所主宰,并意味其概括与经验证据更加紧密连接,更有可能导致更符合实际,尤其是中国的实际的概括和其新理论的建构。

虽然如此,这样的比较"实质主义化"的研究进路的一个不可避免的弱点是,缺乏意图普世的理论所附带的前瞻性。后者将其自身建构为依据某种不言自明、无可怀疑的普世"科学""公理"/规律,但实际上,多是某种理想化价值的设定(譬如,"理性经济人"或"劳动价值论"),而后通过演绎逻辑将其建构为一个逻辑上整合的模型。它借助科学主义的大潮流而将本身建构为类似于自然科学所追求的无可置疑的真理。其弱点是将复杂多面的实际简单化、片面化,但同时,它也因此带有比较强烈的前瞻性,因为他不单是对实际的概括,更是对其的理想化。它更容易被人们接纳和被政权采纳为统治意识形态,由此成为"主流"。而笔者提倡的实践社会科学研究进路,则缺乏前瞻性意识形态化的可能,因此只可能成为某种"另类"理论。

这里,笔者的建议是有意识地根据不同文明传统自身至为崇高的道德理念来做出主导性道德价值的选择,并借此来区别"善"与"恶"的实际和实践,目的不仅在于要更精准地认识实际,更是要提出改造实际的主导性道德价值观。后者虽然带有一定的"普世"意图,但它完全尊重全球各大文明传统的不同的崇高道德理念的正当性。其中关键在认识到不仅是那样的理念的宽阔普世的一面,也要认识到其特殊的一面,由此来建构一个带有开放性而不是排他性和封闭性的新型社会科学。

本文将通过笔者多年来开办的实践社会科学研究的入门课程所讨论的当今四大主要社会科学的理论传统的得失的讨论,来点出其分别的贡献和弱点,借此来进一步说明这里要阐释的研究方法和进路,也借此来说明占据霸权地位的形式主义化理论传统的不足。

目前,中国正处于一个堪称漩涡似的"规范认识危机"之中:中国与西方传统、革命与改革传统、经典马克思主义与新自由主义传统相互冲击,形成一个充满矛盾的思想世界。两大主流理论——经典自由主义理论以及经典马克思主义理论都起码部分不符合中国的基本实际,但它们仍然具有强大的影响,一定程度上仍然主宰着人们对中国的认识以及各高等院校的社会科学(包括历史)学科培训。而批判这两大理论的主要理论,其一是实践/实质/实用主义理论传统,却严重缺乏前瞻性,其影响基本限于对过去的历史的认识,其二是后现代主义理论,则主要限于话语研究和对现代主义的批判,同样并不带有强有力的前瞻建设性。

本文先从实践(实质/实用)理论出发,一方面论述其学术认识方法的优点,一方面建议为其添加前瞻性的道德理念及相关话语。这并不是要提倡建构绝对/普适/排他性的理论,而是主张一个带有多元性和宽容性的认识方法和理念。在此之上,我们仍然需要纳入经典新自由主义和经典马克思主义所包含的一系列不可或缺的洞见。同时,也要借助后现代主义来认识到那两大理论所依赖的简单化的、普适化的(逻辑上整合的)"理想类型"理论建构方法,以及其隐含的现代主义和科学主义。在认识方法层面上,"从实践中来,到实践中去"的研究进路要比普世性和排他性的经典自由主义和经典马克思主义理论都更符合实际、更具多元性和包容性。相比后现代主义,则并没有走到怀疑一切客观真实的话语主义极端中去。

简言之,我们要做的是根据扎实的经验证据来决定对不同理论的取舍、对话、重构和推进,再返回到经验/实践中去检验。我们做学术的目的应该是求真,并带有前瞻性的道德理念,而不是追求任何时髦或给定的理论。面对千变万化的实际,现有理论应该成为我们探索实际所提出的问题而不是答案。

一、实践/实质/实用理论的不足

以下先讨论的是迄今至为重要的几位实践/实质/实用主义理论家,通过对他们理论的评述来指出实质主义在认识论方面的比较贴近实际的优点,十分不同于形式主义理论有脱离实际的强烈冲动。但同时,正因为如此,实质主义也缺乏形式主义理论那种科学主义化和高度简单化、普适化和理想化所附带的前瞻性和意识形态化威力。本文的建议是,实质主义理论应该明确纳入一种自身所欠缺的前瞻性,它由世界各大文明传统的崇高道德理念来赋予,能够区别"善"与"恶"实践,以此来与形式主义的霸权相抗衡。

（一）实质主义论析举例：波兰尼、恰亚诺夫和瑞格理

1.波兰尼

我们可以从波兰尼（Karl Polanyi）的实质主义理论开始。波氏研究的一个重点是对"前资本主义"世界的论析，说明其中的交易/交换不是"价格设定的"（price-making）、"自律的"（self-regulated）资本主义市场交易，说明在前资本主义时期，交易/交换其实主要是"互惠、再分配，或政权主导下"的，乃是"嵌入于社会"的现象。当时的经济体所关注的主要是生存和使用，区别于资本主义经济中，追求资源最佳配置和利润最大化的市场交易。这是对理解"前资本主义"社会经济早期的有力洞见，可以协助我们认识、理解诸如礼品交换、生存主导的生产和交换，乃至于政权主导的贸易等。

借鉴于此经验证据，波兰尼还提出了对自由主义关乎资本主义市场经济的理论建构的质疑，特别强调市场经济实际上不可脱离社会"嵌入性"（embeddedness）来认识和理解。土地、劳动力和货币其实并不是真正脱离社会的商品，仅是虚假的商品（fictitious commodities），都脱不开与国家和社会的紧密关联。更有进者，波兰尼还论证，英国（从前资本主义到资本主义市场经济的）"大转型"历史过程，乃是一个市场商品经济侵入社会而受到"能动的社会"（active society）的自卫和反抗的过程，从而形成了"被规制的市场"（regulated market），而非新自由主义所虚构的"自律的市场"。自由主义建构的"经济市场"实际上乃是一个"社会（中的）市场"

(social market)。(Polanyi, 2001［1944］; Polanyi, Arensberg and Pearson eds., 1957)

同时,面对 20 世纪 30 年代的经济大萧条以及法西斯主义的兴起,波兰尼显示了对马克思主义的一定程度的认同,倾向"民主社会主义"的理想(Block, 2003)。部分由于此,他相当广泛地受到反对新自由主义经济学霸权的社会学家们的认可,一定程度上也受到新一代马克思主义学者们的认可。

正如他的主要阐释者布洛克(Fred Block)所指出的,波兰尼倾向将市场认作"始终都嵌入于社会"(always embedded in society),虽然他并没有更明确、透彻地阐明这个概念,也没有冠之以鲜明的称谓。部分由于此,他的理论尚有待后来者更为明确地推进。布洛克正是据其经济市场必定"嵌入于社会"的论点而将波兰尼认定为社会学分科的"经济社会学"的奠基人之一。而布洛维(Michael Burawoy)作为一位马克思主义社会学家,强调的则是波兰尼和葛兰西(Antonio Gramsci)思想间的亲和性,特别突出两者对资本主义市场的"霸权"的认识,突出劳动者对其抗拒的必要,由此而提出了聚焦于劳动者研究的新的"社会学的马克思主义"(sociological Marxism)设想。

正如沈原阐释的,这是当今面对全球化了的"第二次大转型"研究中的两大学术研究进路之一:一是主要关注全球化资本下的新劳动者的社会学的马克思主义视角;一是"新古典社会学"(例如塞列尼[Ivan Szelenyi])主要关注全球化中的新的精英(如掌控新"文化资本"而不是旧型的产业资本家)的视角。(Block, 2003; Burawoy, 2003; 沈原, 2006、2007)

对我们研究中国历史和实际的学者们来说,还要认识到,波兰尼的论说其实主要限于前资本主义经济早期和资本主义经济两端的对立体,基本没有考虑到处于两者之间的前工业长时段历史实际,即部分为市场、部分为生存的经济体系。后者实际上是中国帝国时期后半期的经济史的主要内容。波兰尼的论说则主要限于其前期和"大转型"间的不同。

固然,波兰尼的研究并不具有普世野心,它带有一定的经验适用边界,那是其相对符合实际认识方法上的优点;但另一方面,它欠缺真正可以与两大经典主流理论影响相抗衡的鲜明的前瞻性。那也是为什么布洛维要为其添加马克思主义的内容和标签的原因,并借此形成了更为鲜明的"社会学的马克思主义"学术理论流派。

2.恰亚诺夫

恰亚诺夫(A. V. Chayanov)虽然也和波兰尼同样常被当作实质主义的代表性理论家,但与波兰尼有一定的不同。他更关注 19世纪和 20 世纪初期的俄国,即处于波兰尼的前资本主义早期和工业化的资本主义经济体系之间的历史阶段,亦即兼具波兰尼型交换和现代资本主义市场交易的中间阶段。恰亚诺夫从小农户既是一个生产单位也是一个消费单位这个基本事实出发,阐明了其与资本主义单位的不同:由于其经济决策同时考虑消费和生产,并由于其所依赖的劳动力几乎全是农户家庭自身的给定劳动力,而不是雇佣的工人,其经济行为与逐利的资本主义单位十分不同。譬如,在商品经济的环境中,一个资本主义的雇佣单位不会在劳动力边际报酬降到低于雇佣劳动力成本的情况下,继续在单位土地上投入更多的劳动力,因为那样是会亏本的。而一个小农户则不同,在土地不足的情况下,由于生存(消费)的压力,会为了家庭消费的必要,几乎无限地继续投入更多的家庭劳动力。(Chayanov,1966〔1925〕)

在中国的经济史中,这个道理主要展示于小农从粮食转入劳动更加密集但单位劳动报酬较低的商品生产(主要是棉花—纱—布和蚕桑—缫丝):一亩的棉花—纱—布生产需要约 180 天的劳动,18 倍于水稻,但只赋予数倍的报酬;蚕丝则需 9 倍于水稻的劳动,但只带来三四倍的收入。这样的农业+手工副业的低报酬劳动都是由家庭老人、妇女和孩子("家庭化生产")来承担的。笔者曾将这种商品化论析为"内卷型商品化",既区别于"剥削型商品化"(譬如,由地主将收纳的实物地租卖出),也区别于资本主义式的"营利型商品化"。由于此,在同一个商品经济中,小农户单位土地的产出会超越一个资本主义单位,从而支撑更高的地租,也就是说地价也会更高。正因为如此,在明清时期的江南地区,高度劳动密集化的小农户完全消灭了资本主义型的雇工经营式农场;在其他地区也占据农户的绝大多数。对认识共和国成立之前的中国经济史来说,恰亚诺夫提供了极具启发性和洞察力的论析。(黄宗智,2014a,第一卷、第二卷)

同时,恰氏还预见到小农户在工业时代和高度发展的市场环境下,可能长期延续的实际,并提出了一个可能的前瞻性方向——提出建立为小农提供在商品经济中的"纵向一体化"服务的农民合作社的设想,即既非资本主义(企业化)型的市场经济,也非完全与资本主义对立的集体化计划经济。它既不同于波兰尼型的前资本主义论析,也不同于共产主义苏联和中国的计划经济设想。(黄宗智,2015b、2018)

一定程度上,恰亚诺夫可以说超出了波兰尼理论的范围。这是他与波兰尼的一个重要不同,也是他具有特殊理论洞见的一个方面。虽然如此,恰亚诺夫的理论仍然缺乏更为宽广和长远的前瞻性,因为他关注的只是小农经济,即便是商品化了的小农经济。

3.瑞格理

此外,我们还可以以实质主义经济史理论家瑞格理为例。在认识方法的层面上,他与恰亚诺夫相似,也是从最基本的事实中去探寻最重要的理论概念。他特别突出前工业经济所依赖的有机能源和工业经济的无机(矿物)能源之间的关键差别。前者的极限乃是马力,最多只可能达到一个人劳动力能量的七倍,远远不及后者单一个矿工(在 19 世纪)每年所能生产的约 200 吨煤炭的能量。我们知道,在工业时代,单一辆人们常用的轿车便可以达到数十到数百匹马力的能量,突破了此前极其有限的人畜能量所限定的产出水平。瑞格理借此说明前工业时代的农业经济与工业时代的工业经济的基本不同,连带也含蓄地说明了基于后者的经济学之所以并不适用于前者的原因。(Wrigley,1988)这是个对基本实际的洞悉,但常被如今的新古典经济学家们所忽视。他们习惯将源自资本主义工业经济的理论逻辑用于所有经济体,包括前工业时期

的农业经济。(黄宗智,2020a)

虽然如此,我们也要考虑到,波兰尼和瑞格理等(也包括恰亚诺夫以及其他可以被认作实质主义的理论家,如博塞拉普[Ester Boserup]和斯科特[James Scott]等)实质主义类型的理论家们基本全都聚焦于前工业时期社会经济的论析,缺乏关乎工业化了的社会经济体的现代性和前瞻性,不如新古典经济学理论或马克思主义理论那样具有明确的现代性和前瞻性。这是他们的影响只可能成为另类理论的一个重要原因。

(二)实践主义:布迪厄

与上述理论家们不同,布迪厄很好地突出实践理论与形式化"理想类型"主流理论之间在认识论层面上的根本性差异:前者更贴近真实世界,是超越单一的主观主义或客观主义、单一的意志主义或结构主义、唯心主义或唯物主义的理论。他论析,实践是超越两者,经过其互动与结合所产生的,因此其逻辑是模糊的而非清晰的,但是更符合实际的。布迪厄给出的重要例子是阶级"习性"和"象征资本",比偏向单一方(阶级结构或物质资本)的形式化理论更符合实际,因为真实世界不可能是完全简单取决于主观或客观、意志或结构、唯心或唯物,以及理性或感情的任何单一方。简单将二元对立的任何一方排除于认识之外,乃是不符合实际的建构。它仅是西方现代主流理论的惯用方法。在认识论层面上,布迪厄的实践理论要比上述的实质主义理论家们更为明确地符合真实世界的实际。尤其是他的象征资本概念,已经促使"左"和"右"的经济学和社会学—人类学界较广泛地采用了诸如"文化资本""社会资本""关系资本""政治资本"等一系列衍生用词和概念。有的还根据他的启示,在这些其他的领域中洞察到他所阐释的(类似于阶级关系中的)剥削关系,包括"象征暴力"的概念。(Bourdieu,1977,1990[1980];黄宗智,2015a)

但同时,我们也要承认,布迪厄的实践理论缺乏一个能够区别"善"实践与"恶"实践的标准,容易陷入一种纯回顾性或纯"客观性"的陷阱,缺乏前瞻性准则。"左""右"形式主义理论,相比实质主义或实践主义理论,则不仅关乎实然,更连带关乎应然。那既是它将实际简单化和片面化的弱点,也是其具备强势影响的部分原因,使其更简单易懂,更带有明确的前瞻性,也更会被当权者借用为统治意识形态。布迪厄的实践理论则虽然更符合实然世界,但欠缺关乎应然的设定。

虽然如此,布迪厄无疑自我认同是一位马克思主义者,并且长期广泛参与为劳动者争取权益的各种活动。他的"象征资本"概念,无疑是要将马克思的阶级论析推进、扩延到象征领域,而他关乎"实践"的论析则是要更进一步阐明马克思之强调行动胜于思想的基本理论倾向。同时,布迪厄对片面化的"理想类型"理论建构方法提出了根本性的质疑。根据笔者的理解,他的理论一定程度上不仅是对自由主义也是对马克思所采用的理论建构方法的批评和修正。

在我看来,布迪厄的理论还需要更明确地考虑后现代主义所突出的"话语"维度,那是前瞻性道德理念不可或缺的维度。因此,我们不可避免地要考虑到"表达"和"话语"及其与实践之间的关联,并认识到两者既可能是一致的,也可能是充满张力甚或是相悖的。布迪厄则完全没有考虑到这样一个层面,几乎等于是设定了两者之间必然一致。

他的理论用于中国,笔者曾经特别突出,在中国的法律历史中,道德理念与实用考量所结合的"实用道德主义"起到极其关键的作用,两者既有相符之处也有相悖之处。正是两者的结合和互动形成了中国法律长时段历史变迁背后的主要动力(黄宗智,2014b),亦即"说的是一回事,做的是另一回事,但合起来又是另一回事"。这是布迪厄没有关注到的维度。

(三)实用主义

在美国的环境中,伴随形式主义法学而来和与之抗衡的不是实践主义,而是实用主义理论。兰德尔(Christopher Langdell)从1870年到1895年执掌哈佛法学院25年,乃是美国的形式主义"古典正统"(classical orthodoxy)法律思想的创始者和奠基者。他非常有意识地将法学等同于欧几里德几何学,将其建构为一个从给定的、不言自明的"公理"(个人权利)出发,凭借演绎逻辑来得出一系列定理,借此将其前提公理贯穿于整个法律体系。兰德尔虽然学术著作很少,但他一心一意地聚焦于上述目标,通过教学和其在哈佛法院学的权力和影响,成功地将心目中的法学建构为美国(所谓)"古典正统"的主流法律理论。(黄宗智,2007,尤见第15章;亦见黄宗智,2015a:后记一;黄宗智,2020b)

如此的法学其实与韦伯认作"形式主义理性"理想类型法律的

传统非常近似。其弱点在于简单化(单元化)和理想化了实际:和
欧几里德几何学同样,它是一个在被假设的世界中方才适用、在真
实世界只可能是片面和简单化的理论。但同时,由于它自我设定
为(像几何学一样的)一套无可怀疑的数学/"科学"理论,借助现代
"科学主义"的巨大浪潮而占据"主流"强势的地位。而且,由于它
还是对实际的理想化,也带有前瞻性,甚至常常会使理念被简单等
同于实际。(尤见黄宗智,2015a:后记一)

　　正因为其违反实际,它也促使与其对立的"实用主义"法学理
论的兴起。后者的奠基人物是兰德尔在哈佛法学院的同事,后来
的最高法院大法官霍姆斯(Oliver Wendell Holmes)。他开启了长
期以来与古典正统对立并存的法律实用主义传统。它关注真实世
界的法律实践多于被建构的条文和理论,也比较关注实用性的社
会改良。在政治立场方面它是相对比较"进步"的法学传统,在美
国多来自民主党而非相对较"右"和较保守的共和党。

　　在其实际的操作中,美国的法律体系与其说是古典正统/形式
主义的,不如说乃是结合形式主义和实用主义两大传统长期拉锯
的一个体系。那样结合的实际非常具体、形象地体现于美国最高
法院的组成:在近一个世纪中,先由形式主义占到其九名大法官的
大多数,在经历了1929—1933年的经济大萧条以及罗斯福总统的
"新政"之后,转为实用主义占到大多数,近几十年则伴随新保守主
义的大浪潮而再次反之。在实践层面上,我们可以说两者的拉锯
结合才是美国法律体系整体历史真正的核心,并且赋予了美国的
正义体系比其任何单一面更强大的生命力。(尤见黄宗智,2007:
第15章;亦见黄宗智,2015a:后记一)虽然如此,形式主义的一方无

疑因前瞻性一直占据话语层面的高地。

韦伯区别了四大类型法学传统(形式非理性、形式理性、实质非理性、实质理性),用意是要勾画出历史上不同法律体系的划分地图。他论析的主线是,将西方法律体系的历史视作一个逐步趋向形式理性的传统,将其论述为西方法律的最重要的特征以及其现代化的核心(虽然,他也对其未来表达了一定的忧虑——讨论到形式理性类型未来可能会成为一个"铁笼"似的体系)。至于非西方的法律传统,他虽然偶尔还使用了"实质理性"的矛盾结合范畴来讨论中国(以及西方的社会主义法律),超出了自身所设定的片面化的形式理性和实质非理性这类非此即彼的二元对立建构,但是,他对所有的非西方法律传统的最终判断是,将它们全都划归为"实质主义非理性"类型。他将实质主义等同于专制权力和不可预测性(区别于高度逻辑化、专业化和独立的形式理性法律体系),也将其等同于道德价值理念,同样缺乏形式理性的逻辑性。他更将形式理性法律视作科学的、普适的、无可辩驳的逻辑化体系。结果,在他的全球不同文明的法律体系历史论述中,非西方文明最终只不过成为其论述的西方形式主义理性法律体系的陪衬,是他赖以突出西方形式理性文明"特色"的"他者",一如后现代主义对现代主义的批评那样。(Weber,1978[1968]:第八章;黄宗智,2014b,第一卷:总序;亦见同书第九章;亦见本书所纳入的赖骏楠文章)

在笔者看来,理想类型的理论建构方法,虽然其初衷可能仅是一种学术研究方法,即凭借将复杂实际简单化、片面化,凭借演绎逻辑来梳理、洞察那单一面所隐含的机制和逻辑,但是,通过前面的论述我们已经看到,如此的理论建构后来多被绝对化、普适化、理想化了,甚至被等同于复杂得多、多元得多的真实世界。

　　简言之,形式主义理论的弱点在于对经验实际的简单化、片面化,但其优势也来自同一根源。它不仅将实际片面化,同时也将其理想化,由此而占据了前瞻性话语层面的的高地。它的特点正是,通过对实质/实践/实用的经验实际的简单化,通过以高度"科学化"、普适化的自我包装,占据了对现代和未来理想化的高地,借此占据了"主流"位置。它也多被西方资本主义国家,特别是美国和英国,采纳为统治意识形态。

　　相对来说,实践/实质/实用主义的优点主要在于其对形式主义认识论的批评,说明其乃是对真实世界的简单化和片面化,突出真实世界的复杂性,从而占据了批判形式主义的主导地位,并长期以来一直与其拉锯不休。但相对形式主义而言,它(们)的弱点是虽然更符合实际,但缺乏形式主义的简单、前后一贯的清晰性,也缺乏其前瞻性和连带的话语威权。形式主义理论借用理想类型的建构来将其理论理想化——人不再是结合理性与感情、理念与现实的实体,而是通过理想化、形式化、逻辑化而被建构为简单的"理性人""逻辑人""科学人";近现代的资本主义经济和经济学不再是复杂的结合发展与剥削的资本主义实体,而是被建构为科学化、理性化的经济体。这正是形式主义在认识层面上脱离实际的弱点,但也是其能够成为"主流"统治意识形态的秘诀之一。

(四)前瞻

　　我们要问的是,如今和未来的社会科学研究应该往哪里去?

笔者认为，我们应该有意识地选择、采纳更符合实际的实践主义认识方法，摆脱形式化理论将其本身（实际上同样是价值的抉择——如自由主义的个人权利）建构为一个不言自明的客观科学公理，使人们形成了以形式化理论替代实际的惯习。那样的研究方法很容易成为认识真实世界的障碍。

同时，我们应该直面价值选择的必要，并接受人们价值选择的多元性。它应该是被一个国家/社会的人民所公认为值得拥护的价值抉择，是值得成为社会/国家的崇高理念的抉择，但它也应该能够容纳世界上不同的社会/国家和人民所选择的不同的道德理念。形式主义（实际上所做出）的价值抉择不是，也不该被建构为一个唯一的放之四海而皆准的科学普世"公理"。

在中国，儒家所设定的"仁"与"仁治"，或"亲民"和"止于至善"的道德价值观，以及历代的谚语所说明的"得民心者得天下"的治理理念，具有悠久和根深蒂固的传统。它也和后来的中国共产党"为人民服务"和追求最大多数人民的利益的理念（譬如，"共同致富"）相互呼应，包含着一整个表达/话语体系。它完全可以被采纳为中国社会和国家治理的最高道德价值，并没有必要将其像西方理论那样不符实际地建构为一个排他性的"科学的"普世"公理"。

这里还要说明，中国的"仁"理念其实和西方现代启蒙哲学大师康德（Immanuel Kant）的"绝对命令"带有一定的亲和性。康德有说服力地论析，在纯理性和实际行为之间，我们还需要一个中介性的"实用理性"范畴来帮助认识和理解。康德根据启蒙时代的基本道德精神，为实用理性设定了一个"绝对命令"，认为行为应该符合这样一个理性标准:行动者是否愿意(根据其理性判断)将其行为依据的准则设定为一个普适的标准? 如果是,则应该可以就此行动;不是,则不可。儒家"仁"的道德准则"己所不欲,勿施于人"(可以被称作中国的"黄金规则")其实和康德的"绝对命令"同样可以被设定为一个现代的崇高准则,带有同样广泛的适用性。其中的差别仅是一个被据实认作道德理念的抉择,另一个则在后来的科学主义时代被演绎为个人权利并建构为"理性"的普世科学公理。(黄宗智,2015a:第 22 章,亦见同书后记一)

与后来的经典自由主义所强调的个人的绝对价值和经典马克思主义所设定的最高价值观(劳动价值论)的基本公理不同,儒家和康德原来提出的道德(哲学)标准不带有将道德理念假设为无可辩驳的、绝对普适化的科学公理的冲动,它自始便将如此的前瞻性道德抉择视为道德哲学理念,是人们需要追求的目标,而不是无可置疑的、普世的客观公理。

因此,儒家和康德的标准也不会连带有科学主义化、绝对化的冲动,以及将理念等同于实际的冲动,不会像形式主义理论那样将实际/历史简单化、片面化、排他化,并促使人们将理念等同于实际,甚至以"文明""科学""现代化"等借口而强加于非西方世界,成为帝国主义的("东方主义",Said,1978)话语和侵略的一个重要动因和借口。

道德准则可以给予我们上面已经论证为相对比较符合实际和真实的实质/实践/实用理论所缺乏的前瞻性。它不会像形式化公理那样连带着片面性和绝对性,成为认识真实世界的障碍。借此,我们既能够更好地认识真实世界,也能够更宽容地认识并设定一个国家和社会的崇高理念,但同时又排除现代主义那样的绝对性、排他性和假科学性。由于它在认识论层面上更为包容,并强调从实际出发,它更能够纳入其他理论和文明的洞见来对待真实世界,让人们更好地观察世界,更好地认识今天,也更好地设想未来。毋庸说,它也可以成为一个足可与形式主义抗衡的理念和话语体系。①

二、走出"规范认识危机"的道路

面对目前中国漩涡似的规范认识危机,我们首先要认识到,中国的革命传统仍然具有无可怀疑的正当性。马克思主义在中国革命的过程中,揭露了西方资本主义/帝国主义/现代主义的丑恶面,揭露了其在"文明主义""现代主义""民主主义""自由主义"等善良面之外的帝国主义、殖民主义、强权主义、阶级剥削的一面,揭露了其自我宣称的"理性(经济)人""纯竞争性市场""资源最佳配置"等被理想化一面之外的侵略主义、帝国主义、殖民主义的贪婪的一面。

同时,中国革命,在几经周折之后,也认识到经典马克思主义——列宁主义的局限,先是认识到由苏联控制的"共产国际"的局限,包括苏联革命模式不符合中国实际,教条化、普适化地执行了

① 高原的新作《再思社会科学方法论的形式主义与实质》(纳入本书)创新性地提出,实质主义认识方法应该纳入近几十年数学领域前沿的、被用于有限定经验范围的"实质主义化全模型"论析方法——作为一个尽可能贴近经验实际和带有实用效应的方法,它已经给偏重普世规律的古典和新自由主义经济学带来了强烈的冲击,已经成为新一代的前沿经济学动态。

以城市为中心的革命总路线战略,最终导致"大革命"的惨败。之后方才逐步认识到中国实际与经典马克思主义论析的不同,几经挫折,方才确立了以农村根据地为中心,农村包围城市,以工农劳动人民为主要依据,而不简单是城市工人的无产阶级为主的革命总路线。这些是作为经典马列主义理论和中国实际之间的媒介的"毛泽东思想"(亦可理解为"实用意识形态"[practical ideology],区别于"纯意识形态"[pure ideology]——见 Schurmann,1970[1966])的核心。其正确性被中国革命的胜利所确证。

虽然如此,经典马克思主义以及苏联的模式仍然将中国引导上了终止市场经济而全面采纳计划经济的道路。在共和国前三十年中,虽然在重工业发展(1952 至 1980 年年均增速达到 11%——Perkins and Yusuf,1984:第 2 章)以及国力方面,起到了无可否认的正面作用,包括"两弹一星"、民众的教育和卫生方面的可观成绩,但其经济发展实际上远不如西方的资本主义经济那么全面。最终,在经过了"大跃进"和"文化大革命"之后,转向了重建、振兴市场经济的决策,之后大力推动私营企业的发展,直到形成今天私营经济占到国内非农生产总值的大约 60% 的局面。

如今中国已经纳入经典自由主义经济学理论的一些洞见,包括通过市场竞争机制来进行资源配置,确认私营企业和逐利机制的正当性等不属于马克思主义的抉择和措施,并且实现了举世瞩目的快速和相对长期的经济发展。一定程度上,改革四十年来的实践经验已经证实了市场经济和激励机制对推动经济发展的作用,也证实了国家能力(譬如,"招商引资")在其中所起的不可或缺作用,这和新自由主义建构的国家"干预"最小化的理论和话语十分不同。

目前,两大意识形态传统并存于中国,形成一种二元对峙共存的状态。国家公共政策时不时源自其中单一方,也许更多时候乃是其间的妥协。一方偏重推动逐利性经济发展,主要以 GDP 增长率为主,另一方时不时关注、强调社会公平。情况有点像如今高等院校中的两者分别共存,前者控制经济学院/系——多被简单等同于西方新古典经济学,但后者也有其一定的地盘,如马克思主义(政治经济学)学院/系。

正因为两者都被认为是比较高度形式化、普适化的"理想类型"理论,同样虚构了给定公理(理性经济人和竞争性自由市场 VS. 劳动价值论和阶级剥削论),同样凭借演绎逻辑而自我形成一个逻辑上整合的理论体系,同样自认为乃是普适真理,它们一定程度上只可能成为非此即彼的对立二元。

虽然如此,两者也有一定的共同之处。譬如,共同认为规模效益乃是"科学的"、普世的经济规律。在国家过去的农村政策中,我们可以看到这种信念的深层影响:国家一再优先推动大型农业企业,以及美国基于农业企业的专业合作社模式,2013 年以来又大力扶持成规模(超过 100 亩土地的、被设想为美国型)的"家庭农场"等,相对较少关注实际上占据中国农业绝大多数的小农户。(黄宗智,2020a)不过,如今已经显示了一定的转向。

在如此的局面下,中国亟需探寻出一条能够超越两者二元对立的局面的思想和学术道路。笔者认为,要摆脱理想类型化、绝对化的经典理论和意识形态,从中国革命和改革的经验和实践实际出发,逐步形成更符合真实世界的复杂性和多元性的长远发展方向和道路。

如今，中国在实践层面上已经做出了一些基本性的选择，初步跨越了两者间的分歧而采纳了"社会主义市场经济"的大框架：既大力纳入市场机制和动力，又保留举足轻重的国营企业以及一个具有强大能力的政党—国家体系，连带其社会主义（人民大众共同致富的）理念。后者其实也包含传统的仁与仁政道德理念，以及其在革命实践过程中所形成的"为人民服务"理念。那些不是形式化的理论建构或虚构的假科学，而是在"摸着石头过河"的实践之中所形成的符合基本实际的大方向、大理念。与现代西方经典理论不同，它没有从某一理论建构的公理出发，凭借演绎逻辑而得出简单化、形式化、单一化的抽象理论，而是通过实践中的临时性、模糊性抉择而逐步形成包含两者的方向性概括和指导性道德抉择。（黄宗智，2019）

在依赖实践和其所展示的认识论上，中国其实已经拒绝了形式理性的理论建构，采纳了实践中的抉择。同时，它实际上也已经拒绝了西方形式主义理论所习惯性地使用的、西方演绎逻辑常用的将实际中本是合一的二元设定为非此即彼、务必在二者中选一的思维。这正是中国文明思想中历来与西方的关键不同。在综合两者的思想抉择中，既展示了中国文明的特色，也展示了中国自身的理论主体性。

更有进者，在采用融合不同社会阶层的战略性决策（如"三个代表"）方面也同样展示了中国文明传统中的二元乃至多元合一的宽容思维（犹如对待儒、释、道三大传统中的宽容性、综合性，以及对待"儒家"与"法家"，综合温和的儒家道德理念和严峻实用的法家法律条文的基本思维［笔者将之称作"实用道德主义"］——见黄宗智,2014b,第一卷;亦见黄宗智,2020b）。正是在以上的思维方式的基础上,中国已经重构和容纳了西方形式主义理论的一些关键部分,包括对私营企业和市场经济激励机制等的适用。

同时,中国维持了传统中的基本儒家道德主义传统。在革命时期,中国已经对经典马克思主义进行了一些根本性的重构,例如毛泽东和中国共产党的人民内部"非对抗性矛盾"的建构,以及将西方自由主义的"民主"重新建构为"为人民服务"的中国化治理道德理念,特别是将马列主义划归"经典理论"或"主义"范畴,注重对实践层面的"毛泽东思想"的重新理解,并运用于中国实际。

以上这一切都是笔者理解为"道德化"或"前瞻化"的实践社会科学的关键组成部分,意在超越西方排他性的形式主义"理想类型"理论建构传统,代之以中国的前瞻性道德理念,以及更符合真实世界的实践/实质/实用性社会科学学术和研究进路,实际上也是综合中华文明传统、中国现代革命传统以及现代西方启蒙传统的三大传统的前瞻性实践认识道路。

三、新自由主义、马克思主义和后现代主义不可或缺的洞见

在以上对各大理论流派的批评之外,我们需要更明确地直认其分别和不可或缺的洞见。

1.新自由主义

首先是新自由主义理论关于市场经济的洞悉。竞争性市场无疑是个高效的资源配置机制——历史已经证明，它要比计划经济高效得多。同时，市场逐利乃是推动创业创新的有效机制，其效率同样明显超过计划经济。再则是伴随市场经济而来的个人自由抉择，同样有助于创新和发展（对学术研究来说尤其如此）。正因为如此，中国才会在经过共和国前三十年对计划经济的实践经验之后，做出了纳入市场经济机制的战略决策，做到高效高速的经济发展。这些是无可辩驳的实践史实。

虽然如此，我们也要认识到，古典和新古典经济学的一个关键信条乃是国家和市场的二元对立，认为国家对市场的"干预"必须最小化，尽可能完全让市场机制（"看不见的手"）自由运作。对西方最强势的资本主义国家来说，这样的选择和话语建构也许是可以理解的，但对经历了内忧外患交织，以及软弱的晚清和民国初期的政府的中国来说，如此的理论建构乃是不符合实际需要的。这也是为什么无论是意图模仿西方的国民党还是反帝国主义的共产党，都同样认为强大的国家能力是现代中国不可或缺的基本条件之一。在采纳市场经济的改革时期，国家实际上无疑起到了至为关键的作用。

2.经典马克思主义

同时,我们还要认识到,经典马克思主义的理论洞见也同样不可或缺。正是马克思主义使我们认识到资本主义市场经济的丑恶面。首先是资本主义的极端追逐私利的一面,其基本逻辑和动力乃是资本的营利追求,为之可以完全无顾劳动者/弱势者的利益,依赖强制手段来压迫、剥削劳动者,并且凭借其诸如"水涨船高"、现代化、发展主义等单一面的建构来掩盖资本家和劳动者之间的不平等关系的实际。

经典马列主义,也包括后现代主义,更说明资本主义更可以凭借"现代化""发展""平等交易"等概念来侵略、压迫后发展国家,实质上成为帝国主义和殖民主义的借口。这是资本主义的基本历史实际,也是被新自由主义所掩盖或忽视的历史实际,而马克思主义则非常鲜明地论析和解释了资本主义这些方面的实质内容。

中国,作为被侵略、被剥削的国家,对这样的历史实际都有过切身经历,自然能够看到其历史真实,即便被新自由主义经济学和法学理论的"科学性"和"理想性"所暂时迷惑,但绝对不可能被长期蒙蔽。何况,领导反帝国主义、反阶级剥削的中国革命的共产党是国家的执政党。中国的社会科学学术界是不可能长期被新自由主义的说辞所摆布的。现代西方不可仅凭其理想化的理论来认识和理解,必定要同时认识到其凶恶的一面;国家的角色不可简单地与市场对立,必定要认识到其关键性;问题的根本不在国家应否起到重要作用,而在其所起作用是良性还是恶性的。

3.后现代主义

至于不那么明显的西方资本主义在话语和价值观方面的"东方主义"/帝国主义和西方中心主义,西方自身所产的后现代主义理论已经提出非常犀利和透彻的批评,指出了其虚假的"科学性"和"普适性",根本性地质疑了其实证主义认识论,详细分析了其所建构的"东方主义话语",以及其所包含的"现代主义"和"西方中心主义"。后现代主义理论已经明确指出,需要通过彻底的关于东方主义的话语评析和关于非西方世界的"地方性知识",才有可能认识非西方世界的文化和"意义网"。唯有如此,才能认识非西方世界,看到现代西方的非普适实质。(Said,1978;Geertz,1983;亦见黄宗智,2007:第五章)

如此的论述乃是对韦伯的复杂宏大的形式主义理性理论体系和历史观的犀利有效的批判,鲜明地洞察到其科学主义和形式(逻辑)主义的弱点,突出了其影响巨大的意识形态化的理想类型理论建构认识方法和话语。后现代主义和马克思主义,作为西方的非主流、"另类"理论,乃是对西方的资本主义—帝国主义—现代主义的深度和强有力的批评,在这些方面无疑引起了历史上曾为受害方的中国人民的共鸣,当然中国革命在中国人民心中仍然具有强大的正当性也是一个重要原因。

四、经典马克思主义和后现代主义的盲点

虽然如此,我们也要看到,在上文已经指出的弱点和优点之外,对认识中国来说,经典马克思主义和后现代主义还都带有比较关键的盲点。我们可以说,它们一定程度上都没有预见到中国今天的实际。

1.马克思主义

举其要者,首先是经典马克思主义对中国小农经济过去和未来的错误判断。它的一个根本错误是根据西方(特别是英国)的经验来认识中国的小农经济,误以为其必定会伴随资本主义的兴起而消失,被雇工经营的资本主义大农场所取代。但实际上,中国迄今仍然有两亿人从事农业,其中绝大多数乃是小农,而且明显在相当长的时期中会仍然如此。经典马克思主义理论没有认识到恰亚诺夫所洞察到的19世纪和20世纪初期的实际,即在俄国和世界其他许多地方,小农户虽然已经相当高度商品化,但仍然是农业的实际主体,而且小农户经济不一定必须被规模化的集体农业和计划经济取代,更加需要的是扎根于农村社区的合作社来协助小农户与大市场打交道,凭借其自己的组织力来建立新型的农产品物流体系,借此来卫护小农户在高度商品化(资本主义化)的大市场中的利益。这个洞见已经由于一系列历史偶然因素而被实施于日本,一定程度上也可见于韩国以及中国台湾地区。(黄宗智,

2020a)

一个连带的错误是,认为伴随现代工业经济的兴起,除了资本主义体系或计划经济体系的非此即彼之外,别无选择。实际上,改革以来的中国已经走出一条马克思所没有想象到的结合社会主义和市场经济的总体性框架(以及结合工业经济[和信息产业]与[新型]小农经济),并没有像不少马克思主义学者预期的那样,变成完全是个资本主义或"国家资本主义"的体系(黄宗智,2019)。当然,它是一个强大国家组织和市场经济的结合体,不是像新自由主义建构那样对市场经济放任的国家。迄今,两者的结合已经展示了强大高效的经济发展成绩。虽然如此,它也显示了一些尚待解决的庞大和深层的问题(如一定程度的社会不公和官僚主义)。中国未来的发展道路仍然是一个在摸索中的过程,其未来的组合与逻辑都尚待实践中的探索来明确。这也是马克思、列宁所没有想象到的发展现象和道路。

2.后现代主义

至于后现代主义,我们也要认识到,它带有极端的相对主义的倾向,走到几乎完全拒绝"客观真实"、拒绝任何普世价值、全盘拒绝现代主义的极端。它虽然强有力地批判了现代主义,却最终还是与其相似地依据演绎逻辑而走到了相反的极端。前者从其所建构的普世的"公理"出发,演绎出一整套被认作是普适的真理,后者则从其相反的"特殊"极端出发,演绎出与其相反的逻辑上整合的极端相对主义,拒绝一切客观真实,一切普适价值或理念,因此而成为一个只能批评不能建设的理论(国内许多学者对后现代主义的理解/转释仍然局限于其对西方中心主义的质疑的一面,忽视了其更为根本的认识论上的虚无主义和反现代主义)。在西方,它虽然大力鼓励了对非西方以及弱势群体的文化和话语的研究,促进"文化多元主义"(multiculturalism)的兴起(虽然,其"多元"实际上多是隔离的而不是融合的多元),但它对我们特别需要认识的发展中国家的政治经济体的贡献较小。由于其偏重近乎单一的话语分析,一定程度上甚至成为认识和改造这些方面的学术的一种虚无主义障碍。(黄宗智,2015a:尤见第五章)

更有进者,要更好地认识真实世界,我们需要看到话语和实践的二元互动关系,既要看到其可能一致的一面,也要看到其背离的一面。实践真实源自两者的互动。一如以上所述,通过实践/实质/实用与表达的结合与互动,我们才能看到中国正义体系的实用道德主义特征,以及美国正义体系的形式主义+实用主义整体。同时,即便是话语本身,我们也不仅要看到现代主义的丑恶一面("东方主义"),也要看到其崇高理念的一面(自由、民主),更要看到其矛盾结合,以及其与实践真实之间的多维、复杂关系,而不是像现有理论那样,仅聚焦于其中一面。

五、建立一个新的社会科学研究世界

简言之,要为实质主义添加前瞻性的第一步是借助另外两大理论传统——马克思主义和后现代主义——来协同指出当今占据霸权的形式化的资本主义/自由主义理论模式的不足。同时,也要认识到新自由主义中已经被证实的重要洞见：一方面是新自由主义关于市场经济方面的已经被历史证实的强大威力，另一方面是西方已经具有深远传统的马克思主义和后现代主义对其资本主义丑恶面的深刻有力的洞察。同时，也要认识到实质主义理论本身缺乏前瞻性理念和话语建构方面的不足。如此，才有可能进一步建构超越现有理论局限的新学术世界。

本文提倡，首先在关乎认识论和方法上，我们需要清醒地认识到经典新自由主义和经典马克思主义同样将真实世界简化为（主观与客观、唯心与唯物）二元单一方的偏颇，也要认识到其言过其实地自我设定为无可辩驳的"科学"和普世真理的偏颇，返回到实践理论对真实世界的复杂性，多元、多面性的认识，拒绝两大主流理论对其简单化、科学主义化，乃至于西方中心主义化，一如后现代主义洞察到的那样。但同时，也不可像后现代主义那样走到话语主义的极端，忽视话语与实践间的多维互动关系。

同时，要对实践理论的回顾性和缺乏前瞻性具有清醒的认识，在以实践/实质/实用真实为主的认识方法之上，确立中国和中国人民自身在道德理念方面的抉择，借此赋予实践理论所欠缺的前瞻性，以判别"善"与"恶"的实践。既要承继中华文明长期以来的核心道德观，也要综合其与西方现代启蒙时期的"实用理性"和"绝对命令"黄金规则理念的共通性，超越两者的非此即彼二元对立。并且，直认其乃道德价值理念，避免将其像西方科学主义那样建构为科学的、普世的理论。因为那样的话，最终只可能成为唯我独尊、强加于他人的类似于"东方主义"的理论建构。如此，方才能够建立一个新型的道德理念和话语体系，一个结合指导性的崇高理念与符合实际的认识进路。

这里的目的是要破除目前社会科学界中的科学主义和西方中心主义认识论的弊端，借助更符合实际的实践社会科学认识论来纠正其认识论上的偏颇，也借助各大文明自身至为崇高的道德理念来赋予如此的认识方法应有的主体性以及多元化的、宽容的前瞻性道德价值观和话语体系。这样，既可以形成中国带有自身主体性的社会科学，也可以符合实际地探索其历史和未来的长远道路，并为全球化的社会科学创建一个更为宽容、全面、符合实际的学术世界。

我们对待所有现有理论的基本态度是把他们当作问题而不是答案。相对千变万化的实际而言，理论只可能是片面的或局部的，不可能是普适的；只可能是随相应真实世界的演变而变的，不可能是给定的永恒真理。学术可以、应该借助不同流派的现有理论来协助我们认识实际，来推进我们对实际的概括，但绝对不应该像高度科学主义化的主要西方理论那样用来表达虚构的普世规律，或对真实世界实际片面化和理想化，甚至将理想等同于实际。真正求真的学术是根据精准的经验研究，通过对现有理论的取舍、对话、改造和推进来建立带有经验界限的、可以行之有效的、更符合经验实际的概括，然后再返回到经验/实践世界中去检验。如此的学术探索应该是由求真和崇高的道德价值动机出发的问题，不该局限于如今流行的比较庸俗和工具主义/功利主义的研究方法或所谓的"问题意识"。这才是本文提倡的"前瞻性实践社会科学研究"的实质含义。

参考文献：

黄宗智(2007)《经验与理论：中国社会、经济与法律的实践历史研究》，北京：中国人民大学出版社。

黄宗智(2014a)《明清以来的乡村社会经济变迁：历史、理论与现实》，三卷，增订版。第一卷《华北的小农经济与社会变迁》；第二卷《长江三角洲的小农家庭与乡村发展》；第三卷《超越左右：从实践历史探寻中国农村发展出路》，北京：法律出版社。

黄宗智(2014b)《清代以来民事法律的表达与实践：历史、理论与现实》，三卷，增订版。第一卷《清代的法律、社会与文化：民法的表达与实践》；第二卷《法典、习俗与司法实践：清代与民国的比较》；第三卷《过去和现在：中国民事法律实践的探索》，北京：法律出版社。

黄宗智(2015a)《实践与理论：中国社会、经济与法律的历史与现实研究》，北京：法律出版社。

黄宗智(2015b)《农业合作化路径选择的两大盲点：东亚农业合作化历史经验的启示》，载《开放时代》，第 5 期：18—35。

黄宗智(2018)《怎样推进中国农产品纵向一体化物流的发展？——美国、中国和"东亚模式"的比较》，载《开放时代》，第一期：151—165。

黄宗智(2019)《探寻中国长远的发展道路：从承包与合同的区别谈起》，载《东南学术》，第 6 期：29—42。

黄宗智(2020a)《实践社会科学与中国研究》，卷一，《中国的新型小农经济：实践与理论》，桂林：广西师范大学出版社。

黄宗智(2020b)《实践社会科学与中国研究》，卷二，《中国的新型正义体系：实践与理论》，桂林：广西师范大学出版社。

黄宗智(2020c)《实践社会科学与中国研究》，卷三，《中国的新型非正规经济：实践与理论》，桂林：广西师范大学出版社。

沈原(2006)《社会转型与工人阶级的再形成》,载《社会学研究》,第 2 期:13—37。

沈原(2007)《社会的生产》,载《社会》,第 27 卷第 2 期:170—191, 207—208。

Block, Fred (2003) " Karl Polanyi and the Writing of The Great Transformation," in *Theory and Society*, 32: 275-306.

Bourdieu, Pierre, 1977, *Outline of a Theory of Practice*, translated by Richard Nice, Cambridge: Cambridge University Press.

Bourdieu, Pierre, 1990, *The Logic of Practice*, trans. Richard Rice, Stanford: Stanford University Press.

Burawoy, Michael, 2003, " For a Sociological Marxism: The Complementary Convergence of Antonio Gramsci and Karl Polanyi," in *Politics and Society*, Vol. 31 No. 2 (June): 193-261.

Geertz, Clifford, 1983, *Local Knowledge: Further Essays in Interpretive Anthropology*, New York: Basic Books.

Perkins, Dwight and Shahid Yusuf, 1984, *Rural Development in China*, Baltimore, Maryland: The John Hopkins University Press (for the World Bank).

Polanyi, Karl, 2001 (1944), *The Great Transformation: The Political and Economic Origins of Our Time*, 2nd edition, Boston: Beacon Press.

Polanyi, Karl, Conrad M. Arensberg, and Harry W. Pearson, eds., 1957, *Trade and Market in the Early Empires: Economies in History and Theory*, Glencoe, Illinois: The Free Press.

Said, Edward, 1978, *Orientalism*, New York: Pantheon.

Schurmann, Franz, 1970 (1966), *Ideology and Organization in Communist*

China, New Enlarged Edition, Berkeley: University of California Press.

Weber, Max, 1978 (1968), *Economy and Society: An Outline of Interpretive Sociology*, Ed. Guenther Roth and Claus Wittich, trans. Ephraim Eschoff et al., 2 vols. Berkeley: University of California Press.

附　录

专著传统与中国学术：

从首届"实践社会科学青年学者最佳专著奖"谈起

黄宗智

　　首届"实践社会科学青年学者最佳专著奖"于 2018 年 11 月创立。原来的公告是这样写的：

　　　　实践社会科学青年学者最佳专著奖"的设立是为了奖励，不是从某种时髦理论出发而为其提出"证据"或阐释的研究，而是从扎实的经验研究出发来决定对现有理论的取舍、修改、推进或重构，进而得出紧密联结经验与概括的、有说服力和理论新意的创作。此奖主要针对中国社会经济史、法律史和乡村研究（包括农民工研究）三个学术领域，最好是连带有现实关怀的研究，也可以是带有历史维度的现实研究。此奖的"推荐委员会"将由下列 13 位学者来组成（名单公开），由每人每年（于 12 月 31 日前，从 2018 年开始）推荐一、两本最近两年出版或完成的青年学者（一般不超过 45 周岁）专著来竞选。奖金初步设定为五万元，可以由不止一人分享。另外设立一个七人（不公开的）遴选委员会来集合并遴选被推荐的著作，于每年春季公布结果。

目前暂定先试行三年(本年年底开始),根据经验再做适当调整。①

目前可以确定的是,将原来设想的一年一度的竞选改为两年一度,并将此奖主要集中于副教授及以下的青年学者(一般不超过45周岁),为的是使奖励能够在一位学者学术生涯的关键阶段起到更大的作用。同时,今后将在我们的13人推荐委员会之外,邀请几位青年学者参与推荐。另外,由于本届获奖的是三本书,而原定的五万元奖金不太好一分为三,我们决定将本届奖金总额改为六万元。

本届我们共收到13本被推荐的书(书目已于1月初通过微信公众号列出)。由于这是第一届,我们决定放宽原定的"最近两年出版或完成的"规定,基本不限出版日期。遴选委员会经过两个月的阅读、打分和开会讨论,最终选出下述三本书,正好分别代表此奖特别关注的三大领域:法律史、社会经济史和乡村研究(包括农民工研究)。笔者撰写此文的目的是说明我们遴选委员会大多数成员的意见,当然也包含一些笔者个人的判断和论析。文章最后部分将集中讨论本文标题中"专著传统与中国学术"的问题。

---

① 推荐委员会成员包括:陈支平教授(社会经济史,厦门大学),崔之元教授(公共管理,清华大学),贺雪峰教授(乡村研究—社会学,武汉大学),李秀清教授(法律史,华东政法大学),林刚研究员(经济史,中国社会科学院),刘昶教授(历史学,华东师范大学),汪晖教授(思想史与文学,清华大学),王跃生研究员(人口学,中国社会科学院),王志强教授(法律史,复旦大学),吴重庆教授(民间宗教,中山大学),夏明方教授(经济史—环境史,中国人民大学),张小军教授(历史人类学,清华大学),周黎安教授(政治经济学,北京大学)。

一、赖骏楠:《国家法与晚清中国:文本、事件与政治》

　　赖骏楠(2015)的这本书仔细论析了 19 世纪关于"文明"这个当时新兴的国际法学中的关键词,证明其在自然法国际法和实证主义国际法两大国际法学术潮流中的核心地位,及其后来在国际法学中的持续不断的影响。但是,此作并不限于简单的"话语分析",而是更进一步澄清了"文明"话语在中国法律思想和实际国际关系中是怎样被理解的和使用的,借以证实"文明"的理念既具有理想主义的一面,又具有卫护(帝国主义)西方国家在殖民地权势的一面。前者的影响可以见于费正清及其学生的研究,例如徐中约(Immanuel C. Y.Hsü)将新总理衙门的设立论述为"中国之进入国际大家庭"(China's entrance into the family of nations),以及张馨宝(Hsin-pao Chang)将鸦片战争最终归因于"文明的冲突"(clash of civilizations)。此书论证,"文明"既不可简单地被理想化,也不可简单地被丑恶化,而是一个自始便带有深层矛盾的话语建构。"文明"可以成为文明国家关系的规范,也可以成为文明国家侵犯尚未达到文明水准的"野蛮"国家的借口。

　　赖骏楠(2015)从鸦片战争出发。他首先论证,林则徐主要仍然从传统的"怀柔夷人"的视角出发来应对来自大英帝国的挑战,并没有像有的著作论析的那样有效借助国际法理论来为中国争得对方的一些让步。然后,他讲到 19 世纪美国国际法学家惠顿(Henry Wheaton)的经典著作《国际法原理》的中译者(传道者)丁韪良(W. A. P. Martin)将"国际法"译作"万国公法",一定程度上赋予这本实证主义法律著作以"朱熹理学"的内容——几乎将其重新阐释为万国间的"天理",成为更能够被中国读者接受和误解的文本。随后,赖骏楠借助对郑观应的细致论析来说明,郑观应一开始完全接纳了这本中译本关于国际法的高度道德化表述,然而后来逐渐发现其与事件及政治现实是脱节的。几经周折后,郑观应最终在甲午战争前后得出这样的一个结论:国际法理念其实只可能适用于权利对等的国家双方,不会适用于强弱悬殊的双方。赖骏楠随后详细论证,中国对"文明"这个关键词的理想主义认识和日本的清醒的工具主义认识,形成了非常鲜明的对照。前者导致中国在甲午战争相伴的话语战争中也全面溃败,促使中国被国际法学术界认定为"野蛮国家";后者则使日本有意识地在国际法学术界和话语体系中,通过日本留学学者在主要国际法学刊上发表研究和论说,成功地建构出与西方同等的"文明国家",获得所谓的"国际大家庭"成员身份的正当性。当然,同时也为其后来的侵略借口做了铺垫。

在方法上,本书成功地结合了话语/文本分析的方法和关于事件和政治的(实践)历史认识。它既是一本阐释国际法原理历史起源的著作,又是一本说明其实际运作历史的著作。两者对照,形成强有力的论析,摆脱了将西方现代文明设定为普世前提的意识。在更深的层面上,本书也对如今法学界的主流形式主义理论——即韦伯式的,借助形式逻辑将西方现代法律建构为普适的"形式理性""理想类型"——提出了根本性的质疑。本书应该成为国际法研究生们必读的专著。

二、高原:《现代中国的乡村发展:微观案例和宏观变迁》

高原(2018)做出了一系列新的贡献。

第一,此书拆开了"集体化时期"与"集体化农业"这两个过分笼统和通用的范畴,明确区分 1958 年到 1963 年间,规模过大的集体体系和其之前规模适度的合作社、之后同样适度的小集体(生产队)的不同集体农业经验。前者无疑是失败的,后两者则具有较多优点。在合作化初期,即工业投入之前的农业,它起到通过合作来解决一家一户贫下中农土地、牲畜、肥料和其他生产资料不足("要素配比扭曲")问题的作用。在 1963 年到 1978 年的后"大跃进"时期,"集体化农业"则成为配合来自工业的新生产要素(特别是化肥)被投入到农业的制度框架。在那两个时期,中国都取得了可观的农业增长成绩。作者是根据县与乡村层面的微观经验证据和宏观理论对话间的不断来回得出这个结论的。它克服了之前学术的两大盲点:一是不加区别地全盘否定 1955 年到 1978 年的"集体农业";二是简单的、只关注制度的认识(譬如,将"改革"简单理解为从计划经济到市场经济,从集体产权到私有产权的演变)。本书说明了必须认识到制度与(特别是来自工业的)新生产要素之间配合的关键性。这是一个清晰和有说服力的论述。

第二,作者同样结合制度因素和生产要素,阐明改革期间两大出人意料的农业演变:一是小规模的新型(小农)家庭农业的发展,特别是高附加值农业(尤其是大棚蔬菜)的发展;二是新旧小规模农业中越来越多的出人意料的变化,即除了化肥和科学选种之外的农业机械的使用，还有通过政府鼓励的民间机耕服务业务的兴起，促使中国农业从旧型低"资本"投入转变为新型资本和劳动双密集投入，再次反驳了当今一般经济学理论的预期——唯有（私有企业的）规模化农场才可能推进如此的农业改造和发展。中国新兴起的农业仍然是小规模的小农农场，这是一个基于扎实、深入的田野调查（特别是山东聊城市耿店村）的经验证据的结论。由于其结合微观与宏观论析掌握得恰到好处，给我们带来的既有"一竿子插到底"的基于一村一户的活生生的经验感，也有对新古典经济学理论的认识和反思的强有力的论断。

第三，本书对以上论述的演变中的政治制度框架也做了新鲜的论析：其关键不在政府和市场化私企的（新古典教科书经济学设定的）非此即彼、二元对立，而是中国比较独特的村庄社区的半正式政权。它不同于由上而下的科层制政府，而是结合了由上而下和由下而上的村"两委"组织。在耿店村（和其所属的贾寨乡），两种机制的高效结合，特别是 20 世纪 90 年代当地村"两委"所掌控的集体"机动地"产权，在该地推广大棚蔬菜种植的过程中起到了至为关键的作用。这样，除再次突出集体产权制度与生产要素的关联、工业和农业的关联之外，还突出了农业与该地的基层治理体系之间不可分割的关联，这与一般经济学理论和认识十分不同（固然，有的论者也许会指出，山东地区的村庄领导，相比集体产权已被掏空的广大中西部地区，拥有强大得多的集体资源和权力。）

以上三大论点主要是通过微观层面的经验证据来阐明和证实的，不同于如今一般仅凭国家统计数据得出的结论。在这方面，作者很好地承继并发扬了美国（20 世纪 30 年代以来的）"乡村社会学"（包括以卜凯［John Lossing Buck］为代表的中国农业研究）、日本（"满铁"调查以来的）"经济（和社会）人类学"，以及国际"小农经济"研究的三大学术传统。通过此书，我们可以更具体，更清晰地看到一家一户的经验，及其所展示的宏观经济逻辑。此书代表的是一个多维的、历史化的、具有强烈真实感和理论新意的视野，跳出了将西方资本主义农业发展模式设定为普适和必然前提的认识陷阱。

三、熊易寒：《城市化的孩子：农民工子女的身份生产与政治社会化》

首先，熊易寒（2010）开宗明义的文献梳理堪称典范。此书不是我们常见的"洗衣单"似的文献罗列，而是具有明确针对性和洞见的学术梳理：首先说明了政治学两个重要领域——政治社会化和认同政治——研究的来龙去脉，突出其兴衰与再兴的过程以及问题意识。在此基础上，有针对性地铺垫和突出自己的中心论点，说明了如何结合这两个传统，克服它们互不相关的弱点，进而提出自己的关键洞见，即认同的"生产"乃是农民工子女政治社会化的关键因素和核心内容。这样，既清晰、鲜明地突出了自己著作的独特见解，又说明了其与本学科现有研究和理论之间的关联和不同。如此的文献梳理比较少见。

作者对农民工子女明显具有深层同情，部分原因是作者本人便来自农村，并曾亲身经历过"农民工子女"身份的困境，可以说对农民工子女群体具有一般人不具备的"感性认识"。但是，他是怀着将农民工研究社会科学化的理念来进行研究的，要求自己写出既能协助人们认识、理解这个十分重要的社会问题，又能对国际学术和理论有一定贡献的创新之作。如上所述，他采用的做法是结合并超越政治学中的政治社会化和认同政治两个领域的问题意识、理论和方法。这两个学术传统一般被设置为互不相关的研究，但作者本着对农民工群体的深度认识，创新性地结合了这两个问题，认定认同政治乃是这个社会群体的政治社会化的核心内容。这一结论既对问题本身提出了独到的意见，也对这两个学术传统提出了新的认识和适用范围。

在经验证据层面上，作者广泛搜集了城市化中的农民工子女的相关材料，包括他们的学校作业，并对他们做了有针对性的问卷调查，还做了深度的访谈，甚至于亲自进入农民工学校执教，从而提出有说服力的论证。譬如，农民工子女的"认同"不是来自学校的教育和课本，而是来自他们和家人的切身经验（"事件"），如在群际冲突事件中和警察或城管执法人员接触的经验，其亲人所遭遇的各种各样障碍（"天花板效应"）和不平等待遇的经验（"故事"）。正是通过这些经验，农民工子女方才认识到自己的特殊身份、处境和命运。同时，本书还证实，就读于公立学校和就读于私立民工子弟学校的农民工子女在价值观方面并无显著不同，和一般城市儿童也没有十分显著的不同。这就超越了一些影响相当大的、主要依赖课本分析的西方"政治社会化"中国研究的前提认识和方法，也突破了一般以来自家庭、学校、媒体、社区等的价值观为主要关注点的政治社会化研究。

与大多数的农民工研究不同，本书深入探索的是农民工子女的(可以称作)"心态"问题。这是一个很不容易掌握和付诸研究实践的问题。这是一本既有深度(并附带有众多活生生的案例和洞见)也具有理论和方法创新的著作,是一本说服力很强的著作。它是一本中外学术界都罕见的,有独到见解的好书,也是一本对政治社会化和认同政治这两个重要的国际政治学学术传统领域作出新颖贡献的书。

四、专著传统与中国学术

经过此次评选,笔者有了一些关于中国学术专著的现状及其未来的可能途径的体会,谨在这里提出供读者参考。在现代西方,专著传统的建立和博士论文制度是紧密相关的。19 世纪、20 世纪西方广泛采用了博士学位制度,其核心是要求博士生撰写一篇(具有专著规模的)"原创性研究"的专业博士学位论文。其后绝大多数西方的大学都采用了这个制度,而且较普遍地将博士学位当作取得大学教授职位的必备条件。尤其在文史专业领域,根据博士学位论文的修改和进一步深入研究的专著较普遍地成为获得教授"终身教职权"(tenure)的主要条件。在经济学、法学、社会学等更高度科学主义化的领域中,虽然多有接纳脱离专著而更加偏重"研究论文"的发表的学者,但这些领域的大部分学者依然是经历过博士学位论文培训过程的学人,发表专著的比例仍然较高。其中有一些社会科学院系(譬如美国加利福尼亚大学洛杉矶校区的社会学系),采纳了一种两全的操作方案,认定六篇"研究论文"原则上可以在职称评审中被视作相当于一本专著的贡献。即便如此,其大部分的资深教授仍至少会写一两本专著。同时,研究生专业培训课程一般会要求他们掌握本领域最杰出和重要的专著(有的辅之以最重要的论文),将其当作进入每一专业领域所必须掌握的基本知识。在历史学领域,专著传统更被制度化为两大类型培训课程的制度,一是"阅读课程"(reading course),由教授带领研究生们来掌握某专业所积累的比较突出的专著;二是"写作讨论班"(writing seminar),用来训练学生们使用原始资料来构建原创性"研究论文",作为他们写作博士学位论文和未来的专著的基本训练。这样,研究生课程、博士学位论文制度、聘任和职称评审制度形成一个相互支撑、环环相扣的体系,塑造了有分量、有深度的专著传统。

中国固然也跟随现代国际学术潮流而采纳了博士学位和博士论文的基本制度,据理说,应该也会形成同样的专著传统。但是,近年来部分"学术官僚"制定了一种带有计划经济性质和"赶超"意图的产出指标管理体系。首先是一个高度科学主义化的高等院校量化产出的评估制度,与国家所拨经费直接挂钩,促使它们对博士生施加同样性质的要求,很多院校规定博士生在毕业之前起码在所谓的"核心刊物"上发表两篇文章(但核心刊物一般较少会接纳在读研究生的论文,这就对研究生们形成极其沉重的压力)。在教员聘任中,名校一般会对发表文章有更高、更多的要求。整个制度迫使学生们脱离写作重量级的专著而偏重写论文来应付这样的规定和压力。结果是,将博士生们置于两种矛盾制度的拉锯之中,严重制约了有分量的博士论文和专著的写作。同时,部分"学术官僚"还比较严格地限定了博士课程的时限(近年来已经有一定的调整),一般要求博士生们在三四年之内读完学位;延期大多不可超过一年,最多两年,有的还会终止奖学金和补助以及宿舍分配。一般博士生们只能在读博的最后一年撰写毕业论文(而这同时需要忙着找工作和满足量化论文指标),与美国一般会花一两年时间搜集资料,一两年来完成写作的做法颇不一样。结果是,中国的不少博士论文只可能是比较仓促完成的作品。在就职之后,青年博士们又必须面对更多、更重的量化产出要求,再次使他们无法聚焦于完成一本真正有分量的专著。其结果之一是,如今的研究生课程一直没有能够形成以本专业多本优秀专著为主的培训课程,大多要么依赖教科书类型的阅读资料,要么依赖从国外引进的(理论或专著)阅读材料(就连中国研究都如此)。在这样的制度框架下,青年学者们很难写出优秀严谨的重量级专著,即便是付出两三年集中投入的专著也已经相对少见。而且,青年学者大多只能靠汇集之前发表的论文来组成专著,这和美国要求专著基本全新未经发表过的制度十分不同。在美国,学者们的第一本专著大多会经过总共三四年的博士学位论文写作,继之以三到五年的就职之后的投入和修改。即便是成名的学者,一般都会投入五年左右或更多的时间来集中精力完成一本专著。这和中国当前的专著情况很不一样。

更有甚者,中国青年学者们面对的是比发达国家要复杂得多的思想和理论环境。在目前的"转型"过程中,在中西、新旧、革命与改革等思想潮流相互冲击而形成的漩涡似的大环境中,中国的青年学者必须面对众多学术和心态上的深层矛盾。他们之中很多人开始跟随某种意识形态或时髦理论做研究,或凭借某种"主流"

理论话语或技术来取巧,一般很难摆脱那样的诱惑来做出扎实求真和带有真正创新性的学术。有的学生(和他们的老师)则会相反地,过度极端地只做(考证式的)"纯粹"经验性研究,拒绝一切理论,因而缺乏概括能力以及连接经验与理论的锻炼。较少有青年学者能够既坚持自己的求真意识作出扎实的经验研究,又能探寻出符合实际的创新性理论概括。这也是目前缺乏有分量的专著来培训下一代研究人员的一个重要原因。

在如今的思想和学术环境中,我们认为,中国的青年学者需要经过一种中国的环境中特别需要的"高等研究"理论培训,也就是说,需要掌握社会科学主要不同流派的基本理论。这是因为对学术研究来说,它们是一种不可或缺的"核武器",需要掌握才不会受其摆布。同时,研究生和学者们很有必要借助它们之间的分歧来对其进行反思,需要认识到它们大多是根据西方经验而提炼出来的,因而大多并不符合中国的实际。而且,由于西方的理论建构一般都会依赖演绎逻辑推理(多被认为是西方独有的文化资源)来组建一个逻辑上整合的模式,很容易陷入二元对立、非此即彼的、强烈偏向单一元的思维,忽视二元并存和互动的实际。加上几乎不可避免的伴之而来的西方中心主义,会更加强烈地偏离实际,尤其是中国这样充满矛盾和悖论的实际。研究者需要的是,将主要西方理论当作对话对手或陪衬,通过对其的选择、修改、调整和重构来创建符合中国经验实际的理论。也就是说,不是从给定的(西方)理论到经验再返回到理论的研究进路,而是从经验到理论概括再返回到经验中去检验的进路。好的专著很少会完全遵循某种现有理论的研究,而是紧密联结新的经验发现和通过对现有理论的反思而形成的新理论概括。这就是我们称之为"实践社会科学"研究的核心。它意味着中国青年学者不能仅凭某种"主流"或时髦西方理论和方法来做研究，而是需要掌握不同主要流派的理论，并借助非主流理论来对其进行深层反思，从而形成创新性的研究和概括。

固然，美国的学术环境也不是一个没有分歧的场域。今天，在其管理比较松散的学术环境中，可以说主要是由三个主要理论流派——新自由主义（和法学形式主义）、后现代主义和马克思主义——分别掌控的"三分天下"或"三权分立"的局面。三大流派各有各的地位以及领域、院系、学刊，乃至于出版社。一个青年学者完全可以投身于其中任何一个流派而获得足够的专业指导和学位，以及论文和专著发表的出路。评职称时也能够（按照美国制度所要求的）获得足够的（该流派的）成名学者的支持和推荐，完全可以在这种环境中获得充分的认可、"正当性"和晋升机会。当然，在中国的学术界中，也已经开始形成了这样的分流、分地盘的局面，如经济学院系之外的马克思主义政治经济学院系，但起码目前，在中国学术管理比较严格的体系下，还远远没有能够达到西方那样势力相对独立的、真正"多元"分权的地步。

更有进者，由于西方当前的主要理论（新自由主义理论之外，还包括马克思主义和后现代主义）大多是源自对西方自身经验的概括，不会像其被用于中国那样严重明显地偏离实际。因此，西方的青年学者，无论选择投靠哪一理论流派，都能够在一定程度上自圆其说地为其所选择的理论找到一定的经验依据，不会像在中国的学术研究中那么明显地偏离实际。那样的研究，虽然未必能够成为出类拔萃的研究,但可以达到具备一定程度说服力的水平。
这就和处身于漩涡似的理论环境和巨大悖论实际的中国青年学者
的处境很不一样。

虽然如此,我们如果从正面来看待上述的问题,这样的学术环
境也可以成为特别杰出的中国青年学者做出特别突出的贡献的良
机。理论无论在西方还是在中国从来就不应该被视作给定的答
案,从来就应该是被视为问题和处理经验证据的一只手。在中国
现今的实际和学术环境中,此点要比在西方更加必要,更加明显。
这正是有独立思考和诚挚求真决心的青年学者的最佳用武之地。
其研究的含义和可能的贡献,不会仅限于中国相对西方的"特色"
的认识,而是能够在中国的更为众多、巨大的"悖论"实际的基础
上,更为鲜明的纠正西方理论的偏颇。其可能借用的资源,除了西
方反主流的理论传统(如实质主义、实用主义和实践理论,在一定
程度上也包括马克思主义和后现代主义),还包括不少更符合实际
的中国传统和现代(包括现代革命)的见解和思维。正是这些研
究,不仅能够成为符合中国实际的学术贡献,更能够成为延伸、重
构现有国际社会科学理论和纠正其偏颇的贡献。综上,一方面,这
样的环境是中国青年学者面对的特别艰难的挑战;另一方面,它也
是一个具有独立思考能力和求真恒心的中国青年学者的特殊
机遇。

"实践社会科学青年学者最佳专著奖"的设立是为了鼓励青年
学者们超越制度约束而投入时间和精力来撰写他们的专著的。我
们要对他们说:我们知道在目前的客观环境中,集中投入来写一本
有分量和优秀的专著是多么的不容易。我们也知道,你们由于目

前客观环境的限制,知道自己的投入实际上尚未能达到内心对自己要求的理想状态。但是,我们要对你们说:在现存的环境中,你们能够写出如此优秀的专著,能够结合新鲜的经验证据和独到的理论概括来得出有说服力的结论,是十分难能可贵的,也是非常值得奖励的。我们希望能够看到你们再接再厉,写出更有分量和更具创新意义的专著,写出更多足可成为下一代研究生们必须掌握的典范性研究的专著,借此来为自己,为中国学术,也为国际社会科学学术整体,作出更多、更大的贡献!

参考文献

赖骏楠(2015):《国际法与晚清中国:文本、事件与政治》,上海:上海人民出版社。

高原(2018):《现代中国的乡村发展:微观案例和宏观变迁》,北京:中国农业出版社。

熊易寒(2010):《城市化的孩子:农民工子女的身份生产与政治社会化》,上海:上海人民出版社。